中国社会科学院创新工程学术出版资助项目

The Quest for

# Family Revolution

in

Late Qing

and

Early Republican China

1895-1923

赵妍杰 ——— 著

# 家庭革命

## 清 末 民 初 读 书 人 的 憧 憬

社会科学文献出版社
SOCIAL SCIENCES ACADEMIC PRESS (CHINA)

# 序

罗志田

　　赵妍杰的书即将出版，她给我以写序的荣幸，我甚乐为之。在我指导的北大学生中，只有两位是从本科就跟我念书的，赵妍杰是其中之一。那时她的学位论文就选了近代中国的家庭革命。此后她到宾州大学（University of Pennsylvania）读硕士，接受了常春藤大学的系统训练。拓宽了视野后，回到北大继续跟我念博士，学位论文仍是家庭革命。这是一个非常重要却也艰难的题目，让她在后来投稿、申请项目的审查路上遇到不少磨难。

　　学位论文的选题，是一个长期困扰大学师生的问题。顾炎武提出的"古人之所未及就，后世之所不可无"①，是我所知的最高标准。其次则如陈寅恪所说，"能开拓学术之区宇，补前修所未逮"；进而"转移一时之风气，而示来者以轨则"。② 但这样的标准，恐怕对现在的博士生导师也太高了。相对实用的，是陈垣教子的论文标准，即"最好因人所已知，告其所未知"。盖若"人人皆知，则无须再说；若人人不知，则又太偏僻太专门，人看之无味"。③ 这可能是从顾炎武所说化出，不过大大降低了要求，且父爱所在，还稍带功利的考虑。

　　我自己教书时，是把这些前贤提出的可能选择都告诉学生（因为不世出的学人也许就在其中），同时建议他们不妨"现实"一点，取折中的标准。最简单的，是研究那些确实人人都想知、应知而未必知的人与事。这样容易被人接受，也有实际的贡献。稍难一些的，是处理那些人人都认为应该

---

① 顾炎武著、黄汝成集释《日知录集释·著书之难》中册，栾保群、吕宗力校点，上海古籍出版社，2006，第1084页。

② 陈寅恪：《〈王静安先生遗书〉序》（1934），《金明馆丛稿二编》，三联书店，2001，第247页。

③ 《陈垣致陈乐素》（1940年1月7日），陈智超编注《陈垣来往书信集》，上海古籍出版社，1990，第650页。

知道，或认为已经知道，而其实又未必知道，或不怎么知道，或知道得不清楚的内容。① 这类题目涉及的内容仿佛众皆认可，却需要厘正，可以对我们认识历史有实质的推进。

从前以为这样的选题虽不是最好的，却可能是较合适的。然而事实证明我对今日学界的了解不足，故教书不够"成熟"。因为不少后一类题目是别人以为已经"解决"的问题，无须继续探讨；或在历史上无足轻重，没有研究的价值。而刊物送外审，当然是送给本行的专家。行内的有些"定论"，就是他们构建出来的，故其很容易发自内心地以为没有继续探讨的必要。其结果，在外审路上走得坎坷的，不止她一人。②

任何老师当然都希望学生顺利，然若一开始就引导学生从功利角度选题，虽可能少些近忧，怕也失了远虑。学问是一生的事，境界的高低决定格局的大小。起始不能择高处立，以后似也难向远处行，所以我其实鼓励上述不"成熟"的选择。我也相信，由此起步，路上虽多一些波折，产生出来的成果会让我们的相关领域耳目一新。谨希望他们在感觉不如意时，可以借"从来好事多磨难"的旧说来安慰自己。

近代的家庭革命，就是一个人人认为已经知晓而其实所知不多的题目。在我看来，家庭革命是近代中国特异性的一个典型表现。因为我们一向都说家庭是温暖的港湾，在外面受了气的孩子可以回家取暖。美国人甚至认为维护家庭是无字的宪法，不容许任何撼动家庭的举措。但在近代中国，家庭这一多数人类社会历来看重的温暖港湾，却忽然失去了它在过去和外国都曾具有的广泛社会功能，特别是对其成员的护佑；并承载着大量新增的宏阔政治负担，被视为救国兴邦的桎梏，是一个阻碍国家民族发展的负面象征，成了革命的对象。

从清季开始就有人提倡"毁家"，入民国则"家庭革命"的口号一度广泛传播。家庭特别是所谓"大家族"式的家庭，成为需要改革甚或废除的

---

① 李大钊曾说，有些问题像"通货一样，因为不断的流通传播，渐渐磨灭，乃至发行人的形象、印章，都难分清"了。《再论问题与主义》（1919），李大钊研究会编《李大钊全集》第 3 卷，人民出版社，2006，第 3~4 页。所以这样的题材其实是不少的。

② 如学界的"常识"是中国的乡村在民国前期就已"破产"而又"落后"，为"先进"的城市兴起做出牺牲似乎也是应当的。挑战这样认知的代价，就是文章很难通过评审。

负面旧象征，甚至出现"万恶家为首"的极端说法。① 如果我们了解清末民初中国在世界地位的不如意，以及城镇青年读书人的种种不易，大致可以理解他们何以怀抱如此的憧憬。在很多看似说理的文章背后，其实隐伏着立言者身历裂变时代的痛苦和无奈。

巴金的长篇小说《家》主要就是表述这方面的诉求。这本书后来被译成英文，是美国许多大学里中国近现代史课程的指定参考书。书里的中国人都不喜欢家，试图摆脱家的束缚。那些阅读指定参考书的学生所认知的"近代中国"，也就成了一个亟须突破家庭桎梏的国度。其实当年"说革命"的人比"干革命"的要多，离家出走或许是很多青年的憧憬，却不必是普遍存在的现象。一般人对家虽有不满，还是喜欢的。如胡适比较顾家，就人人说好；而陈独秀和父亲关系不好，就常背上骂名。②

且不仅小说总要虚构，小说的阅读也常带虚构意味。巴金在《家》中所描述的家族式大家庭，本是基于自己家的实构，但那样几房主仆数代共居的大家庭是需要相当物质基础的，虽也总能见到，却不普遍。而多数家庭不过是祖父孙三代共居的"五口之家"（概称），仅比今人所谓"核心家庭"略大。所以，多数身处小家庭的读者，需要想象大家庭的压抑，并投射到自己生活之中，和自己原有的不满结合起来，以构建出一种可分享的共鸣。可知那样一种负面的家庭形象，原在虚实之间。

然而文学也是可以改变历史认知的。对那些阅读指定参考书的外国学生而言，巴金的书证实了中国是个与西方不一样的国家，大致符合所谓"东方主义"的心态。③ 而这样的看法成为"常规"的认知后，受此教育的学生

---

① 并非只有激进者才这么想这么说，通常被视为保守的熊十力到1950年仍说："家庭为万恶之源、衰微之本。此事稍有头脑者皆能知之，能言之，而且无量言说也说不尽。"《与梁漱溟》（1950年5月22日），《熊十力全集》第8卷，湖北教育出版社，2001，第651页。熊先生被不少人看作"新儒家"的代表人物，然而一位视家庭为万恶之源的儒家，总让人觉得有些讽刺意味。

② 罗志田：《他永远是他自己——陈独秀的人生和心路》，《四川大学学报》2010年第5期。

③ 德里克即曾指出，因"家庭主义"而使中国人显得"与众不同"，是"一种颠倒的'东方主义'，或者一些人所谓的'西方主义'"。阿里夫·德里克主讲《后革命时代的中国》，上海人民出版社，2015，第142页。

在后来的研究中也会这么想这么说，且反过来影响尊西的中国人自己对中国的研究。其结果，一个近代中国特异性的表征，在转了几个弯之后，竟让全世界的近代中国研究都带点特异的味道了。

后来的中国人愿意接受带有"东方主义"味道的外来看法，可能因为"家"已被人讲坏，巴金当年引起的想象，已内化为人们的基本意识了。也可能因为大家接受了"过去就像外国"的说法，以为当年本来就和现在不一样，所以那时的家庭或许就是不好。再加上五四以来反传统倾向的影响，（过去的）家庭既然不好，成为革命对象也顺理成章。人们受特定倾向的影响而转变眼光后，把变态视为常态而不自知，这样的例子也不少见。① 于是中外学界基本将近代中国家庭的负面形象视为一个正常现象。

原本正常的家庭被视为负面的，而原本反常的家庭革命反倒变得合乎逻辑，尤其是中外学界皆将非常视为正常，我们就可以知道家庭革命的重新研究有多需要了。尤其中国研究早已成为世界的，这类关于近代中国的世界性误解，特别需要正本清源，有所匡正。有世界眼光的年轻学人，应也责无旁贷。

理解和认识近代中国的家庭革命，也须了解它的认知史。所谓正本清源，就需要从基本的层面和最初的起点重新辨析。在时人的认知中，家庭革命的本意究竟是什么，就是一个非常需要厘清的问题。以提倡非孝著称的施存统当时就解释说："我们的脱离家庭，是脱离家庭里从家族制度所发生的一切关系，不是脱离家庭里的人；换句话说就是脱离家庭里的名分关系和经济关系，不是脱离家庭里什么人的感情关系。"② 这就很清楚地指出了：第一，家庭的要素是人；第二，家庭里人与人之间更基本的是感情关系，而不

---

① 同具诡论意味的是，有时也会出现把常态视为变态的现象。如中国长期是一个农业国，至少到抗战前并未出现较大的结构转变，大体维持着一个与前相似的常态。但在 20 世纪二三十年代，中国变化并不大的农村忽然被认为处于"崩溃"边缘，成了国家问题，就是一个典型的事例。参见梁心《现代中国的"都市眼光"：20 世纪早期城乡关系的认知与想象》，《中华文史论丛》2014 年第 2 期。

② 施存统：《"工读互助团"底实验和教训》（1920），张允侯等编《五四时期的社团》（二），三联书店，1979，第 433 页。

是经济关系。然而，从当年到现在，不论是揭露家庭问题的还是论证家庭应当被革命的，基本上避而不谈感情这一最根本的要素。换言之，家庭革命的本意从一开始就被追随者曲解了（后之研究者亦然）。

家里人与人之间的感情关系，就是我们常说的亲情。陈独秀读旧书比施存统多，知道中国自古就有"亲亲"的大原则，所以他强调，"现代道德底理想，是要把家庭的孝弟扩充到全社会的友爱"。可惜"现在有一班青年却误解了这个意思，他并没有将爱情扩充到社会上，他却打着新思想、新家庭的旗帜，抛弃了他的慈爱的、可怜的老母"。① 据说陈独秀自己曾实行"家庭革命"②，然而他的态度很明确，即使所谓新家庭的基础，仍是亲情；父母是慈爱的，趋新的年轻人不应抛弃他们。③ 这话出自一篇为新文化运动下定义的重要文章，且不可等闲视之。

"将爱情扩充到社会上"，或"把家庭的孝弟扩充到全社会的友爱"，正是"亲亲"宗旨的典型表述。一向反传统的陈独秀却把它转化为"现代道德"，因而也就成为这一宗旨的现代表述了。注意陈独秀对孝悌的理解并不是一些时人（以及今人）注重的尊卑以及压迫和屈服，孝悌的表现是"友爱"，而它的基础正是存爱之情。这才是凭考试得秀才的陈独秀之本色展现④，最能揭示传统可以无须创造就能实现所谓现代转化。不过他也指出，这样一种现代的"亲亲"仍是一个待实现的理想。一百年过去了，从今日的社会现状看，这理想还不好说已经实现，所以那"现代"的时间恐怕还很长很长。

当然，施存统和陈独秀的观念，也仅是关于"家庭革命"的各种观念

① 陈独秀：《新文化运动是什么》，《新青年》第7卷第5号，1920年4月，第3页。
② 《陈独秀与文学革命——胡适在北大之讲演（续完）》，《世界日报》1932年11月1日，第7版。如果这记录没错，说陈独秀实行"家庭革命"是胡适的原话，可知在革命泛化的时代，家庭革命也成为相对随意的表述。
③ 如前所述，陈独秀和父亲关系不好，这可能是他仅言母亲的一个潜在原因，但上句的"孝悌"表明，母亲更多是一个书写表征，他说的应只是母亲。
④ 陈独秀曾对蒋梦麟说："你所中的是策论秀才，不如我这种八股秀才值钱。"虽半是玩笑，却也揭示出个人心态和一种式微中的时代认知。参见蒋梦麟《谈中国新文艺运动——为纪念"五四"与文艺节而作》，《现代世界中的中国——蒋梦麟社会文谈》，学林出版社，1997，第201页。

之一部分。如果当年多数家庭中实际是有情有爱的，则家庭成为革命的对象或不过是一种移情。辛亥鼎革时很多人曾对未来充满希望，然而尝试共和的现实状况并不让人满意，人们确实容易处处看到"恶"的一面。朱文叔沉痛地观察到，当时的青年，一方面"痛詈万恶家庭、万恶社会、万恶国家"，另一方面自己"仍不能不在此万恶家庭、社会、国家中营不合理之生活"。① 这是怎样一种无奈，只有经历了才能体会。

尽管时人的不悦或因失望而生，不免有些夸大；然恶以"万"谥，并泛及种种，也足以表明不满的程度有多高。② 在这样的语境下，包括家庭在内的任何"革命"呼吁，都很容易得到追随和呼应。惟时人眼中虽所在皆恶，作为个人的对立面，"众恶"之间的关系又是非常复杂的。

在国家兴起的大背景下，"恶家庭"和"恶国家"的关联在于，只有走出"恶家庭"才能改善"恶国家"。被视为《大学》絜矩之道的"积家成国"观念③，很快被"为国破家"的倾向所取代④。尽管如此，老革命党张继在"五四"前夕还是以为，辛亥鼎革不过是中国的国门上"换了一块招牌，思想风俗一切全没有改"；看戏剧文学的样子，就可知当时的"思想仍是历史传来的家庭个人主义"。⑤ 而在留学生蒋廷黻眼中，1933 年的中国"仍旧是个朝代国家，不是个民族国家。一班人民的公忠是对个人或家庭或地方的，不是对国家的"。⑥

他们的不满都有特定的针对性，但仍可看出，家与国呈现出一种竞争性

---

① 朱文叔：《青年之烦闷》，《时事新报》1921 年 10 月 7 日，第 4 张第 1 版。
② 如郭斌龢注意到的，所谓"浪漫派"想要打倒的，包括"万恶之家庭、万恶之社会、万恶之制度、万恶之礼教"等，盖"凡不如其意者，无不谥之以万恶之名，置于打倒之列"。郭斌龢：《新文学之痼疾》，《学衡》第 55 期，1926 年 7 月，第 4~5 页。
③ 刑部郎中陈毅：《建言亟应保存礼部呈》（1906 年 10 月），故宫博物院明清档案部汇编《清末筹备立宪档案史料》上册，中华书局，1979，第 454~457 页；《〈云南杂志〉发刊词》，《云南》第 1 期，1906 年 10 月，转引自张枬、王忍之编《辛亥革命前十年间时论选集》第 2 卷，三联书店，1963，第 559 页。
④ 参见赵妍杰《为国破家：近代中国家庭革命论反思》，《近代史研究》2018 年第 3 期。
⑤ 《张继致〈新潮〉杂志》（1919 年 4 月 29 日），《新潮》第 2 卷第 2 号，1919 年 12 月，上海书店 1986 年影印本，第 366 页。
⑥ 蒋廷黻：《革命与专制》，《独立评论》第 80 号，1933 年 12 月 10 日，第 5 页。

的零和关系。两人都提到作为国家对应面的个人和家庭，尤其张继或许随口说出的"家庭个人主义"非常有意思——在家庭革命者心目中，家庭对个人的压抑，特别是对个人效忠国家的阻碍，本是其最主要的罪状。由于国家的凸显，两者却并为一谈，共为国家的对立面。而在胡适眼里，家庭和社会又同为个人的对立面。他曾赞扬易卜生写出了"家庭、社会的实在情形"，叫人看了"觉得我们的家庭、社会原来是如此黑暗腐败"，晓得"家庭、社会真正不得不维新革命"。①

在很多人的认知中，家庭与社会、国家呈现出一种能动的并联关系，不时在个人、国家和社会之间转换其"协同者"和对手方，特别能体现家在近代的暧昧特性。不过，尽管"为国破家"取向已经视"家"为妨碍"国"之维新的阻力，暗中仍沿袭着"国之本在家"的家、国共谋思路。与此相比，"恶家庭"和"恶社会"之间却有着直接的紧张，即"社会"和"家庭"之间原有的紧张并未因两皆"恶化"而消减，仍表现于"恶家庭"和"恶社会"之间，并形成新的纠缠。

把社会视为负面的，既可怕又强有力，是当年较普遍的看法和说法。如胡适所指出的，"社会的权力很大，网罗很密；个人的能力有限，如何是社会的敌手"？若"一两个独立的少年，不甘心受这种陈腐规矩的束缚，于是东冲西突想与社会作对"，需要很大的勇气。② 武汉的读书女性也慨叹"我们徒有服务社会的热心"，却缺乏"跳入社会的勇气"。③ 两者都没直接提到家庭，但尚未进入社会的男女个体，应当是生活在比较善良的家庭之中。故与社会对应的，正是那不言的家庭。

若返回清季去观察上述民初说法的发展脉络，其意思就更醒豁。梁启超在 20 世纪初年曾说，"幼而处家庭，长而入社会"。④ 到辛亥革命前夕，他乃明言社会"常以恶性充牣"，个人力量绵薄，"决不足以战胜恶社会"，故

---

① 《易卜生主义》（1918），《胡适全集》第 1 册，安徽教育出版社，2003，第 612 页。
② 《易卜生主义》（1918），《胡适全集》第 1 册，第 607 页。
③ 《武汉妇女读书会募捐启》，上海《民国日报·觉悟》1922 年 4 月 21 日，第 4 版。
④ 梁启超：《新民说》（1902～1905），《饮冰室合集·专集之四》，中华书局，1989，第 155 页。

"前此纯洁向上之少年，一入社会而与相习，则靡然化之"。① 前者还是平铺直叙的描述，后者已是褒贬分明的表达了。

与可怕的恶社会相比，家庭却是能产生"纯洁向上之少年"的地方，显然要良善许多。可知在那些强调社会"恶"的人下意识中，家庭其实是"善"的。至少可以说，"恶家庭"固然受到抨击，但与更"恶"的社会相比，家庭也相对不"恶"。正是在社会与家庭的对峙中，时人下意识中家庭不恶反善之念浮上心头，逐渐形成一种（善）家庭难敌（恶）社会的普遍认知。

问题是民初的生活方式已开始转变，至少城市中的年轻人，似乎不能不走出被视为封闭的家门而进入开放的社会（详另文）。尽管家庭革命更多是一个充满想象的城市论述，不少乡村以及小镇的年轻人也有着类似的向往。对他们而言，走出家庭也就是走出乡镇而进入城市，是个二位一体的希望。然而当年充满激情的年轻人不知道，放弃港湾的远航，或许可以走向辉煌，却也是一条真正的不归路。那些义无反顾的青年，进城后"因为穿上一袭长衫而无路可走，无饭可吃"②，最能体会在城市里那种举目无亲的无根之感。

且并非只有那些城市中新来的年轻人感觉不如意，对原已生活在城里的青年而言，既然脱离家庭，开始尝试一种不再"孤立"而互联互动的社会生活，同样是既充满期望，也随时随地遇到实际的烦恼。他们"在儿童时代，对于环境，仅间接闻师长言家庭、社会、国家如何如何，其意义与性质，究不甚了解。一届青年时代，则己即不能不与环境直接交涉，因而了解环境渐深切；了解环境愈深切，则愈觉环境之压迫之不能堪"。③

在这样的心态下，又加上五四学生运动的影响，本存紧张的个人、家庭和社会因并联而导致了进一步的质疑。许德珩观察到，自从有了五四学生运

---

① 梁启超：《中国前途之希望与国民责任》（1911 年 3～5 月），《饮冰室合集·文集之二十六》，第 31～32 页。

② 陈端志：《五四运动之史的评价》，香港中文大学，1973 年影印生活书店 1936 年版，第 351 页。

③ 朱文叔：《青年之烦闷》，《时事新报》1921 年 10 月 7 日，第 4 张第 1 版。

动，"大家觉得旧有的东西合于现在的人生与否，要发生个重要问题。所以对于社会、家庭和人生的生活，要发生个'为什么'的问题"。① 这个说法当然有些问题，因为质疑旧有东西的反传统风气比学生运动更早兴起，但学生运动有力推进了学生本身的进一步兴起②，可能强化了走出家门的风气。面对独立生活的不易，走出家门的青年更容易感觉到社会的压力，又受时风影响而移情于传统，并因质疑传统而延及当下的人生，遂提出基本的生活规矩也需要改变。

然而对新家庭和新生活并未产生出众皆认可的主张，也是五四人的共相。尤其当时能够走出家门的是哪些人，实际走出家门的又是哪些人，恐怕都是需要探究的。那时生活的转变虽明显可见，但对个体的人而言，究竟是生活变了，还是生活观念变了，也不妨有所斟酌。或可以说，时人对于家庭的不满，既有实际的，也有想象的，甚或向壁虚造的③，以及因对其他事物不满的移情。种种烦闷的情绪不仅使得家庭之爱未能扩充到充满了"恶"的社会，反而推动面向家庭的革命进一步展开。

同时，近代从家国同构到家国疏离，使新的国家观念无所附丽，个人对国家的效忠更难以落在实处，也使得"为国破家"不仅未达到革命者的预期，反而削弱了个人对共同体的"公忠"（前述张继和蒋廷黻的不悦，便揭示出在效忠对象的竞争中，国并未战胜家）。一些倾向革命者将此归咎为传统的家庭思想，秉持"革命尚未成功"的心态，试图继续推进这方面的革命。更因当年的家庭革命大体是坐而言超过起而行的，所以不少人对这革命的进展是很不满的。

当然，关于家庭革命的成功与否，至少有两种不同的观感：在不少支持者看来，对家庭的革命显然还不够，应继续推进；然而也有一些人

---

① 许德珩：《五四运动与青年的觉悟》，《国民》第 2 卷第 1 号，1919 年 11 月，第 7 页。

② 现代意义的"学生"之出现和兴起是近代一个重要的社会现象，五四学生运动进一步推动了学生的兴起。参见罗志田《体相和个性：以五四为标识的新文化运动再认识》，《近代史研究》2017 年第 3 期。

③ 胡适稍后曾描述当时中国的革命"大都是向壁虚造一些革命的对象，然后高喊打倒那个自造的对象"，家庭革命也多少带有类似的特色。参见《我们走那条路》（1930 年 6 月），《胡适全集》第 4 册，第 467 ~ 468 页。

不赞同甚至反对家庭革命，他们常有一些痛心疾首的表达，从反面提示至少其破坏的一面已经产生很大影响，这一革命也可以说相当成功。由于倡导家庭革命的新派后来得势，使得后世研究者更习惯革命并未成功的论述，并在此过程中不知不觉地弱化了对家庭革命实际影响的认知。也因新派之得势，反对家庭革命的呼声逐渐淡出我们的历史记忆，既存研究也较少论及。①

实际上，反对者的言说，是理解家庭革命不能不述的内容。本书对家庭革命的叙述，就始终在反思家庭革命"是否需要"这个问题，而作者也经常提醒读者注意"家庭革命"运动中沉默和受损的一方。赵妍杰尚不满足于此，在她的博士学位论文中，曾有专章讨论"家庭革命的对立面"，陈述那些不赞成甚至反对家庭革命的声音。盖从反对者的视角，更能看到家庭革命对人类一般伦理的挑战，及其实际影响之深远。详尽地再现家庭革命的对立面，能够为我们全面认识这一运动建立一个坐标轴，具有实质性的意义。然而正因特别重视，据说那个部分越写越大，只能另成一本专书，这次就没纳入本书。期待那本书早日完成，使我们对家庭革命的认识更周详也更深入。

而时人最具突破性的思考，是从基本层面思考家庭的重新定位，使一个破坏性的思绪表现出了建设性。胡适在表彰易卜生写出家庭革命的必要性时，表达了一个重要的意思——这样的易卜生主义，"表面上看去像是破坏的，其实完全是建设的"。② 只要去掉"完全"的定语，这个论断也适合于家庭革命本身。③ 前引陈独秀对"亲亲"宗旨的现代表述，就最能体现家庭革命的建设性。

借助今日的后见之明，可以说家庭革命是破坏与建设兼具的，不过前者

---

① 尽管中国从清末开始逐渐进入一种革命泛化的态势（参见罗志田《与改良相通的近代中国"大革命"》，《社会科学研究》2013 年第 5 期），若真有一个未曾遭遇反对的革命，那革命不是雷声大雨点小，就是声势不够显赫。家庭革命显然并非如此。

② 《易卜生主义》（1918），《胡适全集》第 1 册，第 612 页。

③ 按胡适一向注意革命的建设性，他曾强调："革命是为什么？岂不是为了要建立一个更好的中国？"胡适：《建国问题引论》，《独立评论》第 77 号，1933 年 11 月 19 日，第 5 页。从这视角看，家庭革命的建设性甚至可以说是与生俱来的。

显著、后者隐晦而已。而其破坏性，也不仅在于非孝等表面的口号，而在于改变了家庭中行事的规矩。如梁济注意到的，由于"子弟对于父兄，又多有持打破家族主义之说者。家庭不敢以督责施于子女，而云恃社会互相监督，人格自然能好"。① 这既是一个深刻的观察，或也有自己的经验做底子。在梁漱溟的记忆中，父亲对他"完全是宽放"的，甚至"很少正言厉色地教训过我们"。他"只记得大哥挨过打，这亦是很少的事"，他自己则"一次亦没有过"。② 梁济对大儿小儿的不同态度，提示出城市里趋新社群对"家庭督责子女"态度的转变时间。③

梁家长子梁焕鼐生于 1887 年，他能挨打的时间多半在 19 世纪之中。大致也就从世纪之交开始，家庭行为开始出现一个具有根本意义的变化。④ "家庭不敢以督责施于子女"的现象说明，清季兴起的破家之说，至少在趋新社群中已形成某种思想霸权，衍化为有力的社会约束，使督责子女成为"政治不正确"（political incorrect）的行为。"督责"当然是特指某种教育方式，然而家长的自我禁抑一旦形成，也会连带影响到整体的教育。结果是家庭拱手将教育的责任委诸社会，形成一种将培养教育"人"的职责层层向外推移的倾向。

需要注意的是，上述逐渐发展的走向滥觞于晚清。在这方面，康有为恐怕是开风气者。他的《大同书》写定虽晚，但其中很多主张早已向弟子传授。梁启超在 19 世纪末说康有为教弟子的内容，已包括"以大同为条理"和"以杀身破家为究竟"。⑤ 到 20 世纪初年述及康氏哲学思想，更说"家者烦恼之根"，故"不可不破家界"，其主要内容即解除家长的责任和负担，

---

① 梁济：《别竹辞花记》，梁焕鼐、梁焕鼎编《桂林梁先生遗书》，文海出版社 1969 年影印，第 442 页。
② 《我的自学小史》（1942），《梁漱溟全集》第 2 卷，山东人民出版社，1990，第 664 页。
③ 梁济常被视为守旧，但他有这样的自我约束，说明他未必是个"旧派"，至少不是一个单纯的旧派。参见罗志田《对共和体制的失望：梁济之死》，《近代史研究》2006 年第 5 期。
④ 所以后来易卜生主义的引进，最多促进了家庭应当革命的思路。当然，胡适关于中国的家庭革命受到外国影响的整体意思是不错的，从长远看，至少西方传教士的言说对家庭形象的负面化是起到推动作用的。
⑤ 梁启超：《〈仁学〉序》（1898），蔡尚思、方行编《谭嗣同全集（增订本）》，中华书局，1981，第 373 页。

"凡子女之初生也，即养之于政府所立育婴院；凡教养之责，皆政府任之，为父母者不与闻"。① 梁启超自己也认为，过去中国家庭成员皆"委弃其责任，而一望诸家长"，是造成家庭问题的一个重要原因。故主张兴家之道在家长之待其子弟，当"还其权利而不相侵"，则其"自能各勉其义务而不相侠"。②

康有为的"破家界"主张已明确提及父母不必负教养之责，而梁启超复依据西来的权利、义务思路处理家庭成员之间的关系，侧重的是理性而非感性。尽管他们并未将其所思所论贯彻到自己家中，表述的更多是对于中国或人类社会"应该如何"的思考，偏于"客观"的"理性"，类似于傅斯年所说的"学院问题"。③ 然而很多时候，实际造成破坏的未必都是正面提倡破坏的激进主张。这类理性主张对家庭关系的瓦解作用，或不逊于稍后更直接的"毁家"之说。梁济对其治家行为的主动约束，就表明这类见解已形成社会影响；施存统后来不得不辨析家中的经济关系和感情关系，亦循此时所开之先河。

把家庭责任外推的主张，牵涉到古人一个重要的制度设计，即《礼记·礼运》中未及言明的家庭功能。④《礼运》是这样说的：

> 大道之行也，天下为公。选贤与能，讲信修睦。故人不独亲其亲，不独子其子，使老有所终，壮有所用，幼有所长，矜寡孤独废疾者，皆有所养。……是谓大同。

这样的美好是面向未来的努力目标，而现实的情形则近于《礼运》所

---

① 梁启超：《南海康先生传》（1901），《饮冰室合集·文集之六》，第 76~77 页。
② 梁启超：《新民说》，《饮冰室合集·专集之四》，第 3、58 页。
③ 《中国学校制度之批评》（1950），《傅斯年全集》第 6 册，联经出版公司，1980，第 122 页。
④ 任何制度，特别是为长远计的制度，都立足于当下而针对着未来。从《周礼》的内容看，无论它何时写定，都是针对封建（中国古义的封建，不是"五种社会形态"意义的封建）社会的制度设计。故《周礼》可以写定于秦汉大一统时代，却不可能是大一统时代写作的文献。《周礼》如此，为它作解的《礼记》亦然。

说的：

> 今大道既隐，天下为家。各亲其亲，各子其子。……礼义以为纪，以正君臣，以笃父子，以睦兄弟，以和夫妇。……是谓小康。

古人很清楚，现世的社会最多也就是按《礼运》中的小康模式处理。故以礼义为纪以亲其亲、子其子等责任，正落在并未言明的家庭①之上，而不在今日意义的"社会"和"国家"。孟母择邻而居，说明古人意识到外在社会的影响力。而从"养不教"和"教不言"的区分看，家之外的学塾、老师等，更多是承担技术性的任务，教养的基本责任仍在家庭。

至于大同之世，据《礼运》所说，从"老有所终"开始的各项养育责任，显然不在家庭，而在家之外。具体何在，虽未言明，似也无须言明。因为那是天下时代的理想型设计，而天下是人人共有的。到近代天下崩散，转化出国家、社会等范畴，这未言明的责任究竟在国家还是社会，就成为一个不能不厘清的重要问题了。

晚清推行新政时，"官"和"公"皆非"私"而又有别，两者的对应项，大体就是今日所说的国家（state）和社会。②但在民初的言说里，"公"与"官"的界限开始模糊，很多时候，"公家"成了政府的同义词。各项事业的公立、国立之分逐渐含混，却也仍存疑问，如易家钺就意识到这个问题尚未解决，故主张把"儿童的抚养，一委之于国家，或其他公共团体"。③隐伏在这谨慎表述背后的，是一个根本的问题：在后天下时代，原属家庭的责任脱卸之后，究竟是国家还是社会来承担？两者可以说是天差地别，不能不认真辨析。

康有为其实知道，孔子虽深心厚望于大同，"但以生当乱世，道难躐等；虽默想太平，世犹未升，乱犹未拨，不能不盈科乃进，循序而行"，

---

① 此指时人所谓五口或八口之家，而非与国相近而稍小的分封组织。
② 这个问题需要专文探讨，一些初步的看法，参见罗志田《革命的形成：清季十年的转折（上）》，《近代史研究》2012年第3期。
③ 易家钺：《陶履恭与家庭问题》，《家庭研究》第1卷第1期，1920年8月15日，第31页。

故《礼运》"多为小康之论"。不过他又称"今者中国已小康矣"，自不能"泥守旧方"，而当"求进化"。故向大同推进，也可以说是循序而行。①

不过康有为可能对《礼运》本身和他自己所处的时代皆有误读，《礼运》固"多为小康之论"，仍是理想型的论述，所论大体是努力的目标，而非现状的描述。至于19世纪末的中国②，可以说是典型的"乱世"。视之为小康，已是相当乐观的看法。这时要"求进化"而言"破家界"，就是要在一个天下为私的时代尝试天下为公的设想，恐怕不能不说是"躐等"了。

其实康有为也是身在小康而口说大同，基本仍是为将来说法。但如前所述，阅读也有虚构和想象。一些人或即因此，而把它当成了"现在进行时"的表述。似这样阅读的人恐怕还不少，所以才能形成某种社会性的"舆论"，使梁济这类人不得不身自检点，在家中"不敢以督责施于子女"，而期待社会的"互相监督"。

问题在于，教育子女的事总要有谁接手。若家庭全然将子女教育的责任委诸社会，社会是否能承担这样的责任，以及是否做好了这样的准备，都成问题。且康有为本来把"破国家"与"破家界"并列，却又让政府承担人出生后的教养责任，反强化了国家的责任。而同样的问题是，国家是否能以及是否准备好承担这样的责任呢？

以释放家庭责任来"破家界"，已可能从根本上改变家庭在社会中的位置，却还是间接的。而近代人也曾直截了当地尝试为家庭重新定位。钱穆注意到，北伐定都南京之初，在国民政府的立法会议中讨论婚姻法时，竟然论及"夫妇结合是否应定一期限"，如可否"以三年为期，到第四年或离或否，再订新约"。钱先生对此甚为不满，以为建政定都，应先讨论"如何救国"的政治建设问题，据此"可见当时党内之无人"。且革命派在清末原是

---

① 《礼运注·叙》（1884），姜义华、张荣华编校《康有为全集》第5集，中国人民大学出版社，2007，第553页。

② 康有为自署他的《礼运注·叙》作于1884年，实际写作时间或晚一些。

与康、梁维新派对立的，国民党因自己无学术准备，反受康有为《大同书》影响而首论婚姻问题，或有忘本之嫌。①

钱穆提及的蔡元培、吴稚晖等党国元老，原本受无政府主义影响，执政后不免"以权谋私"，试图以政策法规来贯彻自己信奉的主义，还真不能说是没有"学术准备"。且经过家庭革命的洗礼，民初不少人把家庭的存在视为"过渡"或"偶像"——陈独秀就说，"当此过渡时期"，像"'国家'、'民族'、'家族'、'婚姻'等观念，皆野蛮时代狭隘之偏见所遗留"，不妨"悉数捐除"。② 在傅斯年"只承认大的方面有人类，小的方面有'我'"那句名言中，家族和国家都是"我"和人类中间无须承认的"偶像"。③ 在这样的氛围中，考虑是坚持还是重构以家庭为基础的社会模式，也不必非受康有为影响不可。

自从所谓文明社会形成以来，婚姻的有效期问题能进入立法机构的正式讨论，且时间短到仅维持数年，这在全世界都是极其罕见的。一个新政府应当先关注什么，钱穆当然有他的考虑。然而蔡元培等人也不一定是找不到急迫的"正事"做，反表现出一个新朝肇始的深谋远虑。毕竟在人类漫长的历史中，家庭，特别是一夫一妻制的家庭，过去不是唯一的"正确"形式，将来如何，至少也是可以思考的。④ 从维护家庭的视角看，把婚姻的契约年限化显然是负面的。但这样高瞻远瞩的思虑，最能表明近代中国士人因受到空前的冲击和震动，对人类社会基本问题的反思有多认真。

回到基本层面思考根本问题，可能是近代中国思想在整个中国历史上的最大突破和贡献。因为在典范具有威权的承平时代，一般人都思不出其位。近代遭遇数千年未有的大变局，大难之下，既存典范倾覆，思想空前解放；那时不仅传统开始崩解，也有新思想资源的出现，具有澄清天下责任的士

---

① 钱穆：《学术与风气》（1962年11月），收入其《中国学术通义》，《钱宾四先生全集》第25册，联经出版公司，1998，第311页。

② 陈独秀：《答钱玄同》，《新青年》第4卷第4号，1918年4月，第356页。

③ 傅斯年：《〈新潮〉之回顾与前瞻》（1919年9月），《新潮》第2卷第1号，1919年10月，第205页。

④ 关于婚姻的基本意义和可能发展，参见 Stephen Macedo, *Just Married: Same - Sex Couples, Monogamy, and the Future of Marriage* (Princeton University Press, 2015).

人，或被动或主动，开始重新思考一些人生、社会甚至人与自然关系等基本问题。他们在文化方面的创获，虽未必"系统全面"，却远比我们已经认知的更多、更大。家庭的重新定位，就是此类基本思考的一个部分，我们切莫低估了时人思想的长远意义。

无论如何，试图以立法来确定婚姻的契约年限，是中国近代史上一个极为重要的现象，过去很少引起注意。也只有像钱穆那样敏锐的史家，才隐约感觉到这是一个"非常"的现象。赵妍杰这本书的主体部分是在北伐之前，但她仍开篇就点明了此事所具有的重大突破意义。书中更有大量的篇幅讨论时人如何想象一个无家庭的未来、试图构建一个家庭弱化（甚或无家庭）的理想社会。这些思考不一定出自思想史上被看重的大人物，却是非常严肃而且具体的。

根据梁漱溟的定义，文化就是"生活的样法"，特别是"一民族生活的样法"。① 从生活样法的视角看，家庭的责任外推，已是中国文化一个了不得的大转变。而近代读书人关于一个家庭弱化甚或无家社会的进一步思考，可能带来更大的变化。不排除当年那些人受到外来主义的影响，但其思路仍是从传统走来，延续着孔子开始的思考。②

当然，以释放家庭责任来"破家界"，甚或以法律的形式重新定位家庭，是一个名副其实的"系统工程"，需要国家和社会的全方位配合。不先在这些方面认真准备，径直在家庭之上猛下功夫，在当下显然有不小的破坏性。然而从长远看，这样的尝试至少在思想上具有相当的建设性。

过去很多人把家庭革命的破坏一面作为常态来接受，却很少顾及家庭革命那建设性的一面。重访家庭革命的意义，于此显现。尤其革命者在执政后竟欲推行钱穆所谓"政府来革社会的命"这样一种"在朝革命"的尝试③，

---

① 《东西文化及其哲学》，《梁漱溟全集》第 1 卷，山东人民出版社，1989，第 380~381 页。

② 当年联合国成立时，中国政府曾把上引关于天下为公的一段话写下来，作为正式礼物送给联合国。可知在时人的心目中，这个面向未来的设想，可能是中国对今后世界做出的重要思想贡献。

③ 钱穆：《革命与政党》（1951），收入其《历史与文化论丛》，东大图书公司，1979，第 165~167 页。

使得一个在参与者和呼应者的视野中并不那么成功的革命，实际已推进到人类历史上罕见的程度。这样一种认知和实践之间的极大落差，过去基本是视而不见的，也是家庭革命这个题目最为吃重的难点。认识到这一落差的存在，展现出家庭革命那寓建设于破坏之中的特性，是本书不小的贡献。

其实近代人提出的问题我们仍在因应。从儿童开始的教养在家庭和学校系统之间如何分工，是今天不能回避的一个重要议题。而且我们仍延续着他们的思虑，还在努力把教养的责任从家庭剥离。或可以说，我们和主张家庭革命的一代，是李文森（Joseph R. Levenson）所说的"同时代人"。[①] 如今幼儿园逐渐成为一种必需，以便把父母从照顾孩子的家庭责任中解放出来。带有诡论意味的是，这样的"解放"不是让父母可以更轻松，而是方便他们去上班！

孩子能否进入以及进入什么样的幼儿园，是今日所有父母特别关心的问题。随着义务教育体制的引进、确立和发展，幼儿园逐渐被命名为"学前教育"，视为一个"教育"阶段，以纳入国家的教育体系。对此有人赞同也有人反对，其间仍可见后天下时代国家和社会的紧张——赞同者希望进一步把社会的功能和责任归于国家，以更加有序；反对者主张让社会多承担一些责任，以减轻国家的负担。这样的思维惯性已经形成，很少有人反向思考，即发挥家庭在教养中的作用。

很多人似乎忘记了，所谓的"学前教育"，本是家庭教养责任所剩不多的部分。我们当然需要关心那些已经身负重任的年轻父母，为他们减负。然而不论社会还是国家，都不是万能的，也不见得永远精力充沛。在无穷尽的责任压迫下，它们完全可能精疲力竭（尤其是国家）。我们不要忘了家庭这个要素本身。与其让国家或社会承担儿童教养责任而吃力不讨好，是不是可以考虑让它们直接为年轻父母减负（例如在几年的时间里为父亲母亲提供不低于人均工资的补贴），而让家庭在教养方面重新"焕发青春"？

更重要的是，在可以预见的时间里，一个家庭弱化的社会是不是就更理

---

① Joseph R. Levenson, *Liang Ch'i - ch'ao and the Mind of Modern China*（Berkeley & Los Angeles：University of California Press, 1967），pp. 5, 212 - 214.

想，其实还大可斟酌。家庭与社会、国家的最大区别，就是有情。人类的问题是不是全都依赖冷若冰霜的理性解决，而无须考虑温情脉脉的感性因素？① 甚或像法学家一样，永远以人性恶的一面为思考的出发点？不妨重温陈独秀对"亲亲"宗旨的现代表述——"将爱情扩充到社会上"，也许就是改善未来世界的一个法门。

近代中国传统日趋崩散，新的思想资源也凌乱无序。以澄清天下为己任的士人，在不断的纠结和挣扎中，一面收拾外来学理，有意无意之间又结合散乱零落的传统因素，反思人与人的基本关系，试图重整文化秩序。从清季开始，"家庭"成为代表"旧"的主要负面象征之一，逐渐沦为革命的对象。这是人类历史上少见的现象，形成中国"现代社会"与传统社会的一大差异，也产生出一系列的社会问题。而后来一系列对家庭的"维新"思想，到今天还在影响我们的生活。重访曾经发生的家庭革命，获取陈寅恪提倡的"了解之同情"，不仅可以解答历史的疑惑，对于认识当前的社会，以及展望未来的社会，都可以有重要的启发。是为序。

2019 年 9 月 29 日
于青城山鹤鸣山庄

---

① 马克思和恩格斯告诉我们，资产阶级"撕破了笼罩在家庭关系上面的温情脉脉的纱幕，把这种关系变成了单纯的金钱关系"（马克思、恩格斯：《共产党宣言》，中共中央马克思恩格斯列宁斯大林著作编译局编译《马克思恩格斯全集》第 4 卷，人民出版社，1958，第469 页）。在推行市场经济的时代，在带有"资产阶级思想"的市道逻辑冲击下，家中的温情因而淡化甚或淡出，使家庭的港湾不那么温暖，也并非不可能。

# 目 录
CONTENTS

## 第三部分　情感对制度的冲击：新婚姻观念的几个核心主张

## 第四部分　个人与互助：家庭革命的社会脉络

# 引 言

国民政府定都南京后，立法院进行了《民法》修订工作，其中一项重要的议程就是制定《亲属法》。① 1930 年 4 月 18 日，立法院院长胡汉民邀请全国教育会议参会人士至立法院进餐一叙。胡汉民抛给诸位教育专家三个问题：

一，姓的问题。要姓？不要姓？如果要姓，应保父姓抑应从母姓？

二，婚姻问题。要结婚？不要结婚？如要结婚，早婚或迟婚有无限制？

三，家庭问题。要家庭？不要家庭？如果要家庭，是大家庭好，还是小家庭好？②

在场的蔡元培主张不要姓，因为用父姓不公道，而用母姓也不妥当，应该"用别称符号来代替"。他说："在理想的新村里，不结婚好。因为在这新村里面有一人独宿的房间，亦有两人同居之房间，有跳舞场、娱乐室，种种设备应有尽有。两人要同居住之前，应先经医生之检查，并须登记。如是则将来生下男女可有标识了。"

李石曾则从进化意味着家庭从大到小、从有到无的观点出发，以为：

① 胡汉民在立法院第十次会议上，任命傅秉常、焦易堂、史尚宽、林彬、王用宾等五人为民法起草委员会委员，并聘请王宠惠、戴季陶以及法国专家宝道（M. George Padoux）为顾问。1930 年之前，民法起草委员会已经完成了《民法·债编》《民法·物权编》，此时正在修订《民法·亲属编》，参考春杨《略评胡汉民之立法主持活动》，《法学评论》2000 年 6 期，第 152 ~ 156 页。

② 《民法上姓、婚姻、家庭三问题之讨论》，中国国民党党史会编《胡汉民先生文集》第 4 册，中国国民党党史会，1978，第 870 ~ 871 页。

"婚姻制度和家庭制度均随社会而演进，将来的解决一定均趋于缩小的途径，婚姻缩小，至于不结婚，家庭缩小，至于个人的生活，同时或须有合作社性质的组织，如蔡先生所说一样，总之这是演进的东西，不能有肯定的答案。"换言之，结婚仪式由繁至简进而至于无仪式的同时，家庭将由大变小，进而至于无家庭。

蒋梦麟则认为："五十年内结婚是需要的，五十年后有人说那时性病便已截止，那末不结婚也不成问题了。"就家庭而言，"五十年以内是要的，至要大家庭或小家庭，应视经济社会发达的情形。在农业社会需要大家庭，在工业社会需要小家庭。到五十年后，便是另一个问题了。到五百年后，那么更不可思议了"。吴稚晖则认为社会还是需要姓和婚姻的，但是主张废除家庭。[①]

几天后，胡汉民进一步指出，酒席上的讨论除了吴稚晖外都是正经话。[②] 姓、婚姻和家庭的有效性进入了正式的讨论，虽然没形成什么具体的决议，却也表明时人在认真思考新的社会组织形式，其意义远不止于废除家庭一义。从这些教育界、政界、思想界巨擘的言论中不难窥见当时的风气。

钱穆后来曾说，北伐定都南京之初，诸位国民党元老关于《婚姻法》的讨论，无疑是受了康有为《大同书》的影响。[③] 立法委员罗鼎也指出，国民政府根据党义、国情和潮流对《民法》中的"亲属继承编"进行修订时，立法者曾经认真思考姓氏、婚姻和家庭的存废问题，结果将新文化运动以来强调男女平等、肯定国家主义而否定家族主义生活的原则法条化。虽然法律条文中保留了家的概念，然而此时的家庭已经与昔日家庭的精神内核相去甚远了。家庭已如"空中楼阁，毫无切实之基础"了。[④] 到中华人民共和国时期，以人民公社的形式尝试打破家庭的边界，让人们过集体主义的生活，建

---

① 《人生三事：姓氏、婚姻、家庭》，《时事新报》1930 年 4 月 21 日，第 1 张第 2~3 版。

② 胡汉民：《姓要呢不要呢、要结婚么、家庭要呢还是不要：从立法的见地作解答，胡汉民氏再发表意见》，《时事新报》1930 年 4 月 26 日，第 1 张第 2 版。

③ 钱穆：《中国学术通义》，台湾学生书局，1975，第 257 页。感谢罗志田教授提示笔者注意这条材料。

④ 罗鼎：《亲属法纲要》，大东书局，1946，第 245 页。

立一个社会主义大家庭，恐怕也不无家庭革命的影子。

这种超出常规的思考并非一时兴起之论，而是早就孕育在过渡时代的土壤之中。较早，康有为就详细探讨了男女无婚姻、无家庭的大同世界，① 章太炎则阐发了超越一切人类组织的"五无论"（无政府、无聚落、无人类、无众生、无世界），② 蔡元培曾描绘无婚姻的"新年梦"，③ 刘师培则构建了人类均力而且无家庭的世界。④ 这些废家的言说在五四前后进一步发酵，转为构建一种具体的、全新的社会模式。1920 年代，新青年尝试新村和工读互助团，正是试图践行废除家庭的共同生活。⑤

家庭革命超越了今人对革命与改良、激进与保守的划分，成为不少时人共同的诉求。例如，青年毛泽东就曾观察到，五四后，"甚至国家要不要，家庭要不要，婚姻要不要，财产应私有应公有，都成了亟待研究的问题"。⑥ 被视为新儒家的熊十力也曾说过："家庭为万恶之源、衰微之本，此事稍有头脑者皆能知之，能言之，而且无量言说也说不尽。"⑦ 对号召家庭革命的人而言，家庭革命仿佛万灵药一般能使个人、社会和国家摆脱困境。这是一个需要更加深入认识和解释的现象。

中国的"道"讲的恰是承认人类共通的价值和人类尊严。⑧ 在近代中国，从"天不变，道亦不变"到逐步承认"道出于二"，再到后来实际衍化为以西学为基础的"道通为一"。在这三个阶段中，"道"从普适于"天下"（即全人类）的大方向，缩小为中西学区分下的区域成分，再重新上升

---

① 《大同书》，《康有为全集》第 7 集，第 3～188 页。

② 《五无论》，《章太炎全集》第 4 卷，上海人民出版社，1982，第 432～434 页。

③ 《新年梦》，《蔡元培全集》第 1 卷，中华书局，1984，第 230～242 页。

④ 申叔：《人类均力说》，葛懋春等编《无政府主义思想资料选》（上），北京大学出版社，1984，第 65～72 页。

⑤ 张允侯等编《五四时期的社团》（2），三联书店，1979，第 37 页。

⑥ 《健学会之成立及进行》，《毛泽东早期文稿》（1912 年 6 月～1920 年 11 月），湖南出版社，1990，第 364 页。

⑦ 《与梁漱溟》（1950 年 5 月 22 日），《熊十力全集》第 8 卷，第 651 页。

⑧ 余英时：《我对中国文化与历史的追索——在 2006 年克鲁格奖颁奖仪式上的演讲》，《中国文化》2007 年第 1 期。

为"世界"通行的模式，惟"道"已是外在的了。① 在道的转换过程中，中国家庭的理想类型也由传统的同居共财的"大家庭"转变为异居分财的"小家庭"。然欧化之小家庭理想转而又受到俄化家庭生活的进一步冲击，形成家庭革命复杂的历史样态。家庭之理想类型的解体、重建与近代中国的历史演变互为因果。或可说，家庭革命既是近代中国社会变迁的产物，又反过来催生了更大的社会变动。

儒家思想、科举制度、政权和礼仪法律的崩解催生了以家庭作为革命对象的思想倾向。按照张灏先生的解释，传统政治秩序的基础乃是皇权制度、士绅阶层和正统儒家思想。但是在近代，三元组合在西潮、西力的冲击下崩解。共和取代了王权，政治制度的解体则从戊戌维新开始。② 王汎森先生也曾指出："传统思想及伦理纲常至少有四个重要的建制性的凭借：科举、法律、礼仪及政权，它们在 20 世纪初次第倒台，使得原来紧紧依托于它们的传统思想与纲常伦理顿失所依，从而也使一个广大的群众随着它们的消失而茫然失措。"③

潘光旦就曾痛陈："国人患自馁心理久且深矣；自馁心之所至，至认种种不相干或不甚相干之事物为国家积弱之原因，从而大声疾呼，以为重大症结，端在乎是。"④ "家庭"就是这样一个被视为"国家积弱之原因"而沦为被革命的对象。首先是朝廷放弃了"孝治天下"的传统，采纳富强为新国策。一个明显的表现是，当国家越来越偏离传统的轨道，作为伦理的孝道在上无所凭依、摇摇欲坠，在下又遭遇新教育、经济生活变迁的冲击，慢慢从个人实际生活中淡出。

作为崛起中的政治力量，国家催生了一种全新的政治意识形态，似乎具有不容置疑的政治正确性。而以家为中心的生活方式遭到了严重的质疑和批

---

① 罗志田：《近代中国"道"的转化》，《近代史研究》2014 年第 6 期。
② 张灏：《一个划时代的运动——再认戊戌维新的历史意义》，《幽暗意识与民主传统》，新星出版社，2006，第 154 ~ 156 页。
③ 王汎森：《思潮与社会条件——新文化运动中的两个例子》，《中国近代思想与学术的系谱》，河北教育出版社，2001，第 221 页。
④ 《中国之家庭问题》，《潘光旦文集》第 1 卷，北京大学出版社，1993，第 168 页。

评，成为中国所谓落后的肇因。朱经农在致胡适的信中直言："中国人的头脑，只知有家，不知有国。没有国魂的国家，在二十世纪站得住么？我并不是说家庭的范围应该打破，但是国家比家庭更要紧，所以要把个'国'字放在'家'字头上。"① 当读书人期待在国家层面团结和凝聚国人时，他们也期待在日常生活方式方面重塑国人。在强调"国"的同时，时人有意无意中忽视了家庭在传统社会所承担的积极和正面的功能。

杜亚泉也曾提倡"推家族之观念而为国家之观念"。在他看来，家族观念妨碍了人民直接对国家负责和人民参与国事的热情。他说："今既由君主私有还而为吾民所共有矣，则其荣其辱、其存其亡均与吾有直接关系，亟宜推承先虑后敬宗睦族之义扩而为合群保国捍患御辱之心。"不过，他也意识到爱国并非终点，进一步"由国家观念，进而为世界观念，以求进步"。②

如果说杜氏设想的是由爱国进而爱世界，而五四后则设想由破家进入个人主义时代，就有人希望将社会从"家族主义之社会"过渡到"个人主义之社会"。在他们看来，家庭制度将影响国体和政治。所谓"家庭专制，而国体共和，如冰炭之不兼容"，故"我国政治革命之失败"的原因就在于"吾人无力推翻与国体不相容之家族制度耳"。他们进一步说："家族制度，吾国万恶之母也，家族制度不去，吾国民将无发现自动力爱国心之日矣。"这两位作者甚至宣称要"缩小家族而成个人主义"或"长大家庭而成社会主义"。③ 换言之，在国家、世界、个人、社会的地位先后急剧上升之时，家庭的地位渐趋边缘。

思想激进的读书人用"革命"将国与家关联起来。不仅政治需要革命，家庭也需要革命。趋新时人视家庭为国家的缩影，并将父权与君权对应，由政治的专制进而批评家庭的专制。他们提倡的是祖宗革命和三纲革命，反对崇拜祖宗，呼吁改革宗法观念，以行家庭革命。他们提倡父子、夫妇平等。国与家虽密不可分，但是家庭毕竟是血缘组织。民初就有人指出：

---

① 《朱经农致胡适》，《胡适来往书信选》上卷，社会科学文献出版社，2013，第44页。
② 高劳：《国民今后之道德》，《东方杂志》第10卷第5号，1913年11月1日，第4~5页。
③ 邰光典、宝贞：《新家庭》，《妇女杂志》第7卷第1号，1921年1月5日，第5~8页。

> 家庭之性质与政府迥然不同。家庭者，系血统之亲，不得借口于政治革命而遂演成家庭革命之惨剧也。嗟乎！政治革命元气未复而又提倡家庭革命。吾恐不肖之子亦为口实。不至背逆伦常、荡产倾家、流为匪类不止，其妨害民国前途岂浅鲜哉！①

在传统中国社会，皇帝既是权威的象征，也是秩序的来源。辛亥革命虽然没有发生像法国大革命那样震撼人心的弑君事件，然君主制度的废止也影响深远。皇帝的消失让依附于其的权威秩序砰然倒塌，一整套传统的价值系统亦随之逐渐崩塌。曾经整合学术、政治和教育的象征不复存在了，这意味着以君比父、化家为国的传统就此中断，这对普通人造成的道德权威的困惑不可低估。

换言之，辛亥革命不仅标志着皇权的衰落和传统政治制度的崩溃，而且引起了支撑此皇权制度的诸多伦理、社会、教育制度的崩解。政治制度的变更导致传统皇权、宗法和孝道互为表里的关系不复存在。传统的价值系统受到巨大的冲击，宗法社会渐渐崩塌。原本具有合法性和权威性的君上、父亲、丈夫的权威一落千丈，家庭革命就是在这样一个经典和权威淡出的语境中产生的。

与此同时，曾经被尊崇的孔子由圣人一变而为史家、教育家。在反正统的脉络中，孔子形象大不如前，从前的"圣人"被塑造成鄙陋、利欲熏心、排除异己的小人，这进一步导致孔子在读书人心目中地位下降，而圣教作为权威来源、行动指南的地位也一去不复返了。

瑟庐就说与其把民国以来的"闹帝制，闹复辟，闹驱逐总统，出了不少奇形怪状的人物，演了许多奇形怪状的把戏；以致财政竭蹶，外交失败，兵火连年，灾荒遍地，饿殍载道，群盗如麻"归罪于军阀、官僚和政客，不如说是家庭的问题。他说："不良的个人，都是不良的家庭中陶铸出来的；不良的国家，是不良的家庭集合成功的。"在这个意义上，他认为："中国的家庭实在可说是万恶之原。"他进而号召："如果要谋中国的进步，

---

① 质言：《斥主张家庭革命之非》，《国民公报》1913 年 1 月 31 日，第 2 版。

只是从事政治的革命，决不能达到目的；必须大家努力，从根本上向这腐败的旧家庭革命，才有效果可说。"① 家庭革命口号中蕴含了知识分子对理想的人生、社会和国家的重新认识和定义，也体现出他们期待通过家庭革命来解决各种国家和社会问题的初衷。

科举制度的废除以及新式教育的兴起是家庭革命肇兴的另一个重要语境。新教育培养的是西洋的科学知识、自由平等学说以及国民意识。家庭革命的流行和新学堂学生向往革命以及革命党的先后成立有密切的关系。山西举人刘大鹏就观察到："人心不正，莫甚于斯时。至学堂之学生，尤不正之至者矣，学生所学，一以西人之学为宗旨，无父无君，皆习为固然，故入革命党者十居八九，时局不甚可畏哉！"② 革命党人秋瑾就不只提倡"革命当自家庭始"，而且身体力行，与丈夫离婚，东渡日本并参与政治革命活动。

传统中国治学读经与道德养成具有相当程度上的一致性，而西学在中国的传播颠覆了建立在传统学术基础上的道德。原本到了清代，中国学术道德传统就开始向知识传统转化。③ 到了晚清，从形式到内容都模仿西方的新教育强调以传授知识为主，而以孝悌忠信为根本的家庭教育进一步被边缘化。传统士人的教育以家庭为基础，子弟读书则多靠父兄的督责。晏始就观察到了家族制度衰亡的原因之一乃是受到国家权力扩张的影响，教育权力由家庭转给国家。他说："在从前的时候，各家的子弟，都归各家庭延师教授，教育权握在家长的手中。到了近代国家制度发达，教育成为国家重要的文化任务；最基本的国民教育固然不必说，便是关于专门技术的教育，也归国家所经营。于是家长的教育权，全部移入国家之手。"④

新教育极大地改变了父亲对儿子的权威。四书五经教导人们孝敬父母。在耕读社会，人们模仿读书人孝顺父母，即便没有受过多少教育的父母也能得到饱读诗书的子女的尊敬。父母除了扮演子女典范的角色，也是孩子自我

---

① 瑟庐：《家庭革新论》，《妇女杂志》第9卷第9号，1923年9月1日，第3页。
② 刘大鹏：《退想斋日记》，1907年3月4日，山西人民出版社，1990，第158页。
③ 《余英时访谈录》，中华书局，2012，第204页。
④ 晏始：《家族制度崩坏的趋势》，《妇女杂志》第9卷第9号，1923年9月1日，第23页。

认同的基础。而新教育以输入新知为基础，父兄对教育内容的陌生自然降低了他们的权威。伴随着教育从家庭父兄手中转移到国家手中，家庭在文化和知识传承中的地位大大降低了。

受非孝说以及新文化运动的冲击，父权受到前所未有的挑战。父亲已经不是权威和秩序的象征，而是压制的代表。父辈昔日的经济和政治能力也受到城市经济和共和政体的挑战，其对晚辈的实际控制能力逐渐减弱。青年接触到了新的服饰、饮食、娱乐、居处，不愿再回到乡间。进了城的学生不情愿按照父辈的生活方式结婚、劳作、担负家庭责任。家庭革命、家庭改造的呼声刺激着过渡时代身处家庭之中的人们。

换言之，在新文化潮流的鼓荡之下，新青年几乎宣布了父权的死刑。原本君父并称，互相援引，父亲的地位本已因君的消失而大大地衰落。与"君主"一样，"父亲"成为家庭中的"暴父"、野蛮专制的象征，其道德权威不复存在。总体而言，君主、圣人和父亲地位的下降以及权威的散去，结果自然是人们对中国旧式家庭丧失信心。

在政治上反对复辟、维护共和的新文化人将革命的号角吹到了家庭内部。他们试图彻底颠覆规范父子的孝道和夫妇的贞节观念以及由此而成的家庭伦理。这意味着革命也从政治性的天下、国家的领域步步深入人伦日用。今人常引用的陈独秀所谓的"一家眷属"的言说，恐怕就是从伦理层面对以血缘为基础的家庭所做的政治性反思。虽然表面上反传统，不过其政治与家庭一以贯之的思路是传统家国同构的延续。

礼的崩解自晚清肇始，首先与政治分离。进入民国，礼教又遭遇新文化运动，后者力图将礼从家庭伦理中清除出去。燕树棠就曾观察说："自从中日战争，中国战败以后，渐渐的丧失从前的那种自信力，而以为泰西的强盛多赖法律，于是渐次崇尚法律，而轻视道德。"进而，礼的地位不仅降低，而且降至不受尊敬。所谓"'吃人的礼教'、'礼教的压迫'、'礼教下的牺牲者'等等措辞，都是对礼教的攻击"。[①]

---

① 燕树棠：《法律与道德的关系》，《公道、自由与法》，清华大学出版社，2006，第54 ~ 55 页。

新文化运动前后，家庭革命的思想资源、论说规模以及言说旨趣与晚清大为不同。新思潮以及白话文运动方便了知识青年在报纸杂志上表达自己的观点。向陌生人倾诉自己对家庭的不满，衍化为流行的方式，成为一种集体诉求。报纸杂志上随处可见子女对家庭生活的不满和控诉。旧家庭中生活的切身感受也许加强了青年反抗的决心和勇气。新文化运动的亲历者常乃惪就曾指出："《新青年》在消极上对于家族主义制度和理想的攻击，使这障碍国家发展的最后残垒倒了下去，这是《新青年》派对于中国唯一的功绩。"① 那时，个人主义和易卜生主义都赋予家庭革命以不同于晚清的时代风貌。

家庭革命是在传统的学、政、教分裂的语境中，推动礼与俗在人们日常生活中进一步解体和衰落。曾受政教保护的传统家庭伦理曝光于国家兴起的语境中，失去了学校、社会和国家的依凭。更极端者视家庭为个人、社会乃至国家的敌人，结果强调个人觉悟、社会改造和国家建构的读书人纷纷将批评的目光对准了家庭。国家与家庭的竞争还表现在国法取代家法的方面，所谓："国家对于各人的行为制定了法律，如果有越过法律的范围而为不法的行为的，须受国家的取缔和刑罚。从前一家的首长，可对于其子弟加以私刑，甚至杀戮，现在这种举动，却为国法所不许。"② 而植根于乡土社会的家庭礼仪被城市代表的现代文明视为"野蛮"和"落后"的象征，家庭进而在"反封建"的言说中丧失立足之地。

后五四时代，抽象出现的负面家庭形象进一步转变为具体的、效仿西方的家庭改新运动。读书人改造家庭生活的方方面面，让复杂的家庭简单化，体现为从大家庭变为小家庭、废除纳妾制度、简单化家礼以及财产与家庭的分离。子女成婚即分家、独立组建小家庭的主张改变了以父子为重心的家庭。1921 年就有人观察到："我国近日之家庭，似由旧制而过渡于新制。"具体而言，婚姻制度则"崇尚欧俗，尊重女权"；祭祖也变得"简挚，无复

---

① 常燕生：《二十年来中国思想运动的总检讨与我们最后的觉悟》，见常燕生等《生物史观研究》，大光书局，1936，第 43 页。
② 晏始：《家族制度崩坏的趋势》，《妇女杂志》第 9 卷第 9 号，1923 年 9 月 1 日，第 23 页。

先时之繁琐"；对嫡庶、长幼也"无甚悬殊"；对于同居而言，则有"小家庭之成立"。① 这些改革的言行使得家庭进一步空疏化，它变成一个没有经济基础、简单、依靠血缘联络的情感组成的群体。

蔡元培就曾指出，甲午后的35年中有剧烈变化之社会改组，首先就表现在家庭。"盖婚姻的关系，旧制以嗣续为立足点，而且认男子为主体，注重于门第的相当；凭'媒妁之言'而用'父母之命'来决定。所以有幼年订婚，甚而至于'指腹为婚'。若结婚而无子，则古代可以出妻，而近代亦许纳妾。自男女平权的理论确定，婚姻的意义，基于两方的爱情，而以一夫一妻为正则。所以男女两方，不论是否经媒妁的绍介，而要待两方相识相爱以后，始征求父母的同意，抑或由父母代为择配，亦必征求子女的同意，而后敢代为决定。有子与否，绝对不足以为离婚的条件；而离婚案乃均起于感情的改变。夫妇的结合，既以感情为主，于是姑妇的关系，姑嫂的关系，妯娌的关系苟与夫妇的感情有冲突时，均不得不牺牲之；所以大家庭制渐减，而小家庭乃勃兴。"②

中西家庭差异变成新旧家庭不同，确实减少了时人内心的紧张。有人就指出："新家庭者，乃指今欧美之家庭而言，不过比较的名词而已。"③ 他们指出，在家庭进化的历史中，中国的父权两千年前为新家庭，如今欧美为新，我国为旧。如果将家族制度的演变视为普遍的，而非民族、文化的特色，这将在一定程度上消除新派因破坏家族而破坏了民族传统的嫌疑。假若西方的现在就是中国的将来，那么破坏旧家庭不过是促成新家庭的建立，进而加快中国进化的步伐而已。换言之，中西家庭的不同被视为传统与现代的区别，古、旧被现代人抛弃的时候，家庭毫不留情地被贴上了传统的标签而成为革命的对象。

对于新青年而言，要改造旧家庭、建立新家庭，包括婚姻的成立时间、双方的选择以及婚后的夫妇关系等方方面面。在羡慕西方的时风中，一种全

① 邰光典、宝贞：《新家庭》，《妇女杂志》第7卷第1号，1921年1月5日，第5~8页。
② 《三十五年来中国之新文化》，《蔡元培全集》第6卷，中华书局，1988，第76页。
③ 藏园：《大家庭制与小家庭制之研究（上）》，《申报》1922年11月12日，第5版。

新的、以强调夫妇感情的婚姻制度就取代了以绵延家庭为主的婚姻制度，婚姻革命则围绕婚姻制度的各个层面展开。新青年反对包办婚姻，提倡婚姻自由；反对早婚，支持晚婚；反对六礼的传统婚姻仪式，主张西洋式的文明婚礼；主张离婚与再婚的自由，否定片面的贞操观。恋爱成了婚姻成立的条件（甚至唯一条件），因此，恋爱的消失也成了婚姻解体的正当理由。婚姻革命既冲击了代际关系，也挑战了夫妇关系。

反对父母主婚、争取婚姻自主权成为家庭革命在五四时代最广泛的散布。对于受新思潮感染的青年而言，他们尚缺乏经济实力，究竟有多大能力安排自己的命运还取决于父母开明的程度。报刊中常见的是抱怨生活的苦闷青年，他们饱尝妻子的无知和包办婚姻之苦。他们的烦闷既是新旧、男女、老幼思想观念冲突的表现，也可能是言行落差的结果。在美好的理想与残酷的现实之间，欲望得不到满足的青年抱怨这样一个"烦闷"的时代！

由于婚姻的意义从事宗庙、继后世转变为强调夫妇之间的爱情，青年人对于婚姻谁主、何时结婚、婚礼如何举行等实际问题进行了相当多讨论。一方面，传统礼教、道德、风俗渐渐从人们的日常生活中淡出；另一方面，现代国家通过立法来干预百姓日常生活的做法亦逐渐兴起。对于近代中国而言，从传统的一夫一妻多妾制转变为一夫一妻制涉及家庭生活、社会制度以及国家立法等方面，故在书中专门讨论此问题。

过去的研究强调西方的器物、制度、观念对中国的冲击和影响，而忽视西方的情感与欲望对现代中国的塑造。五四前后，新青年向往爱情，便是西欲东渐的一个具体表现。爱情产生幸福的神化塑造了青年一代恋爱结婚的新观念。与传统重视家庭责任的婚姻观念相比，趋新时人更期待从婚姻关系中寻找情感的满足。新青年认为由爱情而成为夫妇是一种社会进步的体现。恋爱结婚的新观念固然试图以感情充实夫妇关系，不过情感的易变性也易造成夫妇关系的解体。这引起的连锁反应是婚姻的稳定性大抵上今不如昔。情感与欲望、希望与失望不断刺激着价值观念过渡时期的烦闷青年。

年青一代多倾向于以自由、平等来重构人伦关系。当礼教失去对人生的指导意义时，年轻人不再认同父兄，他们要求一种新生活。或者说，在非孝与家庭革命的呼声中，他们建立了自己的新认同。他们认为自己就是人生的舵手，自己航行驶向远方，脱离家庭便是实际行动中家庭革命的表现。不少追赶时风、随波逐流的青年索性脱离旧家庭、废除族姓，在城市、革命、文学领域寻求他们理想的脱离家庭的生活。

可是，从家庭中逃出的青年无依无助，有些青年组成各类团体来互相支撑。尽管这些团体的共同生活失败了，不过这并没有打消他们对未来的想象。陈独秀说："人之生也，应战胜恶社会，而不可为恶社会所征服；应超出恶社会，进冒险苦斗之兵，而不可逃遁恶社会，作退避安闲之想。"[1] 陈氏批评恶社会的同时对"造新社会"充满信心，而这些言说鼓励了提倡非孝的施存统。施存统说："把家庭制度根本推翻，然后从而建设一个新社会。"尽管后来"造新社会"的手段转移了，从"孝道"转移到"经济制度"。[2] 脱离家庭的施存统不久便走向了社会革命的洪流，后来成为中国共产党之一员。[3]

从礼教中解放的青年宣泄着被压抑的感情，时常出现涕泪横流、痛苦彷徨的场景。五四后，小说、戏剧、杂文开始对家庭各个方面展开反思、批评和攻击。没有理性约束的感情很容易形成各纵其欲的潮流，如今流弊大彰。可以说，当时的青年拥有现代人的自信、无知和偏见，在今人与古人之间竖起一道无形的幕。旧家庭之于旧时代的意义和价值一概予以否定，结果所谓的新家庭之于新时代的意义和价值也无从建设。

家庭革命产生的新伦理不能及时补充旧伦理衰息的真空状态，结果造成了社会的急剧崩散，尤其表现在生活态度和生活方式的对峙与冲突。如楼桐荪注意到的，对于家的问题，当时有两种截然不同、相互冲突的态度。"守旧的既然视三纲五常为天经地义，而以近代的风尚为'野蛮'，为洪水猛兽，好新的又偏以什么新家庭、什么自由恋爱一套空洞的新名词相号召而诅

---

① 《敬告青年》，任建树等编《陈独秀著作选》第 1 卷，上海人民出版社，1993，第 132 页。

② 存统：《回头看二十二年来的我》，《民国日报·觉悟》1920 年 9 月 23 日，第 4 张第 3 版。

③ Ye Wen-hsin, *Provincial Passages: Culture, Space, and the Origins of Chinese Communism* (Berkeley & Los Angles: University of California Press, 1996), Chapter 8.

咒古代的礼教为'残酷'，为杀人的凶犯。"①

　　伴随着家庭革命的迅速衍变，此前的家庭革命者很快就成为晚辈革命的对象。例如，以"只手打孔家店"、非孝而闻名的老英雄吴虞也被女儿实行"家庭革命"，其间悲苦自非外人可以体味。他曾劝女儿读"古来有才干、能办事、能治家之妇女列传，比看破碎之教科书有用"。② 即便非儒反孔如吴虞者也并不反对中国妇道，可见家庭革命本身包含着诸多层次，其中父权与夫权就有互相竞争的一面。

　　在至少近几千年的人类历史上，家庭是社会的一个基本单位，重家也是世界文化的核心价值观念。③ 在中国，家庭作为具体社会制度的一个基本要项，正如陈寅恪所言，是中国文化抽象理想之纲纪的一个核心成分。④ 然而在近代中国不少读书人的心目中，家庭这一多数人类社会历来看重的"温暖港湾"却忽然失去了其在过去和在外国都曾具有的广泛社会功能，特别是对其成员的护佑；却承载着大量新增的宏阔政治负担，被视为其成员救国兴邦的桎梏，成为阻碍国家民族发展的一个负面象征。⑤

　　近代西力东渐，中国在对外竞争中屡屡失败，尤其是甲午战争的惨败引发了天下与国家的震荡，其范围远不止于政治领域的维新与革命。如果将当时士人的感觉称为天崩地裂，或不为过。中国士人在不断地纠结和挣扎中，一面激烈质疑传统，一面开始收拾外来学理。与此同时，

① 楼桐孙：《中国家制的过去与未来》，《东方杂志》第 28 卷第 2 号，1931 年 1 月 25 日，第 13 页。
② 中国革命博物馆整理《吴虞日记》下册，1922 年 5 月 17 日，四川人民出版社，1984，第 37 页。
③ Jean B. Elshtain, "Introduction: Toward a Theory of the Family and Politics," *The Family in Political Thought* (Amherst: University of Massachusetts Press, 1982), pp. 7 – 30; G. J. Schochet, *The Authoritarian Family and Political Attitudes in Seventeenth-Century England: Patriarchalism in Political Thought* (New Brunswick: Transaction Books, 1988), pp. 18 – 36.
④ 陈寅恪：《王观堂先生挽词并序》，《陈寅恪集·诗集》，三联书店，2001，第 12～13 页。
⑤ 参见罗志田《权势转移：近代中国的思想与社会》修订版，北京师范大学出版社，2014，第 159～160 页。杨念群在一次演讲中提到，五四以后对宗族、家庭的描述有一个从温暖到黑暗的变化。这一洞见实与清末以来家庭形象的负面化密切关联（详后）。杨念群：《反常识的历史叙事：重申中国史研究的若干题命》，《皇帝的影子有多长》，广西师范大学出版社，2016，"附录"。

有意无意之间又结合散乱零落的传统因素，试图重整中国的文化秩序和政治秩序。一些人进而反思人与人之间的基本关系，甚至考虑是坚持还是重构以家庭为基础的社会模式。① 家庭革命就是在此背景下产生的一个重要思想倾向，并且从观念到行动都形成了广泛的社会影响，也有人视其为一场"运动"。②

在30年的时间里，冲击家庭的力量是复杂的、多重的，包括世界主义、民族主义、个人主义以及社会主义，像涟漪一样一波一波接续不断。1923年以后，团体倾向的"国家""民族"等显然彻底压倒了"个人"。③ 家庭革命呈现出了不同的时代风貌，五四时强调个人幸福的观念逐渐淡出。在革命者对封建社会不遗余力的批评中，传统家庭和伦理也被贴上了"封建"的标签，转而成为"封建家庭"和"封建伦理"。承载孝道、礼俗的乡土中国却在家庭革命的洪流中慢慢淡出历史记忆，乡村的生活方式自此成为落后、野蛮的象征，成为集体记忆的一部分。对于20世纪二三十年代出生的那些并未生活于旧礼教中的青年来说，他们反对的旧礼教多半是一种想象，盖家庭革命已经成功地塑造了旧家庭封建专制且给人以痛苦的刻板印象。

家庭革命可以说是学术界相当熟悉的题目。前辈学人基本回答了哪些思想人物提倡家庭革命。他们分别从三个不同的取向来诠释家庭革命：其一，从冲击－回应的框架来理解家庭革命；④ 其二，从革命的视角来分析家庭革命，肯定其除旧布新之功，认为它是资产阶级反封建主义斗争的一部分；⑤

---

① 参见罗志田《道出于二：过渡时代的新旧之争》，北京师范大学出版社，2014，第15页。
② "离婚观念的改变"这一家庭革命的重要成分，在1920年代就被认为是"一种极大的变迁，是家族主义渐次破裂而趋向个人主义的一个运动"。周建人：《离婚问题释疑》，《周建人文选》，中国文史出版社，1988，第166页。
③ 罗志田：《近代中国史学十论》，第147页。
④ 洪喜美：《五四前后废除家族制与废姓的讨论》，《国史馆学术集刊》第3期，2003年8月。
⑤ 吕美颐：《二十世纪初中国资产阶级的婚姻家庭观》，《史学月刊》1987年第6期；梁景和：《论五四时期的家庭改制观》，《辽宁师范大学学报》1991年第4期；邓伟志：《近代中国家庭的变革》，上海人民出版社，1994，第81页；蒋美华：《辛亥革命前夕婚姻家庭新观念》，《山西大学学报》1995年第4期。

其三，从现代化的角度出发，视家庭革命为社会进步的积极表现。① 以西方冲击、中国回应这一模式来解释家庭革命，虽有所见，② 但尚未触及究竟为何西方"废家"的思想倾向冲击了近代中国，而西方"重家"的传统却未在中国引起多少回响。③ 革命和现代化是中国近代史领域得到追随最多的取向。④ 在这两种主要的学术脉络中，家庭革命的论述虽侧重不同，但都得到了相对的肯定。可以说，对于家庭革命的前因、后果以及其自身言说重心的转变还有很大的探讨空间。本书便尝试在既有研究的基础上，讨论家庭如何从一个正面的社会建制变成一个负面的、可以废除的社会组织；究竟是哪些思想、学说和社会力量促成了这一根本性的转变。

作为中国文化的一个核心价值观念，家庭在中国长期受到尊重，成为"中国传统"的主要象征之一。或因此，在激烈反传统的近代中国，家庭逐渐成为人们控诉的对象有其自在的逻辑思路。但从长时段的眼光来看，革家庭的命是对人类基本社会制度和普遍伦理的挑战，是一个与人类大多数社会常理相悖的反常现象。而迄今为止中外学界基本上把近代中国的"家庭革命"作为一个正常甚或正面的现象坦然接受，不啻视反常为正常。本书在重建近代中国家庭负面化以及其成为革命对象的发展历程的基础上，探讨学界一些人视反常为正常的原因，希望借此说明"家庭"成为革命对象的语境以及家庭革命对近代中国政治文化产生的深远影响。

---

① 行龙：《清末民初婚姻生活中的新潮》，《近代史研究》1991 年第 3 期；徐建生：《近代中国婚姻家庭变革思潮述论》，《近代史研究》1991 年第 3 期；陈蕴茜、叶青：《论民国时期城市婚姻的变迁》，《近代史研究》1998 年第 6 期；蓝承菊：《五四新思潮冲击下的婚姻观（1915～1923）》，硕士学位论文，台湾师范大学历史研究所，1993；吕芳上：《法理与私情——五四时期罗素、勃拉克相偕来华引发婚姻问题的讨论（1920～1921）》，《民国史论》（上），台湾商务印书馆，2013，第 332～357 页；余华林：《女性的"重塑"：民国城市妇女婚姻问题研究》，商务印书馆，2009；王栋亮：《自由的维度：近代中国婚姻文化的嬗变（1860～1930）》，社会科学文献出版社，2016。
② 张玉法：《新文化运动时期对中国家庭问题的讨论（1915～1923）》，《近世家族与政治比较历史论文集》，中研院近代史研究所，1992 年 6 月，第 901～919 页。
③ 陈慧文：《二十世纪初中国毁家废婚的思想初探》，《立德学报》2007 年第 1 期。
④ 徐秀丽：《中国近代史研究中的"范式"问题》，《清华大学学报》2015 年第 1 期。

像很多研究一样，本书多言变而少言常，大致考察甲午战败后读书人思想言说中的家庭革命，并讨论读书人在"天崩地裂"的转变时代围绕家庭的思想倾向、论述旨趣以及行为言说。需要说明的是，本书主要讨论的是读书人关于家庭的思考，而不是社会层面家庭如何丧失功能或破裂。尽管家庭革命后来确实带来不少社会变化，但这不是本书的重点。

罗志田先生曾观察到，"民初从'家庭革命'到'佛教革命'等各类'革命'成为口头禅，且为社会精英这一通常最不倾向革命的既得利益群体所不断倡导和鼓励"就证明了"越来越激进应该是近代中国一个不争的发展趋势"。① 提倡家庭革命的人们确实并非无法养家糊口或欲结婚而不得的穷苦大众。他们多半已经结婚，家庭出身也较优裕，这样的反抗家庭本身就带有象征性意涵。

如周建人观察到的情形，对家庭制度观念的改变，"多半由于政体的改变和欧美文化的影响"。故即使五四之后，受影响的更多仍是那些"交际较为广阔和读书力较强的人"，至于"务农、做工的人家"就没有受什么影响，尚在那里极力保持旧家庭制度。② 换言之，家庭革命的提倡者、拥护者和追随者，多半是新式学堂成长起来的青年以及可以阅读报纸杂志的人。那时见诸报端的文字也多代表他们的意见，一般民众在这一论域中基本是"失语"的。其实在多数情况下，历史上的常态是无声的。有些思想史上的"最强音"，可能是所在时代有些偏激甚或变态的声音。只有把握好常态，才能更好地定位变态。

进而言之，虽然当时社会中新旧、城乡、教育程度不同者之间的生活观念存在张力甚或对峙，但也不排除一些下层民众受到趋新读书人的影响，对家庭产生新的认识。而家庭革命的提倡者和拥护者本身也不是一个同质的整体，地域、性别、教育和文化背景的差异都可能影响他们的言说。对趋新读书人本身进行更深入的解析，并与受或不受他们影响的社会其他阶层或群体

---

① 罗志田：《近代中国史学十论》，复旦大学出版社，2003，第 227 页。

② 周建人：《中国旧家庭制度的变动》，《妇女杂志》第 7 卷第 6 号，1921 年 6 月 5 日，第 4 页。

进行比对研究，无疑会深化对家庭革命的理解。这方面的内容相当丰富，俟诸他日进行讨论。

还有，近代实际参与讨论家庭革命的人其绝对数量虽不算少，却也不很多。且其"革命"主要停留在言说的层面，即便那些高唱家庭革命的人，也多是面向他人（尤其是青年）的号召，未必都曾具体实践自己反抗所谓"父权""夫权"的构想。其言说与行动之间往往有不小的距离。这种态度与行为之间的落差是不能忽视的。

不过，言说也是行动之一种。有这么多人在讨论家庭革命，本身就是非常值得关注的现象。尤其这些讨论的影响相当大，远超出讨论参与者的范围。尽管这些言说更多表现为负面的批判和更改，其实集破坏性与建设性于一体。很多时候，参与讨论的人是在面向未来立说，而近代中国读书人构建的"未来"带有无限的可能性。[①]在这种思想心态的指引下，对不少废家论者而言，无家庭的未来就是确定、正面、乐观的想象。不过，这些充满想象的"未来"与他们个人的现实生活关涉较少。不少人是从基本制度层面认真思考家庭问题，并提出了解决问题的具体方案。他们的一些"奇思怪想"颇类汉代儒生的"非常异义可怪之论"，[②]或已超越时代，仍给人以启发。其影响并非立竿见影，却也塑造了新的时代风气和价值观念，余波延至今日。认真反思这些"奇思怪想"可以深化我们对近代中国的认知，特别是其与古今中西都有些歧异对立的地方。

在一个变动的时代，思想观念和生活态度的转变往往充满矛盾、犹疑，且不循常规。因此，试图精确地断定某一时刻家庭观念的转变是危险的。我们只能借助各种象征性的言说行动，尽可能感知这些变化的丰富意义。[③]本书核心任务在于重新审视家庭革命在近代中国的走向，当然希望尽量简明。但历史本身是丰富的，充满了"复杂和多歧的现象"，不那么容易"以简单

---

① 王汎森：《中国近代思想中的"未来"》，《探索与争鸣》2015 年第 9 期。

② "非常异义可怪之论"是何休的话，关于汉儒此类话语的重大意义，参见《儒家政治思想之发展》，《蒙文通文集：古学甄微》，巴蜀书社，1987，第 165～202 页。

③ Lawrence Stone, *Road to Divorce：England 1530 – 1987*（Oxford：Oxford University Press, 1990），pp. 21 – 24.

明晰的线条"表述出来，使人一目了然。[①] 正文的论述大致以问题为线索，尽量照顾时序，但在言说的时间上或不免有些反复，希望读者谅解。

虽然有些研究并不以家庭革命为议题，但是对笔者观察和体悟近代中国的家庭革命有着不可替代的作用。这方面的研究大体有以下三个部分：第一，关于近代妇女史、家庭史、妇女运动、妇女解放、女权等领域的研究；第二，近代中国思想史的研究成果；第三，西方政治思想、西方家庭史的研究。这些研究促使笔者在古今中西的大框架中反思近代中国家庭革命的重要思想资源。

需要特别指出的是，在撰写博士学位论文时，导师罗志田先生曾多次指出应写一章关于家庭革命的对立面，来呈现沉默的大多数以及反对家庭革命者的声音。虽然，反对家庭革命者的声音模糊而无力，基本上淹没在这浩浩荡荡的家庭革命的洪流里，但是仍然存在。乡民的思想和行动在我们的历史叙述中尚处于"失语"状态。此外，还有一些态度保守和温和的新老、中外读书人起而反抗家庭革命的种种主张。这方面是既存研究较少触及的。而家庭革命的对立面对我们理解和把握家庭革命的思想言说有着不可替代的意义。不过，由于材料补充相当多，只好将来单独成册。谨此说明，还请读者诸君见谅！

---

① 参见 Natalie Z. Davis, "On the Lame," *The American Historical Review*, Vol. 93, No. 3 (June 1988), p. 574.

# 第一部分　家庭革命的兴起与
## 革新家庭的思考

# 第一章　为国破家：清末家庭革命之肇兴

清末的家庭革命处于多层次共进的动态历程，各方的主张也不尽相同。家庭首先面对的是国家的冲击，在竞言革命的语境中，爱国就要破家、打破宗法社会的呼声逼出了家庭革命。趋新者主张国民以爱国为先、为重，视家庭为爱国之障碍物，号召青年子弟在家中向父母兄长（或夫妻之间）实行革命。同时，对万国纷争的现实世界并不满意的一些读书人转而设想一个无国无家的理想世界，在新的社会政治秩序中取消家庭，进而由公产、公育、公养、公恤等社会制度来履行原本由家庭承担的责任。[①]他们的革命愿景虽不一致，但均指向家庭，冲击了家庭作为一项社会体制的根基。

## 一　为国破家的革命

迭经甲午、庚子的战败，救国的迫切性让"国家"的观念迅速崛起，故国民的重要性以及正面价值远远超越了传统的家人。梁启超就试图把中国人从传统的"臣民"转化为现代意义的"国民"。很多读书人通过一组二元对立的架构来理解国民的概念，最初被拿来与"国民"相对照的便是"奴隶"。[②] 庚子之后，梁启超曾说："中国数千年之腐败，其祸极于今日，推其大原，皆必自奴隶性来。"[③] 这类对于奴隶性的认知，逐渐从个别的激烈批

---

① 这个倾向研究得比较多，例如最新的陈慧文《二十世纪前期中国的毁家废婚论（1900s ~ 1930s 年）》，博士学位论文，新竹清华大学，2015；陈慧文《二十世纪初中国毁家废婚的思想初探》，《立德学报》2007 年第 1 期。

② 沈松侨：《国权与民权：晚清的"国民"论述，1895 ~ 1911》，《中央研究院历史语言研究所集刊》第 73 本第 4 分册，2002 年 12 月，第 691 ~ 695 页。

③ 梁启超：《致南海夫子大人书》（1900 年 4 月 1 日），丁文江、赵丰田编《梁启超年谱长编》，上海人民出版社，1983，第 235 页。

评蔓延开来，成为一种国人的自我观感。1903年就有人感慨，"涉及吾族，殆无不曰奴隶奴隶"，其结果是"奴隶之徽号"逐渐"为吾族之所认受焉者"。① 对于那时的读书人来说，凡可能造成"奴隶性"的因素都成了要清除的对象。而家庭恰恰被视为造成奴隶性的原因，故不少人竞言家庭革命以去除国民的奴性。

到20世纪初年，"革命"观念已成为中国言论中"最有力之一种"，并且超越了政治的范畴，进入社会、文化的方方面面，成为解决国家、社会问题的一个重要选项。② 这一大的思想氛围影响了时人对家庭的思考。1904年，丁初我就号召闺阁中的女子"革命！革命！家庭先革命！"③ 秋瑾不仅提倡"革命当自家庭始"，而且身体力行——与丈夫离婚，东渡日本，实际参与政治革命。④

章太炎那时观察到，"今信仰国家者"，"惟信仰国家为文明"。⑤ 在"国"的地位急剧上升的时代，爱国心的层级大为提升，而爱一己一家一乡的观念则渐被视为偏私。鞠普认为："人群知识之幼稚也，思谋一身一家之乐而已。知识稍增，则思谋一乡一邑之乐。知识愈增，则思谋一国一种之乐。知识增而愈增，则必思谋全世界之乐。"⑥ 马相伯在比较爱家与爱国时也说："盖个人之乐，不如家族之乐；家族之乐，不如部聚之乐；部聚之乐，不如国家之乐。"⑦ 传统修身齐家治国这样一种空间扩展的行为模式，衍化成情感的高下等级之分，意味着爱国相较于爱家开始具有了道德上的优

① 火（章士钊）：《箴奴隶》，罗家伦主编《国民日日报汇编》第1集，中国国民党党史会，1983，第6页。

② 罗志田：《士变——二十世纪上半叶中国读书人的革命情怀》，台北《新史学》第18卷第4期，2007年12月。

③ 丁初我：《女子家庭革命说》，张枏、王忍之编《辛亥革命前十年间时论选集》第1卷下册，三联书店，1960，第925页。丁祖荫（1871～1930），号初我，江苏常熟人，曾就读于江阴南菁书院，清末曾编辑出版《女子世界》和《小说林》。

④ 吴芝瑛：《记秋女侠遗事》，中华书局上海编辑所编《秋瑾集》，中华书局，1960，第185～186页。

⑤ 《驳神我宪政说》，《章太炎全集》第4卷，第315页。

⑥ 鞠普：《大同心理》，《新世纪》第46号，1908年5月9日，第4页。

⑦ 《政党之必要及其责任》，朱维铮主编《马相伯集》，复旦大学出版社，1996，第74页。

势，爱国也因此凌驾于爱家之上。

一些思想激进的读书人，试图说服青年以新国民认同来取代旧家人认同。一位署名"家庭立宪者"的作者就说："国民乎！国民乎！欧风吹汝屋，美雨袭汝房，汝家族其安在哉……摆脱桎梏，掉游康庄，其必自家庭之革命始矣。"作者希望家庭革命能使青年摆脱桎梏，从家人转变为国民。显然，在其心目中两者是对立的。"欲为政治上之公民，亦无以全家族之孝行"；"欲革政治之命者，必先革家族之命"，故"中国今日家庭，不可以不革命"。① 与此作者相类，丁初我也认为家庭革命与政治革命是相通的，"政治之革命以争取国民全体之自由，家庭之革命以争国民个人之自由，其目的同"。②

在国家意识的建构过程中，"国民"观念崛起并走向中心，而"家人"则从中心退居边缘。冲破家庭的束缚而为爱国之一分子成为青年的向往。时人对"爱身家之念厚，爱国家之念薄"的现状甚为不满。③ 在有的作者看来，所谓家训不外"爱身而不爱国，利己而不利群"，而"家族主义之停顿隔绝，乃使我国民无国家思想之一大原因也"，造成了"家有令子而国无公民"的困局。④ 杨度也指出，在以国家为竞争单位的时代，家族主义是国家主义的障碍。他主张要承担国民的责任、义务，就必须"出于家人，登于国民"。⑤ 张耀翔后来说："家之存在，端赖国之存在。若一国之少年徒知尽义务于护己之家，则置护家之国于谁人料理耶？"⑥

拯救衰弱国家就要重塑国人，使之变成"有资格的国民"。由谁来塑造国民、塑造怎样的国民，相继成为时代的议题。而这些重要的举措都不能假手于既存的家庭则成为共识。在章士钊看来，中国家庭自古就是奴性的渊

---

① 家庭立宪者：《家庭革命说》，《辛亥革命前十年间时论选集》第1卷下册，第833~837页。
② 丁初我：《女子家庭革命说》，《辛亥革命前十年间时论选集》第1卷下册，第926页。
③ 《论中国合群当自地方自治始》（1903年9月21日），罗家伦主编《汉声》第7、8期，中国国民党党史会，1983，第889~890页。
④ 家庭立宪者：《家庭革命说》，《辛亥革命前十年间时论选集》第1卷下册，第833~835页。
⑤ 《论国家主义与家族主义之区别》，刘晴波主编《杨度集》，湖南人民出版社，1986，第530~532页。
⑥ 张耀翔：《论吾国父母之专横》，《新青年》第5卷第6号，1918年12月15日，第640页。

薮，所谓"凡为人之父兄者，必皆秉有奴性之人也"，故中国三千年来家庭教育不外乎"奴隶教育"。① 言淑华也认为，传统的家庭教育无法塑造有资格的国民，因为传统家庭教育期待"男的将来能混个功名"，女子则"卑顺柔和，受男子的抑制"，如此的家庭教育实为"奴隶教育"，不能养成"高尚勇毅的国民"。②

随着传统家庭形象的急转直下，传统的家庭教育日渐式微。时人越强调国家主导教育，家庭教育的地位就越不乐观。西式的、新式的教育在地位上迅速超越了以童蒙读物和传统经典为主体的家庭教育。外来的新学问和新观念日益在家庭内部占据一席之地，这进一步催生了家庭成员内部对旧式家庭生活方式的质疑和责难。

在爱国的名义下，反传统越发表现为激烈的破坏，推崇以激进的个人主义来达成爱国救国，以至于把大规模的毁弃传统作为正面价值来信奉。③ 在传统中国，乐道好古与尊祖敬宗可以说是一个长期互动的传统；而在面向未来、崇尚科学的近代，祖先崇拜变成迷信、专制、强权的表现。在反传统的语境中，象征传统的祖先不再扮演经验与智慧的代表。李石曾就笃信越进化越好，故而反对崇古之心。他说："凡物愈古，其构造愈简单，其能力愈薄弱，此自然之公例。"这就得出了"吾祖宗之程度，不及吾人"的认识，与"吾之祖宗胜于吾人"的祖先崇拜之念迥然不同。④ 祖先崇拜因此具有四大罪恶：反背真理，颠倒是非；肆行迷信之专制，侵犯子孙自有之人权；耗民力民财于无用之地；攘夺生民养命之源。李石曾宣称，科学的父子和夫妇关系即平等化的关系。⑤ 然而这些倡言平等的读书人却不能将祖先、己身放在平等的位置上，反而任意斥责批评祖先。

而源自西方的"图腾－宗法－军国民"的社会发展论说，被中国趋新

① 火：《箴奴隶》，《国民日日报汇编》第 1 集，第 12 页。
② 言淑华：《家庭教育是造就国民的基础》，《女学报》第 2 年第 4 期，1903 年 11 月，第 7~8 页。
③ 王汎森：《从传统到反传统——两个思想脉络的分析》，《中国近代思想与学术的系谱》，吉林出版集团，2011，第 125 页。
④ 真：《祖宗革命》，《辛亥革命前十年间时论选集》第 2 卷下册，三联书店，1963，第 979 页。
⑤ 真：《三纲革命》，《辛亥革命前十年间时论选集》第 2 卷下册，第 1015~1021 页。

读书人奉为"公理"与"公例"。① 严复就指出，"中国之不兴，宗法之旧为之梗也"，为中国前途考虑，"使中国必出以与天下争衡，将必脱其宗法之故而后可"。② 这意味着原本被认为有价值的宗法社会，此时变成了社会发展的障碍。作为宗法社会最重要载体，宗族成了家庭革命者追求社会进化最大的绊脚石。如科大卫指出的，当国家意识形态的基础从宋明理学、家族价值转变为民族主义、集权国家时，作为传统制度代表的宗族大受质疑。近代"国民"概念的出现，是宗族面对的最大挑战。③

趋新读书人相信，只有从宗法等级制度中把个人解放出来，使个人摆脱依赖、顺从、奴性十足的性格，才有可能凝聚成新的团体。梁启超赞扬西方国家擅长"国群"之术，他指出："以群术治群，群乃成；以独术治群，群乃败。"具体而言，"家私其肥，宗私其族，族私其姓"都是独术的表现，造成"为民四万万，则为国亦四万万"，等于"无国"。④ 在他看来，以朝廷、贵族、家族、乡土为主体的传统社会是"自然"形成的状态，而组成一个现代国家必须是"有意识"的建构。⑤ 对于清末的激进读书人而言，必须凝聚全国的力量来应对西方的挑战，故"要求国民紧急向国家的最高主体凝聚时，唯有舍弃这种被乡土及血缘所决定的差等爱，打破因乡土及血缘所构成的小团体，将所有国民从这些旧藩篱（fetter）中解散出来，以新的方式再加入（rejoined）全国性的大社群中"。⑥

简言之，"国家"的崛起以及救国的急迫性，打乱了传统先家后国的次序，使爱国具有不言自明的正当性。与此同时，趋新读书人试图以"国民"认同取代家人认同，进而视爱家之情为凝聚爱国之情的破坏力。在他们心目

---

① 王汎森：《近代中国的线性历史观——以社会进化论为中心的讨论》，《近代中国的史家与史学》，复旦大学出版社，2010，第 38～43 页。

② 《读新译甄克斯〈社会通诠〉》，王栻编《严复集》第 1 卷，中华书局，1986，第 151 页。

③ 科大卫：《皇帝和祖宗：华南的国家与宗族》，卜永坚译，江苏人民出版社，2010，第 382、400、404 页。

④ 梁启超：《说群序》，《饮冰室合集·文集之二》，中华书局，1989，第 4 页。

⑤ 王汎森：《晚清的政治概念与"新史学"》，《近代中国的史家与史学》，第 9 页。

⑥ 王汎森：《"群"与伦理结构的破坏》，《章太炎的思想——兼论其对儒家思想的冲击》，上海人民出版社，2012，第 233 页。

中，爱国与爱家之间的紧张已到不能兼顾的程度，家族主义被认为妨碍了国民爱国心的培养。"家人"和"国人"本是可以共存的不同层次的认同，由于"国"的地位急剧上升，两者不得不以竞争的姿态出现，而"爱家"与"爱国"也因此成为对立的范畴。

实际上，家庭和国家、社会的关系不仅不是对立的，还可以是互补的。章太炎后来就对"今人侈言社会、国家，耻言家庭"的现象不满，他反问道："家庭如能打破，人类亲亲之义，相敬相爱之道，泯灭无遗，则社会中之一切组织，势必停顿，社会何在？国家何在？"① 在过去的中国和那时的外国，家庭和国家、社会很少被看成是对立的；在中国的近代这一时段，却被视为对立，而且常常到相互否定的程度。这个现象从一个侧面揭示出近代中国的特异性。

作为社会伦理的重要载体，家庭却没有能与现代国家建立正面的关联，反而在与国家、国民的竞争中崩散，逐渐沦为革命的对象。重视家庭的传统就此中断，而家庭革命的呼声也由此滥觞。与此相关，作为传统一部分的宗族同样被看作现代国家的障碍，而维护宗法社会的三纲也被视为造成国民奴性的原因，进而被迅速负面化。打破宗法社会演变为推动社会进步的手段，这给家庭革命指明了具体的方向，而作为传统宗法社会核心义理的三纲和外在载体的宗族组织，自然不能免于被批评的命运。

## 二　从非议礼教到打破三纲五伦

在过去的中国，礼的核心在于别人禽、定亲疏，② 贯穿了修齐治平，是家务与政务的准则，③ 而君臣、父子、夫妇构成的三纲可以说是礼之大端。三纲不仅支撑了传统社会关系，也构成了家庭教育、家礼、家法的核心。④

---

① 《讲学大旨与〈孝经〉要义》，章念驰编《章太炎演讲集》，上海人民出版社，2011，第372页。

② 李安宅：《〈仪礼〉与〈礼记〉之社会学的研究》，上海人民出版社，2005，第9~11页。

③ 邓尔麟：《钱穆与七房桥世界》，社会科学文献出版社，1995，第8~9页。

④ 费成康：《中国的家法族规》，上海社会科学院出版社，1998，第51~157页。

浸透在人伦日用之中的礼教既是家庭教育的核心，也是个人社会化以及个人认同的基础。通过家庭教育灌输的伦理道德，既强化了家庭的稳定性，也增进了文化传承的力量。

在西方文野之分观念的影响下，一些近代读书人"主动承认西方为文明而自认野蛮"。[①] 因此，本为别文野的礼制不仅丧失了区分华夏、夷狄的地位，反而很快成为中国"野蛮"的象征。自此，废礼、黜礼、病礼之说俯拾皆是。四川提学使赵启霖就观察到这一转变，指出当时读书人竟言"功利"、力主"竞争"，都有违于"礼"，社会上已出现"病礼"而多言"文明"的倾向。[②]

在这样的语境中，原本作为规范、准则的三纲地位逐渐下降，进而被世人视为桎梏与枷锁。谭嗣同认为，数千年来三纲五伦如"惨祸烈毒"，且"三纲之慑人，足以破其胆，而杀其灵魂"。他自己就"自少至壮，遍遭纲伦之厄，涵泳其苦，殆非生人所能任受"。其想要"冲决"的各项"网罗"就包括"伦常之网罗"。在谭氏看来，五伦中唯朋友"于人生最无弊而有益，无纤毫之苦，有淡水之乐"，其次则"兄弟于朋友之道差近"，其他三伦"皆为三纲所蒙蔀，如地狱矣"。故最好是"惟朋友之伦独尊，然后彼四伦不废自废"。他因而概叹："今中外皆侈谈变法，而五伦不变，则举凡至理要道，悉无从起点，又况于三纲哉！"[③]

对于重视礼教伦常的读书人来说，尽弃四伦而独留朋友一伦、以三纲五伦为起点的改弦更张，不可谓不具有革命性。钱穆后来说："近世以来，学术思想之路益狭，而纲常名教之缚益严，然未有敢正面对而施呵斥者。有之，自复生始也。"[④] 谭嗣同以西方的政教风俗为依据，否定中国传统的伦常秩序，这是一种相当彻底的批判，也是近代中国激进主义的滥觞。[⑤]

---

①　罗志田：《权势转移：近代中国的思想与社会》修订版，"原序"，第 2 页。
②　赵启霖：《四川大成会新建礼殿碑记》，《赵瀞园集》，湖南出版社，1992，第 43 页。
③　《仁学》，蔡尚思、方行编《谭嗣同全集》，中华书局，1981，第 299、289、291、348～351 页。
④　钱穆：《中国近三百年学术史》下册，商务印书馆，1997，第 740 页。复生是谭嗣同的字。
⑤　余英时：《中国现代价值观念的变迁》，《现代儒学的回顾与展望》，三联书店，2004，第 95 页。

打破三纲之说在维新、立宪、革命、民权的争议中不断发酵。早在1898 年，张之洞就注意到："海滨洋界有公然创废三纲之议者，其意欲举世放恣黩乱而后快，怵心骇耳无过于斯。"① 到1907 年，刘师培夫妇观察到，"至于今日，人人均知礼教之诬，而纲常之说破"。② 从废三纲之说的兴起到刘师培夫妇眼中纲常的破裂不过十余年。他们二人的观察虽不能代表整体，但在激进世风的吹拂下，三纲的式微是非常明显的。

梁启超在1901 年曾说，中国"社会既厌三纲压抑虚文缛节之俗，而未能研究新道德以代之"。③ 他所谓未能研究，大概指的是温故知新一途。实际上，西来的自由、平等之说已逐渐步入家庭领域，成为父子、夫妇关系的新标准。不过这类"新道德"更多流行于城镇趋新家庭中，在乡村普通家庭中就可能被视为"大逆不道"。而正面维护礼教的言说，那时也并不少见。

那是一个分裂的时代，礼教纲常与自由平等的矛盾随处可见。趋新者相信，三纲之说是专制国之道德，④ 只有打破三纲才能实现自由、平等。梁启超就明言，自由"即不受三纲之压制"，"不受古人之束缚"。⑤ 秦力山也指出，"以父为子纲，而奴隶见于家庭；以夫为妇纲，而奴隶伏于床"，故"欲脱奴隶，必先平等，平等无他，必先破三纲之说"。⑥ 更激进者甚至宣称："无政府，无法律，无纲常，以冀自由。"⑦

还有人认为，维护平等的法律应取代强调服从的礼教，盖"法律则凡百条项，皆本诸自由平等之原则。君臣平等也，父子平等也，夫妇平等也，男女平等也。……人有平等之权利，人有不受人卑屈之权利，人有不从顺人

---

① 《劝学篇》，苑书义等主编《张之洞全集》第12 册，河北人民出版社，1998，第9716 页。

② （何）震、申叔（刘师培）：《论种族革命与无政府革命之得失》，葛懋春等编《无政府主义思想资料选》上册，第89 页。

③ 梁启超：《过渡时代论》，《饮冰室合集·文集之六》，第30 页。

④ 民：《普及革命》，《辛亥革命前十年间时论选集》第2 卷下册，第1036 页。

⑤ 梁启超：《致南海夫子大人书》，丁文江、赵丰田：《梁启超年谱长编》，第236 页。

⑥ 《说奴隶》，彭国兴、刘晴波编《秦力山集》，中华书局，1987，第55～56 页。

⑦ 民（褚民谊）：《伸论民族、民权、社会三主义之异同再答来书论〈新世纪〉发刊之趣意》，《无政府主义思想资料选》上册，第176 页。

之权利"。① 这里所谓法律，当然不是正在实施的《大清律例》，而是来自西方的法律观念。其所构思的礼、法易位虽是拟议中的，仍提示出自由、平等价值观荡涤传统父子、夫妇伦理关系的趋势。

自由、平等对三纲五伦的冲击并不只停留在言说层面，那些留学异邦或接受新教育的青年很快把家庭革命带到了内地。山西举人刘大鹏较早观察到此类现象，他在1904年12月28日的日记中记录了这样一件事情。

> 近一京官王某令其子出游外洋，归不一旬，先一日，子令安排一席，言是请客。翌日王某问请何客，子跪请曰：男有一言，父若俯允，男才敢起。王某曰：儿有何言？其子曰：今日所请者，即父自此以后愿不为父子，成为同等。②

这一跪求父子同等的情形，生动地再现了新旧过渡时代自由平等的价值观念对于家庭内部的父子关系所带来的冲击。类似的现象或逸闻绝非孤例，清末社会小说《滑稽生》描述了一位师范学生寄信给父亲时，称呼父亲为"仁兄大人"而自称"小弟"。③ 民初小说《平等自由》也以戏谑的方式描述了一位醉心自由平等之说的青年，某夏日其父唤其洗澡、吃饭，皆不应。青年至卧室，倒身大哭，向父亲说："余浴余食，余之自由权也。今被人侵夺，不自由甚矣。不自由，毋宁死。"父亲答应不再干涉，青年大喜。④

无以自存的礼教纲常不再像往昔那样承担维护家庭秩序的责任，而又与自由、平等一类被推崇的西方价值处处抵牾。家庭领域里一些年轻人象征性的行为，特别是上述新名词的使用都告诉我们：正是新价值观对旧道德的冲击，造成新式青年这类有恃无恐的举动（当然，对他们而言这是发

① 《权利篇》，《辛亥革命前十年间时论选集》第1卷上册，第481页。
② 刘大鹏：《退想斋日记》，第138页。标点略有更易。
③ 贤：《滑稽生》，《申报》1908年7月18日，第3张第4版。
④ 龙：《平等自由》，《申报》1912年5月17日，第3张第3版。

自内心的正当作为）。这也就是时人眼中家庭革命的表征。清末就有人说："伦纪不修，天性刻薄，作色于父，敢为忤逆。苟有责之，则曰家庭革命也。"①

时代的分裂，绝非仅体现在据自由、平等的新观念以否定纲常礼教。毕竟那时帝制尚存，经典仍尊，不少忧时之士起而维护纲常，捍卫礼教。皮嘉祐较早就说："纲常之大，人人所知。五伦之中，惟朋友可以等视。君臣平等，则尊卑不分；父子平等，则亲爱过薄；夫妇平等，则刚柔无别；兄弟平等，则长幼失序。"他提醒时人，蔑视三纲五伦的言说会带来"行诸家而家败，行诸国而国亡"的恶果。② 稍后劳乃宣在批评清末修律时更指出，"专主平等自由"，废弛纲纪伦常，会导致"天下土崩而国竟亡"。③

家庭革命的初衷本是为了国家，但实际的发展可能南辕北辙。清末就有人批评："蔑弃伦常，荡轶规矩。以言私德，则群趋凉薄，而先己不亲其亲；以言公德，则仅存名词而惟知自利。"④ 到民国初年，孔教会人进而指责："家庭革命，父子有如陌路。婚姻革命，夫妇可以传舍。驱一国之人为无根之散沙，无栏之走兽，伤风败俗，灭伦丧纪，种族之绝又安能免。此皆共和以来所已见之明效也。"⑤ 再到五四前后，汪兆镛观察到："今日三纲隳、五典废，无人不图自私自利，于民生国计憼然无所动于心。"⑥

私德与公德之间的紧张，尤其它们究竟是相辅相成还是对立，是近代一直试图梳理的问题，此不赘述。但公私两德俱损，唯知自利，则显然不利于国家。上面这些观察可能仅是一面之词，但以凝聚国人力量而实现国家富强为初衷的家庭革命言行，却很可能造成社会涣散、人欲横流的结果，仍是一个值得反思的诡论性现象。

而新道德不能及时填补旧伦理失范而造成的真空状态，更可能是社会急

---

① 《今日新党之利用新名词》，《东方杂志》第 1 卷第 11 号，1904 年 12 月 31 日，第 76 页。

② 皮嘉祐：《平等说·续》，《湘报》第 59 号，1898 年 5 月 13 日，第 233 页。

③ 《论古今新旧》，《桐乡劳先生（乃宣）遗书》，文海出版社，1969，第 128 页。

④ 《古今民德进化退化变迁论》，《砭群丛报》第 1 期，1909 年 5 月，"论说"，第 1 页。

⑤ 孔教会全体公论：《斥北京教育会破坏孔教之罪》，《孔教会杂志》第 1 卷第 2 号，1913 年 3 月，第 5 页。

⑥ 汪兆镛：《复王玫伯书》，《微尚斋杂文》，文海出版社，1981，第 96 页。

剧崩散、失去重心的一个重要原因。① 近代提倡的个体和个性的解放，与国家对外竞争所需要的"合群"本就有所冲突。而三纲从正面的社会规范演变为负面的桎梏，多少助长了个性的张扬。与其伴随的连锁反应，就是原本似避风港湾的温暖家庭演变为黑暗冰冷的牢狱。家庭革命究竟是否能达到重塑国民、凝聚国家的目的，还需要进一步的反思。

三纲五伦是传统礼教的核心，其抽象精神与"道"一致。人们恪守作为规范的礼教是为了实现父慈子孝的秩序。② 当国家富强变成朝野共同追求的目标时，③"道"不复能指导社会与政治。三纲五伦不仅丧失了承担国家层面政治意识形态的功能，而且逐渐丧失了指导人们日常生活的地位，这是千年伦理观念的一个根本性裂变。当追求自由、平等落实到具体的打破三纲五伦时，新价值就颠覆了旧秩序，而这尤其表现在父子、夫妇这两对与家庭相关的核心伦理上。

## 三　家庭形象的负面化

与想象中尽是欢笑的西方家庭相比，近代中国的家庭显得矛盾重重。丁初我指出，大家庭同居制度要求婆媳、姑娌共居一处，意见纷争自然不少，故而家庭成了矛盾重重的地方。④ 陈王也说，妇姑勃谿，兄弟阋墙，使得"大好之家庭，自此遂终无宁岁"。⑤ 隔阂与冲突不断的家庭生活给人们带来烦恼，梁启超甚至悲观地认为，在中国千万家庭里寻找"相处熙睦，形迹言语，终身无间然者，万不得一焉"。⑥

在全面批评君主专制的风气中，父权被类比为君权，因而家长制度也成

---

① 罗志田：《失去重心的近代中国：清末民初思想权势与社会权势的转移及其互动关系》，葛兆光主编《清华汉学研究》第 2 辑，清华大学出版社，1997。
② 瞿同祖：《中国法律与中国社会》，中华书局，1981，第 278～279 页。
③ 史华慈：《寻求富强：严复与西方》，叶凤美译，江苏人民出版社，1990，第 12～19 页。
④ 丁初我：《女子家庭革命说》，《辛亥革命前十年间时论选集》第 1 卷下册，第 927～928 页。
⑤ 陈王：《论婚礼之弊》，高旭等原编，高铦、谷文娟整理《〈觉民〉月刊整理重排本》，社会科学文献出版社，1996，第 26 页。
⑥ 梁启超：《变法通议·论女学》，《饮冰室合集·文集之一》第 1 册，第 40 页。

为时人控诉的对象。有人认为，君主为了自己的统治发明了家族政治，"置家长之名，使天下幼者，皆为家长所统。天下家长，皆为君主所统"。此外更辅以忠孝之说和立嗣致祭的制度，以巩固中国的专制政体——这些都是"独夫民贼"的手段。① 也有人观察到："今吾中国普通社会之家督，其权力实如第二之君主。"② 太一更总结说："父的淫威，有所凭借了；父子底关系，为像小朝廷一般。宗法的制度，就因此而定了。"③

在抽象的父权和家长制度走向负面的同时，父亲——作为维护"传统"和"习俗"的象征——甚至演变为"专制魔王"。李石曾就批评说，暴父仗势打骂幼子，待其成人则灌输崇拜祖宗、敬长尊亲的观念，养成其"奴隶禽兽畏服"的性格。④ 吴虞在清季就曾以"老魔"来称呼自己的父亲，虽或出于一些特殊的原因，多少也表现了时代的风气。⑤ 到1918年，张耀翔认为，中国之父母对于子女，"得任意驱使之，玩弄之，督责之，据之为私产，视之为家仆，乃至售之为奴婢，献之为祭品"，较"专制魔王"有过之而无不及。⑥

在严父形象趋于暴虐的过程中，慈母的形象也随之动摇。对于青年男子来说，柔溺的母教以另一种方式妨碍着他们的志向和学业。盖母亲"平日居处相偎，饮食相哺，被之温暖以柔脆其体魄，禁之运动以颓靡其精神；出门负笈则垂泣而送之，仗剑远游则媚神求佛、投签问卜以祝之，早婚以縻其远志，吸烟以困其长图"。⑦ 对于女子来说，她们"襁褓未离，而'三从''四德'之谬训，'无才是德'之瞽言，即聒于耳而浸淫于脑海；禁识字以绝学业，强婚姻以误终身；施缠足之天刑而戕贼其体干焉，限闺门之跬步而

---

① 《家族政治》，《国民报》第1卷第3期，1901年7月10日，第15页。

② 家庭立宪者：《家庭革命说》，《辛亥革命前十年间时论选集》第1卷下册，第834～835页。

③ 太一：《家庭革命》，中国人民大学中共党史系中国近现代政治思想史研究室编《中国无政府主义资料选编》，1982，第393～395页。标点略有更易。

④ 真：《三纲革命》，《辛亥革命前十年间时论选集》第2卷下册，第1017页。

⑤ 吴父过世前，吴虞日记中随处可见其称父亲为"老魔"的文字。《吴虞日记》上册，四川人民出版社，1984，第3～114页。

⑥ 张耀翔：《论吾国父母之专横》，《新青年》第5卷第6号，1918年12月15日，第637页。

⑦ 家庭立宪者：《家庭革命说》，《辛亥革命前十年间时论选集》第1卷下册，第835页。

颓丧其精神焉"。尽管女儿一生"被父母爱者独多"，而"其受父母罪者亦最酷"。①

与此同时，"长幼有序"的观念也被质疑。兄长原需承担照顾年幼弟妹的责任，此时则被视为又"一重之压制"，②亦即"家庭第二重之压制"。③当青年将父母兄长的管教视为专制时，身为父母兄长的人也不得不自我禁抑。民初，梁漱溟的父亲梁济就因感受到社会舆论的压力而不敢督责梁漱溟，由此家庭革命在社会层面的影响可见一斑。④钱穆后来观察到："昔日青年入学校，其背后尚有家庭父兄之教督，今日则全国家庭父兄皆已自承顽固，再不敢教督其子弟，转望子弟自学校携返新教训以焕发其家庭。"⑤

与纵向的代际关系相似，横向的夫妇关系也遭遇质疑。丁初我就感叹"中国夫妇之道苦"，盖丈夫"俨然具有第二君主之威权"，结果"家庭之压制亦莫甚于夫妇"。⑥与父亲相类，丈夫也被类比为君主。女性承受着国家和家庭的双重压制，如果君主是"第一独夫"，丈夫则不啻"第二独夫"。⑦在康有为看来，"以一家之中妻之于夫，比于一国之中臣之于君"，则夫为纲为统；"夫之于妻，既私属而私有之，故畜养之，玩弄之，役使之，管束之；甚且骂詈随其意，鞭笞从其手，卖鬻从其心，生杀听其命"。⑧

时人更将夫妇之道的痛苦归咎于传统礼教基础上的婚制。谭嗣同较早质疑婚姻不自主所带来的烦恼——"本非两情相愿，而强合漠不相关之人，絷之终身，以为夫妇"。⑨也有人认为父母包办婚姻不仅败坏了"子女之品性""夫妇之爱情"，令"闺房之内，直等地狱"，更导致男子蓄妾狎妓、女

---

① 丁初我：《女子家庭革命说》，《辛亥革命前十年间时论选集》第 1 卷下册，第 927 页。标点略有更易。
② 家庭立宪者：《家庭革命说》，《辛亥革命前十年间时论选集》第 1 卷下册，第 836 页。
③ 丁初我：《女子家庭革命说》，《辛亥革命前十年间时论选集》第 1 卷下册，第 927 页。
④ 参见罗志田《对共和体制的失望：梁济之死》，《近代史研究》2006 年第 5 期。
⑤ 钱穆：《从整个国家教育之革新来谈中等教育》，《钱宾四先生全集》第 41 册，联经出版公司，1998，第 270 页。此材料承薛刚博士提示，特此致谢！
⑥ 丁初我：《女子家庭革命说》，《辛亥革命前十年间时论选集》第 1 卷下册，第 928 页。
⑦ 亚特：《论铸造国民母》，《辛亥革命前十年间时论选集》第 1 卷下册，第 932 页。
⑧ 《大同书》，姜义华、张荣华编《康有为全集》第 7 集，第 71 页。
⑨ 《仁学》，《谭嗣同全集》，第 348 ~ 349 页。

子私奔的后果。① 在陈王看来，中国的婚制、婚俗就是中国沦为"野蛮"而不能跻身于文明国的一个原因。作为"家庭间重重魔障"之一的包办婚姻，集中体现了"专制之恶风"和"媒妁之干涉"。② 在名为"恶俗"的文章中，陈独秀也集中批评中国婚姻不能自择、不许退婚、婚仪均"不合乎情理"的现象，感叹中国妇女的家庭生活就似一生一世都在"黑暗的地狱"之中。③

进入民国之后，曾批评专制婚姻种种恶果的吴贯因观察到，具有新思想的青年多倾向于婚姻自由而反抗包办婚姻。④ 到五四前后全面反传统的时代，传统的礼教、风俗相继沦为批评的对象。此时诸多控诉都指向了传统婚制的"专制"属性，给世人造成的印象是，似乎包办婚姻都笼罩在不幸福的阴影里。

到新文化运动时期，新青年尽情揭露旧家庭的弊病，长篇累牍的宣泄形成了对家庭不满的论说。傅斯年把中国的家庭视为"破坏个性的最大势力"，也就是"万恶之原"。家庭就像一张"网"，充满了各式各样的"怪现状"。他感慨道："咳！家累！家累！家累！这个呼声底下，无量数英雄埋没了。"⑤ 这不仅是傅斯年一个人的观感，态度更温和的张厚载也承认："稍为有些新思想的人，常常感触旧家庭的痛苦。"⑥ 随着"新思想"与"旧家庭"的日益对立，控诉家庭苦累与烦恼的声音也进入了高潮。

在此期间，中国的家庭比欧美更专制似乎已成趋新读书人广为接受的事

---

① 履夷：《婚姻改良论》，《辛亥革命前十年间时论选集》第 3 卷，三联书店，1977，第 840 ~ 841 页。

② 陈王：《论婚礼之弊》，《〈觉民〉月刊整理重排本》，第 25 ~ 30 页。

③ 三爱（陈独秀）：《恶俗篇》，任建树主编《陈独秀著作选编》第 1 卷，上海人民出版社，2009，第 39 ~ 52 页。

④ 吴贯因：《改良家族制度论（续）》，《大中华》第 1 卷第 4 号，1915 年 4 月 20 日，第 2 ~ 10 页；《改良家族制度旁论》，《大中华》第 1 卷第 6 号，1915 年 6 月 20 日，第 4 ~ 15 页。

⑤ 傅斯年：《万恶之原》，《新潮》第 1 卷第 1 号，1919 年 1 月 1 日，第 125 ~ 128 页。按，清末虚无主义者已提出家为"万恶之原"的说法。在傅斯年之后，李大钊也说："中国现在的社会，万恶之原，都在家族制度。"李大钊：《万恶之原》，中国李大钊研究会编注《李大钊全集》第 2 卷，人民出版社，2013，第 365 页。可知这已成为一个为一些人分享的见解。

⑥ 张厚载：《生活独立》，《新潮》第 1 卷第 4 号，1919 年 4 月 1 日，第 661 页。

实。① 到 1920 年代初，有位作者这样描述："中国式家庭，大半是专制的，麻木不仁的，无生气的。"他视中国的家庭为"世界最黑暗的牢狱，用婚姻做墙基，族姓做砖石，纲常名教做泥土，粘合而成'铜墙铁壁'、'森严牢固'的大狱。家长是牢头，青年男女是囚犯。可怜中国几千万家庭，积成几千万的牢狱；四万万男女同胞，变成四万万的牢头囚犯"。② 这是一个趋于极端的描述，但不论是网罗还是牢狱，家庭都已沦为桎梏的象征。原本以关爱、责任、道德为核心，作为其成员避风港的家庭，在很多趋新读书人心目中，此时却布满了不快，进而演变为黑暗、冰冷的牢笼。传统父义母慈、兄友弟恭、夫义妻贤的理想关系，转变为整体负面的顽父、嚣母、劣兄、恶夫/恶妻。

家庭形象的负面化是近代对中国传统认知负面化的一个部分。作为社会基本单位的家庭，其形象因国家之内忧外患以及文化危机而急剧衰落。然而，家庭革命并不都是破坏性的，对家庭的不信任导致时人开始思考构建新的社会组织形态。结果，从观念到制度，废家逐渐成为未来一种可能或理想社会的必要成分。这些"构建的未来"（presented future）也传递了时人的关切、期待或渴望。③ 无家庭的理想虽时隐时现，但确以各种各样的方式改变着现实中的言说与行动。它对社会的冲击不能被忽视或轻视。

---

① 鲁迅：《我们现在怎样做父亲》，《新青年》第 6 卷第 6 号，1919 年 11 月 1 日，第 560 页。
② 郑士元：《家庭改造论》，《时事新报》1920 年 8 月 24 日，第 4 张第 1 版。
③ Reinhart Koselleck, "The Temporalisation of Concepts," *Redescriptions: Political Thought, Conceptual History and Feminist Theory*, Vol. 1, No. 1 (1997), pp. 16 - 24; Anders Schinkel, "Imagination as a Category of History: An Essay Concerning Koselleck's Concepts of Erfahrungsraum and Erwartungshorizont," *History and Theory*, Vol. 44, No. 1 (2005), pp. 42 - 54; Ethan Kleinberg, "Haunting History: Deconstruction and the Spirit of Revision," *History and Theory*, Vol. 46, No. 4 (2007), pp. 113 - 143.

# 第二章 面向未来：废婚毁家以重构社会的尝试

面对西潮的冲击，中国士人在不断的纠结和挣扎中，一面激烈质疑传统，一面开始收拾外来学理。与此同时，有意无意之间又结合散乱零落的传统因素，试图重整文化秩序和政治秩序。其间一个突出的现象是"国家"的兴起，进入民国之后又有所谓重造社会的冲动。① 一些人进而反思人与人之间的基本关系，甚至考虑是坚持还是重构以家庭为基础的社会模式。②

那时的一些读书人对万国纷争的现实世界并不满意，转而设想一个无国无家的理想世界，在此新的社会政治秩序中取消家庭，进而由公产、公育、公养、公恤等社会制度来履行原本由家庭承担的责任。他们的愿景虽不尽一致，但均指向家庭，冲击了家庭这一社会体制的稳固性。这类以废婚毁家为表征的思考和言说，大体是近代中国"家庭革命"的一个组成部分，一般也将其纳入这一范围进行探讨。

有学者从中国传统中寻找废婚毁家主张的渊源，以为佛法的"出家"和道家反对人为的观念都有一定的影响，甚至说废家论者"将儒家思想的'仁'混杂了社会主义或个人主义的精神，使儒家思想得以为毁家废婚的新观念背书"。③ 这是一个极富创新性的说法。不过，佛法和道家久已存在，何以长期没推动废家主张的形成，而到近代才成为其思想资源？更重要的是，废家论者借助"仁"的观念，与儒家思想"为新观念背书"，两者之间

---

① 参见巴斯蒂《中国近代国家观念溯源——关于伯伦知理〈国家论〉的翻译》，《近代史研究》1997 年 4 期；王汎森：《傅斯年早期的"造社会"论——从两份未刊残稿谈起》，《中国文化》第 14 期，1996 年 12 月。

② 参见罗志田《道出于二：过渡时代的新旧之争》，第 15 页。

③ 陈慧文：《二十世纪初中国毁家废婚的思想初探》，《立德学报》2007 年第 1 期。附带说，陈慧文是专门研究这一问题的学者，她的博士学位论文就是《二十世纪前期中国的毁家废婚论(1900s～1930s 年)》(新竹清华大学，2015)，提出了很多新见。

恐怕还有不短的距离，不宜并为一谈。

一些自幼浸润在儒家经典中、本应视家庭为正面建制的士人，转而攻击家庭伦理，视家庭为桎梏，期望建设一个无婚姻、无家庭的社会。这种对儒家伦理的自我否定是中国文化危机的重要表现，而那些改组或取消家庭的设想，则代表了危机中的读书人不断追寻人生意义和秩序的一种努力。① 或可以说，包括废婚毁家思路的家庭革命，是近代中国思想激进的读书人在中西竞争的语境下，重置个人与家庭、国家与天下的一种尝试。

辛亥鼎革后，无家的梦想并未中断，在民初继续萦绕在革命者心中。② 然而，在几千年的人类历史上，家庭作为社会的基石，是人种绵延、道德教化以及社会制度的一个基本单位。在中国，两千多年里以孝悌为伦理核心，看重家庭几乎带有宗教意味。③ 在西方，家庭一向是最受关注和保护的社会建制。以美国为例，家庭价值（family value）在美国政治论说中占据了重要的位置，是美国国家认同的重要组成部分。④ 近代中国家庭革命的言说，显然与这样的中西传统背道而驰。

## 一　想象一个无家庭的未来

尽管废家的言说更多表现为负面的批判和更改，但实际上集破坏性与建设性于一体。早在 1880 年代，康有为就突破伦常的范围来反思基本的父子、夫妇关系。康氏主张，小孩由"官为设婴堂以养育之"，且"父母不得责子女以孝，子女不得责父母以慈，人有自主之权"，而夫妇关系以两性相悦则合、不合则分离为原则。⑤ 他实际已在尝试解除父母与子女的互相依赖与照顾的关系，进而构建一个去家庭化的大同世界。在中国近代社会政治思想

① 张灏：《中国近代思想史的转型时代》，《幽暗意识与民主传统》，第 134 ~ 142 页。

② 洪喜美：《五四前后废除家族制与废姓的讨论》，《国史馆学术集刊》，第 3 期，2003 年 8 月。

③ 《东西文化及其哲学》，《梁漱溟全集》第 1 卷，第 467 页。

④ William A. Galston, *Liberal Purposes*: *Goods*, *Virtues and Diversity in Liberal State*（Cambridge: Cambridge University Press, 1991），Chaps. 1 - 7.

⑤ 《实理公法全书》，姜义华、张荣华编《康有为全集》第 1 集，第 149 ~ 151 页。

中，康有为是废弃人类基本伦理的先声。1902 年，流亡于印度大吉岭的康有为重拾自己曾经中断的乌托邦思想，并构建了详尽的废婚毁家的大同世界。这个世界的核心特点包括"毁灭家族""男女同栖当立期限"。①

不久之后，蔡元培则想象了 60 年后的理想社会："没有父子的名目，小到统统有人教他；老的统统有人养他；病的统统有人医他。没有夫妇的名目，两个人合意了，光明正大的在公园里订定，应着时候到配偶室去，并没有男子狎娼、妇人偷汉这种暗昧事情。"② 约 20 年后，蔡元培仍"确信将来的社会，一定是很自由，很平等；一切人与人的关系，都有极正当、极经济的方法；不要再有现在家庭等等烦琐的组织"。③

李石曾所憧憬的理想社会则是："有男女之聚会，而无家庭之成立；有父子之遗传，而无父子之名义。"他认为自己所号召的家庭革命、圣贤革命和纲纪革命都有助于人道进化。换言之，若能废除婚姻、毁灭家庭，则能使人道之幸福进入完美阶段。④ 李石曾是清末虚无主义刊物《新世纪》的编者，该刊的作者群基本分享了废婚毁家的社会政治理想。

刘师培则设想"凡人口达千人以上，则区画为乡"，在这范围内废除家庭，实现人人平等。⑤ 民初，鲁哀鸣创作的小说《极乐地》描写了一个孤岛上发现的新桃花源。岛上的物质生活非常丰富，不存在金钱、不平等之类的一切罪恶，简直是人间天堂。这个极乐地也废除了家庭、政府、婚姻等建制，形成一个无父无君的共同体。⑥

建立在血缘基础上的慈孝，在传统中国被视为人伦日用的核心而受到尊崇。在博爱观念的冲击下，却被视为消极和偏私的感情。⑦ 李石曾就曾说：

---

① 梁启超：《清代学术概论》，上海古籍出版社，1998，第 81～82 页。

② 《新年梦》，高平叔编《蔡元培全集》第 1 卷，中华书局，1984，第 241 页。

③ 蔡元培：《〈家庭新论〉序》，沈钧儒：《家庭新论》，商务印书馆，1923，第 1 页。

④ 真：《三纲革命》，《辛亥革命前十年间时论选集》第 2 卷下册，第 1019～1020 页。

⑤ 刘师培：《人类均力说》，葛懋春等编《无政府主义思想资料选》上册，第 67～70 页。

⑥ 《极乐地》在民国多次再版，四川适社亦曾翻印，《学汇》亦曾以《新桃花源》为名连载。参见蒋俊《略论〈极乐地〉的政治思想和社会意义》，《近代史研究》1991 年第 1 期。

⑦ Benjamin A. Elman. *Classicism*, *Politics*, *and Kinship*: *The Ch'ang-Chou School of New Text Confucianism in Late Imperial China* (Berkeley: University of California Press, 1990), p. 34.

"既有家庭，则易公而为私，爱己而忌人。曰我之子故我爱之，于是慈之说出。推此以求，则人之子遂不爱。曰我之父故我爱之，于是孝之说出。推此以求之，则人之父母遂不爱。所以爱我之父、我之子，是因其与我近也。"在他看来，含有自私意味的慈孝是人道进化之幼稚的表现，而随着人类的进化，这一"纯然自私"的世界将消失，取而代之的是"经济平等，共产实行，人人得以自立，互助协助而无所用其倚附"。①

鞠普也认为，家庭之情为"私"、为"小"，② 且"私一身，私一家，私一国，私一种，皆私也"。欲天下为公，就要打破国界、种界、人我之界。③ 以慈孝为核心的家庭伦理自此变成"私"的象征。公的博爱与私的慈孝在人们心目中地位的升降，反映出读书人对家庭态度的转变。本与家庭制度不冲突的"自由、平等、博爱"，在近代中国却对普遍的家庭制度造成了根本性的冲击。在去私存公、追求大同的语境中，私情、私心、私产相继为人所诟病。正面的公与负面的私使得破家以去私的主张更有说服力。

康有为确信，打破家界是实现人人互助的一个环节。他指出："凡有小界者，皆最妨害大界者也。"这里的"小界"就包括省、府、州、县、局、乡、姓、房。④ 蔡元培也主张，人类应该联合起来战胜自然，像"国"和"家"这样的单位存在并互相竞争不过是在靡费人力。⑤ 署名"靡君"的作者将家庭看作与乡邑、郡国、种族一样的"私团体"，是世界竞争和战争的源泉，与世界大同不相容。⑥ 李大钊后来也痛感现代生活好似牢狱生活，"像这样的世界、国家、社会、家庭，那一样不是我们的一层一层的牢狱，一扣一扣的铁锁！"⑦

与消除种族、国家的边界类似，人们期待消除家庭造成的自家人与陌生人的区别，而实现绝对的平等。鞠普就说："自有家而传其世职，受其遗

①　真：《三纲革命》，《辛亥革命前十年间时论选集》第 2 卷下册，第 1018～1019 页。

②　鞠普：《毁家谭》，《辛亥革命前十年间时论选集》第 3 卷，第 193～194 页。

③　鞠普：《"礼运"大同释义》，《辛亥革命前十年间时论选集》第 3 卷，第 179 页。

④　《大同书》，《康有为全集》第 7 集，第 44 页。

⑤　罗志田：《天下与世界：清末关于人类社会认知的转变》，《中国社会科学》2007 年第 5 期。

⑥　靡君：《绝婚配以解私团体》，《新世纪》第 35 号，1908 年 2 月 22 日。

⑦　李大钊：《牢狱的生活》，《李大钊全集》第 2 卷，第 348 页。

产，于是阶级分矣。自有家而农之子恒为农，士之子恒为士，于是智愚判矣。种种不平之生，皆起于有家也。"因此，"必家毁而后平等可期"。① 褚民谊也指出："欲破亲疏之习惯，必自破家族始。欲破家族，必自废婚姻始。婚姻既废，家族不得成，始人各无自私自利心。无亲无疏，互相扶助，四海一家，天下大同，无君臣、父子、夫妇、昆弟之别，只有朋友之爱，爱以是为博。"②

旨在消除差别的平等，意味着只有打破亲疏、地域、种族的边界才能真正实现远近大小若一。极端、无拘无束的自由愿景让强调互相依赖、讲求责任的家庭怦然解体。汉一就宣称："今后世界大同，人人行踪自由，必不能如上古之世，老死不相往来。且人类平等，断无强女子守家之理，亦无用奴婢守家之理。则人生逆旅，无往非家。土地属之公有，无此疆彼界之分，是家之一词，实应消毁，无可疑也。"③

受西说的影响，一些读书人转而从"权力"而非"责任"的角度去看待各类社会建制，家庭也因此化为权力场域，并成为个人自由的对立面。如鞠普就认为："人生天地间，独往独来，无畏无惧，本极自由也。"但"自有家而后各私其妻，于是有夫权。自有家而后各私其子，于是有父权。私而不已则必争，争而不已则必乱，欲平争止乱，于是有君权"。此三权"皆强权也，皆不容于大同之世者也，然溯其始，则起于有家。故家者，实万恶之原也"。④ 要清除这些束缚自由的社会权力，废除家庭就成了合乎逻辑的选择。

概言之，想象一个无家庭的未来，既是对眼前中国和当时世界的抗拒，又寄托着对未来的企盼。他们精心安排的无家庭人生，是一个自由、平等、博爱、互助、大公无私的世界，看起来十分迷人。为了这样一个美好未来，废除问题丛生的家庭似乎是一个"理性"的选择，其实充满了感性的玄想。

在废家的设想中，首当其冲的是婚姻制度。震述就在《天义·衡报》

① 鞠普：《毁家谭》，《辛亥革命前十年间时论选集》第 3 卷，194 页。
② 民：《普及革命》，葛懋春等编《无政府主义思想资料选》上册，第 196 页。
③ 汉一：《毁家论》，《辛亥革命前十年间时论选集》第 2 卷下册，第 917 页。
④ 鞠普：《毁家谭》，《辛亥革命前十年间时论选集》第 3 卷，第 193 页。

上对中国的礼法婚姻和西方的宗教婚姻、法律婚姻表示不满，并宣称，"欲图男女自由之幸福，则一切婚姻必由感情结合"，进而实现"一般男女不为金钱所束缚，依相互之感情，以行自由结合"。① 鞠普也认为，无论任何婚制（一夫多妻、多夫一妻、一夫一妻）都是违反男女之"义"，即男女相悦即相合的原则。② 若"欲人群进，爱情普，必自废婚姻始，必自男女杂交始"。③ 民初的心社社员宣称，婚姻的永久性质与人情无永久不变之理相抵牾。若无情的婚姻为"恶法律、伪道德"束缚，"社会遂无光明和乐之幸福"。故他们主张："欲社会之美善，必自废绝婚姻制度实行恋爱自由始。"④

蔡元培明确指出，在理想的世界里，"没有夫妇的名目"。⑤ 只有"婚姻绝，则男女交欢可自由"。⑥ 故鞠普建议，在废除婚姻后，"多设会场旅馆，为男女相聚之所，相爱则合，相恶则离，俾各遂其情，则必无乐于结婚者矣"。⑦ 高亚宾也说："夫妇之伦，宜先废去。"不过，"夫妇可废，而交合之事不可废"，故提议男女交合以"相悦为乐，一听自由"。⑧ 而康有为则构想："凡男女相悦者，则立约以三月为期。期满之后，任其更与他人立约。若原人欲再立约，则须暂停三月，乃许再立。亦许其屡次立约，至于终身。"⑨ 这样的废婚之说是对世界范围内婚制的反抗，也是对婚姻意义的根本挑战。

作为社会制度，婚姻与家庭自然要承担相应的责任，其中最首要的就是满足家庭成员日常生活的需要。康有为观察到，一家之中总有生养、疾病、衣食的需要，而贫穷之人往往无力给孩子医药、饮食、教育，⑩ 目睹种种家

---

① 震述：《女子解放问题》（1907 年 9 ~ 10 月）；《经济革命与女子革命》（1907 年 12 月 30），万仕国、刘禾校注《天义·衡报》，中国人民大学出版社，2016，第 135、204 页。
② 鞠普：《〈礼运〉大同释义》，《辛亥革命前十年间时论选集》第 3 卷，第 181 页。
③ 鞠普：《男女杂交说》，《新世纪》第 42 号，1908 年 4 月 11 日。
④ 《心社趣意书》，葛懋春等编《无政府主义思想资料选》上册，第 236 页。
⑤ 《新年梦》，《蔡元培全集》第 1 卷，第 241 页。
⑥ 靡君：《绝婚配以解私团体》，《新世纪》第 35 号，1908 年 2 月 22 日。
⑦ 鞠普：《毁家谈》，《辛亥革命前十年间时论选集》第 3 卷，第 195 页。
⑧ 高亚宾：《废纲篇》（1907 年 11 月 30 日），《天义·衡报》，第 569 页。
⑨ 《实理公法全书》，《康有为全集》第 1 集，第 149 页。
⑩ 《大同书》，《康有为全集》第 7 集，第 80 ~ 82 页。

庭不幸，强化了康有为废除家庭的想法。① 将家庭责任视作负担的连锁反应，则是主动将本属家庭承担的责任委诸社会。② 欲求人生幸福快乐的时风，也促使时人反思能否建立一种新型社会，包办原本由家庭承担的责任。

以前的读书人大致都熟悉《礼记》那段关于"人不独亲其亲，不独子其子"的大同社会的描写，那是一个"大道之行"而"天下为公"的社会，但过去的经典诠释者并未说明家庭在其中的位置，也不曾指出由谁来承担人人"皆有所养"的责任，给后人留下了很多想象的余地。当一位署名"迦身"的作者主张"无政府"社会也应破除"家族"时，刊物的编者提出了"合全世界为一大家庭"的构想。在这个"博爱之社会"里，"老有所终，壮有所用，幼有所长，矜寡孤独废疾有养。天下太平，人群和乐。较之各私其私，互相争夺者，不亦远过万万欤？"③

这一描述基本就是《礼记》话语的改版，可知欲废家者不一定就反传统，有些人也视旧典籍为思想资源，继承了"大同"的愿景。换言之，废家并不全是破坏，它可能是一种废除小家以构成"大同之家"的建设手段。一些思想激进的读书人设想建立一种新型社会，包办原本由家庭承担的责任，一方面满足现有家庭无力实现的需求，同时消灭家庭自身带来的种种痛苦。他们放弃了以个体家庭为基础的社会模式，并且认真思考打破基本的父子、夫妇关系之后人类社会的组织形式。

要保证人类的繁衍，必须以废婚却不废生育为前提。那么，育幼的责任由谁承担就成为废家论者必须解决的问题。按康有为的设想，妇女怀孕之后入"人本院"；生育之后，婴儿即归"公立育婴院"养育，其生理父母均无责任。他说："大同之世，人既皆养于公，父母无殊功焉，不必再从其姓以生畛域。"故废除父子之后，每个人的名字应该以所生之"人本院"所在之位置、院室名称命名。④ 这类儿童公育的构想彻底颠覆了传统的家庭育子模

① 康有为一些亲戚和朋友的不幸遭遇强化了他废家的想法。参见萧公权《康有为思想研究》，汪荣祖译，新星出版社，2005，第11页。
② 罗志田：《对共和体制的失望：梁济之死》，《近代史研究》2006年第5期。
③ 迦身：《无政府之研究》，葛懋春等编《无政府主义思想资料选》上册，第261页。
④ 《大同书》，《康有为全集》第7集，第102页。

式，让生产以前、降生以后、接生命名、抚养教育等一系列过程彻底实现社会化。这也从根本上切断了人类最坚固的父母子女关系。

儿童公育也意味着社会机构全面取代家庭教育。孩子长大之后，则由"公立怀幼院、公立蒙学院、公立小学、公立中学院、公立大学院"教养。①刘师复曾设想："产育者由公共产育院调理之。所生子女，受公共养育院之保养。儿童满六岁以至二十或二十五岁，皆入学受教育。无论男女，皆当得最高等之学问。"② 何海鸣构想的2022年的理想世界是：无国无家，男女婚媾生育，孩子诞下百天后，"从此与母亲分别，另行送到儿童公育院去。每六年为一级，每级另有特别教育的处所。经过三级和十八年的功夫，算是儿童公育完成，许其出院。和成年人一样，尽人类应尽的劳动工作义务，享人类应有的衣食住三项公平权利"。③ 这样的儿童公育让儿童自婴儿阶段就与母亲分离，母子间的亲情也随之而去。

儿童公育又是培养合格劳动者的一个环节。在蔡元培设想的理想社会中，每个人7岁以前受抚养，7岁至24岁受教育，24岁到48岁为职业时期，此后为修养时期。在成人工作期间，每天做工8小时，饮食、谈话、游散8小时，睡眠8小时。④ 刘师复则提议："无论男女，由学校毕业至四十五或五十岁，从事于劳动。"⑤ 康有为相信，大同世界工作的时间会因为技术的进步而减少。以工人为例，一人一日工作三四时或一二时则足矣，"此外皆游乐读书之时间"。⑥ 刘师培的理想社会则是以每个人要享受均等的苦与乐为准，每日工作时间则以两小时为限，此外的时间可以用来读书治学。⑦

由于大同社会"必去人之私产"，故社会产业都属公营之农业、工业和商业。以农业为例，"政府立农部而总天下之农田，各度界小政府皆立农曹

①　《大同书》，《康有为全集》第7集，第92~93页。

②　刘师复：《无政府共产党之目的与手段》，《师复文存》，革新书局，1928，第46~47页。

③　何海鸣：《儿童公育》，《何海鸣说集》，大东书局，1927，第5页。

④　《新年梦》，《蔡元培全集》第1卷，第234页。

⑤　刘师复：《无政府共产党之目的与手段》，《师复文存》，第47页。

⑥　《大同书》，《康有为全集》第7集，第161页。

⑦　刘师培：《人类均力说》，葛懋春等编《无政府主义思想资料选》上册，第67~70页。

而分掌之，数十里皆立农局，数里立农分局，皆置吏以司之"。每个人都在官吏的指导下进行生产，生产物资则由公政府统筹规划。其特点则是"坐作进退，几如军令"。① 这样的劳动很可能是在官吏监督下的强制性生产活动。

总而言之，劳动是不可缺少的个人直接贡献社会的环节。在进入养老院之前，个人都需要致力于社会生产。且这个社会生产的组织形式是集体性的，每个人直接参与社会生产与劳动，个人的工作时间、工作内容以及工作组织形式皆已被安排妥当，家庭自然也就丧失了生产单位的功能。

在生产社会化的同时，生活亦实现了社会化、集体化。康有为构想的大同世界有高度分工的各级政府官员，人们的居住、饮食、坐作进退都由各"度"（类似公社）规定。公家设有供男女同居的公室、大公厅、公饭厅、公商店、公共讲堂、公园囿、公图书馆、戏院、音乐院、公旅社等。在这里，原本以家庭为中心的日常生活转变为由公立机构提供人们衣食住行用等生活需求。

像育幼一样，原本由家庭承担的养老、送终的责任也改由社会公立机构承担。当人们步入晚年，即进入公立养老院。康有为设想："大同之世，老者无子女，即以护侍人代之。"而去世之人则由"考终院"料理后事。刘师复也延续了每个人晚年则修养于公共养老院的设想。② 换言之，一个人从生到死均由社会机构来满足他的生活基本需求。但这些未来社会的构想都很少提到情感的需求。

这样，生产与生活均实现了社会化，个人、家庭也不再是财产的主体，财产归公成为大同社会的基础。康有为提倡"去人之私产"，而"凡农工商之业，必归之公。举天下之田地皆为公有，人无得私有而私买卖之"。③ 刘师复也相信未来国界、种界将消灭，那时"婚姻既废，遗产制度同时可灭"。这样才能集合财产以实现公养、公育，盖"斯时无父子，无夫妇，无

---

① 本段及下两段，参考《大同书》，《康有为全集》第7集，第159～161、113～116页。
② 刘师复：《无政府共产党之目的与手段》，《师复文存》，第47页。
③ 《大同书》，《康有为全集》第7集，第156～157页。

家庭之束缚，无名分之拘牵，所谓'不独亲其亲，不独子其子'者，斯不亦大同社会之权舆欤？"① 实际上这绝非仅是"不独"，基本就是"不"亲其亲和"不"子其子。

虚一以为，"人生衣食住三大要需，皆生之于地，成之以工"。地为天然所有，不得而私，故"凡物概归公有，凡事皆是作工。各尽其能，各取所需"。他的"理想乡"的核心特点是"亡籍、亡阀、亡产"，旨在让个人与乡土、家庭、财产脱钩，形成一个无国无家无认同的新世界。② 有社会党人说，必从"实行爱恋自由为始，夫然后人尽夫也，人尽妇也；长于吾者父事之，幼于吾者子育之"，于是无家庭之可言。③ 若"家族之界限破除，则个人为社会单纯分子，社会为个人直接团体"；由社会承担抚养老幼的责任，则"种族同胞之观念自灭，世界于是焉大同"。④

正如有人指出的，只有废除了家庭观念，"才可以废止家庭制度，也才可以实现大公的人类世界"。⑤ 另一方面，只有同时取消了家庭观念与家庭制度，人们才能建立"一无所有"的个人认同。傅斯年有一句广为引用的名言："我只承认大的方面有人类，小的方面有'我'，是真实的。'我'和人类中间的一切阶级，若家族、地方、国家等等，都是偶像。我们要为人类的缘故，培成一个'真我'。"⑥ "天下为公"的大同与凸显"真我"的个人认同本是有些紧张的，然而在废家方面两者竟然异曲同工。循此思路，此前的"修身、齐家、治国、平天下"的序列，便有转成"修身、废家、去国、平天下"的可能。

整体地说，在未来的新社会里，每一个体出生之后即脱离母亲，通过从育婴院到大学院的培养成为一个合格的劳动者。在中年，个人通过自己的劳动来贡献社会。步入晚年，每个人都由社会公立机构养老送终。生

---

① 《心社趣意书》，葛懋春等编《无政府主义思想资料选》上册，第236页。
② 虚一：《人生大会联乡自治法》，《学汇》第64～67号，1922年12月15～18日。
③ 《三无主义之研究》，葛懋春等编《无政府主义思想资料选》上册，第233页。标点略有更易。
④ 《社会党纲目说明书》，葛懋春等编《无政府主义思想资料选》上册，第252～253页。
⑤ 之溪：《人生究竟是什么》，上海《民国日报·觉悟》，1920年1月22日，第13版。
⑥ 傅斯年：《〈新潮〉之回顾与前瞻》，《新潮》第2卷第1号，1919年10月30日，上海书店，1986，第205页。

育、生产和生活都彻底社会化，人们似乎只有快乐而无痛苦，只有享乐之权利而无奉养之责任。在这乌托邦里，每一个体享受着醇酒美食，自由又奋发地工作；男女光明正大且无所顾忌地自由恋爱，拥有精神和物质方面的一切幸福。

概言之，这些思想激进的读书人在全面否定现存制度的心态下，以绝对的平等、极端的自由打破基本的生活单元，期待实现生育、生活、生产彻底社会化、集体化。他们试图从根本上改变个人从出生到死亡的整个生命历程，凭空想象出一个超越一般人生经验、异于过去与现在的无婚姻、无家庭的未来。这一理想世界的构想，突破了传统建构在人禽、男女、亲疏之别基础上的伦理规范和价值取向，旨在建构个人与家庭、乡土、国家脱钩的无国无家的认同。这不仅严重冲击了传统中国社会结构的基石和儒家道德系统的中坚，[①] 与彼时西方以家庭为基础的社会理想也截然相反。

尽管家庭革命的思想资源更多是外来的，但对于当时的大多数西方人来说，废婚毁家的主张是不可思议的。[②] 而处于天崩地裂心境之中的一些中国读书人，却相信可以通过自己的意志来建立一个完美的社会。这表明看似破坏性的家庭革命，实际也兼具构建未来社会的努力。一方面，否定婚姻和家庭意味着对现实世界的全面否定；另一方面，他们也相信可以靠着人的意志与力量，特别是政治的力量构建一个超越于传统中国和现代西方，几乎至善完美的未来理想世界。这样的主张在异时和异地虽不能说没有，却并不多见，从一个侧面揭示出近代中国那超越古今中西的变异特性。[③]

废婚毁家虽然是面向未来的想象，但这类"建构的未来"也传递了时

---

① 萧公权：《康有为思想研究》，第 307 页。

② 例如，家庭是维多利亚时代（1837~1901）英国社会的基石，这一时期以重视家庭、强调家庭幸福与家人亲密关系为特征，是启蒙以来强调爱情、伴侣式婚姻的典型时代。父亲在外工作、为家庭提供生活保障，而代表着情感与道德的母亲在家教养子女，这样的中产阶级家庭代表着稳定、道德与舒适的核心价值。Sally Mitchell, *Daily Life in Victorian England* (Westport: Greenwood, 2009) pp. 145-167; Stephanie Coontz, *Marriage: A History* (New York: Viking Penguin, 2005) pp. 161-191.

③ 罗志田：《近代读书人的思想世界与治学取向》，北京大学出版社，2009，第 2 页。

人的关切、期待或渴望。① 家庭制度既不在未来世界中，则其现实存在的合理性也自然削弱了几分。因此，无家庭的理想虽时隐时现，但确以各种各样的方式改变着现实中的言说与行动。它对社会的冲击不能被忽视或轻视，而其与近代中国政治、社会走向的关联也值得进一步去厘清与重建。废家最核心的冲击恰恰是取消父母子女之间的关系，而这对于重视孝道的中国社会而言，可谓是一场巨变。

## 二　构建一个无家庭的理想社会

随着传统家、国、天下链条的解体，西方的"社会"观念引起了近代中国人的注意。经历了从群到社会的更迭后，清末"破坏旧恶之社会，另造新美者"② 或许恰是后来社会改造的先声。民初就有时人梦想着"造成博爱之社会，合全世界为一大家庭，老有所终，壮有所用，幼有所长，矜寡孤独废疾有养"的世界。③ 家庭在儒家传统中本是被推崇的核心制度，而此时却成为被否定的对象，甚至成为社会进化的障碍，盖"社会当以个人为单纯之分子者也。自有家族，则以家为社会之单位。个人对于社会，不知有直接应负之责任，而惟私于其家。人人皆私其家，则社会之进化遂为之停滞"。④ 而"国家"作为偶像的坍塌⑤ 又刺激了五四前后的新青年对政治以外的文化和社会的兴趣。傅斯年就曾思考怎样将无机体的群众转变为有机体

---

① Reinhart Koselleck, "The Temporalisation of Concepts," *Redescriptions*: *Political Thought*, *Conceptual History and Feminist Theory*, Vol. 1, No. 1 (1997), pp. 16 – 24; Anders Schinkel, "Imagination as a Category of History: An Essay Concerning Koselleck's Concepts of Erfahrungsraum and Erwartungshorizont," *History and Theory*, Vol. 44, No. 1 (2005): 42 – 54; Ethan Kleinberg, "Haunting History: Deconstruction and the Spirit of Revision," *History and Theory*, Vol. 46, No. 4 (2007), pp. 113 – 143.

② 马君武：《俄罗斯大风潮》序言，葛懋春等编《无政府主义思想资料选》上册，第1页。

③ 迦身：《无政府之研究》，《良心》1913 年7 月20 日，葛懋春等编《无政府主义思想资料选》上册，第261 页。

④ 师复：《废家族主义》，唐仕春编《中国近代思想家文库·师复卷》，中国人民大学出版社，2015，第38 页。

⑤ 杨念群：《"无政府"构想："五四"前后"社会"观念形成与传播的媒介》，《开放时代》2019 年第1 期。

的社会，他最终的目标是要把"以前的加入世界团体是国家的"，改变成"以后要是社会的"加入世界。①

家庭革命的言说在五四前后进一步发酵为强调废除婚姻的自由恋爱主张。例如，青年毛泽东就曾说："甚至国家要不要，家庭要不要，婚姻要不要，财产应私有应公有，都成了亟待研究的问题。"② 1919 年底，恽代英就曾与友人认真讨论婚姻是否可以废除的问题。曾反对多夫多妻的恽代英，此时则认为"婚姻应该废除，恋爱应该自由，男女间一切束缚应一并解放"。③ 1920 年春天，既反对旧式婚姻又反对恋爱结婚的新青年，严肃认真地在《民国日报》公开表示，为了自由的人格、人类的幸福，应该废除婚姻。④

与五四运动的主题从政治、文化问题转向社会问题的势头互相激荡，⑤"世界民"的想象逐渐转变为五四时代新青年常说的"社会之一分子"。所谓的做"社会之一分子"的意味，大抵就像每个人都直接面对上帝一样，实现每个人都直接面向社会。为了这一理想，首先就要打破家庭。家庭革命者认为家庭是造成人类不平等的原因，只有打破家庭才能实现人人平等。换言之，这个理想社会不是以家庭为单位，而是以个人为单位，个人不再承担家庭责任，而要对社会整体尽责任。在这个由陌生人组成的社会里，曾经由家庭承担的责任转而由公立机构负责。这种极端社会化的倾向塑造了不少时人对个体与群体的认识。五四后，家庭革命进一步转变为构建一种具体的、全新的社会模式。

核心问题是个人有能力塑造出无家庭的新社会吗？陈独秀相当自信地

---

① 王汎森：《傅斯年早期的"造社会"论——从两份未刊残稿谈起》，《中国文化》第 14 期，1996 年 12 月。

② 《健学会之成立及进行》，《毛泽东早期文稿（1912.6～1920.11）》，湖南出版社，1990，第 364 页。

③ 《废除婚姻的讨论》（1919 年 12 月 25 日），《恽代英全集》第 3 卷，第 122 页。

④ 梁景和：《五四时期的"废婚主义"》，《二十一世纪》第 53 期，1999 年 6 月。

⑤ 关于五四本身主题的转向，请参考杨念群《"社会"是一个关键词："五四解释学"反思》，《开放时代》2009 年第 4 期。

说："人之生也，应战胜恶社会，而不可为恶社会所征服；"① 李大钊也曾鼓励新青年"打起精神，于政治、社会、文学、思想种种方面开辟一条新径路，创造一种新生活"。② 蒋梦麟则号召青年追求"从家族的生活到社会的生活"的转变。③ 黄炎培甚至信心满怀地给出相当具体的建议。他说："新生活是很好的了。不过吾们要想团体解决的方法，不要想个人解决的方法。换一句话，就是要用团体的方法解决个人的问题。怎么叫做团体解决呢？譬如照新村的办法，划一片地，集一笔资本，造一个世界，这要算是大规模了。较小些，像北京发起的工读互助团的办法。再小些就是负贩团的办法，都是好的。"④ 受老师鼓励的新青年自然就接受了一种脱离家庭进入社会的个人似乎无所不能的观念。新青年尝试共同生活，组织工读互助团就是在尝试过一种废除家庭的社会生活。⑤

为了理想社会而打破家庭，意味着新青年对个体的社会化能力有着极端理想主义的乐观。在思想革命的氛围之下，为了打造新社会而实行家庭革命的倾向为青年提供了新的视角。曾经参加工读互助团的施存统就说："我们脱离家庭后，是以社会的眼光去看家庭，不再以家庭的眼光去看家庭。"他心目中的"改造社会，并不以家庭为起点"，而是以"社会全体为目标，断不能专顾一个家庭"。⑥ 当社会变成"公"的象征，而家庭变成了"私"的象征。废除家庭就成了去私存公之社会改造的题中之义。青年茅盾就曾设想，废除家庭后，"大家都是人，都是在同一社会中的人。社会即是大家庭，社会中各员，即是大家族，只有社会生活，没有家庭生活，社会生活即家庭生活"。换言之，没有独立门户的家，而仅有"夫妇共居一间或各居一

---

① 《敬告青年》，《陈独秀著作选》第 1 卷，第 132 页。

② 《新的！旧的！》，《李大钊全集》第 2 卷，第 198 页。

③ 蒋梦麟：《改变人生的态度》，《新教育》第 1 卷第 5 期，1919 年 6 月，第 454 页。

④ 黄炎培：《觉悟后的青年啊！》，《时事新报》1920 年 1 月 1 日，增刊第 4 张第 2 版。

⑤ 清水贤一郎：《革命与恋爱的乌托邦——胡适的"易卜生主义"和工读互助团》，吴俊编译《东洋文论——日本现代中国文学论》，第 200～222 页。

⑥ （施）存统：《"工读互助团"底实验和教训》，张允侯等编《五四时期的社团》（2），第 433 页。

间"，而其余"一切游戏读书娱乐"都是公共的。①

要打造这样的社会，只有先脱离家庭，然后才能平等地加入社会。而姓氏作为家庭和家族最重要的标识，要想打破亲疏之别，废除姓氏便是其中之义。② 废姓与废家的讨论和举动也并非个例，颇能反映当时激进青年的心态。③ 其实，较早康有为设想，废除姓氏之后，人的命名应该以所生之人本院所在之位置、院室名称命名，即某度、某院、某室、某日。④ 一位亲历五四运动的人曾这样回忆："中国青年思想，以'五四运动'前后变动得最厉害。那时的青年，大家嚷着反对家庭，反对宗教，反对旧道德、旧习惯，打破一切的旧制度。我在南京暑期学校读书，曾看见一个青年，把自己的名字取消了，唤做'他你我'。后来到北京，在北大第一院门口碰见一个朋友偕了一个剪发女青年，我问她：'你贵姓？'她瞪着眼看了我一会，嚷着说：'我是没有姓的！'还有写信否认自己的父亲的，说'从某月某日起，我不认你是父亲了，大家都是朋友，是平等的'。"⑤

那时的新青年思想解放之程度或许远远超过今人的想象，而他们反家庭的倾向进一步打造了他们对理想社会的构建。家庭本来意味着养老、育幼的责任边界，然而在家、国、天下的链条崩溃后，便形成了孤立和原子化的个人。⑥ 考虑年幼和年老时人类并不能独立存活，原本由家庭承担的养老育幼的责任便转移到社会手中。施存统从新文化人那里继承了非孝的主张，转手将其推演到废除父母子女，希望借全社会的力量照顾老幼。当面对垂死的母亲，施存统觉悟到："我母已无可救，我不能不救将成我母这样的人！"他希望建立"没有父母子女的关系，则无论何人都一样亲爱，生死病痛，都

---

① 《致郭虞裳》(1919年11月)，《茅盾全集》第36卷，人民文学出版社，1997，第2页。

② 洪喜美：《五四前后废除家族制与废姓的讨论》，《国史馆学术集刊》第3期，2003年8月。

③ 废姓在青年中一度颇为流行，天津觉悟社、北京工读互助团，围绕在恽代英周围、上海大学周围的青年都曾有废姓的举动。参见《编者说明》和《觉悟社社员名单》，《五四时期的社团》(2)，第299、305页。《业裕致际盛》，《五四时期的社团》(1)，第169页。《毓兰致卢斌》，《五四时期的社团》(1)，第179~180页。1922年，上海平民女学的学生也实行废姓，见《丁玲自传》，第33页；《郑超麟回忆录》，东方出版社，2004，369页。

④ 参见《大同书》，《康有为全集》第7集，第102页。

⑤ 周策纵：《五四运动史》，陈永明等译，岳麓书社，1999，第268页。

⑥ 许纪霖：《现代中国的家国天下与自我认同》，《复旦学报》2015年第5期。

随时随地有人照料，不必千百里外的人赶回去做"。① 戴季陶就笃定旧伦理依赖的社会基础已经不复存在，而理想的新伦理即"共作、共养、共济、共爱、共乐、共治"。就亲子关系而言，"我们不是不应该对父母尽孝，……我们只有'老全社会的老'，就是合全社会的力量养全社会的老"。② 这恐怕是对孟子"老吾老，以及人之老；幼吾幼，以及人之幼"的突破性解释。③ 家庭革命的号召者恰恰要突破人我之别，以期打破亲疏远近的社会格局。

教养子女的问题也体现同样的倾向。李大钊宣称："义务教育、儿童公育等制度推行日广，亲子关系日趋薄弱，这种小家庭制度，也离崩坏的运命不远了。"④ 北大学生易家钺也说："自从儿童公育的学说一出，儿童是社会的一个人，不是家庭的一个人，于是儿童与家庭离婚了；"⑤ 在陈顾远心目中，主张废除小家族制度的方法就是废除夫妻制度。因此，一方面需要女子解放，使之有独立生活的能力；另一方面需要解决儿童问题。他说："一个人生下一个孩子，不必管他是谁底种子，反正是社会上一个'人秧子'，就抱给公家去扶养。"⑥ 北大学生罗敦伟认为家庭"实无存在的价值"，他曾设想社会上养老院、儿童公育所、孕妇保护会和公共食堂等必要的设备建设完成后，家庭将消亡。⑦ 之溪也说只有废除了家庭观念"才可以废止家庭制度，也才可以实现大公的人类世界"。⑧ 对于他们而言，家庭革命意味着在理想社会，个体从出生就仅仅是社会的一员，而不是家庭的成员。

仔细分析这些观点，家庭革命者并不是不愿意照顾父母和子女，而是提

① 存统：《回头看二十二年来的我（续）》，《民国日报·觉悟》1920年9月23日，第4张第3版。
② 戴季陶：《旧伦理的崩坏与新伦理的建设》（1919年10～11月），唐文权、桑兵编《戴季陶集》，华中师范大学出版社，1990，第1051页。
③ 杨伯峻：《孟子译注》，中华书局，1960，第16、20页。
④ 《物质变动与道德变动》（1919年12月），《李大钊全集》第3卷，第113页。
⑤ 易家钺：《陶履恭与家庭问题》，《家庭研究》第1卷第1期，1920年8月15日，第11页。
⑥ 陈顾远：《家庭制度底批评》，《家庭研究》第1卷第1期，1920年8月15日，第46页。
⑦ 罗敦伟：《家庭生活的"民主化"——社会的Home》，《家庭研究》第1卷第1期，1920年8月15日，第39页。
⑧ 之溪：《人生究竟为什么？》，《民国日报·觉悟》1920年1月22日，第13版。

倡一种新的养老育幼的社会模式。林振声就明确说："我们提倡改革，并不是将父母子女抛弃不管；乃是说不因父母子女的原故，埋没性灵，丧失人格；必当要有独立的精神，养成'一视同仁'的良心，无'尔诈我虞'的情事。为社会尽一分子的义务。使社会不虚有此人，父母不枉有此子。并且救止现在的纷争，谋将来的和平。这样一来，恐怕不只养一家的父母子女，实在是养全国的父母子女了，决对没有抛弃的话。"①

换言之，新文化人打破了孝道的迷信地位，从旧家庭中解放出来的青年则设想着老年公养、儿童公育的社会。他们向往的是打破亲疏、打破家庭，从全社会、全人类的角度来思考养老、育幼的责任，其实是架空了家庭的责任和主体性。张东荪指出："所有的人只对社会借债，便不必对于父母借债了。将来还债也只还给社会，不必还给父母。所以孝是资本主义的道德，资本主义若是倒了，孝道当然消灭。"② 盖"一旦实行共产制度，儿童公育与老年公养，则父子之间完全是情的关系，便〔没〕有权力义务的关系"。③ 这样"家庭所有的弊病都可免除"。④

罗家伦深信，为了实现妇女解放、支持女子从事职业，就要实行儿童公育——区分生育与养育，将养育的部分划归社会。⑤ 向警予宣称："家庭制度不完全打破，女子是终不会解放的。"首先，"生育的事，是一般女子所必不可免的，而亦必不能免的"，然而"家庭既主张破除，儿童更不能不组织公育"，"女子脱然一身，无所牵累，在社会工作的时间，自然增加，而社会的生产额，自然也同时增加"；其次，儿童公育可以"减少社会的消费额"，盖"儿童公育，人力财力，确要经济些"；最后，可以增加儿童的幸福，盖"我国儿童都是这些无识无知的妇女保抱长养的，真可怜极了"。⑥

① 林振声：《家庭制度的罪恶和改革的方法》，《家庭研究》第1卷第2期，出版时间不详，第51页。

② 东荪：《读"非孝"》，《时事新报》1919年11月11日，第2张第1版。

③ 《讨论：孝的问题》，《时事新报》1919年11月18日，第3张第3版。

④ 东荪：《非"自由恋爱"》，《时事新报》1920年1月16日，第4张第1版。

⑤ 参见罗家伦《妇女解放》，《新潮》第2卷第1号，1919年10月30日，第16~17页。

⑥ 向警予：《女子解放与改造的商榷》（1920年5月26日），《五四时期妇女问题文选》，第73~75页。

缪伯英也曾呼应说，废家较"各家作各家的饭，各人保育各人的子女"更为经济。她进而断言："家庭是女子的包办物；破坏社会组织的惟一障碍碑。家庭一天存在，女子一天不能自由，经济一天不能独立，人格一天不能恢复。换而言之，家庭就是女子身体的监狱；精神的坟墓。"在考察了人类历史上家庭的变迁之后，她深信"家庭组织在今世的破产，实实是人类进化中一种很自然的要求；女子运动中一种根本的解决，故家庭为适合过去人类的需求而创立，当也可以依现世人类的需求而破灭"。①

当家庭从保护性的社会组织变成革命者眼中压制性的存在，那么从弱者——包括妇女和孩子的角度出发，废除家庭制度从逻辑上讲的确是对被压迫者的解放。易家钺曾宣称："家族制度，就是把家作本位。人是家的附属品，妇女是男子的附属品，子女是父母的附属品。"他相信未来社会没有家庭。盖家庭制度是束缚妇女的铁枷，是人类的公敌。②费哲民就观察到，那争妇人人格的女权运动表明人们恨不得立刻推翻这样的专制家庭，而做"自由的新妇女"。③不过，若从家庭作为保护性存在的这一角度出发，弱者、幼者实际上可能因家庭革命而丧失了这个最重要、最基本的保障。而家庭的保护性面向常常为家庭革命者和后来的研究者所忽略。

家庭本身也是一个居处的生活空间。家庭革命旨在破坏家庭的同时也在建设各式各样新的空间。家庭革命者希望是一个放大的家庭，即整个社会来关照全社会的每一个人。公立机构，特别是用学校来取代家庭是他们分享的思路。较早，康有为设想以公立医疾院、公立养老院、公立恤贫院、公立养病院、公立化人院等机构将"生育、教养、老病、苦死，其事皆归于公"。④到五四前后，提倡工学主义的杨溥瞻就支持以学校取代家庭，认为儿童幼小

---

① 缪伯英女士：《家庭和女子》，《家庭研究》第 1 卷第 3 期，1921 年 3 月 20 日，第 59、56、60 页。
② 易家钺：《家族制度灭亡论的一个引子》，《家庭研究》第 1 卷第 4 期，1921 年 8 月 5 日，第 2、7 ~ 8 页。
③ 费哲民：《妇女、青年、劳动三个问题》，《新青年》第 8 卷第 1 号，1920 年 9 月 1 日，第 4 页。
④ 《大同书》，《康有为全集》第 7 集，第 92 ~ 93 页。

就脱离家庭可以打破家族制度。① 虚一也曾设想人类社会的居住除了公宅、公安院、老老院、公养院、公寓，更有极乐院。关于疾病医疗问题，则理想乡里设有公医院、公视院。②

公立机构取代家庭的前提是家庭责任可以转交给社会，这其实是值得进一步讨论的问题。家庭革命者主要的考虑是安顿和满足人的食欲和性欲，而忽视了亲情对人的重要性。即使物质的供养可以由家庭之外的机构来履行，但是父母与子女的爱恐怕永远无法取代。参加北京工读互助团的周白棣就曾回顾，周作人在工读互助团的一次谈话中指出："我们要宣传我们最好的理想主义，与人的关系，只怕他不多；怎么把关系最亲切的家庭，反而脱离呢？"就此，周白棣反思说："感情的东西，是脱离不掉的；旧家庭虽不好，可是我脱离了他，感情之关系，终使心中万分难过；"③ 而否定了家庭便否定了人类最基本的感情，这在大讲感情的五四时代的确是一个悖论，值得进一步反思。

在新文化运动中被唤醒的个人意识战胜了传统的人生观，反抗性的家庭革命变成了实现自我的正当手段。骨肉分离、妻离子散这样常识中的反常之举，却被思想激进的青年视作正常，甚至是正面的社会建设的基础，进而从中畅想出一种儿童公育、父老公养、不要家庭的社会。这些倡导家庭革命的人多半面临情感与理智的煎熬，似乎为了人类的未来必须废家，可是自己的家庭毕竟存在，何以能跳出家庭？家庭就像流淌在人们身体里的血液，时刻伴随着人们，成为个人生活的一部分。在这样一个旧世界，家庭革命的号召者、追随者、实践者其个人的经历也呈现出历史的复杂性。

无论是家庭革命的号召者还是追随者，常常有一种对时间和空间的游离感。傅斯年曾观察到，今日的学生"为未来社会之人，不为现在社会之人；造成战胜社会之人格，不为社会所战胜之人格"。④ 左舜生也坦言："我们这

---

① 杨溥瞻：《工学主义学校从何实行？》，《时事新报》1920 年 2 月 5 日，第 4 张第 2 版。
② 虚一：《人生大会联乡自治法》，《学汇》第 64 ~ 67 期，1922 年 12 月 15 日 ~ 18 日。
③ 白棣：《我的工读经过谈》，《学生杂志》第 8 卷第 8 号，1921 年 8 月 5 日，第 87 ~ 88 页。
④ 《〈新潮〉发刊旨趣书》，欧阳哲生主编《傅斯年全集》第 1 卷，第 81 页。

辈青年的眼光，一面顾着现在，一面还要望着将来。"① 这一观察大体也适用于讨论家庭革命的读书人。他们时而面对现在，控诉现实中的家庭，时而又面向未来，构想未来的理想社会。现在与未来、思想与行动交织在一起，共同塑造了家庭革命的时代风貌。

时空的缠绕使他们的主张更为曲折而微妙。提倡小家庭的人未必反对废除家庭，主张废除家庭的人也能暂时容忍小家庭的存在。深信家庭没有未来的恽代英就认为，妇女解放的影响就是"家庭婚姻的完全破坏"，而运动初期，所谓的"自由结婚、组织小家庭"都是"暂时的现象"。② 有人就说，"人人各自独立，不相依赖，老幼析居，男女异处"意味着"必定废除婚姻，废除财产"，那时"家庭制度，早已消灭了"。可是"这种制度，虽然简捷了当，恐怕一刻不能办到。我们现在要研究的，就是渐渐达到这种制度的一种过渡制度"，而一夫一妻以及未成年子女所组成的家庭制度正是所需的过渡。③ 支持废家的另一位青年也意识到："目今社会主义，尚未发达；儿童公育，未能实行；不能完全废止家庭制度。于此过渡时代，自必要别想一个方法，就是权且将大家庭改组为多数的小家庭。各家庭中，只许一夫一妻及未成年的子女共同生活。"④ 换言之，革命者对现有家庭的不满和他们对未来社会的想象密切相关，这种关联处于一种现在与未来既相互对峙又相互交织的时间结构中，激进者希望通过否定现在而投身未来，渐进者则将家庭视为过渡时期的权宜之计，但他们未来的理想社会都是没有家庭的。

回过头来看，五四后家庭革命的一个变化是从文学、哲学、伦理的新文化运动转向了强调经济制度的社会改造。对家庭的批评从围绕"私情"转向了批评社会范畴的私产制度。老师辈的沈兼士就宣称："家族制度者，人类私有财产制度的历史上之恶性传统物。"⑤ 而学生辈的恽代英也深信，"家

---

① 左舜生：《小组织的提倡》，《少年中国》第 1 卷第 2 期，1919 年 8 月，第 37 页。

② 《妇女解放运动的由来和其影响》（1923 年 10 月 10 日），《恽代英全集》第 5 卷，第 92 页。

③ 杨昭悊：《晚婚主义和单一家庭》，《家庭研究》第 1 卷第 2 期，出版时间不详，第 36 页。

④ 林振声：《家庭制度的罪恶和改革的方法》，《家庭研究》第 1 卷第 2 期，出版时间不详，第 51～52 页。

⑤ 沈兼士：《儿童公育》，《新青年》第 6 卷第 6 号，1919 年 11 月 1 日，第 563 页。

庭是私产的产物"，而"要使妇女独立，儿童公育，才能由今天这种愁惨的文明的社会，得进步到彻底的解放"。① 青年深信，中国是需要社会改造、社会革命，以实践未来的政治、未来的社会。②

另一个根本性的变化是，青年已经从单枪匹马反对自己的家庭走向了集体行动。处处想和旧社会宣战的新青年，视旧社会的生活为机械的生活、强盗的生活、牛马的生活，转而致力于造出他们理想的"新社会"。然而，自我是需要家庭、社会、乡土等不同的公共体来定义的。③ 抛弃这些多重性的"自我"便很容易落入空疏与迷茫，甚至彻底丧失真正的自我。"一无所有"的"自我"恐怕也最易受到外部力量的侵入。到1920年代中期，无"家"可归的人们开始在社会、群体及其他体制外的共同体中寻求安全感和认同感。④ 不少追赶时风、随波逐流的青年索性脱离旧家庭、废除族姓。脱离家庭的青年却无以为生，而革命既满足了他们改造社会的家庭革命理想，又解决了现实生活的问题，一大批家庭革命者便进一步蜕变为真正的革命家。

## 三　拿什么来凝聚社会？

从社会的角度来看，当人们将养老、育幼等原本属于家庭的基本职能交给社会，不啻使社会变成一个家庭，后来"社会主义大家庭"的说法恐怕就是家庭革命跨越时空的再现。问题是原来的人群组织是以家庭为基本单位，而家庭是以血缘、情感为联系纽带；当个体成为社会的基本单位后，这个社会靠什么凝聚起来呢？后五四时代的青年青睐各式各样的"主义"，包括三民主义、各式各样的社会主义、共产主义。"主义"不仅赋予个体生命的意义，也为群体找到奋斗的目标，扮演凝聚社会的角色。

---

① 《再驳杨效春君"非儿童公育"》，《恽代英全集》第4卷，第97~98页。

② 王汎森：《"主义"时代的来临——中国近代思想史的一个关键发展》，《思想是生活的一种方式：中国近代思想史的再思考》，第209~210页。

③ 邹小站：《清末修律中的国家主义与家族主义之争》，《中国文化研究》2017年夏之卷。

④ Arthur Waldron, *From War to Nationalism: China's Turning Point, 1924-1925* (Cambridge: Cambridge University Press, 1995), p. 279.

当读书人学习的榜样从欧化转向俄化时，[①] 倾向社会主义、向往革命等新因素进一步催生了家庭革命的激烈化。陈独秀曾说"革命不过是手段不是目的，除旧布新才是目的"，[②] 布什么新的现实问题，与家庭革命的理想相合。施存统说："把家庭制度根本推翻，然后从而建设一个新社会。"后来"造新社会"的手段已经转移了，从"孝道"转移到"经济制度"。[③] 脱离家庭的施存统不久也走向了社会革命的洪流。[④]

深信自由恋爱、打破家庭的恽代英不认为"理想的家庭是理想的社会的起点"。在他看来："没有理想的社会，终不能完全达到理想的家庭的田地，而且理想的社会，每有待于没有家庭的人，多多努力。"盖"理想的社会，必然要分子心性契合，利害一致"，而大家庭和小家庭都不是良好的组织。在他眼中，"合群意思最大的仇敌，莫过于家庭束缚"，而"人群便是人群，家庭与国家，都是人为的，不自然的界域。我们与人群是被自然律打成一片的。断没有为家庭与国家的利益，牺牲到人群（或说社会）的幸福的道理"。[⑤] 盖"个人与社会，是被宇宙大法打成一片的；只看见个人，便个人的幸福亦图不着"。[⑥] 受马克思主义经济学说的影响，恽氏认为社会的重要性远远高于家庭、国家，而私产、家庭、国事都失去了"价值"，于是"打破私产，自由恋爱，儿童公育"便是"先天预定的轨道"。[⑦] 对他而言，只有打破家庭求社会全部改造，才能实现人群的幸福。

后五四时代一个明显的倾向是反对资本主义，以为社会主义是"自由的、平等的、博爱的、互助的、平和的、安乐的"鲜花，是"理想中一种最好的制度"。而这种社会主义又恰恰以否定家庭为特色。易家钺宣

① 周月峰：《"列宁时刻"：苏俄第一次对华宣言的传入与五四后思想界的转变》，《清华大学学报》2017 年第 5 期。

② 《随感录·革命与作乱》，《陈独秀著作选》第 2 卷，第 218 页。

③ 施存统：《回头看二十二年来的我（续）》，《民国日报·觉悟》1920 年 9 月 23 日，第 4 张第 3 版。

④ Ye Wen-hsin, *Provincial Passages: Culture, Space, and the Origins of Chinese Communism* (Berkeley & Los Angles, University of California Press, 1996), Chapter 8.

⑤ 《再驳杨效春君"非儿童公育"》，《恽代英全集》第 4 卷，第 78、77、88 页。

⑥ 《大家为"儿童公育"努力》，《恽代英全集》第 4 卷，第 182 页。

⑦ 《儿童公育在教育上的价值》（1920 年 12 月），《恽代英全集》第 4 卷，第 279 页。

称："社会主义的社会下，没有家庭；"不过，社会主义者也并非支持个人主义，盖个人主义"重个人而轻社会"，而社会主义是"极端主张扩张社会的权能，在保全个人的自由上极力重视秩序，限制个人在社会中的捣乱行为"。易氏认为，"社会主义就富有利他的精神，故欲求社会的进步，非有社会主义的制度不可"，"社会主义的主要目的，在废止私有财产，实行财产的公有，以社会的共动代个人的自由竞争，依此而除去横亘社会根底上的不公平与不调和，自然不能不归到扑灭家族制度的结论"。① 如果说社会主义象征着"公"，那么家庭便象征着"私"；如果社会主义能够扮演一种凝聚群体的角色，那么丢弃家庭这个负面的社会建制便是逻辑的选择。

他的同学朱谦之② 比他走得更远。朱氏所谓的破坏无所不包，家庭和伦理自然不能幸免。朱谦之就曾批评无政府主义者克鲁泡特金保存家庭的想法，而主张"家庭非废除不可，因为家庭是妇女解放的障碍物，要是家庭不革命，那末异性的恋爱，也不能自由，我们最恨的是那卑鄙没趣的家庭生活，是那矫揉造作的婚姻制度，我们赤裸裸的旗帜是'Free love'两字，对于家庭的'天罗地网'，自然要打破他了"。③

朱谦之另一处也说，"情为革命心理的根本元素"，而"'情'就是本体，就是真实，就是个体自怙的实体"，而"本来求精神的本体，就是求宇宙本体的唯一方法，精神变起宇宙，宇宙由吾心认识出来，故'情'为精神的本体，也就是宇宙的本体了"。由于"情是变动的，是自由的，这都可见情和革命的性质恰合，因革命的趋势，不外是力向着那自然的、真实的、虚无的方面跑，而革命的本身，也正是变动的自由的一种'行为'"。他认可的自由是绝对的自由，即无政府、无法律、无道德、无宗教的"自由"，应该"消灭那一切不自然的，拘束我们自由的东西"。他认为，革命者应该有的新生活是去伪存真、去名存实，于是人造的道德都被列为破坏之列，而

---

① 易家钺：《社会主义与家族制度》，《民铎杂志》第 3 卷第 2 期，1922 年 2 月 1 日，第 3～4、12～19 页。

② 海青：《从朱谦之的"自杀"看其自我哲学的演进》，《开放时代》2009 年第 9 期。

③ 《革命哲学》（1921），《朱谦之文集》第 1 卷，福建教育出版社，2002，第 304 页。

现代生活中的各种组织，例如家庭、社会和国家，以及三纲五常、孝悌忠信都是"名"，即"神通广大的魔王"，而剥夺了"实"的自由。因此，他建议将"名"根本推翻，而过"实"的"自然"的生活。①

朱谦之热烈地要求废除政府、家庭、资本制度。② 为了实现天翻地覆、人类绝种的"宇宙革命"，他提出的最终手段是自杀和自由恋爱。而朱谦之的宇宙革命呈现了近代中国"激进思想模式"或"一种革命的意识结构"。换言之，"一旦人能发现宇宙进化的大法和归宿，人便具有改变历史巨大的潜能，以及创建出新的、（较为）完美的社会的可能"。③ 在朱谦之的思想世界里，"真情"就像"主义"一样起到凝聚社会的目的，原本体现亲密情感的家庭反而成了与"实"对立的"名"，一种不自然的制度。这样一种重情的倾向进一步打造了五四后的社会构想，特别表现为废除婚姻制度、男女自由恋爱的主张。

后来，北大教授张竞生也提议说，美的社会组织法以"情人制"取代婚姻制度，盖"自有婚姻制，遂生出了无数怨偶的家庭，其恶劣的不是夫凌虐妻，便是妻凌虐夫，其良善的，也不过得了狭窄的家庭生活而已"。④ 而情人制的推广，"必能使家人的相待，朋友的相交，不相识的相视，皆有一种情人状态的表现"。⑤ 他认为其他社会制度的改组以便"扶助情人制的发长"，其中就包括外婚制度。⑥ 与传统社会强调女性作为女儿、妻子、母亲、媳妇的角色不同，美的社会是以情爱、美趣、牺牲精神为主，而这恰恰建立在将女子转变为"情人"、"美人"和"女英雄"的基础上。⑦

到 1923 年，江亢虎具体探讨了"无家庭主义"存在的条件：其一，恋爱自由，盖"无家庭主义主张双方完全自由"，就动机而言，"必为双

① 《革命哲学》（1921），《朱谦之文集》第 1 卷，第 323～376 页。
② 朱谦之：《无政府革命的意义》（1920 年 5 月 23 日），《朱谦之文集》第 1 卷，第 225 页。
③ 王远义：《宇宙革命论：试论章太炎、毛泽东、朱谦之和马克思四人的历史与政治思想》，许纪霖、宋宏编《现代中国思想的核心观念》，上海人民出版社，2011，第 670 页。
④ 《美的社会组织法》，《张竞生文集》上卷，第 151 页。
⑤ 《美的社会组织法》，《张竞生文集》上卷，第 243 页。
⑥ 《美的社会组织法》，《张竞生文集》上卷，第 155 页。
⑦ 《美的社会组织法》，《张竞生文集》上卷，第 161～166 页。

方纯粹同意之结合，方无背于新道德也"；其二，生计独立，"若能经济独立，才有真正之平等自由，完全由生理与心理之要求，而无铜臭味存乎其间"；其三，教养公共，盖"既无家庭，则父母及子女之关系绝少，情渐疏薄，故子女生后，即送至地方公共机关抚养；而父母年老不能工作时，则送入养老院以竟其余生"；其四，遗产废除，盖"无家庭之后，遗产自可随之消灭"，而"遗产之废除，可说是社会主义，共产主义，无家庭主义共同原则"。只有在四个条件同时具备时，无家庭主义方可实行。他也意识到无家庭主义大抵为"主张社会主义者及信仰社会主义者"所分享的思想观念。① 换言之，主义既是国家与民族的，也是人生观与日常生活领域的。② 作为一种新的社会力量，"主义"成了解释人生、凝聚社会、指明国家社会发展方向的法宝，而家庭进一步丧失了其原本的功能和价值。

简言之，家庭革命者以主义而不是血缘和亲情来凝聚社会。试图通过家庭革命建立一个公正、完美的理想社会，影响了青年人的政治选择，深刻地塑造了近代中国政治和社会的走向。从心理层面，家庭革命不仅赋予中国革命之后的社会重建以道德意义，而且为政治激进化铺平了道路。一波一波的青年轻易接受一种新的制度安排，强调整个社会是一个大家庭。政府像父母一样负责每个人从摇篮到坟墓的方方面面。这一理想社会可以说是一个废除了家庭的全新的人类组织。实际上，这样的社会虽名存而实已亡，原因在于社会的多样性和活力被主义的统一性所取代。具有吊诡意味的是，以"造社会"为起点的家庭革命却走向了可能造成社会消亡的另一极，其间的曲折尤其值得反思。

---

① 江亢虎：《社会问题讲演录》，高维昌编记，上海商务印书馆，1925，第138～141页。
② 王汎森：《"烦闷"的本质是什么——近代中国的私人领域与"主义"的兴起》，《思想是生活的一种方式：中国近代思想史的再思考》，第115页。

# 第三章　从劝诫到禁止：近代中国关于早婚的言说及其影响

　　1930 年冬，一位年满 16 岁的青年学生给《大公报》的记者写信咨询自己是否应该结婚的问题。那时，他在北平上学，未婚妻不满 20 岁，家里预备来年为他成亲。这时，烦闷的他写信求助。记者则回信说："早婚是中国的一种不良风俗，与青年本身并没有好处。"因此，建议这位青年拒绝结婚。记者认为："好在教育部曾有中等学校学生不准结婚的规定，您可以托老师把这意思向家长转达，那么也许这个难关便可以打破了吧！"① 记者的劝导折射出代表国家意志的教育部、学校老师与代表旧文化的家长在子弟结婚问题上的竞争。究竟由谁（父母、自己还是国家）来决定个体何时结婚是 1920 年代困扰不少青年的切身问题。②

　　如前所述，伴随着传统中国的负面整体化，③ 作为传统的一部分，中国六礼婚姻制度的方方面面都遭到质疑和批评。且不论父母代订与婚姻自择究竟谁是谁非，单就何时结婚这一问题就曾引起广泛的争论。就像杨兴梅在研究近代中国反缠足运动时洞见时人对缠足从劝导到禁罚的转变，④ 关于早婚的讨论以及随后的法律规定也大致呈现出这一趋势。本章侧重讨论早婚有害的社会舆论的形成过程，进而重建时人对何时结婚的相关讨论以及法律界对此问题的回应，借此反思国家通过立法对社会进行重塑的有效性。

---

① 周：《该结婚否？》，《大公报》1930 年 12 月 21 日，第 9 版。
② 其实，对于何时结婚这个问题在传统中国也是聚讼纷纭。参考吕思勉《中国制度史》，上海教育出版社，1985，第 328 ~ 331 页。
③ 罗志田：《中国传统的负面整体化：清季民初反传统倾向的演化》，《中华文史论丛》总第 72 辑，上海古籍出版社，2003。
④ 杨兴梅：《身体之争：近代中国反缠足的历程》，社会科学文献出版社，2012，特别是第 3 章和第 4 章。

# 一 群体与个体的互渗：早婚有害的论述

受甲午战败的影响，趋新时人对本国文化传统和风俗习惯的自信心顿失，转而多进行反向的自我批评。梁启超从整体上思考国家腐败堕落、社会退化不进的原因，强调婚俗应该改良，其中之一便是戒除早婚。梁氏指出，婚姻年龄似乎就决定了民族的文野，越野蛮之人成婚越早。鉴于早婚有五大弊端——害于养生、害于传种、害于蒙养、害于修学、害于国计，故梁氏认为中国"欲改良群治，其必自禁早婚始！"① 1908 年，有人宣称："吾民号四万万，占全世界四分之一，以此谋富图强宜足执五洲之牛耳，岂民寡之足患哉？患在人满耳。"在他看来，早婚是种族贫弱的原因，因此特别强调效仿强国，革除早婚、多妻等恶制度。早婚已是弊端丛生，乃"恶习"的象征。② 换言之，由于家庭养成的风俗足以败坏整个社会和国家，早婚就是备受诟病的对象之一。

在革新家庭的诉求下，事关国家盛衰和种族强弱的早婚成为需要改革的习俗。英敛之也呼应说："我们中国虽然自命为开化最早的国，虽自夸为礼义之邦，其实腐败恶劣，因陋就简，自取困辱而不知，自甘败亡而不悟。这其中的大病根子是政教两宗，总没有脱了家族的主义。"而他提倡的家庭改革就包括取缔早婚、纳妾等。③ 英淑仲（英敛之夫人）批评早婚造成了贫困，影响了儿童的健康以及带来了国家的衰落。她希望"立宪之后，这婆嫁的岁数必当有一定的限制"。④ 也有人认为，为挽救中国人种衰弱，刻不容缓的方法是废止有碍身心发育的习惯，其中之一就是早婚。⑤ 蔡俊夫也指出，戒早婚是人种改良的一部分。⑥ 对于种族来讲，早婚在精神身体尚未发

---

① 梁启超：《禁早婚议》，《饮冰室合集·文集之七》第 1 卷，第 107～114 页。
② 山佳氏：《论中国宜定婚嫁年限》，《大公报》1908 年 10 月 23 日，第 2 版。
③ 英敛之：《青年会演说改良风俗》，《大公报》1910 年 10 月 21 日，第 5 版。
④ 英淑仲：《论早婚之害》，《大公报》1911 年 7 月 14 日，第 5 版。
⑤ 劲：《人种衰弱即国家之危机》，《申报》1921 年 1 月 21 日，第 16 版。
⑥ 蔡俊夫：《人种改良》，《申报》1921 年 3 月 16 日，第 18 版。

育成熟之时，因此生育的儿女多残废、羸弱、痴呆、夭亡的情况。故此，早婚就成了自杀人体、杀其国家、灭其种族的野蛮制度。

西方人的负面观感也强化了国人劝诫早婚的倾向。《泰晤士报》的记者白朗氏批评中国人祖先崇拜、重视嗣续，结果"富豪子弟，妻妾满堂，贫弱少年，每多早娶，驯至人民繁植种族衰微"。[①] 在德国人卫西琴的眼中，"中国早年结婚，即为现在一种恶习"。[②] 因为早婚习惯大大损害了中国人的身体力量，而身体衰败之后，精神亦不能不衰败了。[③] 美国狄雷博士在青年会演讲时也提及："早婚之青年，每多沉迷肉欲，不知节制，因以精神衰弱，后嗣也必羸弱不堪。于是社会分子日趋懦弱，安能再有坚固的国家和社会呢？"[④] 蒋梦麟曾翻译了美国总统西奥多·罗斯福的演讲，其中认为，中国的问题不像法国人、美国人儿童之减少，而在于"儿童之瘦弱"，其原因之一在于"早婚"。[⑤] 为了种族的健康而禁止早婚的言说一直延续到1930年代。[⑥] 换言之，中国作为早婚国的负面形象一旦确立便挥之不去，而外国人的批评加剧了自我批评的进程。趋新时人越是想摆脱西方人眼中野蛮的形象，就越期待国人改变早婚的习惯。[⑦]

从青年女子的立场，早婚这一制度也遭到不少人的批评。较早就有人认为："早婚者举其修学年龄中最要之部分销磨于治家养子之事，虽有美质亦终归无用而已。况夫婚嫁之早晚与身体之强弱有密切关系。我国女子弱不任事，其原因虽不一，而早婚亦尸其咎也。"若要兴女学，则早婚必在禁止之

---

① 《英人白朗氏之中国谈》，《申报》1913年1月30日，第8版。
② 《中国之悲惨教育：卫西琴博士在北京全国教育会联合会议讲演》，《东方杂志》第14卷第9号，1917年9月15日，第157页。
③ 《介绍卫中先生的学说》，《梁漱溟全集》第4卷，第826页。
④ 叔平：《记狄雷博士演讲（三）》，《申报》1921年4月9日，第16版。
⑤ 蒋梦麟译《美国前总统罗斯福氏游历非欧两洲演说辞（续）》，《申报》1910年8月19日，第26版。
⑥ 陈长蘅：《如何加强三民主义的革命阵线》，《东方杂志》第34卷第2号，1937年1月16日，第9页。
⑦ 吕文浩：《中国近代婚龄话语的分析：从清末至1930年代》，中国社会科学院近代史研究所编《中国社会科学院近代史研究所青年学术论坛（2005年卷）》，社会科学文献出版社，2006，第237~260页。

列。① 也有人将女子没有学识归咎于早婚。② 黄炎培曾在城东女学演讲时批评早婚妨碍了中国女子独立生活及职业追求。③ 许师曾也注意到女子早嫁之害。对于女子自身，早婚有害身体，诱发疾病：贫血症、神经病、肺痨。对于所生子女来说，早婚影响子女的智力和寿命。对于家庭来说，"以未熟谙治家之妇女而使理家政，其何能淑？加以子女之累，负担益重，入不敷出，其家必衰落矣"。④ 1917 年 1 月 9 日，医学博士俞凤宾⑤在江南中学演讲时指出，家庭卫生是家庭快乐的基础，而家庭卫生的首要要素就是"慎早婚"，盖"早婚之后，则男女发育不能健全，家庭亦因此而衰落"。⑥

力不足以养妻蓄子时便早婚，带来儿童教育不足，进而造成国族衰弱。军毅较早就曾说："年未弱冠，学未毕业，即有纷纷议婚。一己之生计尚不能不依赖于其父母，一转瞬间儿女成行，于是更相牵累，无有已时。"⑦ 杜亚泉也批评："男子以色欲不节而妨其发达，女子以生育过早而损其康健，子女多孱弱，则遗忧于种性，教养不完全则流毒于社会。"杜氏指出，欧美社会各国国力殷实、国民程度之高的原因在于结婚之迟。因此，他鼓励国民结婚之年龄由男子二十余、女子二十推迟至男子三十余、女子至三十。⑧ 王源反驳杜亚泉的主张，认为结婚之推迟解决不了人口繁多的问题，而指出应该推行产儿限制。⑨ 两年后，杜亚泉又指出，效仿欧化之人认为男女自择配偶与结婚后亲子析居是构成新家庭的基础，这样的新家庭才能减少早婚的习俗。⑩

---

① 勇立：《兴女学议》，《东方杂志》第 3 卷第 13 号，1907 年 2 月 7 日，第 244 ~ 245 页。

② 耐久：《说女子无学无识的关系（续）》，《大公报》1911 年 5 月 7 日，第 9 版。

③ 《记黄任之先生演讲美国之女子》，《申报》1915 年 12 月 1 日，第 17 版。

④ 许师曾：《女子早嫁之害》，《申报》1921 年 9 月 29 日，第 18 版。

⑤ 俞凤宾（1884 ~ 1930），1907 年毕业于上海圣约翰大学医学部，曾留学美国宾夕法尼亚大学，获得卫生学博士学位。1915 年归国行医，并兼任大学教授和卫生部中央卫生委员会委员。

⑥ 《俞凤宾博士演说纪事》，《申报》1917 年 10 月 11 日，第 11 版。

⑦ 军毅：《婚制：约婚之部》，《觉民月刊（整理版）》，第 99 页。

⑧ 伧父（杜亚泉）：《戒早婚》，《东方杂志》第 12 卷第 4 号，1915 年 4 月 1 日，第 13 页。

⑨ 王源：《人种改良法之普及》，《东方杂志》第 12 卷第 5 号，1915 年 5 月 10 日，第 15 页。

⑩ 伧父（杜亚泉）：《谈屑：男女及家庭》，《东方杂志》第 14 卷第 1 号，1917 年 1 月 15 日，第 24 ~ 25 页。

有人批评说，国家局势不可收拾的原因不仅在于官僚政客缺乏责任心，也在于一般人士对于家庭缺乏责任心。"为父母之主张早婚者，少年之自愿早婚者，与早婚后对于所生子女绝不计其后来之教养者，其地位虽属不同，其毫无责任心则一，此私德之缺乏也。"① 从子女教育的角度说，"早婚者自身尚未受完全教育，今欲其担负教子之责，果能尽其父母最大之责任吗？以幼时未受完善教育之子女，服务社会，果能尽其国民一份子应尽之责职吗？"② 因此，站在儿童教养的立场上批评早婚的言说有对个体生命以及群体健康的关照。早婚意味着女子早育，而"容易发生难产，或产出柔弱小儿"。③ 对于劳工阶层而言，早婚与对节育措施缺乏了解是造成婴儿死亡率升高的原因。④

也有不少时人从青年男女的立场反思早婚的弊害。有时人就曾指出，"吾国早婚之弊已成通病"，盖"早婚者，身体未完固，智识未充足，一婚而凡百之进步阻矣"。⑤ 孙鸣琪在《新青年》论证了早婚有碍种族强盛，呼吁戒除早婚，"盖男女当十余岁妙龄时，童心未化，科学不知，一旦使之成家，微特不识爱情为何物，娇痴性成，不能操持家政"。⑥ 青年罗家伦就痛斥青年时代结婚的种种弊端。他认为，学生时代结婚的弊端太多：在国家"外患日迫，内忧频仍"的时代，结了婚的青年多置身于报国责任之外；就生理学而言，学生血气未定而缔结婚姻，实在有碍身体健康；婚姻对于青年人来讲，家庭负担多半是个人志向的羁绊。父母之所以为青年娶亲，多半为了延续血统，求得嗣续，而学生尚不能自立，因此只能依赖父母生活，结果"待哺者愈多则父母之担负愈重。积重难返，欲罢不能。余所目击以此破家者数数矣。可不哀哉！"因此，他号召欲为 20 世纪主人翁的青年必须从这

① 湛之：《责任心》，《大公报》1922 年 8 月 4 日，第 7 版。
② 锡仁：《早婚的害处》，《申报》1923 年 8 月 27 日，第 19 版。
③ 罗嵩翰：《妇女的卫生及妇人科疾病的摄生法（续）》，《大公报》1930 年 1 月 16 日，第 13 版。
④ 沈来秋：《原贫》，《东方杂志》第 39 卷第 12 号，1943 年 8 月 30 日，第 19 页。
⑤ 啸霞：《松竹庐之杂缀》，《申报》1914 年 12 月 26 日，第 13 版。
⑥ 孙鸣琪：《改良家庭与国家有密切之关系》，《新青年》第 3 卷第 4 号，1917 年 6 月 1 日，第 6 页。

害国、害种、害己的早婚中摆脱出来。① 竺可桢说，虽然停止生育将导致人类的灭亡，然而"必以延嗣为人生惟一之目的"也是错误的。他批评早婚制度"不但于个人卫生有害，即于少年之志愿前途亦一大障碍也"。②

五四前后，早婚有害基本成为青年的共识。求学的青年因祖父母或父母抱孙心切，而不得不娶妻生子的现象遭到了新派严厉的批评。有人说，早婚的弊害表现在妨碍了专心读书，影响了学问志业的发展与身心健康的发展。③ 杨荫杭总结说，早婚影响身体发育、生计，尤其影响教育，所谓"青年求学之时，用志宜专不宜纷；无端有妻子之恋、家室之累，势必至于废学，即不废学，亦难精进"。④ 有人指出早婚妨碍"事业之发展、学术之进步"，故提倡废除早婚；⑤ 打破早婚的恶习恰是免除青年烦闷、丧志、堕落的方法。

其实，反对早婚也体现了青年人不愿依赖家庭、渴望独立的诉求。郑佩昂就承袭梁启超生利和分利的思路，批评早婚易养成不独立、权责不明、家累不轻的不良影响。他说："一家之中，治产者父母一二人，而嗷嗷待哺者数人或至十数人。"⑥ 也有时人认为早婚是旧式婚姻的弊端之一。除了多言及的影响学业和身体发育之外，早婚导致父母"使终身为儿女作牛马"，而无才力谋自立。⑦ 俞藏园就说："凡大家庭制下之人家，多以多子多孙为年长者之福，且视无嗣乃莫大之罪恶，故为父母者往往逼其子弟早婚。"⑧ 结果，早婚以及随之而来的早育也确实造成子弟只能仰赖父母而生活。有人观察到："年不及二十五六，儿女即已成行，除一己生活费外，又添家室之累，有时为其所迫，难保不作丧失人格之事。"⑨ 有人提倡："凡平民男女皆

---

① 罗家伦：《青年学生》，《新青年》第 4 卷第 1 号，1918 年 1 月 15 日，第 70~73 页。
② 竺可桢：《论早婚及姻属嫁娶之害》，《东方杂志》第 15 卷第 9 号，1918 年 9 月 15 日，第 181 页。
③ 问渠：《嗣续问题的研究》，《时事新报》1919 年 7 月 10 日，第 3 张第 4 版。
④ 老圃：《早婚与滥婚》，《申报》1920 年 6 月 17 日，第 17 版。
⑤ 玉山：《对于婚姻之意见》，《申报》1922 年 11 月 3 日，第 22 版。
⑥ 郑佩昂：《说青年早婚之害》，《新青年》第 3 卷第 5 号，1917 年 7 月 1 日，第 3 页。
⑦ 枫江：《旧婚姻之三大害》，《申报》1923 年 4 月 10 日，第 20 版。
⑧ 藏园：《大家庭制与小家庭制之研究（中）》，《申报》1922 年 11 月 19 日，第 19 版。
⑨ 岂匏：《人格丧失之原因及其救济法》，《申报》1920 年 10 月 7 日，第 16 版。

须俟其能独立营生且有俯育子女之实力，然后使之结婚。"[1] 盖"青年时代大都不能自谋生计，必赖父母供给，可断言也"。[2] 对于国家而言，"生利众而分利寡，其国乃能富强。今以分利之人而娶妻生子，岂不是一己累人不足而又加以妻子吗？"[3] 也有人言及父母主婚、早婚、家计困难三者有因果关系。[4] 如果婚姻要以男女（尤其是男方）经济独立为前提，婚姻年龄的推迟也是自然的结果。

在传统社会，娶媳妇或许不失为增加家庭劳动力的一个有效办法，尤其是婆婆年老而不能操持家务的时候。杨荫杭也观察到，北方风俗男子十一二岁娶十六七岁之妇，这样的婚姻"其本意并不在生殖，而在工作"。[5] 因此，就有人从媳妇的立场出发，抨击"娶媳妇来作儿子的奴婢，作全家的用人"，结果媳妇要承担"一切家庭内繁重而琐细的工作。一点做得不好，就要遭受翁姑的咒骂，丈夫的毒打"，所以"结婚本是人生一件最快乐的事，可是对于中国旧式家庭的女子，则无异是一副残酷的镣铐和枷锁！"[6] 早婚成了男女双方，特别是女性的桎梏和牢笼！蔚为风气的早婚习俗背后当然有生育求后的诉求，盖"早婚的目的既在得子，是以结婚年龄鲜不力求女长于男，尤在北部诸省，相差二十岁上下者，比比皆是"。女性因生育而快速地衰老，结果夫妇俨然子母，而父子犹如手足，何来家庭乐趣？[7] 正定县就流行着"娶大媳妇早得继"的风俗。[8] 与之相关，童养媳的风俗也是趋新时人控诉传统压迫女性的一个证据。

与近代西方强调个人独立之后再结婚相较，早婚与父母主婚成了中国传

---

① 英生：《最近各国人口之比较及中国之人口问题》，《申报》1920 年 12 月 14 日，第 16 版。

② 德明：《青年早婚能使家贫之可怕》，《申报》1921 年 11 月 5 日，第 22 版。

③ 锡仁：《早婚的害处》，《申报》1923 年 8 月 27 日，第 19 版。

④ 爱博：《父母主婚的弊害》，《申报》1922 年 4 月 23 日，第 18 版。

⑤ 杨荫杭：《成年与成婚》，《老圃遗文辑》，杨绛整理，长江文艺出版社，1993，第 279 页。

⑥ 碧云（陈碧兰）：《现阶段之中国婚姻的剖视》，《东方杂志》第 33 卷第 13 号，1936 年 7 月 1 日，第 268 页。

⑦ 张少微：《战争与家庭改造》，《东方杂志》第 43 卷第 13 号，1947 年 7 月 15 日，第 50～51 页。

⑧ 康诚勋：《亟待改革的正定婚丧礼俗》，《东方杂志》第 32 卷第 24 号，1935 年 12 月 16 日，第 128～129 页。

统婚姻的两个核心特点，而这两个方面在近代中国都被"问题化"了。反对早婚其实也有反抗父母安排的言外之意。有人就劝导"青年切忌早婚，以早婚致堕平生志气者甚多"。[1] 很多在中学、大学求学的青年学生就积极地反对早婚，以继续求学为理由拒绝父母为他们安排的婚事。在父母为其议婚之时，有青年就以早婚妨碍学业、于个人身体健康有害而表示否定，甚至有青年求助父亲好友来进行劝解。[2]

1920 年代初，早婚有害成为报刊渲染的主题。[3] 杜觉顽就记述了自己家乡的一则故事。同乡一大户给 16 岁的儿子成亲，媳妇 15 岁，生一子。但是儿子身体羸弱又纵情色欲，不久患病而死。老翁悲于儿子之死也随之而去，结果寡媳、孤子存留世间。记者认为这都是早婚造成的后患。[4]《申报》曾刊载署名"清华"的投稿者讲述的一位亲戚的经历。郑家为 18 岁的儿子完婚，结果数月后其父病逝，尚为童年之人肩负家庭重担，结果其妻在分娩中病故，家道衰落，悲惨之至。[5] 又有一宝山富户为子早婚，子纵欲病死，孙子四岁不能行走，今日亦夭折。[6] 这些人生的不幸和家庭的悲剧可能未必是早婚造成的结果，但是借助媒介传播的力量增加了人们对早婚的负面观感。

趋新时人基本达成了共识：早婚对于婚姻当事人、所生子女、所在家庭以及国家、社会、种族都有妨害。[7] 到 1920 年代末，陈长蘅曾分析说，就个人经济方面而言，"早婚多育，加重负担，甚不经济。迟婚节育，减轻负担，远较经济"；就社会经济方面言之，"人口滋生太繁，社会之资产耗费太大，国富增加必缓，人民之经济生活必甚劣陋低贱。人口滋生较少，社会

---

① 何福淦：《少年箴》，《申报》1920 年 7 月 27 日，第 16 版。
② 白云：《常识之功效》，《申报》1922 年 10 月 14 日，第 20 版。
③ 敬：《早婚之害：郎年十四女十七，半年的燕尔新婚，两月的痨疾病死》，《大公报》1922 年 4 月 29 日，第 11 版；心：《早婚结果：忽患咳血一命呜呼》，《大公报》1922 年 5 月 27 日，第 11 版。
④ 杜觉顽：《早婚之害》，《申报》1921 年 10 月 30 日，第 18 版。
⑤ 清华：《早婚之殷鉴》，《申报》1923 年 9 月 21 日，第 19 版。
⑥ 道一：《早婚绝嗣之殷鉴》，《申报》1925 年 3 月 31 日，第 13 版。
⑦ 湛之：《婚姻宜有制限说》，《大公报》1922 年 7 月 19 日，第 2 版。

之产资耗费较少，国富增加较速，人民之经济生活，亦远较丰裕高美"。①
张少微也认为，"早婚之害数不胜数，其中尤以奴性及寄生性之养成为最"，
这与家庭教育养成子女独立的人格相抵触，而家庭生活寄生性导致"儿女
绕膝，费用日增，一旦失去祖荫，经济来源断绝，家庭生活的恐慌于是造
成"。② 那么，社会团体和国家法律又是如何应对和改变这一现状的呢？

## 二　对于应该何时结婚的讨论

伴随着社会舆论的呼声，趋新的社会群体纷纷起而号召禁止早婚，例如
万国改良会就有戒除早婚的会约。③ 青年会社会服务团亦提倡破除迷信，尊
重女权，禁止纳妾、早婚、买婢、鸦片、纸烟、赌博等不良风俗。④ 蔡元培
等人组织的进德会亦提倡废止早婚，规定男子 19 岁，女子 17 岁以上方得婚
配。⑤ 传教士丁义华曾在民初提倡方方面面的社会改良，其中就包括不早
婚。⑥ 在万国改良会上，作为大总统的代表，顾维钧呼应了丁义华的主张，
强调"如祛除一切嗜好，如吸纸烟、饮酒、缠足、早婚等恶习，大总统深
望贵会诸君子仍力求进行，使完全达到贵会之目的。且更望扩充贵会之义
务，务使其普及于吾华全国"。⑦ 天津青年会干事李燕豪亦曾发起天津养真
社，其宗旨之一便是禁止早婚。⑧ 社会活动家罗运炎在致青年会的祝词中赞
扬说："他们原是采取我国的良俗，参加欧美最新的善法，拟成婚约及订婚
书，使男女对方得立于平等地位，以便达夫唱妇随，男贞女节的家庭。"⑨

---

① 陈长蘅：《中国近百八十余年来人口增加之徐速及今后之调剂方法》，《东方杂志》第 24 卷
第 18 号，1927 年 9 月 25 日，第 21～22 页。
② 张少微：《现代家庭生活的危机》，《东方杂志》第 34 卷第 7 号，1937 年 4 月 1 日，第 261
页。
③ 《北洋万国改良会简章（续）》，《大公报》1910 年 6 月 18 日，第 9 版。
④ 《青年会演说改良风俗》，《大公报》1910 年 10 月 21 日，第 5 版。
⑤ 《社会改良会章程》，《蔡元培全集》第 2 卷，第 139 页。
⑥ 丁义华：《四面八方之改良观》，《大公报》1912 年 5 月 11 日，第 9 版。
⑦ 《大总统代表顾维钧在万国改良会演说词》，《大公报》1912 年 12 月 27 日，第 6 版。
⑧ 《天津养真社成立先声》，《大公报》1922 年 12 月 1 日，第 10 版。
⑨ 《祝天津养真社》，《罗运炎文集》卷 1，卿云图书公司，1931，第 492 页。

后来，养真社分别设置了幸福部和除害部，而除害部的责任就是宣扬不妒、不诈、戒赌、戒嫖、不纳妾、不吸烟、不早婚、不饮酒等。① 杜亚泉观察到："现时早婚之戒已为吾国社会中所信，将来必渐渐实行。"② 到 1921 年，有人就在《申报》倡议的婚姻四大戒中纳入了戒早订婚、戒早婚。③ 时人认为，旧家庭最腐败的地方之一就是早婚（其他两点为娶妾和遗产制），④ 而一旦"早婚之弊害尽人皆知"，⑤ 论说的重心也逐渐从早婚带来的诸多问题转移到如何移风易俗，以戒除早婚。

随之而来的问题是青年男女究竟应该何时结婚。一位作者曾观察到，虽然讨论婚姻问题的非常多，但时人只是"笼统言不宜早婚"，而对结婚年龄的讨论尚缺乏。⑥ 其实，早在清季，署名"心"的作者就援引西俗与中国古礼来反对早婚。他指出，"古制男子三十而始娶"，而"今文明国之结婚期亦大率如此"。他宣称："年龄在三十以前，身体与神经两未发达，无相当于为人父之资格也。"⑦ 履夷就建议："二十五岁之后，乃许结婚。人当二十五岁之后，其性质邪正贤愚，既已略定，且其观人之识，亦略有把握矣。"⑧ 何棅臣主张男女结婚"愈迟愈好，男女年龄须以二十以外为妙。因为男女幼稚，先天不足，所生之儿童气质亦弱，种族相传愈流于弱"。⑨《密勒氏评论报》曾注意到中国的进步人士发起了反对早婚的运动，一位清华大学教授就提倡 25 岁以前禁止结婚，以便成就学问，增进做父母的能力。作者董显光认为，无论穷富，国人亟须改变早婚的习惯。⑩

---

① 《养真社添设幸福除害两部》，《大公报》1923 年 10 月 21 日，第 6 版。

② 伧父：《推测中国社会将来之变迁》，《东方杂志》第 15 卷第 1 号，1918 年 1 月 5 日，第 4 页。

③ 王培芝：《婚姻四大戒》，《申报》1921 年 6 月 16 日，第 16 版。

④ 枫隐：《改良家庭之要点》，《申报》1921 年 9 月 4 日，第 18 版。

⑤ 清华：《早婚之殷鉴》，《申报》1923 年 9 月 21 日，第 19 版。

⑥ 求真：《结婚年龄之商榷》，《申报》1921 年 1 月 20 日，第 16 版。

⑦ 心：《论某给谏请定一夫一妇制度》，《申报》1907 年 3 月 24 日，第 2 版。

⑧ 履夷：《婚姻改良论》，《辛亥革命前十年间时论选集》第 3 卷，第 842 页。

⑨ 《尚贤堂演说家庭教育（续）》，《申报》1917 年 3 月 14 日，第 11 版。

⑩ Hollington K. Tong, "The Campaign against Early Marriage in China," *Millard Review of the Far East*, Dec. 6, 1919, p. 13.

也有人投稿给《大公报》阐明自己的观点："男子二十五岁以下，女子十八岁以下，十四岁以上，皆属修学年龄，一经早婚，即足堕其志气。且体量未充足，所生子女，亦必文弱。"[①] 另一位投稿者先讲述了同乡陈家在儿子 16 岁时为其娶亲带来的恶果，由此建议男子在 25 岁到 30 岁，女子在 20 岁至二十三四岁之间结婚。[②] 也有人认为，女子在 20 岁以前未发育完全，因此就建议男子 25 岁以后、女子 20 岁以后方可成婚。他特别强调，对于女子而言，早婚妨碍了她们经济独立的可能性，做父母的责任义务顾及无暇，无法获得谋求经济独立的知识和技能。[③] 萧慕韩推究社会犯罪问题与男女早婚、生计艰难和犯罪有密切关系。他建议，男子 25 岁以上结婚为适当。[④] 也有人建议，青年男子在 25 岁至 30 岁之间成婚，女子在 19 岁至二十三四岁之间，有经济独立能力、有相当储蓄、身体健康者再行结婚。[⑤] 杨效春虽然不同意中国人满为患的观点，但是仍主张应该"提高法定及婚年龄，男子为二十岁，女子为十七岁，并切实禁止早婚。学校教师及通俗讲演当常常提及早婚之害，警觉人民"。[⑥]

新派主张青年生计自立后再行议婚，主张要从改变观念和培养子女经济独立能力开始。"盖欧美诸文明国，其主婚之权在于子女。然青年男女方届修学之期，遽尔结婚，微特为学业之累也。且在学生时代，安所得养家之资。故必俟修学之时期告终，获有相当之职业，乃敢为婚娶之谋。盖欧美风俗，主婚之权由子自操之，养妻之费亦由子自负之。故其结婚之期，不期迟而自迟也。"[⑦] 杨荫杭亦宣称，"男子结婚，不可倚赖父母之力"，结婚的前提是男子经济独立，可以独立奉养妻子儿女。[⑧] 父母若是爱子女，就不应使

---

① 耐烦：《家庭注意之特色（续）》，《大公报》1920 年 7 月 10 日，第 12 版。篇名疑似错误，这篇文章是《大公报》来书连载，其前题目为《家族主义之特色》。

② 权：《早婚者鉴》，《申报》1923 年 6 月 25 日，第 21 版。

③ 继盛：《女子早婚之害》，《申报》1923 年 5 月 15 日，第 19 版。

④ 萧慕韩：《男女性犯罪之差异》，《申报》1923 年 7 月 2 日，第 19 版。

⑤ 清华：《早婚之殷鉴》，《申报》1923 年 9 月 21 日，第 19 版。

⑥ 杨效春：《对于时论"中国人口问题"的总答辩》，《东方杂志》第 24 卷第 22 号，1927 年 11 月 25 日，第 28 页。

⑦ 吴贯因：《改良家族制度论（续）》，《大中华》第 1 卷第 4 号，1915 年 4 月 20 日，第 4~5 页。

⑧ 杨荫杭：《早婚与滥婚》，《老圃遗文辑》，第 23 页。

子女早婚早嫁，更不可因早抱孙而牺牲子女健康发育。① 有人就建议父母节省子女的婚嫁费用，充做子女的教育费。② 山东芝罘（今烟台）附近居民手制花边，有人便提议青年女子"借此可以自养自立，不必受家庭之束缚，而早婚之陋习自可免也"。③

关于何时结婚的讨论，意味着一个旧习惯的破产和一个新标准的形成。趋新时人经过讨论，愈加倾向于通过法律来禁止早婚。竺可桢曾对比英国、美国、法国、日本、意大利各个国家的初婚年龄，进而指出，"我国婚娶多在男女发育期及成长期之期"，而"欧美各国平均嫁娶之期，男在二十五岁以上，女在二十二岁以上。日本维新以来，嫁娶年岁，亦渐增高"，而且"世界文明各国，法律中均有嫁娶年岁一条，凡男女过幼不及格，不得婚娶"。④ 胡适就曾呼吁说："自由结婚第一重要的条件，在于男女都须要有点处世的阅历，选择的眼光，方才可以不至受人欺骗，或受感情的欺骗，以致陷入痛苦的境遇，种下终身的悔恨。所以需要有法律规定的年限，以保护少年的男女。"⑤ 杨荫杭也曾建议："吾国制定民法苟欲以成婚为成年，亦未始不可，但当限定成婚之年龄。或以二十冠笄之年定为成婚之年，则亦与'冠而生子之礼'相符合。"⑥ 后来也有人参考德国民法以及日本学者的研究，主张男子在二十六七岁，女子在二十三四岁时成婚，戒除十七八岁早婚的现象。⑦

就像时人对传统的想象都带着些悲观的论调，他们对外国的想象都带着玫瑰色，其中对外国法定婚龄与初婚年龄的认识亦不乏误读的情况。⑧ 海客

---

① 觉光：《爱子女的真谛》，《申报》1920 年 7 月 3 日，第 18 版。

② 大白：《节婚嫁费以充子女教育费之我见》，《申报》1923 年 5 月 13 日，第 19 版。

③ 鹏：《山东之花边事业》，《申报》1920 年 5 月 30 日，第 19 版。

④ 竺可桢：《论早婚及姻属嫁娶之害》，《东方杂志》第 15 卷第 9 号，1918 年 9 月 15 日，第 181～182 页。

⑤ 《美国的妇人》，欧阳哲生编《胡适文集》第 2 卷，第 496 页。

⑥ 杨荫杭：《成年与成婚》，《老圃遗文辑》，第 279～280 页。

⑦ 晚成：《结婚年龄之商榷》，《申报》1926 年 10 月 17 日，第 18 版。

⑧ 吕文浩注意到时人对西方强调其"现在"而忽略其"历史"，而且实际上从法定婚龄来看，中国人的结婚年龄亦不算早，虽然西方实际的婚姻年龄可能较法定婚龄为高。参考氏著《中国近代婚龄话语的分析：从清末至 1930 年代》，《中国社会科学院近代史研究所青年学术论坛（2005 年卷）》，第 237～260 页。

考察了英国、葡萄牙、希腊、西班牙等国的最低结婚年龄，发现比中国的还早。他还奇怪地说，"不知他们西方文明之国为什么也有这种早婚的规定"，而"我们中国虽说是有名的一个早婚之国，但是男女在十四岁与十二岁时结婚的，怕不多罢"。① 署名见秋的作者也曾分析说，"早婚之害，尽人皆晓。欧洲各国，在法律上并未加以特种之制裁"，然而"在此工商竞争时期，非个人之经济独立，不足以顾家庭之生活也"，因此，欧洲各国男子初婚年龄多为 20 岁以上。②

问题是西方本身是一个时空的复合体，既有历史的变迁，也有国家之间的差异。究竟是效仿欧洲之古制，还是追随欧洲新潮？究竟效仿英国、法国还是美国？这些都是困扰时人的问题。平心而论，成婚的时间没有所谓绝对之早晚，而是和整体社会经济状况、平均寿命、家庭经济状况联系在一起，而近代所谓"早婚"恐怕多是和西方一些国家相比较而言的"早"，而忽略了中西之间社会经济、文化习俗本身的差异。

其实也有人指出固然不宜早婚，但是也不可迟婚。他就意识到："民族卫生上早婚固当禁止，晚婚亦非绝对无害。"③ 为了生育健康考虑，女子最宜结婚的年龄在二十六七岁到 40 岁，而男子生殖能力较强在二十一二岁至三十四五岁之间。因此，他提出男女适婚年龄分别为男子在 26 岁，女子在 20 岁。④ 另一位作者则进一步指出晚婚的夫妇更容易离婚。⑤ 陈立人曾较冷静地指出："据生理学和优生学家的研究，早婚（指未达发育成熟期而言）是很有害的，然而晚婚对于遗传和生育也发生恶的影响，所以要适乎中道。我个人的意见赞成男子以满二十五岁，女子以满二十岁为法定结婚年龄。"⑥当然，也有人主张不进行干预，盖"早婚现象是随着社会的变革而盛衰的，在日前早婚已逐渐在减少，以后所谓早婚已不复成为问题。我们不必肯定说

---

① 海客：《结婚的年龄》，《申报》1929 年 5 月 30 日，第 21 版。
② 见秋：《欧西男女结婚年龄谈》，《大公报》1930 年 6 月 23 日，第 12 版。
③ 《文明患》，《东方杂志》第 14 卷第 10 号，1917 年 10 月 15 日，第 197 页。
④ 求真：《结婚年龄之商榷》，《申报》1921 年 1 月 20 日，第 16 版。
⑤ 野六：《早婚与晚婚均有害》，《申报》1922 年 3 月 8 日，第 17 版。
⑥ 陈立人：《民法亲属编几个问题（续）》，《大公报》1930 年 5 月 23 日，第 4 版。

早婚不好，但也不必提倡早婚，今后的两性结合，尽可任其自然"。① 除了舆论中的讨论和争议，作为崛起中的政治力量，国家与法律对百姓何时结婚的规训也值得进一步讨论。

## 三 通过法律禁止早婚

适当的结婚年龄本身是一个开放的问题，既与时人对男女生理发育的认知有关，也和社会生产方式密切相连。不过在近代中国，国家试图通过法定婚龄来改变人们的结婚行为却有着一定的延续性。早在清末，清政府就曾积极回应舆论界反对早婚的呼声。1906 年，修律大臣沈家本、伍廷芳就认为，"中国国民之惰弱，由于不重体育，欲重体育，须从禁止早婚入手"并开始尝试拟定禁止早婚的法律。② 1907 年，有位记者就注意到，"中国早婚之害久为中外人士所非笑"，故肃亲王拟定将男女婚嫁最低年龄定在 20 岁。③ 1908 年，《大公报》就曾传出消息："法律馆现正修订民法。昨闻该馆人云并拟限制婚嫁，定一专条列于民法之次，以免国民早婚□弊。"④ 不久，民政部亦有举动，有报道说："民政部堂宪近议中国早婚一事其害甚大，拟将男女婚嫁年龄明定限制。嗣后凡男女婚嫁者非在二十岁以上不得办理。"⑤

在清末法律改革的进程中，立法者意识到早婚对当事人、小国民以及种族现状的负面影响，《大清民律草案》中规定成婚年龄为男子满 18 岁、女子满 16 岁。由于结婚需要呈报户籍吏，因此未达成婚年龄为无效婚姻。⑥ 1910 年 9 月，吉林提学使因为早婚妨碍教育普及要求省内各个地方官晓谕省内人民男子不满 20 岁、女子不满 17 岁者禁止结婚，违反者将严惩其父

---

① 阿彦：《我对于早婚的观察——早婚是有害的吗？》，《申报》1932 年 9 月 13 日，第 20 版。
② 《修律大臣拟定禁止早婚法律》，《申报》1906 年 4 月 5 日，第 4 版。
③ 《限制男女婚嫁年龄》，《申报》1907 年 7 月 19 日，第 10 版。
④ 《时事：北京》，《大公报》1908 年 8 月 5 日，第 5 版。
⑤ 《要闻》，《大公报》1909 年 11 月 24 日，第 3 版。
⑥ 《大清民律草案第四编·亲属法》第 16 条，"司法行政部"民法研究修正委员会编《中华民国民法制定史料汇编》，"司法行政部总务司"，1976，第 842 页。

兄。① 进入民国后，在民法颁布之前，前清刑律关于民事部分继续有效，其中规定男女最低婚嫁年龄分别为 18 岁、16 岁。1913 年，教育总长请定禁早婚律，责成家长遵守。② 南开中学校长张伯苓就曾规定，除已婚者，未婚青年非逾 20 岁不得完婚。假如有私自纳娶者，一经查出即开除。③ 1917 年，北京内务部电令全国整饬礼俗，首要就是戒早婚，拟规定男子 25 岁、女子 20 岁始可婚嫁。④ 后来，内务部解释说："古者男子三十而娶，女子二十而嫁，著为典则，用意至深。欧美各国男女婚年均以民法规定，诚以匹配乃人世之大伦，殖育为生民之要道，行之过早，流弊滋多，大则伤生，小之妨学，而生子之多夭，弱种之遗传，尤与国家民族有密切之关系。盖早婚宜禁，殆为近世学者所公认。"⑤ 四川省政府收到北京内务部革除陋习的命令，将缠足、赌博、早婚列为陋习之"最为有害者"，通令革除。⑥ 不过，有人就批评内务部的饬令堪比一纸空文，而建议用更严格的法律取缔早婚。一方面，"调查户口时，细注未婚男女年岁，及年者给以准婚照"；另一方面，"不论贫富贵贱非至法定年岁不得婚嫁，如未执有准婚照而结婚者以私婚论"。⑦

1920 年代，地方政府也曾尝试落实禁止早婚的法律。被誉为模范省的山西就有法令禁止早婚，规定男子 18 岁、女子 16 岁为最低结婚年龄，未及婚期而结婚者，则惩罚主婚人 30 元以下之罚金。⑧ 1921 年，直隶教育厅奉教育部训令禁止青年早婚。⑨ 同时，在沪浙商希望将禁止早婚、蓄妾、多妻以及规定结婚年龄列入省宪法。⑩ 1926 年，山东省也曾发布禁止早婚之命

---

① 《吉林禁止早婚》，《大公报》1910 年 9 月 13 日，第 5 版。

② 《北京电》，《申报》1913 年 11 月 8 日，第 2 版。

③ 《本埠新闻》，《大公报》1914 年 12 月 30 日，第 5 版。

④ 《北京电》，《申报》1917 年 10 月 26 日，第 3 版。

⑤ 《内部整饬礼俗之文章》，《申报》1917 年 10 月 30 日，第 6 版。

⑥ 杨兴梅：《身体之争：近代中国反缠足的历程》，第 186 页。

⑦ 建西：《早婚宜以法律取缔》，《申报》1920 年 6 月 24 日，第 18 版。

⑧ 欧沧：《模范省时髦法令》，《申报》1922 年 3 月 7 日，第 10 版。

⑨ 《教部颁发诫谕令》，《大公报》1921 年 5 月 31 日，第 6 版。

⑩ 《上海电》，《大公报》1921 年 8 月 13 日，第 2 版。

令，强调男子需要满 18 岁方可结婚，而且女子年龄不得大于男子五岁以上。[①] 1927 年，奉天发布一令，禁止早婚。[②] 1927 年，政治会议浙江分会会员庄崧甫对浙江政纲发表看法，他特别提及改良不良风俗的举措，其中一项就是禁止早婚。[③]

伴随着国民革命运动的高涨，国民党的力量也日渐深入百姓日常生活。打破早婚习俗就是国民革命口号之一，也是妇女运动的诉求。1929 年，上海市国民党执行委员会宣传部学生暑期宣传工作的重点之一就是宣传早婚之害。[④] 同年，山西省民政厅在行政计之礼俗事项中说明严禁早婚、溺女、买卖婚姻等各项积弊。[⑤] 1930 年 4 月，河北省教育厅厅长沈尹默训令全省中等学校男女生在 18 岁以前不得结婚。[⑥]《民法·亲属编》草案就规定："男未满十八岁、女未满十六岁者不得订定婚约。"[⑦]

1930 年，南京国民政府立法院修订《民法·亲属编》时，曾对如何规定男女结婚之法定年龄进行广泛的讨论。立法院院长胡汉民指出："旧律关于成婚年龄并无明文规定。此次起草亲属法，究应以若干岁为成婚年龄，此请先决者四。"[⑧] 胡氏也意识到："乡村与城市的情形，太不一致，乡村方面如果规定了迟婚，犯法者一定太多，城市中无论如何迟婚的现象总不免，普通人的结婚，总是过了法定的年龄。"[⑨]

参与亲属编制定的傅秉常观察到："有人主张男子定为二十岁，女子定为十六岁，但是这样很空洞的主张，总不能算适当的办法，兄弟说过，现在的立法，断不能采取武断的方法，要以科学解决，对于社会上实在的情形，

---

① 《山东之禁止早婚令》，《大公报》1926 年 10 月 12 日，第 6 版。

② 《奉天禁止早婚陋俗》，《申报》1927 年 3 月 7 日，第 7 版。

③ 《庄崧甫对于浙江政纲之意见》（续），《申报》1927 年 7 月 24 日，第 9 版。

④ 《市宣传部制发：学生暑期宣传工作纲要》，《申报》1929 年 6 月 19 日，第 11 版。

⑤ 《晋民厅制定行政计划》，《大公报》1929 年 8 月 9 日，第 7 版。

⑥ 《教育厅限制中学生结婚　十八岁以前》，《大公报》1930 年 4 月 4 日，第 5 版。

⑦ 参见《民法·亲属编》，《中华民国民法制定史料汇编》，第 581～602 页。

⑧ 《民法亲属继承两编：胡汉民等提议之先决各点》，《国闻周报》第 7 卷第 21 期，1930 年 6 月 2 日，附录，第 6 页。

⑨ 胡汉民：《怎样去做大事业——在立法院总理纪念周席上讲演》，《中央周报》第 99 期，1930 年 4 月，第 26 页。

是应该加以研究的。"他注意到各国立法都是以各国社会的实在情形为基础，因此，对于中国应该如何立法是开放的问题。不过，"单就结婚的年龄说，主张迟婚的人以为结婚年龄太低，于经济上人种上都有很大的害处，尤其是在经济方面，关系更大，因为人种方面在世界科学家认为还没有什么重大关系，不过结婚太迟的害处，也是很多，譬如一个男子，他到了十五岁已经发育完全了，然而在法律上他非到二十岁不能结婚，他在这五年里头，究竟是怎么样？"那么，"如果一定叫他非到某年龄不得为形式上的结婚，事实上他一定要乱来的"。①

对此，陈瀚一也有自己的看法。他说："我以为应从人民习惯上着眼，听其自然，譬如有的人被经济问题压迫或其他问题阻碍，就环境而论，非迟婚不可。假定民法上规定二十五岁以上的男子就应当结婚，那么这个人如果不照法定年岁结婚便是犯法。那是很不妥当的啊！"② 立法委员陈长蘅就注意到英国、加拿大、澳大利亚、西班牙、希腊的法定婚龄是男子 14 岁、女子 12 岁，而中国规定是效仿美国、苏联、荷兰、瑞士、匈牙利等国家而来。他说："我国早婚习惯，流弊多端。即定为男未满二十岁，女未满十八岁，亦不为过高。"③ 胡长清也认为，"婚姻之最终目的，不在于解决性欲，而在于创造社会，维持社会，演进社会"，故 "于适应社会的经济状况，与不妨害国民教育的原则之下，以为结婚最低年龄，男子应为二十二岁。但女子结婚年龄则应低至十八岁"。④ 三五法学社社员则认为，除了 "比较法例、损益国情而外"，还应注意以下几个问题："一则民法总则编已规定满二十岁为成年，未成年人已结婚者有行为能力，是限制行为能力之未成年人，一结婚即有行为能力也。故成婚年龄纵未满二十岁亦当去此不远也；二则近年结

---

① 傅秉常：《亲属继承两编重要问题》，《中央周报》第 100 期，1930 年 5 月 5 日，第 55~56 页。

② 陈瀚一：《我对于所谓"民法上的三个问题"的意见》，《大公报》1930 年 5 月 9 日，第 4 版。

③ 陈长蘅：《对于民法亲属继承两编原则上应先决各要点之意见（一）》，《法律评论》第 7 卷第 35 期，1930 年 6 月，第 31~32 页。

④ 胡长清：《读陈长蘅氏"对于民法亲属继承两编原则上应先决各点之意见"》，《法律评论》第 7 卷第 40 期，1930 年 7 月，第 10 页。

婚已不认主婚制而惟尊重当事人之自由意思。苟血气未定、情感易激、轻躁从事、懊丧必多，年龄限制诚不可少。顾此限制在已成年或将成年者最为有效也。"① 当时的立法者深信，"早婚足以弱种，而我国习惯向无限制，现则明定结婚最低年龄，以防其弊"，因此，立法院既试图效仿他国关于法定婚龄的规定，也参考了本国的国情，最后规定了男子未满 18 岁、女子未满 16 岁者不得结婚，此前结婚则为无效婚姻。② 虽然经历了革命的洗礼，法定婚龄却延续了清末的规定。

1932 年，王孝英号召学生利用暑假宣传打破早婚的习俗。③ 无论是追随文明国的脚步还是采纳古时男子非三十不娶、女子非二十不嫁，都是"很合乎生理和卫生的公理"。④ 因此有人提倡从法令、教育、新闻界以及私人等各个方面来进行劝导与惩戒。其一，"如有违反法定年龄，秘密结婚者，一经查处，科罚重金"；其二，"中学以上，酌添婚姻研究一课，每周授课一小时，延聘深有研究之人主教其间，用科学方法，理喻学生"；其三，"如因早婚以致生计艰难、自杀或因此以致男女体质衰萎、早世［逝］，或所育子女不强、夭伤，新闻记者应详加阐明，晓示社会，以昭来者之戒"。⑤而社会舆论对成婚年龄的规定较实际立法的法定婚龄为迟，也足见时论之偏颇，甚至有些脱离实际情形。

1940 年，教育部从国家与国民关系的角度强调禁止早婚的重要性。⑥ 内政部也意识到："国内早婚陋习，所在多是，穷乡僻壤，此风更盛，国民体格，寝假日衰，丞［亟］应详订办法，严加限制，渐图革除。"⑦ 包括河南、察哈尔、湖南、云南等在内的各省政府都依照《民法》制定了禁止民间早

---

① 《本社对于民法亲属编先决各点之意见书》，《法学季刊》第 1 卷第 1 期，1930 年 12 月，第 245 页。

② 《南京通信：亲属编起草经过》，《大公报》1930 年 12 月 7 日，第 3 版。

③ 王孝英：《学生应如何利用暑假（二）》，《申报》1932 年 8 月 7 日，第 17 版。

④ 浣花：《提议改革早婚流弊》，《申报》1932 年 9 月 6 日，第 22 版。

⑤ 文炳：《关于改革早婚流弊之补充》，《申报》1932 年 9 月 10 日，第 23 版。

⑥ 《教育部检送全国国民体育会议关于厉行禁止早婚以健强民族案致社会部公函》，《中华民国史档案资料汇编》第 5 辑第 2 编文化（2），江苏古籍出版社，1998，第 554～555 页。

⑦ 《内政部为调查民间婚俗情形及原因致各省政府公函》，《中华民国史档案资料汇编》第 5 辑第 2 编文化（2），第 557 页。

婚的规定。安徽省就明文指出：男子未满 17 岁、女子未满 16 岁，父母不得为之订婚；男子未满 18 岁、女子未满 16 岁，不得结婚。① 河南省规定："结婚应先期报告保甲长、联保主任，转报区长考查是否已达法定适婚年龄，如未届结婚年龄者，转报县政府勒令延期举行，并得依保甲条例第三十六条处男女两方家长三十元以下之罚金。"② 湖南安化县禁止早婚的办法是，由 "县政府督饬各乡（镇）公所、各警察局所会同执行之"，而其惩罚措施就相当严格，若 "未届婚嫁年龄按其所差岁数之多少，处以五十至八十元之罚锾"。③ 可见，从舆论的劝诫到政府的禁罚，趋新的国家与守旧的乡土似乎很难形成共识，而这一社会现象对百姓日常生活的塑造仍有待进一步的探讨。

\* \* \*

自清末起，舆论界从种族、国家、社会、家庭和个人的角度对于早婚进行了彻底的批评。对国家而言，早婚害国计、弱种族；对个人而言，早婚损精神、伤身体、荒学问、败道德。到 1930 年代，区声白曾指出："我国向来习俗，婚姻多由父母代定，故不问其子女是否发育完全，有没有生产能力，即与之结婚。故所生子女类多孱弱，此为我国人类衰弱之原因。且婚姻之后，儿子可不负担经济之责任，子孙繁殖，消费日多，家计上便发生极大之困难，常因家计所牵累，致令荒废学业，不能发奋有为，愚者贫者日益众多，则社会将必日趋退化。"④

从最先讨论早婚弊害到后来戒早婚、禁早婚，这一转变体现了国家和社会对百姓日常生活的重新塑造。早婚成为 "陋俗" 的象征，也可以看作代

---

① 《安徽省改良风俗规则》，《中华民国史档案资料汇编》第 5 辑第 2 编文化（2），第 547 页。
② 《河南省查禁民间早婚溺婴暂行办法》，《中华民国史档案资料汇编》第 5 辑第 2 编文化（2），第 556 页。
③ 《湖南省安化县政府查禁早婚办法》，《中华民国史档案资料汇编》第 5 辑第 2 编文化（2），第 563～564 页。
④ 区声白：《中国的家庭问题怎样解决?》，蒲良柱等编《风俗改革丛刊》，广州特别市党部宣传部印，1930，第 30 页。

表城市的西方文明对传统东方农业社会的想象。当早婚的种种弊端凝聚起来时，人们开始思考应该依靠什么力量来改变早婚的习俗。趋新读书人呼吁国家的干预，而国家立法也采纳了新派关于早婚有害的立场，进一步严格规定人们最低的法定婚龄。就男女何时结婚这一问题，与国家处竞争态势的家长丧失了很大的发言权。国民党秉政后即着手通过立法规定男女最低合法的结婚年龄，并对违犯者进行惩罚，可谓国家通过立法与民间礼俗竞争的案例。

舆论、立法以及政府的引导、约束和惩罚，其意图都在于改变乡民的日常生活。趋新时人想方设法贯彻禁止早婚的规定，并不希望该法律成为一纸空文。不过，现实情况复杂多样，乡风民俗根深蒂固，并非法律条例在短时间内所能更易。早在1924年直奉战争战火蔓延时，"人民欲图只身便利，往往将早年订婚、年未及笄之女邀商媒妁，说项男宅，要求童年完婚，免致失所流离"。[1] 1926年，罗宏顺也观察到："早婚也是中国社会的习惯，到现今还未改变。"[2] 盖"国人素重习俗而轻法律"，而"习俗中以包办婚姻及早婚二者为最流行"。[3] 再到后来，虽然舆论和立法对结婚年龄有着越来越明确、严格的规定，但是实际情况可能是早婚现象的经久不衰。[4] 抗战以来，"乡民多恐到达兵役年龄，即须应征入伍，为后代计，早婚之风，尤为盛行"。[5] 国民党党员房栋人就说："吾国军民体格不强，心志薄弱者殊属不鲜，推其原委，不能不归咎于男女早婚之风。"而战时征兵兴起，百姓莫不希望儿孙早婚以免除兵役或是以生产嗣续。因此，他就目睹了鄂西13岁以

---

[1] 清华：《战祸时之早婚者须知》，《申报》1924年12月18日，第12版。

[2] 罗宏顺：《高生殖率的中国人口问题与民族前途》，《东方杂志》第23卷第23号，1926年12月10日，第41页。

[3] 张少微：《现代家庭生活的危机》，《东方杂志》第34卷第7号，1937年4月1日，第261页。

[4] 傅建成：《论民国时期华北农村的早婚现象》，《社会学研究》1994年第4期；王跃生：《民国年间冀南农村家庭形态研究》，《中国社会经济史研究》2003年第3期；王跃生：《民国时期婚姻行为研究——以"五普"长表数据库为基础的分析》，《近代史研究》2006年第2期。

[5] 陈盛清：《战后关于婚姻的法律问题》，《东方杂志》第40卷第24号，1944年12月30日，第25页。

下之儿童完婚者比比皆是的情形。① 国民党党员李纲一方面赞扬国民党提倡男女平等、改良婚制的努力，另一方面也抨击风气闭塞的广大农村，"结婚当事人——新郎新妇——无论已否成年，对切身的婚事，均少发表本身意见之余地，一般富户大家之家长，欲求子孙迅速繁衍，率皆提倡早婚，甚至有使未足十三岁之儿童与二十岁以上之女子成婚者"，这样极易造成家庭不睦和儿童不健康等后果。② 战争时期，民生艰难，"穷乡僻壤，迫于生计，女家无力抚养，男家须人操作，并以成年婚嫁，耗资颇巨，故此种陋习，仍在所难免"。③

　　到1943年，根据云南各县的报告，早婚情形似乎有所改观。云南安宁由于"近来交通便利，且本县接近昆明市区，经济情形比较往昔为高，招赘之风亦逐渐减少，因此结婚年龄自亦较晚"。昌宁县县长亦报告说："本县自风俗改良会成立以来，由近及远，渐次宣传推行，办理顺利，民间称便，男女早婚之事，已鲜有发见矣。"④ 但是在云南呈贡，根据陈达的调查却得出相反的结论。⑤ 因此，早婚的习俗是否有所改变值得重新评估。进而，究竟在多大程度上人民是按照法律规定来过日子也是值得讨论的问题。⑥ 这也促使我们反思立法应该代表全体的民意，还是只代表部分的——换言之，城市的民意。

　　早婚也牵出对中国整体人口状况的评估。一个被广泛接受的观念是中国

---

① 《国民党中央组织部转房栋人建议通令全国严禁早婚案致内政部公函》（1941年4月9日），《中华民国史档案资料汇编》第5辑第2编文化（2），第558页。

② 《福建李纲关于改良农村早婚与家长包办婚姻陋习事致内政部条陈》（1942年9月13日）《中华民国史档案资料汇编》第5辑第2编文化（2），第559页。

③ 《湖南省安化县报送该县订定的查禁早婚办法致内政部呈》，《中华民国史档案资料汇编》第5辑第2编文化（2），第563页。

④ 《云南省安宁县政府呈报本县早婚情形简明一览表》，《中华民国史档案资料汇编》第5辑第2编文化（2），第567页；《昌宁县早婚原因及限制办法》，《中华民国史档案资料汇编》第5辑第2编文化（2），第567页；《云南省各县局署呈复办理限制早婚案经过简表》（1943年9月），《中华民国史档案资料汇编》第5辑第2编文化（2），第568~574页。

⑤ 陈达在云南的调查显示，实际生活中未满18岁男子和未满16岁女子结婚的情况亦不是少数。参考陈达《现代中国人口》，天津人民出版社，1981，第46表《云南呈贡结婚男女的初婚年龄》。

⑥ 王跃生：《近代之前初婚年龄的制度类型及功能考察》，《晋阳学刊》2013年第6期。

人口繁多而且是一个"问题"，故需要限制人口的增长。"人满为患"的确成了不少时人和研究者对中国人口的判断。他们的大致思路是由于国人早婚、重嗣续，所以人口繁多。盖中国女子结婚即早，生育率也随之而高。[①]要解决此问题，就必须提倡晚婚。

到 1930 年代，早婚的害处基本成为新派的共识——弱种、易致人口过剩、减低生产力增加消费、妨害教养。[②] 不少时人认为早婚是国贫民弱的原因，而对其大加挞伐。不过，推迟结婚年龄究竟是国强民殷的原因还是结果，仍值得进一步推究。回过头来看，时人看到了早婚的弊端，却无视它在家庭稳定、文化传承、种族绵延等方面的积极作用。在一个社会流动性相对较低的农业社会，通过婚姻来规范青年性生活是减少社会问题的有效办法。父母多在子女十几岁或更早时为其议婚，待十七八岁时为其成婚。在婚姻强调稳定性的时代，较早成婚的夫妻双方以家庭责任为首要的考量，而非个人的欲望和感情。因此，婚姻年龄的推迟恐怕仍有待社会经济的变迁以及教育革新作为支撑。

不过，常识以为战争时代国家以提倡早婚多育来增强国防，以应对军事需要，而近代中国从两次鸦片战争、太平天国运动、甲午战争到辛亥革命、两次直奉战争、直皖战争、北伐、中原大战以及旷日持久的抗日战争，可谓内战、外战频仍。然而，这样的历史环境却没有催生支持早婚多育的观点，反而是以戒早婚为特色，其原因还值得进一步探究。更值得反思的是西方以人满为患作为他们向外殖民的理由，向西方学习的中国却以禁止早婚来实现自我禁抑。内向与外向的取向，亦可见中西之间的分道扬镳。

---

① 乔启明：《中国农村人口之结构及其消长》，《东方杂志》第 32 卷第 1 号，1935 年 1 月 1 日，第 36 页。

② 洪锡恒：《婚姻的法律与习俗》，《东方杂志》第 30 卷第 19 号，1933 年 10 月 1 日，第 1~3 页。

# 第四章　从合礼到非法：纳妾制度的有罪化

　　1925 年，梁启超在清华大学的中国通史课上曾说："从人权上观察，蓄妾制之不合理，自无待言；但以家族主义最发达之国，特重继嗣，此制在历史上已有极深之根柢：故清季修订新民律时，颇有提议禁革者，卒以积重难返，且如欧律以无妾之故，而仆仆于私生子之认知，亦未见其良。故妾之地位，至今犹为法律所承认也。"他的主张遭到学生王政的公开质疑。王针锋相对地指出："既承认蓄妾制在人权上为不合理，则当设法以革除之。若以其在历史上已有极深之根柢，遂任其自生自灭，则一九一一年之革命特多事耳。"[①]

　　师生两辈人对纳妾制度的不同态度，既折射出时代变迁的痕迹，也彰显出理想与现实之间的龃龉。在价值观念和社会道德转轨的大时代，如何理解和认识家庭革命洪流中的废妾呼声是一个非常重要的议题。已有研究多从进步立场出发肯定废除纳妾制度的意义，[②] 而忽略了其言说重心之转移以及废妾运动背后的多重力量。本章试图重建纳妾制度从合礼、合法走向有害、有罪的过程，其中特别关注公共舆论、社会团体、国民党党义以及立法进程等几个方面，至于牵涉的司法困境则暂不涉及。[③]

---

① 王政：《为蓄妾问题质梁任公先生》，《清华周刊》第 24 卷第 9 期，1925 年 11 月 6 日，第 592 页。

② 程郁：《民国时期妾的法律地位及其变迁》，《史林》2002 年第 2 期；程郁：《清至民国蓄妾习俗之变迁》，上海古籍出版社，2006；余华林：《女性的"重塑"：民国城市妇女婚姻问题研究》，商务印书馆，2009；程郁：《蓄妾习俗及法规之变迁》，上海人民出版社，2013。

③ 王新宇的著作有两章讨论民国婚姻司法史，涉及妾制的司法问题，参考王新宇《民国时期婚姻法近代化研究》，中国法制出版社，2006。

# 一 纳妾制度成为专制时代的象征

纳妾自古圣贤行之、经典传之，是国家法律所允许的制度。即便讲天理的宋儒也不反对纳妾，虽然他们多提倡戒狎妓。纳妾其实是一个相当复杂的制度，之所以能持续存在，其背后有一整套的伦理规范和习俗来支撑。胡适就曾说："纳妾问题，决不是一两个人能够做成，乃是根于社会制度或祖宗成法而来。"其中，"承嗣的纳妾问题，就是一种纵的、历史的、时间的关系"。① 具体而言，第一，"不孝有三，无后为大"的说法以及老而无养的现实问题为其提供了理由，允许纳妾是对老而无子者的一种体恤。如果说婚姻的意义在于上以事宗庙、下以继后世，那么纳妾也是为了同样的目的而设置的一种弥补，重视嗣续的观念不仅支持纳妾制度，而且支持多妾制度。第二，纳妾与早婚以及父母主婚为一个互相支撑的体系，早婚而妻子若又年长，为了满足男子的性欲而允许纳妾。第三，矜持重礼的传统不太鼓励夫妇之间的情感流露，纳妾或许也是为了满足男性的情感需求。虽然男子纳妾的心理动机并不单一，② 不过多与重亲权、夫妇不和又不愿婚姻解体的观念有着密切相关。这当然是男权社会的表现，也是传统儒家思想备受女权思潮批评的原因之一。

纳妾制度与中国传统家庭伦理——特别是嫡庶有别互为表里。所谓聘为妻，奔为妾，由于各种各样的原因，不少女性委身为妾，其中家贫卖身者居多。当然，做妾并不是一个理想的人生选择，俗语就有"宁与穷人补破衣，不与富人做偏妻"。③ 由于妻、妾的地位不同，所以嫡子与庶子的地位亦不同。然而，与西方的私生子不同，庶子为中国法律所认可。"妻妾制度，为

---

① 《研究社会问题底方法》，欧阳哲生编《胡适文集》第 12 卷，第 570、573 页。

② 包括未受训练的肉欲、妻子有恶疾容貌丑陋、弃旧怜新、夫妇间的憎恶、妻子患病、别人馈赠等原因。参考赵紫宸《妾婢制度的因果和铲除的方法》，《解放与改造》第 1 卷第 6 号，1919 年 11 月 15 日，第 45 页。

③ 《宁与穷人补破衣》，《民间文艺》第 3 卷第 19 期，北京大学中文系瞿秋白文学会编《中国歌谣资料》第二集上册，作家出版社，1959，第 276 页。

我国数千年习惯。故母子间之身分各有区别。考三父八母图，嫡子对于父之妾，有出曰庶母，无出曰父妾。庶子对于父之妻曰嫡母，对于所生之母曰生母。"① 或可说，纳妾制度是中国古代社会里一种比较特别的制度安排。

在自称文明的西方国家面前，中国自甘野蛮而多采取反向自我批评的态度。其中，纳妾制度作为一夫多妻的证据，便沦为野蛮落后的表现。② 早在1901 年有人就观察到，欧美诸国"一夫一妇，禁立侍妾，无出妻之义，无淫奔之诗。上不怨及天地，内无憾于父母。公权有限，平等有界，文明至此，太平至此"。③ 后来也有人说，"吾中国一夫多妻之俗，颇为欧美人所诧怪。平心论之，中国人一夫多妻之陋俗，当此世界潮流之冲，必归天演淘汰之例"，④ 盖"在西洋的文明诸国，则一向是实行一夫一妇的"。⑤ 也有人观察到："外国人常以缠足、吸烟及一夫多妻制为中国未开化之证。"⑥ 对于那些期待中国跻身于文明国家的行列、试图推动社会进化以便符合世界潮流的趋新时人而言，废除纳妾制度便是他们自然的选择。

1908 年，王我臧翻译了日本《法学新报》上的《婚姻沿革谈》一文，文中介绍了婚姻制度自掠夺婚、买卖婚到一夫多妻、一妻多夫制度的演变。作者在按语中说："吾国纳彩行聘，谓之财礼，乃买卖婚之遗，此制较掠夺为进。故吾国掠夺之迹，恒为俗例。而买卖之迹则礼制行之。"然而，"新刑律草案，首禁重婚，法律之大进步矣"。⑦ 一旦意识到纳妾与立宪时代的

---

① 黎楷：《庶子及妾之地位》，《法政学报》第 2 卷第 1 号，1914 年 1 月，第 2 页。

② 需要特别指出的是，传统中国"妻"和西方"妻"的意义并不完全相同。反传统者把一妻多妾视为多妻而批判之。其实，这是将传统的"妻"（既与夫相对，又与妾不同）的观念逐渐演变为所谓西方一夫一妻的"妻"。

③ 凤城蓉君女史：《男女婚姻自由论》，《清议报》第 76 册，1901 年 4 月 19 日，第 14 页。

④ 单毓元：《中国禁止纳妾之方法》，《新中国》第 1 卷第 5 期，1919 年 9 月 15 日，第 103页。

⑤ 章锡琛：《废妾论的浅薄》，《晨报六周增刊》1925 年 2 月，第 59 页。其实，实际的西方却相当复杂，近有学者根据东印度公司职员所留下的遗嘱重建了公司职员在印度的家庭生活，发现英国人在印度常常与多名印度女子保持婚姻关系，参考 Durba Ghosh, *Sex and Family in Colonial India: The Making of Empire* ( Cambridge: Cambridge University Press, 2008 ), pp. 110, 121.

⑥ 枫隐：《改良家庭之要点》，《申报》1921 年 9 月 4 日，第 18 版。

⑦ 王我臧译《婚姻沿革谈》，《东方杂志》第 5 卷第 11 号，1908 年 12 月 18 日，第 25~27 页。

冲突，不少时人纷纷呼吁中国效仿西洋各国实行一夫一妻制度，以便免除世界之耻笑。

1911 年，杜亚泉就曾指出东西洋社会之文明发源不同、各有所长。他说，"我东洋之社会则以家族制度重视血统之故，务为繁殖子姓之计，至留遗未开时代一夫多妻之陋俗而未之改革"，"今日我社会中之蓄妾者，以中流以上之富裕者为多，而尤以居高官享厚禄者为甚"。他批评这种"淫逸无度"的行为已经失去了"维持血统"的目的。"我东洋民族因此蓄妾之制而所受之祸害实可谓至惨而且烈。一家族之中，以蓄妾之故，害其平和，因而损失名誉、损失财产、损失生命者，不知凡几。"①

值得注意的是，与后来的新派以西方标准来反对中国旧日礼俗不同，杜氏批评蓄妾制度的角度主要是指摘其已丧失延续和团结家族的初衷。此外，他还从整个国家男多女少的现实状况来反对纳妾。他认为："今旷夫遍于国中而一部分之人民乃左拥右抱，日以纵恣淫欲为事，不均不安，孰甚于此乎？"杜亚泉最后说：

> 蓄妾之制，本原于经典。历代之律文又规定之。故在旧道德旧法律皆无所裁制。今日新道德新法律渐有形成之势，或足以弭其缺陷。吾辈研究裁制之法，当以法律、道德互相辅助。盖仅以法律裁制，不能深及于隐微。而仅以道德裁制，又无显著之权力也。②

然而时人反对纳妾制度最核心的原因在于其不符合西方基督教国家所宣称的一夫一妻制度。③ 若一夫一妻制度被视为"普遍的""合理的""文明的"，那么纳妾制度自然就被视为"特殊的""不合理的""野蛮的"。新教传教士所办的《万国公报》曾刊文，指出圣经有曰："夫惟一夫［妇］、妇惟一夫，是则上帝创造人类，只容一男一女胶漆配合。若违上帝之命，是行

---

① 杜亚泉：《论蓄妾》，《东方杂志》第 8 卷第 4 号，1911 年 6 月 21 日，第 15～16 页。
② 杜亚泉：《论蓄妾》，《东方杂志》第 8 卷第 4 号，1911 年 6 月 21 日，第 17～18 页。
③ 关于 19 世纪天主教和基督新教对纳妾制度的态度，参考程郁《蓄妾习俗及法规之变迁》，上海人民出版社，2013，第 285～297 页。

淫矣。"① 自然，天主教亦持相同的态度。"惟自上主降生而后，立新章，革旧制"，自此"一妇一夫，永为定律，天主教固守真传，未敢或忽"。② 故，凡欲入教之人必须摒弃纳妾旧俗，盖"耶稣教人乃天道所授，只可一夫一妇不能立妾，多一即为犯奸淫"。③ 天津和杭州的女青年会曾讨论为人妾者是否可以入会的问题。反对者担心这样"有玷其他会员的清白；且使妾之制度，在社会中，永无消除的希望"；而支持者则认为："妾的制度，乃社会全体的罪恶。身为女子，谁愿作妾？环境所迫，逼而处此；倘排斥之，永无振拔的机会，实非人道主义。"④ 对于纳妾的男子是否可以加入基督教的问题，教会亦有类似的讨论。后来大概取宽大主义，认为纳妾是家庭和社会的罪恶，而非个人的罪恶。因此，教会的立场是反对纳妾制度，而并不排斥那些纳妾和做妾的人。

从基督教婚姻观念来看，纳妾显然是有罪的。外国传教士就特别提倡中国应效法西方实行一夫一妻制度。加拿大传教士季理斐（Donald MacGillivray）就曾撰文呼吁中国应该改良婚制，废除纳妾制度。他说："一夫一妇之制准天理、酌人情。一夫一妇之为正式，固文明各国所公认、所流行，独中国则反是。"⑤ 美国传教士丁义华在天津创办北洋万国改良会，其中便呼吁废除纳妾。⑥ 其妻丁本民（M. Eloise Burniston）则成立了天津妇女改良会，也曾积极宣传纳妾之害。⑦ 在基督教青年会的支持下，天津成立养真社，提倡婚姻自由，反对嫖娼纳妾。⑧ 华人牧师孙喜圣发起的南京改良会亦宣传戒邪淫、戒纳妾等。⑨

---

① 《儒教辨谬：论纳妾》，《万国公报》第 511 期，1878 年 10 月，第 144 页。

② 《天主教禁娶妾论》，《益闻录》第 463 期，1885 年 5 月，第 236 页。

③ 广东长老会左斗山：《或问耶稣教何以不许立妾》，《中西教会报》第 1 卷第 6 期，1891 年 7 月，第 219 页。

④ 谦：《时评：妾的问题》，《兴华》第 43 册，1923 年 11 月，第 32 页

⑤ 季理斐：《论中国宜改良婚制》，《申报》1913 年 7 月 23 日，第 1 版。

⑥ 丁义华：《四面八方之改良观》，《大公报》1912 年 5 月 11 日，第 9 版。

⑦ 《论纳妾之非理及其遗害无穷》，《真光报》第 10 卷第 6 期，1911 年 8 月，第 36～39 页；张莲波：《辛亥革命时期的妇女社团》，河南大学出版社，2016，第 171～172 页。

⑧ 《天津养真社章程》，《兴华》第 20 卷第 6 期，1923 年 2 月，第 8 页。

⑨ 罗伟虹主编《中国基督教（新教）史》，上海人民出版社，2014，第五章。

概言之，从西方婚姻制度出发来观察中国的婚姻制度，一夫一妻多妾制被等同于一夫多妻制度。由此出发，纳妾制度变成了野蛮的象征和背离世界潮流的明证。基督教团体遂纷纷起而呼吁废除纳妾制度，这些讨论大多从国家整体出发，论者时时流露出对国家地位与荣誉的关心。到五四前后，反对纳妾的呼声转为更多地从个人特别是女性（包括妻和妾）的立场出发。

## 二 人道、人格与人伦的关怀：纳妾有害的社会舆论

在一个家庭内部，妾的地位相对较低，用来形容她们的常常是"薄命"一词。因此，很多主张废除纳妾的读书人是从同情弱者的角度出发。例如，革命党人在《新世纪》上撰文反对纳妾。该刊的编辑就认为："纳妾买婢，所可恶者，近乎奴制，一也。特别施之于女人，则恃男人之强权，以毁灭女子之人权，二也。"他们强烈反对这一违反人道的制度，认为其忍心害理、惨无人道，进而批评清政府修律毫无羞愧公然承认妾制。① 不少时人将纳妾制度类比于西方的蓄奴制度，将其视为有违社会正义的制度。苏州的陈知非便援引西说来支持自己的主张，"今欧化东渐，一夫多妻大乖人道"。② 后来也有人期待解放黑奴的林肯出现在东方，扫除这一蓄妾制度。③

辛亥革命冲击家庭生活的表现之一便是妾制的动摇。有人后来观察到："彼所谓纳妾之风，原因于皇帝妃嫔之制，殆已失其根据。当此时而提倡废止一夫多妻制，诚中国自有历史以来空前绝后之一大好机会也。"④ 署名"劳人"的作者也批评说："中国富人御贫之法，盖在戒纳妾。"他批评纳妾制度增加了家庭的负担，有违独立、生利的精神。他不无羡慕地指出："一夫一妻之制，实婚礼之极轨。欧美诸文明国行之已久，未闻有何种窒

---

① 《鳞鳞爪爪·新城寓客来稿》，《新世纪》第93号，1909年4月17日，第14~15页。

② 《苏州陈知非来函》，《申报》1910年6月6日，第34版。苏州陆家的女子许配给吴氏子为妻，但是迎娶前发现吴已有结发妻子。当地绅士也主张陆家女子为吴家之妾。陈知非反对，认为一夫多妻有违人道，不尊重女权。

③ 金媛贞：《破坏家庭幸福之危险动物》，《妇女时报》第18期，1916年6月，第11页。

④ 单毓元：《中国禁止纳妾之方法》，《新中国》第1卷第5期，1919年9月15日，第107页。

碍。"他确信："中国将来民德日进，一夫一妻之制，必有实行之一日。"①
辛亥革故鼎新，一方面意味着"纳妾"作为专制时代之道德、风俗和制度
应该被抛弃；另一方面也预示着人们应效仿西方实行一夫一妻的生活方
式。

　　作为旧制度，纳妾与倡导一夫一妻、男女平等、尊重女权的新文化运动
处处抵牾。对于妻子而言，丈夫因纳妾而享受了更大的性自由，这正是夫妻
不平等的表现。当新青年反对"片面"的贞操观念时，也自然反对纳妾制
度。高素素曾投稿《新青年》杂志，就此反思说："己之爱人也不专，而责
人之爱自专一，何不平之甚？"高氏也将蓄妾视为"多妻"，并指出"多妻
制度，渊源于掠夺"。② 新青年左学训就明确指出，对旧家庭而言，亟须改
革的是多妻问题。他分析中国多妻之俗源自宗法社会里祭祖之观念、女子无
相当的教育和职业、婚姻制度之不良、中国大家庭制、社会缺少高尚的娱乐
等原因，同时号召"减轻历史上遗留祀祖的迷信"，"提高女子的教育"，
"男女间的爱为要素"的婚姻，"缩小家庭组织"，"改革社会的空气，提倡
高尚的娱乐"。③ 郭一岑也认为，多妻是一种"制度"，属于"形式"的，
由此主张采取法律制裁来废除这种多妻的恶俗。④

　　在宣扬女子解放与人道主义的时代，新青年尤其注意提倡婢妾、娼妓、
尼姑等女性群体的解放，并以这种方式来展现对女性人格的尊重。有作者就
说："野蛮人与文明人之大别，在人格观念之轻重。吾国自来尊男卑女，殊
乖平等之道，甚为文明之玷。今当力倡女子人格之说，使不肖男子不敢亵视
而纳妾。"⑤ 1920 年，钱协民曾说："专制时代，行一夫多妻之制。凡由卑
贱出身而娶为第二房者，即名之为妾，剥夺其权能，丧失其人格，驱使若牛
马，而人道丧尽。然则今日之妾制，固专制时代之遗毒也。"然而，"若在

---

① 劳人：《戒纳妾》，《东方杂志》第 12 卷第 6 号，1915 年 6 月 1 日，第 12～13 页。
② 高素素：《女子问题之大解决》，《新青年》第 3 卷第 3 号，1917 年 5 月 1 日，第 2～3 页。
③ 左学训：《家庭改革论（二）》，《时事新报》1919 年 4 月 14 日，第 3 张第 3 版。
④ 一岑：《多妻问题》，《时事新报》1919 年 4 月 18 日，第 3 张第 3 版。
⑤ 仪圣：《论今日娶妾者之心理及所以禁之之道》，《妇女杂志》第 5 卷第 7 号，1919 年 7 月，
第 7 页。

今日民主政体之下，而认为有妾，即无异认为有奴隶。认妾为非婚姻，即无异夺妾之人格。其为悖谬，不亦甚乎？"他最后感慨道："奈何于正义人道大见昌明之世，而我国犹存此恶例？"①

对呼吁妇女解放的新派而言，妾是被压迫的群体和被同情的对象，只有解放她们并赋予她们做人的基本资格，才能实现改造社会的宏愿。"纳妾以女子为玩物，蔑视女子之人格，实为文明国人之污点。"② 醉痴生也说，"纳妾蓄婢最背人道，为文明各国所不许"，况且"婢妾为淫盗之媒"，故劝诫人们实行一夫一妻的制度。③ 北大学生邓飞黄也曾撰文表达对女性的同情，他批评"旧社会对于女子的人格不尊重，视女子为男子的附属品，任意侮慢。又如纳妾蓄婢、娼妓营业，蔑视女子人格，实有背于人道"。④ 妇女解放的根本办法在于废除婢妾制度，"欲谋妇女的解放、家庭的幸福、社会的进步，我们必须革除那万恶的制度不成"。⑤

北大学生易家钺和罗敦伟批评纳妾制度的角度可谓独辟蹊径。他们宣称，"与其赞成一妻数妾制，不如赞成一夫数妻制"，大抵"妻在名位上，还是平等的；还有人格的"而"妾在法律上，没有人格；在社会上，有时直不齿于人类"。⑥ 其实，传统的一夫一妻多妾制与一夫一妻制、一夫多妻制皆有所不同。而"平等"的概念绝不仅仅要求实现妻妾平等，其核心更是要求得夫妇的平等。可以说，在与源于西方的平等观念的竞争中，来自中国传统的名分观彻底失败。当平等压倒了名分，纳妾制度也渐次丧失了其存在的基础。

杨荫杭就曾说："若在民国，则人民在法律上一律平等，如妇人而有大、小之分，是违背约法之精神也。易言之，即堂堂民国而有奴隶也，即昌

① 钱协民：《禁止纳妾问题之商榷》，《离声》1920 年 6 月，第 95、99 页。
② 沈雏鹤：《改革家庭旧制度商榷》，《申报》1921 年 8 月 21 日，第 18 版。
③ 醉痴生：《改良家庭之最要办法》，《申报》1922 年 9 月 10 日，第 18 版。
④ 邓飞黄：《我对于国宪的三个建议》，《东方杂志》第 19 卷第 21 号，1922 年 11 月 10 日，第 7 页。
⑤ 曾祖衡：《革除婢妾制度》，《妇女旬刊》第 186 期，1925 年 10 月，第 1 页。
⑥ 易家钺、罗敦伟：《中国家庭问题》，第 105 ~ 106 页。

言平等而有阶级也。且娶妾皆以买卖行之，是显然违背法律、买卖人口也。"[1] 1922 年，姜采庭在《增高女子人格之消极和积极方法》一文中，重申了不纳妾为男女平权这一时代潮流的要求。[2] 后来有人观察到："新文化的潮流，一天膨涨似一天。既有人提倡男子也有所谓节操，应当遵守，又有人主张男女平等，还有人鼓吹女子应当解放。那么纳妾这件事，更是应该永远革除。"[3]

过去，因妾的存在而导致夫妻偶有嫌隙不睦的情况一般为正统思想所压抑，可到了近代家庭革命的时风中，妾制对夫妇关系的破坏也成为讨论的焦点之一。纳妾以及随之而来的嫡庶关系，容易造成家庭成员之间的冲突，故妾制就成为一个需要改革的社会制度。趋新时人认为，纳妾败坏人伦、扰乱家庭、纵欲恣情，甚至造成嫡庶争宠、互相残害的悲剧。例如，赵紫宸列举纳妾的四大恶果——精神的消耗、家庭的不睦、德行的沦丧、生计的衰落。[4] 又有人指出，妾的存在隔阂了父亲与嫡子的关系，原本父子主恩，但是蓄妾之后，"子之于父，或以避嫌疑而不便言，或因干忌讳而不敢陈述，父子之间，浸以疏阔，恩薄怨萌，幸福何有？"[5] 蓄妾导致"中国的家庭，自昼而晚，只听见诉谇、打骂、啼哭、怨叹的声音！"[6] 枫隐就总结蓄妾制度有五点弊害——破坏家庭和睦、靡费家庭财产、老夫少妻造成无穷隐患、与男女平权相违背、遭受外人诟病。[7] 概言之，"娶妾于家，为扰乱家庭之媒介，非家庭之福"。[8]

在惯常的认识中，由于妾的出身低微，在家庭中地位又低于妻子，争权夺宠是常用的手段，往往搬弄是非造成家庭不和、夫妻反目。金媛贞就撰文

① 杨荫杭：《娶妾之罪恶（一）》，《老圃遗文辑》，第 6 页。
② 姜采庭：《增高女子人格之消极和积极方法》，《申报》1922 年 6 月 26 日，第 20 版。
③ 傲菊：《纳妾的习惯应当永远革除（下）》，《申报》1922 年 12 月 17 日，第 8 版。
④ 赵紫宸：《妾婢制度的因果和铲除的方法》，《解放与改造》第 1 卷第 6 号，1919 年 11 月 15 日，第 48 页。
⑤ 金媛贞：《破坏家庭幸福之危险动物》，《妇女时报》第 18 期，1916 年 6 月，第 9 页
⑥ 易家钺、罗敦伟：《中国家庭问题》，第 109 页。
⑦ 枫隐：《改良家庭之要点》，《申报》1921 年 9 月 4 日，第 18 版。
⑧ 曹文海：《治家杂语》，《申报》1922 年 7 月 23 日，第 18 版。

详述纳妾的诸多弊端，批评妾的存在是"直接破毁夫妇间幸福之一大毒弹"，能"令甜蜜之境化为凄苦，恩爱之俦幻为怨偶"。① 傲菊也用"恶习""野蛮"来形容纳妾制度，"中国人纳妾，决无爱情的价值可言"，对于妾来说，这样的家庭简直是"牢狱式的金屋"，妻妾矛盾、争风吃醋是造成家庭风波的"炸弹"，对于家庭而言，纳妾自然增加经济负担，娱乐、衣食花费巨大。②

纳妾以及妾的生育，自然增加了子女的数量和家庭的负担。自清末梁启超撰文以来，生利、分利的观念影响非常广泛。到国民革命前后，妻妾不事生产、依赖他人生活，既是"分利"的象征，也是混乱的根源。③ 对纳妾的批评与当时对于中国人口问题的总体判断也颇有关系。杨效春虽然反对节制生育的主张，对改良人种却提出自己的见解。方法之一便是"切实禁止纳妾，无论何人，不准假用任何名义妄行纳妾。纳妾不仅蹂躏女道，并因多妻多子之故，不能好好教养儿童"。④ 也有不少时人从整体的社会风俗出发，主张废除纳妾制度，原因在于本为嗣续起见的纳妾制度，却可能造成纵欲过度、人心浮荡、身体虚弱、家产荡尽等恶果。

从不同的立场出发，舆论中逐渐形成了关于妾的两个对立的刻板形象。一个是贪婪、播弄是非、奢侈、浅陋、无知无识的卑贱形象；另一个是命运悲惨、无依无靠、地位低下、终身劳作的悲苦形象。较早，金天翮曾批评说："至于妾者，本无良好之种，讴者下婢，品性卑污，偶学夫人，终嫌不肖。"⑤ 也有人观察到这种对立的形象，"妾在家庭中的地位，一部分是卑下的，奴隶式的，但另一部分，却是宠贵的，王后式的"。⑥ 妾虽是家庭和睦的破坏者，但是其本身也是社会制度的受害者。

从社会伦理观念来看，废妾恰是以西洋伦理取代中国伦理，盖"西洋

---

① 金媛贞：《破坏家庭幸福之危险动物》，《妇女时报》第 18 期，1916 年 6 月，第 8 页。
② 傲菊：《纳妾的习惯应当永远革除》，《申报》1922 年 12 月 10 日，第 8 版。
③ 韩士元：《杜绝中国乱源之三大计划》，《东方杂志》第 20 卷第 16 号，1923 年 8 月 25 日。
④ 杨效春：《对于时论"中国人口问题"的总答辩》，《东方杂志》第 24 卷第 22 号，1927 年 11 月 25 日，第 28 页。
⑤ 金天翮：《女界钟》，陈雁编校，上海古籍出版社，2003，第 71 页。
⑥ 浣花：《妾》，《吟啸月刊》第 1 期，1925 年 10 月，第 11～12 页。

之伦理，以社会为归宿，故一夫一妻之制，并行而不悖。东方之伦理，以家族为根据，故一夫多妻之制"。[1] 受新思潮的冲击，纳妾的合理性已经荡然无存了。若家庭以夫妻关系为重心，是否能延续血脉就不那么重要；若不必祭祀祖先，则纳妾生子的说法就不具备合理性。废除纳妾既是力图简单化家庭的努力，也是提倡一夫一妻、淡化嗣续观念、反对祖先崇拜的一个手段。社会舆论对于纳妾制度之于丈夫、妻子、妾本身以及家庭关系，甚至对整个社会的负面影响进行了非常深刻的反思，进而形成了纳妾有害的共识。这一新共识为国民党所接受，经由国民革命的洗礼，纳妾从有害进一步走向了有罪。

## 三　从舆论走向党义、国法：纳妾制度的有罪化

自民国初年始，诸多社会改良团体便呼应废除纳妾的舆论。1912 年成立的中华民国家庭改良会曾规定会员需"厉行一夫一妻"，[2] 而蔡元培在社会改良会章程中就明确指出入会条件是不置婢妾。[3] 民国初年，吴稚晖、汪精卫、蔡元培等成立的进德会就有不蓄妾的规定。1918 年，由蔡氏执掌的北京大学也成立了进德会，规定其会员须为模范市民，条件之一便是不娶妾。[4] 1919 年，丁福保发起少年进德会，提倡不嫖不赌、不嗜烟酒、不纳妾来收束身心。[5] 中华青年维德会也曾呼吁青年维护道德，不纳妾。[6] 晚至1928 年，世界道德学会亦要求特别会员不纳妾、不做官、不吸烟、不赌钱。[7]

---

① 单毓元：《中国禁止纳妾之方法》，《新中国》第 1 卷第 5 期，1919 年 9 月 15 日，第 107 页。

② 余华林：《女性的"重塑"：民国城市妇女婚姻问题研究》，第 308 页。

③ 《社会改良会宣言》，《蔡元培全集》第 2 卷，第 138 页。不过，蔡元培也注意到一战后，德国人为了繁育人口曾提议实行双妻之法来强国势。《蔡元培日记》，《蔡元培全集》第 16 卷，第 48 页。

④ 参考魏定熙《权力源自地位：北京大学、知识分子与中国政治文化，1898～1929》，张蒙译，江苏人民出版社，2015，第 148～149 页。

⑤ 《进德会改良风化之条陈》，《申报》1919 年 4 月 9 日，第 10 版。

⑥ 《南京青年维德会开会记》，《申报》1919 年 10 月 8 日，第 7 版。

⑦ 《世界道德学会昨开成立会》，《申报》1928 年 4 月 16 日，第 14 版。

在女权运动如火如荼的时代，主张女权的社会团体和组织众口一词，呼吁废除纳妾制度。1920年，女子参政同盟会开会时，神州女界协济社的张默君提议关照女性在中国的地位，特别是将女性卖为婢妾的情形。① 1921年，浙江女子争取制宪权时就特别指出应该将"娼妓婢妾制度，永远废止之"的条文写入宪法。② 同年，长沙女界联合会曾强烈抨击"一夫多妻"的旧式婚制。③ 1922年9月，女权运动会特别提出纳妾以重婚罪论的主张。④ 同年，吉林省亦效仿北京、上海，发起大规模的女权运动，呼吁废除纳妾制度。⑤ 上海女权运动同盟会呼吁公权和私法均应实现男女平等，禁止蓄婢纳妾就是题中之义。⑥ 1924年成立的天津妇女国民会议促成会，其诉求之一便是"废除蓄婢纳妾、童养媳、娼妓制度、买卖婚姻，根本打破大家庭制度"。⑦ 1925年，中华妇女协会的纲领也要求刑法中加入"纳妾者以重婚罪论"的规定。⑧

1925年10月，梁启超在答复学生王政的信中说："以现状论，凡已有妾者须承认其地位，毫无可疑；否则，将现在国内之妾悉判离异，牵涉到妾子问题，其扰乱社会实甚。若立法禁止，亦只能定自某年之后不准置妾耳，亦须俟实行婚姻登记后，此种法律，乃能有效。"⑨ 不过，问题的关键是制度本身既有维持现存社会秩序的一面，也有面向未来的革新取向。在国民革命的洪流中，制度那面向未来的一面多被强调。因此，废妾运动呈现的国家法律与百姓礼俗之间的竞争，恐怕仍是少数人改变多数人的一次

---

① 《女子参政同盟会开会纪事》，《申报》1920年5月9日，第10版。
② 《浙江女子争参与制宪权》，《申报》1921年8月22日，第11版。
③ 余华林：《女性的"重塑"：民国城市妇女婚姻问题研究》，第318页。
④ 《女权运动会向国会请愿》，《申报》1922年9月8日，第10版。
⑤ 隐：《吉林女权运动之发轫》，《申报》1922年11月9日，第7版；1922年11月10日，第10版。
⑥ 《女权运动同盟会请愿文》，《申报》1923年2月1日，第13版。
⑦ 《天津妇女国民会议促成会成立及其宣言》（1924年12月21日），《中国妇女运动历史资料》第1卷，第227页。
⑧ 参考余华林《女性的"重塑"：民国城市妇女婚姻问题研究》，第319页。
⑨ 《梁启超跋语》，王政：《为蓄妾问题质梁任公先生》，《清华周刊》第24卷第9期，第594页。

成功。①

在革命风起云涌的时代，如何处理现实社会与革命理想之间的龃龉，便是国民党不得不面对的问题。国民革命时代，三民主义党义弥漫，男女平等成为党义一个基本的原则。1924 年，中国国民党第一次全国代表大会通过宣言，其对内政策第十三条规定："于法律上、教育上、经济上、社会上确认男女平等之原则，助进女权之发展。"在宣传中，对于家庭妇女则提出"打破奴隶女性的礼教""一夫一妻制"等纲领。1926 年，国民党二大再次通过妇女运动决议案，其中明确反对多妻制。② 国民党助进女权的政策在法律方面的表现之一就是制定男女平等的法律，从严禁止买卖人口。③ 新旧律法之间一个明显的变化是，相较于旧律视纳妾既非奸淫亦非婚姻的做法，新律则要求将纳妾在婚姻和奸淫两者中择其一端，从而在法律上将整个纳妾的制度逼入更狭迫的境地。

1927 年 3 月 8 日，上海各界妇女团体纪念三八妇女节，要求废止童养媳制度以及奴婢、纳妾之制度。④ 禁止纳妾不仅是妇女的诉求，也成为广大上海市民的要求。⑤ 广东女界亦有相似的诉求，在男女同工同酬外，加入了禁止纳妾、婚姻完全自由、子女同有享遗产权等诸多主张。⑥ 为纪念三八妇女节，武汉妇女也举行了游行，呼吁妇女解放，除了要求制定男女平等的法律，实现结婚、离婚绝对自由的原则，禁绝抢亲恶习，还特别要求"从严禁止买卖人及蓄婢纳妾"。⑦

---

① 王世杰就注意到废除妾制是极少数人的意见。他认为，假设全民投票，若要问"无子可否纳妾"的问题，大多数在主义上认为妾制应该无条件废除的人，在实际上又有多少人信仰甚强，足以抵抗那些助长纳妾风气的法制而不为所陷溺呢？王世杰：《答杨禧先生论废妾》，《语丝》第 109 期，1926 年 12 月，第 208 页。

② 向仁富：《近代广东妇女权利研究：以 20 世纪 20—30 年代中期的情形为例》，知识产权出版社，2013，第 91 页。

③ 梁惠锦：《北伐期间国民党领导下的妇女运动（1926—1928）》，北伐统一六十周年学术讨论集编辑委员会编《北伐统一六十周年学术讨论集》，"中央"文物供应社，1988，第 492～516 页。

④ 《各妇女团体纪念三八妇女节》，《申报》1927 年 3 月 9 日，第 9 版。

⑤ 《上海各界之总要求》，《申报》1927 年 4 月 6 日，第 14 版。

⑥ 《广州庆祝国际妇女纪念》，《申报》1927 年 3 月 10 日，第 5 版。

⑦ 《武汉妇女纪念三八节》，《申报》1927 年 3 月 14 日，第 6 版。

随着国民革命影响的扩散，废妾的呼声也从广东传向北方。1927 年 7 月，太原国民党省党部组织妇女运动，就在该市各处贴满了"反对蓄婢纳妾""结婚离婚绝对自由"等标语。① 湖北省党部妇女运动委员会亦有同样的宣传。② 差不多同时，江苏省党部从国民党党义、党纲出发，请求国民政府严禁男子纳妾，已娶者令其改嫁。该省党部宣称："一夫一妇之制，至公之制也。一妇不能有两夫，犹之一夫不能有两妇。"③

中国国民党上海特别市四区十一分部提出更严格的惩戒办法。他们要求国民政府"明令禁止各省官吏及各机关办公人员蓄婢纳妾，并订惩戒条例"，盖纳妾"贻讥列邦，以失文明国之体面"。在他们看来，纳妾既是文化野蛮、道德堕落的表现，也是国民党党义所不允许的制度。"近来尝闻官吏纳妾事甚多，无怪民众见本党妇女运动一夫一妻标语，不禁讥笑，以为党权降于零点。盖吾国民革命的官吏，对于社会责任何等重大，非如军阀肘下之官吏，自成一阶级。吾党党员自应以身作则，随处发表主义，领导民众，以趋光明之路。本党主张男女平权，于教育、法律、社会、经济上确认有助进女权发展之可能，理应作一普遍的废妾大运动。"④ 上海特别市党部临时执行委员会第三十次常会议决，准予转呈妇女部的提案中明确要求禁止纳妾。⑤

1927 年，国民党中央妇女部组织大纲就曾提议国民党妇女运动，要求废除蓄婢、纳妾以及童养媳。⑥ 1928 年，江苏省政府成立一年后公布的新年施政大纲也有禁蓄婢纳妾一条。⑦ 1928 年 10 月，宁波妇女协会、上海特别市妇女协会提出禁止纳妾的方案。⑧ 该年年末，上海特别市妇女协会在第三

---

① 《最近之太原》，《申报》1927 年 7 月 3 日，第 8 版；《三晋妇女之新呼声》，《申报》1929 年 1 月 20 日，第 10 版。

② 《党务新闻》，《申报》1927 年 7 月 4 日，第 9 版。

③ 《苏省妇女运动会废妾运动》，《申报》1927 年 7 月 4 日，第 9 版。

④ 《四区十一分部请惩戒蓄婢纳妾》，《申报》1927 年 9 月 15 日，第 14 版。

⑤ 《市党部执行委员会记》，《申报》1927 年 9 月 17 日，第 14 版。

⑥ 《中央妇女部组织内容》，《申报》1927 年 10 月 17 日，第 6 版。

⑦ 《苏省十七年度施政大纲》，《申报》1928 年 6 月 15 日，第 9 版。

⑧ 《国内要闻·宁波》，《申报》1928 年 8 月 24 日，第 11 版；《上海市妇协会会员大会纪》，《申报》1928 年 10 月 30 日，第 14 版。

次会员大会上呈请国民政府禁止官吏纳妾，并严办纳妾官吏。① 但是在 1928 年第一期民政会议上，对征收纳妾费以及纳妾者加罪两项的提议暂缓了。② 到了 1929 年，上海特别市三区党部要求惩戒外交部情报司司长张维城，其中理由之一便是纳妾。③ 1929 年，面对纳妾之风日盛一日的情形，浙江宁波鄞州县妇女协会提出改革的五条办法。

一、凡妾皆当听其自由解放，并由男造酌给损失费。如有故意留难者，以压迫女权，照反革命处罪。

二、纳妾时期，在第二次全国代表大会关于妇女运动决议案，经前司法行政委员会十五年十月通令各省到达之日以后者，一概以重婚论罪。

三、现任党军政关机〔机关〕职务如有妾在前项时期以后者，立即革职，并加重处罪。

四、凡已受过相当教育而能自谋生活之成年女子，愿自动为人作妾者，作丧失人格论，剥夺其公权。

五、男女在四十岁以上，无子女者，准听其照前法制局纂拟亲属法草案第四十六条之规定，择立养子，以免其以嗣续为纳妾之借口。④

这一提案不可谓不严苛，从反革命罪、革除公职、重婚罪、剥夺公权力等惩罚措施可以看出革命者重塑社会的决心。1929 年，浙江全省代表大会第十一次会议就呈请中央咨国府饬立法院从速规定"男子纳妾应以重婚论罪案"。⑤ 1930 年 4 月，立法院院长胡汉民提出《民法·亲属编》编订之先决点，其中特别强调："我国向有纳妾之制，其既纳之妾及其子女，其所处之地位如何，如别无明文，难资适用。可否另以单行法解决，此请先决者七。"⑥

① 《市妇协第三次会员大会记》，《申报》1928 年 12 月 18 日，第 16 版。
② 《第一期民政会议》，《申报》1928 年 12 月 25 日，第 4 版。
③ 《三区党部请惩张维城》，《申报》1929 年 2 月 1 日，第 14 版。
④ 《地方通讯·宁波》，《申报》1929 年 11 月 28 日，第 9 版。
⑤ 《浙省代表大会议决案续志》，《申报》1929 年 2 月 24 日，第 11 版。
⑥ 胡汉民等：《民法亲属继承两编应先决之各点（二）》，《法律评论》第 7 卷第 30 期，1930 年 5 月，第 29 页。

法律界人士认为："妾本身问题，不但为各国所无，即我国现行法律，亦所禁止，另定单行法律，非特无此必要。"① 中政会后来采纳了这条意见。

纳妾制度的有罪化日渐明确，凸显革命者废除旧制、革新社会的努力。不过，国民政府基本对妾室和纳妾制度采取存而不论的暧昧态度。李峙山等人在南京召开的提案审查会上提议将纳妾者以重婚罪论，为人妾者以妨害家庭罪论。② 1932 年 10 月，司法院统一法令解释会议特别就纳妾问题进行解释，明确支持"在民法亲属编施行前，业经成立之纳妾契约，或在该编施行后，得妻之明认或默认，而为纳妾之行为，其妻即不得据为离婚之请求"。③ 直至 1933 年，南京妇女会通电全国妇女界，仍在争取修改刑法条文，提议妨碍婚姻及家庭罪应增加纳妾罪一条。④ 在地方层面，如山东省则于 1933 年颁发官吏妻室调查表，禁止纳妾。⑤ 到了战时，为动员妇女抗战建国，国民政府进一步重申了废除纳妾、买卖人口、杀婴、缠足、童养媳等恶习。⑥ 但纳妾这一问题的整体解决，仍然要等到中华人民共和国成立。

* * *

传统中国的婚姻强调"合两姓之好"，其重心在于家族；西方以小家庭为核心的婚姻制度则侧重夫妻的情感。如果夫妇关系转为强调专一的情感联系，则妨碍夫妇感情的纳妾制度自然丧失了合理性。在提倡祖宗革命和无后主义的新时代，自我与祖先、子孙之间的关联被切断了，人们更关注个人的快乐与幸福，延续嗣续的责任不再是头等大事，纳妾也更无立足之地。

废止纳妾的呼吁也影响了很多人的观念，学生就是其中之一。1921 年，

---

① 《民法亲属继承编之先决各点》，《法学季刊》第 4 卷第 5 期，1930 年 7 月，第 432 页。

② 《提案继续审查》，《申报》1931 年 5 月 13 日，第 7 版。

③ 《司法院统一法令会：议决重要解释》，《申报》1932 年 10 月 13 日，第 9 版。

④ 《京市妇女请修改刑法》，《申报》1933 年 8 月 15 日，第 8 版。

⑤ 李树春：《本厅训令第五五五四号（1933 年 11 月 8 日）》，《山东民政公报》第 174 期，1933 年 11 月 30 日，第 5 页。

⑥ 《庐山妇女谈话会发布动员妇女参加抗战建国工作大纲》，《中国妇女运动历史资料(1937～1945)》，中国妇女出版社，1991，第 60 页。

陈鹤琴在研究学生婚姻问题时，已经注意到学生对纳妾大体站在不接受的立场上，[①] 而青年学生正是后来的革命者、宣传家、军人、政治家等新兴社会力量的来源，妻妾成群的军阀也正是国民革命的对象。到 1924 年，"蓄妾制度的应该废除，在今日的中国，似乎早已不成问题"。[②] 当年学生的观念，进一步塑造了妾制问题在国民革命前后由宣传领域迈向立法界的进程。新的法律采纳了恋爱结婚的新观念，纳妾存在的基础已然丧失大半。作为家庭革命的重要议题之一，纳妾制度迅速负面化，并且进一步成为党义、国法所不允许存在的制度。

　　然而，在灾难和战乱频仍的近代中国，女性的命运非文字所能尽述。为求活命，很多贫民女子也只能被迫做妾。早在 1920 年，杨荫杭就讽刺那些口口声声提倡男女平等的西洋留学生，回国之后便觉得"野蛮""奴隶"的纳妾制度于己有利，"于是公然纳妾者有之，暗中纳妾者有之，而其意兴之豪，耗费之巨，较之向所谓道学先生者，又有大巫小巫之别"。[③] 有人就观察到："我国今日，政号共和，举凡专制时代嫔妃之制，都已铲除净尽；但举国上下，仍沿多妻陋习，以娶妾纳宠，竞为韵事。"[④] 这或许和旧制度解体而新规范尚未建立有密切关系。但无论是为了嗣续、服侍还是为了满足性欲，以婢为妾、买妓为妾、买良为妾等各种习俗仍然共同存在。

　　到 1930 年代，纳妾仍继续存在，不过需要面对法律和社会的双重约束。洪锡恒就观察到，"我国现社会中，虽有妾之秘密的公开存在着；但为正义所不齿。现行民法，不认有妾的地位"，但是"社会主义者理想中一夫一妻制的改造，亦须顾到将来社会组织根本改造以后的情形是怎样而变革，现在去此种理想制度的尝试，大概是尚早罢"。[⑤] 也有人观察到："自从新文化运动的勃兴，'废妾'的声浪曾热闹过一时，但不久又消沉下去。纳妾的还是

① 陈鹤琴：《学生婚姻问题之研究》，《东方杂志》第 18 卷第 5 号，1921 年 3 月 10 日。
② 章锡琛：《废妾论的浅薄》，《晨报六周增刊》1924 年 12 月，第 59 页。
③ 杨荫杭：《娶妾之罪恶（二）》，《老圃遗文集》，第 8 页。
④ 毛拨：《基督教的婚姻观》，《青年进步》第 75 册，1924 年 7 月，第 20 页。
⑤ 洪锡恒：《婚姻的法律与习俗》，《东方杂志》第 30 卷第 19 号，1933 年 10 月 1 日，第 1～2 页。

纳妾，做小老婆的还是做小老婆，'人道'与'国法'只好权放过半边。这风气，尤以军政界闹得最厉害。"① 陈碧云也观察到："中国现社会里，这种现象仍然是很普遍的存在着。我们不但从乡村封建地主家庭中可以看到，就是在城市里，一般贪官、污吏、政客、大商贾之流里面，也同样地盛行。"② 不过，在法律条文上禁止纳妾较为简便，在社会实践上废除纳妾却相当困难。为此，王世杰曾主张从四面八法入手，从宗祧继承、婚姻预约、蓄婢等几方面入手改革。③ 但结果是军阀、官吏、巨商、知识分子、一般乡民中均存在纳妾的情况，甚至出现"娶妾狂"的怪现象。④ 有学者甚至认为废止纳妾运动已经"名存实亡"。⑤

沉舟侧畔千帆过，时代风气的改变也确实改变了芸芸众生的人生轨迹。自清末以来，号召废除纳妾的声浪日高。国民党秉政后在亲属法中废除妾制，妾的称呼便慢慢淡出了人们的记忆。换言之，中国传统是承认妾的家属身份，而国民革命成功之后，国家不承认妾的地位。被国家抛弃了的妾如何适应新时代是需要进一步厘清的问题。以解放为初衷的废止纳妾，却有可能造成作为群体的妾无依无靠的现实困境。⑥ 由于妾不受法律保护，也常常被抛弃，⑦ 或是夫与妾脱离关系时，两者产生财产纠纷。⑧ 实际情形多是丈夫纳妾基本是有罪无罚，而20世纪三四十年代妾的法律地位的模糊，可能造

---

① 韦拔：《禁止官吏纳妾》，《申报》1933年12月2日，第24版。
② 碧云：《现阶段之中国婚姻的剖视》，《东方杂志》第33卷第13号，1936年7月1日，第268页。
③ 王世杰：《中国妾制与法律》，《现代评论》第4卷第91期，1926年9月4日。
④ 余华林：《女性的"重塑"：民国城市妇女婚姻问题研究》，第343~355页。
⑤ 余华林：《女性的"重塑"：民国城市妇女婚姻问题研究》，第404~418页。
⑥ 谭志云利用江苏省高等法院民事审判案例分析了南京国民政府新民法施行后妾在法律上的地方变化。谭志云：《民国南京政府时期妾的权利及其保护——以江苏高等法院民事案例为中心》，《妇女研究论丛》2009年第5期。
⑦ 《少妇控请离婚案候宣判》，《申报》1927年7月22日，第15版；《杨姓妾控大妇不给赡养费》，《申报》1927年8月26日，第15版；《少妇指控三重虐待候再传证续讯》，《申报》1927年9月17日，第15版；《弃妾控夫案定期宣判》，《申报》1927年12月11日，第16版。
⑧ 《胡炳秀与妾脱离关系》，《申报》1927年8月4日，第15版。

成她们遭到遗弃或虐待。①

　　当农业中国被卷入工业西方之时代大潮，社会观念、习俗和法律都发生了剧烈变动。固有的道德与习惯也丧失了合法性，但旧道德崩溃的同时，新道德仍未建立。从革命者的角度出发，立法固然成功，但是究竟在多大程度上改变了实际生活，仍是一个需要探讨的问题。若其经济和社会基础未消除，即便名义上废除了妾制，也可能变相地存续于现实生活之中。② 大体而言，妾这一社会群体基本处于失语的境地，通过法律废止纳妾究竟是保护了纳妾之人还是妾本身，值得进一步反思。同时，无论是作为个体还是群体，在废妾运动中妾的人生经历仍有待进一步重建。

---

① 余华林：《女性的“重塑”：民国城市妇女婚姻问题研究》，第 411～418 页。
② 该问题在新时代的变相延续，参考肖索未《欲望与尊严：转型期中国的阶层、性别与亲密关系》，社会科学文献出版社，2018。

# 第五章　儿童公育及其争议

　　北京工读互助团失败后，施存统等人曾在《民国日报》副刊《觉悟》争论自由恋爱是否合理以及是否可行的问题。① 差不多同时，恽代英和杨效春在《时事新报》上反复争论儿童公育的合理性与可行性。② 前者极力支持，而后者坚决反对。恽代英和杨效春当时都是少年中国学会的会员，此后仍保持通信。因此，这次辩论可以看作朋友之间的争论。张东荪就认为这次辩论中"双方的话都有价值"。③ 但是既存研究对反对儿童公育的言说了解不多。

　　这看似反传统的主张或正是受到了西方以及中国传统思想资源的启发。严沁簃观察到，"今之持论过激者欲举家庭根本推翻之"，而支持柏拉图所玄想之儿童公育。④ 任开国也指出，"儿童公育这个名词，并不是现世才有的，在两千多年前，希腊的哲人柏拉图也就主张过"，不过在柏拉图的时代无法成为事实，而现今已经由理论变为事实。⑤ 或许儿童公育正是"不独子

---

① 梁景和：《五四时期的"废婚主义"》，《二十一世纪》第 53 期，1999 年 6 月。

② 后来的研究者多半关照论战中支持儿童公育的恽代英的言说，而忽略张东荪所谓那亦有价值的另一方。或从平等的角度肯定儿童公育，或认为儿童公育符合教育社会化趋向的研究者似乎确信儿童教育社会化是"进步"的象征，而忽略过分社会化的公育对儿童心理、社会组织以及人性本身的挑战，及其可能对社会造成的破坏。易慧清：《中国近现代学前教育史》，东北师范大学出版社，1994，第 34 页；廖其发：《中国幼儿教育史》，山西教育出版社，2006，第 201～204 页；潘国琪、张继昌：《恽代英的教育思想简论》，《杭州大学学报》1996 年第 4 期；李小鹰、李定开：《中国近代儿童公育与非儿童公育思潮对婴幼儿教育社会化的推进》，《西南师范大学学报》2001 年第 2 期；王娜：《管窥二十世纪二十年代儿童公育问题——以恽代英、杨效春辩论为例》，《安徽文学》2007 年第 7 期；赵娴：《五四时期儿童公育的思想渊源》，《传承》2008 年第 20 期；李伟博：《浅议清末民初时期的儿童公育思潮》，《知识经济》2009 年第 16 期。

③ 东荪：《我对于实行儿童公育的意见》，《时事新报》1920 年 6 月 22 日，第 2 张第 1 版。

④ 严沁簃：《家庭小论（一）》，《申报》1921 年 11 月 13 日，第 18 版。

⑤ 任开国：《儿童公育》（1923 年 10 月 1 日），《妇女年鉴》第 2 回下册，第 221 页。

其子"的一个新表述。《礼记·礼运》开篇即言："大道之行也，天下为公，选贤与能，讲信修睦。故人不独亲其亲，不独子其子，使老有所终，壮有所用，幼有所长，矜、寡、孤、独、废、疾者皆有所养，男有分，女有归。"① 康有为在撰写《春秋董氏学》时注意到《礼记·礼运》。② 康氏在《礼运注》中称："天下为公，一切皆本公理而已。公者，人人如一之谓，无贵贱之分，无贫富之等，无人种之殊，无男女之异……人人皆教养于公产，而不恃私产。"③ 王汎森指出，《礼记·礼运》本是"一篇两千年来不被学界主流突出表彰的文献，被康有为推展到前所未有的高度，尤其是其中的乌托邦意味，早已超过它原有的脉络及传统的诠释"。④ 整体而言，儿童公育或可以被看作中国传统的大同思想与西方先哲柏拉图政治思想的一个奇特组合，带有较强的乌托邦色彩。

此后，不少政治立场对峙的读书人曾试图沿此思路诠释儿童公育。宣扬家庭革命的《新世纪》杂志曾刊出一篇来稿，该文作者就将"人不独亲其亲，不独子其子，使老有所终，壮有所用，幼有所长，矜寡孤独废疾者皆有所养"的理想同废除家庭画上等号。⑤ 无政府主义者设想的未来也实现了公养、公育，"斯时无父子，无夫妇，无家庭之束缚，无名分之拘牵，所谓不独亲其亲，不独子其子者，斯不亦大同社会之权舆欤?"⑥ 曾任孔教会总干事的陈焕章认为，天下为公即指"破除家界，直隶于天"，并据此实现"礼运所谓不独亲其亲，不独子其子也"。⑦ 孙中山也受"大道之行也，天下为公"的启发，致力于建设"人人不独亲其亲，人人不独子其子"的大同世界。⑧ 邵力子则相信儿童公育就是实现所谓"不独亲其亲，不独子其子"的

① 孙希旦:《礼记集解》，沈啸寰、王星贤点校，中华书局，1989，第582页。
② 萧公权:《康有为思想研究》，汪荣祖译，新星出版社，2005，第39页。
③ 《礼运注》，《康有为全集》第5集，第555页。
④ 王汎森:《反西化的西方主义与反传统的传统主义——刘师培与"社会主义讲习会"》，《中国近代思想与学术的系谱》，吉林出版集团，2011，第225页。
⑤ 荷兰来稿《礼运大同释义》，《新世纪》第38号，1908年3月14日，第2页。
⑥ 《心社趣意书》，葛懋春等编《无政府主义思想资料选》上册，第236页。
⑦ 陈焕章:《孔教论》，商务印书馆，1912，第49页。
⑧ 《在桂林对滇赣粤军的演说》，《孙中山全集》第6卷，中华书局，2006，第36页。

途径。① 若以天下为家、天下为公分别代表了家庭存废的不同时代，那么这也对应着"各子其子"与"不独子其子"的对立。②

## 一 探索理想的养育模式

无家庭的未来潜移默化地塑造着人们对父子关系的认识。管际安认为："父母儿女的名词，不过人类中的一个符号，是教养者与被教养者的口头契约。有了这种契约，教养者与被教养者便照此一方履行义务一方享受权利。"在他看来，"骨肉间的狭义感情"应化为"社会的广义感情"。③ 曾在清季倡导女子家庭革命的柳亚子也期待"将来大同世界"可施行"自由恋爱，儿童公育，连父母妻子的名义都没有了"。④

儿童公育的言说挑战了父母在儿童教养中的主导地位。孩子作为社会成员的身份逐渐超越其家庭成员的资格。陈顾远主张："一个人生下一个孩子，不必管他是谁底种子，反正是社会上一个'人秧子'，就抱给公家去扶养。在公家方面，也不必问这孩子是谁生的，只认定是社会上一个人生的。"⑤ 管际安则试图调整生育与养育的承担者，主张"公家"更多地参与到儿童养育之中。盖"无论什么人所生的儿童，并不是为他自己生儿子女儿，是替社会上生儿童，并不是享权利的，是尽义务的"。⑥ 在管氏看来，人们既然替社会尽了生育的义务，就不必让父母承担教养之责任。有位作者也呼应此说："原来儿童是社会的，不是私人的，父母的养育儿童，也不过是代社会养育。"⑦ 甚至有人宣称，儿女"乃是社会的儿童"，故为"社会

---

① 《儿童公育问题释疑》（1920年3月2日），《邵力子文集》上册，中华书局，1985，第216页。

② 陈正炎、林其锬：《中国古代大同思想研究》，上海人民出版社，1988，第85~86页。

③ 《儿童公育的必要》，《管际安文集》，贵州民族出版社，2009，第40页。

④ 《关于妇女问题的两大营垒》（1936年2月8日），《柳亚子选集》上册，第358页。

⑤ 陈顾远：《家族制度底批评》，《家庭研究》第1卷第1期，1920年8月15日，第46~47页。

⑥ 《儿童公育的必要》，《管际安文集》，第38页。

⑦ 钱钰□：《儿童解放》，《钱江评论》1922年12月20日，第4版。

所有"，则"儿童的教养，当不仅是其父母的责任，实是社会的责任了"。①

从一家之"子弟"到有集体意涵的"儿童"或许也折射出时人观念的变化，体现了家庭、社会与国家在儿童教养问题的竞争性互动。② 儿童归公教养似乎解决了男女生育而不必承担教养责任的设想。鲍晳指出，家庭革命者初批评家庭"束缚过甚"，继而"倡为革命之说，甚有主张废除家庭，实行自由恋爱"，结果导致"无法处置子女问题也，则昌言儿童公育"。③ 废除父母与子女这对基本的人伦关系就足见其颠覆性。设想若家可废而生育不能废的情况，则不得不由育婴堂、幼儿园、学校等公育机构来承担教养儿童的责任。

沈兼士就曾设想社会当先立一调查机关，酌定若干人口于适当地方设立一公共教养儿童之区，其中包括胎儿所、收生所、哺乳所、幼稚园、小学校、儿童工场、儿童图书馆、儿童病院等，及其他卫生设施。④ 换言之，童年生活的重心由家庭过渡到学校。有人也曾设想以学校代替家庭的情形。

（一）从小学到大学，没有男女的分别。（这条幼稚院也同）

（二）从小学到大学，学生的家族，不要担任经费。（此项幼稚院也同）

（三）从小学到大学，都是半工半读。

（四）自小学到大学，学生都是以学校为家庭；即放假时候，也得住校。⑤

不过，沈兼士虽然主张实行儿童公育，但他认为并不能立刻切断子女与父母的关系。他说："凡为父母者，每一儿童，须年助金若干：极贫者，得

① 任开国：《儿童公育》，《妇女年鉴》第 2 回下册，第 224 页。
② 陶父：《儿童问题发端》，《新女性》第 4 卷 6 月号，1929 年 6 月 1 日，第 697~707 页。
③ 鲍晳：《论婚姻问题（上）》，《申报》1922 年 4 月 9 日，第 18 版。
④ 沈兼士：《儿童公育》，《新青年》第 6 卷第 6 号，1919 年 11 月 1 日，第 566 页。
⑤ 杨浦瞻：《工学主义学校从何实行？》，《时事新报·学灯》1920 年 2 月 5 日，第 4 张第 1~2 版。

酌减助金，或免助金；资产家，除年助金之外，尚须纳开办临时助金，及特别常年助金；大率以资产之多寡比例出金。"① 也许资助经费是暂时的过渡与妥协。

俞颂华提出的办法是从"创设半公育的机关"做起。他曾设想，"所立的公育机关，如义务学校一般，早上由父母送儿童进去，晚上仍由父母领回家"。针对父母不愿领回或者没有父母的情况，则留在公共宿舍。俞氏指出，这样的好处是"既不妨害父母日间的工作，又不致减少父母对于家庭的趣味"。类似的半公育机关不仅是未来儿童公育的基础，而且在当时社会也易于实行。② 也有人从年龄出发来考虑公育推行的步骤。虚一就设想安排三岁以下的孩子由母亲教养，或者白天去保赤院（类似幼儿园），而晚间返回母室。③

更为激进的易家钺则认为，真正的儿童公育是"妇女早已脱出家庭的范围；或由国家，或由其他团体，依各地人口的比例，设置育儿公所；妇女怀孕将产的，都寄宿其内，由富有经验和智识的产婆接生，看护。满月后，妇女各就其职业。至于儿童的抚养，一委之于国家，或其他公共团体"。④对于极端激进的人来说，废私产、行共产之后，儿童公育不需要父母的支持，如康有为就主张父母子女互不相认，形同陌路。⑤ 这也切断了人类最坚固的母子（女）关系。

在大多数社会中，婴儿出生后在家庭之中由父母教养成人并不是问题。然而对于想建立一个异于过去、全新社会的读书人来说，他们尝试构建了完全不同的人生与社会模式。虽然对于公育机构在多大程度上取代家庭的问题，不同的人持有不同的答案，但是儿童教养需要假手公立机构而不能完全仰仗父母，这本身就提示了一个根本性变化。

---

① 沈兼士：《儿童公育》，《新青年》第6卷第6号，1919年11月1日，第566页。
② 颂华：《儿童公育问题的我见》，《解放与改造》第2卷第15号，1920年8月1日，第12～13页。
③ 虚一：《人生大会联乡自治法》，《学汇》第65期，1922年12月16日，第5页。
④ 易家钺：《陶履恭与家庭问题》，《家庭研究》第1卷第1期，1920年8月15日，第31页。
⑤ 康有为：《大同书》，第116页。

在支持者看来，家庭并非儿童成长的理想之所。沈雁冰曾哀叹："我们的孩子，一年中死于不卫生的抚养的，合全国计，不知有多少！我们的孩子，受了家庭内恶习惯的同化而变为坏东西的，合全国计，又不知有多少！"① 恽代英也指出，由于房间污秽不洁、狭窄拥挤、无基本教育设施等原因，家庭并不是理想的儿童教育场所。②

家庭的污浊并非仅仅是卫生方面的，原本承担教化功能的家庭变成了"恶化"儿童的组织。家庭给儿童的道德教育是不良的，甚至传给儿童很多负面的教育，例如自私和骄傲——"前者如因自己家庭利益而损害他人，后者如炫耀自己家庭的名誉，而轻视他人"。③ 家庭生活也没能让儿童养成"独立的精神"，而是造成"贫者失学，富者往往堕落"的社会恶果。④ "为谋现时儿童的幸福起见，只有脱离家庭，使不受家庭的约束和苦痛。"⑤ 于是，从污浊的家庭中拯救孩子的最好办法就是立即实行儿童公育，这样才能真正地促进儿童的社会化。⑥ 视家庭养成孩子恶习并造成社会罪恶的观感，催生并强化了一个全新的观念，即家庭为不适合教养孩子。

时任《解放与改造》编辑的俞颂华虽然意识到儿童公育可能违反人性与人类心理，不过当转向中国的家庭时，对儿童公育犹疑的态度就立刻变成坚定的支持。他说："照中国的情形而论，我所以承认有实行儿童公育的必要，即因我觉得中国的家庭太腐败。"他不希望中国的儿童受家庭之"恶化"，而主张在"中国全国立刻实行儿童公育，而公育机关近于理想，我想中国的社会在一世一代的短期间，必定能够进步改观"。⑦ 在短期内实现儿童公育的言说正可见俞氏迫切的心态。

---

① 雁冰：《评儿童公育问题——兼质恽杨二君》，《解放与改造》第 2 卷第 15 号，1920 年 8 月 1 日，第 8 页。
② 《儿童公育在教育上的价值》，《恽代英全集》第 4 卷，第 287～288 页。
③ 《再驳杨效春君"非儿童公育"》，《恽代英全集》第 4 卷，第 88 页。
④ 任开国：《儿童公育》，《妇女年鉴》第 2 回下册，第 225 页。
⑤ 钱钰□：《儿童解放》，《钱江评论》1922 年 12 月 20 日，第 4 版。
⑥ 《儿童公育在教育上的价值》，《恽代英全集》第 4 卷，第 287～290 页。
⑦ 颂华：《儿童公育问题的我见》，《解放与改造》第 2 卷第 15 号，1920 年 8 月 1 日，第 11～12 页。

在支持者眼中，与家庭教养相比，儿童公育的优点在于使儿童意识到其社会地位，培养互助观念，扫除祖先崇拜和依赖家长的恶习，成为更健康的儿童。① 它也能改良学生的习惯，让儿童容易养成合群、互助、快活的品性。儿童"视学校为惟一家庭"，只有这样才能"根本改造家族制度的，资本阶级的，早婚的，子女私有的，知识不平等的，教育不普及的，男女不平等的"的社会。② 他们相信离开家庭到学校生活将成功培养儿童优良的道德与习惯，有助于减少社会罪恶，进而重整社会秩序。其实，这不过是使小孩子更"社会化"，如果说家庭成了小孩子"独立的精神"的束缚，爱社会何尝不会成为另一种束缚呢？

家庭教育的负面化一方面降低了父母在子女教养中的地位，另一方面则抬高了专业的育婴专家在儿童教养中的地位。人们愈加相信"专业"的教养比父母更有优势。例如，江亢虎就认为非专业的父母对儿童的教育远不如育儿专家。③ 恽代英目睹了普通父母给儿童"愚昧"的教育，认为父母教育一定比不上专业的从事教养的儿童公育机关的专家。若教育可以由家庭转移到学校，子女的养育也可由家庭转移至公育机关。④ 有感于现实中母亲对儿童照顾不周的情形，恽氏对儿童公育相当有信心，并设想每个乳母照顾的孩子不会多于五个，因此"更能勤慎精细，纯洁忠挚，有合当修养，用合当态度，一定可信比母亲的感化更大"。⑤

吕思勉也从教育可以改变人之本性出发，对儿童公育之实现持乐观态度。他说：

> 今学术日进，人之毕业大学者，非二十四五不可；教子养子之道，亦愈难明；则是嫁取愈当晚也。然人之知妃色，亦在二七二八之年。强之晚昏，或至伤身而败行。若谓不知为父母之道，则将来儿童，必归公

---

① 沈兼士：《儿童公育》，《新青年》第 6 卷第 6 号，1919 年 11 月 1 日，第 565 页。
② 杨浦瞻：《工学主义学校从何实行？》，《时事新报》1920 年 2 月 5 日，第 4 张第 1~2 版。
③ 江亢虎：《社会问题讲演录》，商务印书馆，1923，第 147~148 页。
④ 《驳杨效春君"非儿童公育"》，《恽代英全集》第 4 卷，第 22 页。
⑤ 《再驳杨效春君"非儿童公育"》，《恽代英全集》第 4 卷，第 80 页。

育。今人一闻儿童公育之论，无不色然骇者。以为'爱他人之子，必
不如其爱己之子；而父母爱子之心，出于自然；母尤甚；强使不得养其
子，是使为父母者无所用其爱也。'是亦不然。今者教育之责，父母多
不自尸而委诸师，岂师之爱其弟子，逾于父母之爱其子？而为父母者，
欲其子之善，不若欲其子之壮佼之切乎？教育亦专门之学，非尽人所能
通；又繁琐之事，非尽人所克任故也。然则育子亦专门之业，亦繁琐之
事，其非尽人所能通，所克任，而当委诸专司其事之人，将毋同？父母
之爱其子，与凡仁爱之心，非有异也，视所直而异其施耳。今之世，委
赤子于途，则莫或字之，或且戕贼之，父母之卵翼之，宜也。世界大
同，人人不独子其子。今日为父母之爱，安知不可移诸他途？岂虑其无
所用而戕其身邪？①

遑论人类是否有能力将离弃子女变为常态，仅由公育机构教养子女的言
说就激起了不少反对的声音。严沁簃坚持认为家庭责任是不能被代替的，
"儿童堕地以后，保护养育之责为父母者实担负之。父母以其毕生之精力，
贯注于其子女。子女精神上肉体上之盛衰苦乐，为父母者无时不顾及之"。
严氏相信在人类自私自利之心铲除之前，儿童公育是不能实现的。② 也有人
指出："以今日之人情而论，分娩之后，即付之不知谁何之手，及抚养不知
谁何之子，视如己出，皆非天性所安。"③

那些支持者的预设之一便是父母的呵护、鞠育对于儿童的健康成长是可
以取消的，这在反对者看来忽略了组成社会的个体心理。杨效春就批评儿童
公育那蔑视亲情、取代家庭的面向。在他看来，"儿童公育便是破坏家庭！
破坏家庭便是使社会散漫！"④ 杨氏指出家庭、亲情对儿童成长不可替代的
影响，批评儿童公育将破坏亲子之爱，因为它阻止了孩子听到"爸爸妈妈
细亮而清妙的和声"，也让父母看不到子女"活泼泼地天真烂漫的姿态"，

---

① 吕思勉：《中国制度史》，上海教育出版社，1985，第 332～333 页。
② 严沁簃：《家庭小论（一）》，《申报》1921 年 11 月 13 日，第 5 张第 18 版。
③ 景藏：《各尽所能各取所需》，《东方杂志》第 17 卷第 9 号，1920 年 5 月 10 日，第 2 页
④ 杨效春：《非"儿童公育"》，《时事新报》1920 年 3 月 1 日，第 4 张第 1 版。

这剥夺了人生的快乐。① 郭沫若也推测，对亲情的渴求想必一定也困扰着公育机构里成长的孩子，"儿童公育对于儿女的感情教育上会生出个莫大之缺陷"。②

即便有些父母在子女教养问题上存在问题，反对者也不认为彻底取消父母的教养是合理的选择。杨效春指出，父母教养不善，这是父母的能力问题，应以设法提高父母教养能力为良策，而因教养之能力问题剥夺其权利则是因噎废食的做法。③ 饶上达也指出："照心理学上讲，父母性行为，是人类的本能，世界上无论文明或野蛮的民族，没有不知到〔道〕养育子女的。"尽管父母教养子女的能力有高下之分，但是"对于儿童，可说是没有再比父母更好的"。④

反对者拒绝接受专业教养人员优于父母教养的假设。杨效春就指出："公育机关中的妇人，无论怎样高明，怎样才智，这个终是不如他儿童自己的母亲！"⑤ 杨氏相信，即便再无知识的母亲对自己儿女的疼爱也超过一个陌生的公育机关人员，其原因仍在于人们所尊重的亲慈之道。谢觉哉也认为儿童公育之养护终不如亲生父母之恳挚，若要人类繁衍，"不可不先确定夫妇关系"。⑥

贫困阶层的儿童教养问题的确是时人的重要关切。儿童公育看似从无能力教养子女的父母出发，尤其关照那些为贫困所迫的家庭。不过，对于贫困或者无力教养子女的家庭来说，国家或社会究竟是应采取措施提高其教养能力，还是索性取而代之行公共养育，仍值得商榷。盖无能力并非意味着无权利，这一看似体恤贫弱儿童的公育主张能否得到贫寒者的欣然接受恐怕仍需存疑。

尽管对于无家可归、丧失父母的儿童来说，社会能以公育机构代为教

① 杨效春：《非"儿童公育"》，《时事新报》1920 年 3 月 1 日，第 4 张第 1 版。
② 《致宗白华》（1920 年 3 月 30 日），《郭沫若书信集》（上），中国社会科学出版社，1992，第 116 页。
③ 杨效春：《非"儿童公育"》，《时事新报》1920 年 3 月 1 日，第 4 张 1 版。
④ 饶上达：《离婚问题的究竟观》，《妇女杂志》第 8 卷第 4 号，1922 年 4 月 1 日，第 27 页。
⑤ 杨效春：《非"儿童公育"》，《时事新报》1920 年 3 月 1 日，第 4 张第 1 版。
⑥ 《谢觉哉日记》上册，1921 年 11 月 16 日，人民出版社，1984，第 68 页。

养，自然较流落街头、衣食无着为好。然这毕竟是常态之外的特例，似不能作为理想社会的基础。以整个社会为单位的儿童公育，即便解决了贫困者的育儿问题，但又明显忽略了那些有能力教养子女的社会阶层。正如潘光旦所言："家庭保养是例，机关保养是例外，例外的数量虽因特殊的情势而相对的加多，终究还是例外，不能夺通例而代之。"① 换言之，理想的社会制度究竟应关照人群的部分还是整体仍值得进一步反思。支持者坚信可以建立一种社会制度使得每个儿童拥有一模一样的教养，并试图以所谓的平等来抹杀人的愿望、个性、选择与意志。其忽略了人降生之后，智愚本就不平，强迫的、后天的齐一教养也许反而容易造成更大的不平等。

## 二　妇女解放呼吁儿童公育

新文化运动前后，妇女解放似已具有超越妇女意愿的政治性言说，且兼具社会进步与个人解放的双重意涵。这一时代潮流又倾向于鼓励妇女走出家庭，那么由谁来承担原本由母亲承担的子女教养责任就成了需要解决的首要问题。

一些新文化人视儿童公育为解放妇女的重要手段。老师辈的沈兼士就认为："欲解决社会一切问题，非先解决妇人问题不可；欲解决妇人问题，非先解决家族问题不可；欲解决家族问题，非先解决儿童问题不可。解决儿童问题之惟一良法，曰'儿童公育'。② 学生辈的罗家伦也认为，"将来如果真要各处的妇女问题解决，非各处都实行儿童公育制度不可！"③ 若居家照顾儿童妨碍了妇女解放，那么儿童公育便成了让妇女摆脱育儿责任的有效途径。

时为北大学生的陈顾远就指出，只有解决了儿童问题，妇女才能真正地独立谋经济的生活，夫妻制度才能废除。④ 同为北大学生的杨树达也认为真

① 潘光旦：《写在"儿童福利会议"后》，吕文浩编《逆流而上的鱼》，商务印书馆，2013，第244页。
② 沈兼士：《儿童公育》，《新青年》第6卷第6号，1919年11月1日，第566页。
③ 罗家伦：《妇女解放》，《新潮》第2卷第1期，1919年10月30日，第17页。
④ 陈顾远：《家族制度底批评》，《家庭研究》第1卷第1期，1920年8月15日，第46页。

正解放妇女的手段就是要儿童公育，因为各个家庭的妇人带小孩子"太不合算"。① 汤济苍也认为要让妇女摆脱抚育小孩和煮饭烧饭的责任，就必须推行儿童公育，也就是"养出来的子女，从公共设立的机关，抚养他长大起来"。② 邵力子就指出，解决妇女职业问题的手段乃"改良家庭组织"，"实行儿童公育"。③ 沈雁冰亦相信，儿童公育是妇女解放的"最宜先决者"。④ 从服侍翁姑、养育子女、主持家务中解放出来演变为妇女解放的具体目标。恽代英认为，儿童公育既可满足女性生育的本能，又可给予她们为社会贡献的广阔空间。恽氏重视社会工作对人生的意义，而特别强调女性应该参与社会工作。在他看来，照顾儿童、料理家务、伺候丈夫是女性为"牛马"的表现，而参与社会工作的女性才能摆脱牛马的地位，从而获得人格。⑤

在妇女解放的呼声中，摆脱育儿的责任是妇女解放一项持续的诉求。到了1930年代，萍林女士坚持认为儿童公育乃女子解放和职业平等的"最先决问题"。她鼓励女子在社会上寻求经济独立，也希望女子摆脱在家洗衣烧饭抱孩子的责任。她相信，只有提倡儿童公育才能保证子女的成长，同时确保妇女摆脱家务劳动。她认为："要组织儿童公育，当然是要有长于教养儿童的专司其事，依分工原则教养儿童，使儿童德育、智育、体育，可以平行发达，其成效必在旧式专赖父母为生活之上，有了这种儿童公育的组织，女子可以达到其真正的解放。"⑥

支持者的另一出发点是为了解放妇女。彼时妇女解放的逻辑顺着男女齐一即是平等的思路，陷入家庭乃是压迫妇女的旋涡，衍生出抛弃家庭责任便是解放的思想倾向。如果妇女解放是为了让妇女摆脱母职而有更多的时间和精力来从事社会事业，那么，解放的目的并不是让妇女不必劳动，而是为了

---

① 遇夫：《我对于家庭问题的杂感》，《家庭研究》第1卷第1期，1920年8月15日，第65页。
② 汤济苍：《儿童公育和会食》（1920年8月10日），《五四时期妇女问题文选》，第327页。
③ 《女子职业问题的障碍》（1922年12月14日），《邵力子文集》下册，第805页。
④ 《致郭虞裳》（1920年11月16日），《茅盾全集》，第2页。
⑤ 《再驳杨效春君"非儿童公育"》，《恽代英全集》第4卷，第92～94页。
⑥ 萍林：《儿童公育问题》，《申报》1932年11月18日，本埠增刊。

让其从事某种劳动（即社会劳动）。视妇女从事社会劳动是一种解放，足见他们轻视家庭劳动而重视社会劳动的倾向。换言之，妇女的社会角色也逐渐超越了其作为母亲、妻子的角色，后者似乎变成无意义的存在。

但是若站在母亲的立场上，尽管养育子女费劲辛苦，但凡生育过子女的母亲恐怕未必能轻易抛弃自己的孩子。爱孩子的母亲也许更愿意留在孩子身边，而不是为了所谓的男女平等去争社会劳动的"义务"。不过，对于那些受新思潮感染的新女性来说，想在社会上谋一份工作，耗费时间和精力去教养子女的确与社会事业之间存在冲突。所谓："妇人若专心育儿，便不能尽其职务，欲尽其职务，就不能专心育儿。"① 然而对于大多数女性来说，一方面无法脱离家庭，另一方面又想从事社会事业，总不免徘徊在家庭与社会之间，而承担家庭、社会的双重责任。当风气使"解放"具有不言自明的正当性，以解放为目的的运动或许给妇女造成了更多的责任和束缚。这恐怕是初衷为解放妇女背书者所始料未及的。

## 三　作为社会根本改造的一部分

如果说在晚清儿童公育的主张是一种面向未来的言说，到了 1920 年代，人们越来越倾向于将儿童公育视为社会改造的切实手段。在全社会整体改造的语境中，人们也试图通过儿童公育来重新调整个人与家庭、社会的关系。邵力子就观察到："无产阶级的家庭，恐怕因为有了儿童，反增加许多苦趣。"他进而宣称："儿童公育问题，是关系到全社会组织问题，是关系人类进化的问题，我们总应从远处大处着眼研究。"② 对贫苦阶层的关怀也促使人们接受儿童公育。也有人切切实实讨论如何创建半公育机构，让社会或国家做好实行儿童公育的各项准备，甚至鼓励局部、小范围地尝试儿童公育。例如，汤济苍曾设想"邻近的人，有一处公共食堂，不论朝餐呀，中餐呀，晚餐呀，都到食堂里去吃，家中不再要举火了"。在汤氏看来，儿童

---

① 任开国：《儿童公育》，《妇女年鉴》第 2 回下册，第 223 页。
② 《儿童公育问题释疑》（1920 年 3 月 2 日），《邵力子文集》上册，第 217 ~ 218 页。

的教养也情同此理，当以儿童公育的方式来解决儿童的教养问题。①

恽代英设想，"一部分的儿童公育，果然试验得一个理想的成功，那便他的成绩是一种广告"。② 他曾梦想着组织合理限度劳动的工厂，其目的不是求利，而要实现"工人男女都作工六时，不给薪资，衣、食、住由团体供给，儿童公育，老年公养，总之纯然与我们共同生活内部一样"。而所谓的共同生活便是打破家庭之后，组织新的团体生活方式。他们也曾在城市、乡村尝试共产自给的共同生活，以期实现"全然共产，实行各尽所能、各取所需的理想"。其间，"婴儿出生两月后，惟哺乳仍由母亲完成，抚育的事，举专人担任，免碍女子工作"。③

恽氏相信只有在全部改造社会的进程中才能实现儿童公育，盖"在这样谬误的社会组织中，讲改良家庭，是不可能的"。儿童公育就成为他全面改造社会的一部分。男女并不组成家庭，而是共同生活，即"互相了解的同志所组织，这可以改良环境，减轻生活压迫"，而且"公育是合理的，是能解放男女，使他们得愉快的生活，而且更可用全力改造全部社会的"。④

全部、彻底、根本改造社会的激进思潮改变了儿童公育的地位，这使它由一个尚存争议的主张转变为个人信仰的一部分。恽氏宣称："我是一个信儿童公育，信自由恋爱，信打破家庭的人。"⑤ 所谓"马格斯派经济学家说，私有工具既已经成为已往的事；个人本位的经济组织，已经从根本上崩坏；私产，家庭，国事，都失了他时代的价值。在这个时间，只有打破私产，自由恋爱，儿童公育"。⑥ 他最终的理想是："盼望看见世界全部的改造，便是说人类要在经济上平等，各尽所能，各取所需。因为这才是各种问题的根本解决。"⑦

---

① 汤济苍：《儿童公育和会食》，《五四时期妇女问题文选》，第329页。

② 《儿童公育在教育上的价值》，《恽代英全集》第4卷，第295页。

③ 《共同生活的社会服务》，《恽代英全集》第3卷，第124～129页；《未来之梦》，《恽代英全集》第4卷，第248页。

④ 《再驳杨效春君"非儿童公育"》，《恽代英全集》第4卷，第85～86页。

⑤ 《再驳杨效春君"非儿童公育"》，《恽代英全集》第4卷，第73页。

⑥ 《儿童公育在教育上的价值》，《恽代英全集》第4卷，第279页。

⑦ 《再驳杨效春君"非儿童公育"》，《恽代英全集》第4卷，第97页。

　　青睐社会主义的易家钺曾说，"社会主义者主张儿童公育，而家族制度的精髓则在儿童私育"，而"世界的家族制度已快到末日了！起而代兴的，必是社会主义的制度"。因此，易氏支持废除家庭，反对效仿西方建立小家庭，主张直接过渡到社会主义社会的无家庭状态，并且推行儿童公育制度。[①]

　　苏联在儿童公育方面的经验则强化了人们对其可行性的认知。苏联倡导社会革命的任务之一就是消灭家庭，[②] 这种废家的主张也传到中国。[③] 1920年代，苏联言论界曾经较开放地讨论共产主义社会中的性以及实践层面更宽松的自由离婚，以推动实现男女作为平等社会成员的努力。[④] 苏联政府采取取代家庭而非废除家庭的政策，逐步建立妇幼院、育婴堂、幼儿园等机构，来代替家庭照顾社会成员。[⑤] 邵力子曾在《觉悟》副刊介绍苏联实行儿童公育的实例：全俄工人和下级官吏的儿童膳宿费用都由国家负责，"单就莫斯科一个地方讲，地方苏维埃政府养育的儿童，共有二十六万八千多，都享受免费的滋养品。在每一个育儿房里，都有一间演讲室，一个儿童物品展览会，一个儿童医院，一个幼儿园。凡做工的女子在工作的时候，都把她们的儿童留在里面"。[⑥] 1930年代，国民党倡导的新生活运动亦倾向于创办托儿所，减轻妇女的负担，以便青年夫妇可以从事抗战救国的事业。[⑦] 尽管此后未能整体上将孩子从家庭中剥离出去，但是社会化的儿童教养也构成日常生活革命化的一部分。

---

① 易家钺：《社会主义与家族制度（续）》，《民铎杂志》第3卷第3期，1922年3月1日，第6、18页。

② 马克思：《共产党宣言》，《马克思恩格斯全集》第1卷，人民出版社，1972，第268页。

③ 陈相因：《论"家庭与共产政府"一文的生成、翻译与传播——1924年以前柯伦泰在新俄罗斯、苏联与中国》，《近代中国妇女史研究》第19期，2011年12月；何黎萍：《二十世纪初苏俄妇女解放观在中国的传播与影响》，《中共党史研究》2012年第12期。

④ Rita J. Simon, Howard Altstein, *Global Perspectives on Social Issues：Marriage and Divorce* (Lanham：Lexington Books，2003)，p. 61.

⑤ Leon Trotsky, *The Revolution Betrayed：What Is the Soviet Union and Where Is It Going?*, translated by Max Eastman（New York：Dover Publications，2004），pp. 123 - 144.

⑥ 《儿童公育的实例》（1920年3月28日），《邵力子文集》，第243～244页。

⑦ 深町英夫：《谁该教养孩子？女性、托儿所、新生活运动》，《第三届近代中国与世界国际学术研讨会论文集》第3卷，社会科学文献出版社，2015，第26～41页。

相对温和的读书人坚持认为，良好社会建立在良好家庭的基础上，进而质疑儿童公育的破坏性。梁漱溟就认为，儿童公育是"顺着解除家庭而来之极端个人主义"的要求。① 当时的北大学生杨钟健则质疑中国现在的状况是否可实行儿童公育，若实行会不会导致社会秩序纷乱。② 杨效春质疑道："儿童公育就把交通夫妇间感情的大铁道斩断了！用什么来维持家庭！"可以说："儿童公育，岂不是破坏家庭和社会的制度么？"他焦急地痛斥支持者、提倡者为破坏者，担心儿童公育将会造成各种社会问题。③ 郑士元也观察到："近来有人主张废除家庭，——父老公养，儿童公育，只有性的结合，不要家庭制度。——这是极端社会主义者所梦想的，万难实现。就使实现，且将反陷社会于危险。"他担心这样的社会制度将造成人们不愿生育，人类最终濒临灭亡。④

在争论的过程中，儿童作为讨论所关涉的主体基本上是无声的，甚至讨论者也较少站在儿童的角度反思这个问题。潘光旦就曾说："为儿童的福利着想，爱的重要性显而易见的要比一些保育的技能的重要性为大，如果二者不可得兼，假如我是儿童，我就愿甘舍专家保育的技能，而取母亲的温爱。"⑤ 换言之，论者本身是否有资格、有能力决定儿童的归属问题也值得进一步反思。

如康有为所设想的没有家庭、婚姻与子女的大同世界，那里仅存劳动、休息以及男女自由性交。然康氏最终也意识到这样的世界毕竟是仙境而非人间。⑥ 这或许表明旧有的世界观与人生观在崩解的过程中，读书人对人生与社会的态度已经发生了根本性的转变。这一转变发生的过程及其实际的影响，尚待进一步的探讨。即便通过改造，国家和社会有能力以同等的方式关

① 《沈著〈家庭新论〉序》，《梁漱溟全集》第4卷，第695页。
② 杨钟健：《儿童公育——致记者》，《新青年》第8卷第1号，1920年9月1日，第1~2页。
③ 杨效春：《非"儿童公育"》，《时事新报》1920年3月1日，第4张第1版。
④ 郑士元：《家庭改造论》，《时事新报》1920年8月24日，第4张第1版。
⑤ 潘光旦：《优生与儿童福利》，吕文浩编《逆流而上的鱼》，第234页。
⑥ 康有为在《大同书》的最后指出："盖神仙者，大同之归宿也。"姜义华、张荣华编《康有为全集》第7集，第188页。

怀每一个儿童，但是生育之后抛弃子女，一切委诸公立机构，恐怕也有违人之常情。支持者相信，通过社会革命与文化革命，人类有能力通过制度性的建构彻底改变父母与子女之间的天然联系。他们深信若社会未准备好则改造社会；若人们不同意这样的生活方式，就通过各种方式改变人们的看法，使之洽合于理想政治制度。这表明他们相信人类理想的社会制度有能力挑战人类的天性。与此同时，这也涉及一个根本的问题：人设计的新制度与人类天性在多大程度上可以背道而驰，而这样的制度是否可以行之久远。

全社会的儿童公育到今日也没有实现，然其思想因子却潜移默化地改变了人们关于儿童的本质以及归属问题的观念。以今日的后见之明来看，其中的一个社会性后果便是人们普遍相信专业教养儿童的托儿所、幼稚园胜过父母教养。城市化、妇女步入职场也意味着教养子女愈加社会化、商业化。然而昂贵、奢华的幼儿园，以及屡见不鲜的幼儿园虐待幼童案件，或许也让我们反思所谓公育、私育的利与弊。潘光旦曾指出："家庭之所以为社会重心者，因其为自有文化以后人类情感之维系物与归宿地也。"① 近代以来，家庭已然受到新生产方式、交通便利和都市兴起的强力冲击，即便力求保护，仍尚难维系。对于幼儿和整个社会来说，家庭本是伦理、道德、权威以及价值形成的地方。一旦打破了家庭，社会重心丧失，可能造成孩子权威与认同感的迷失。在儿童公育的呼声中，不仅家庭可能支离破碎，社会也在某种程度上趋于恣肆和离乱，这个发展倾向是非常值得反思的。

---

① 《中国之家庭问题》，《潘光旦文集》第 1 卷，第 217 页。

# 第二部分　苦与乐：五四时期对
## 家庭的想象与憧憬

# 第六章　从活老虎到垂死之老虎：从孝道地位的下降看五四时期的家庭革命

孝本是中国传统社会的核心价值、中国文化的重要特征，它涉及从传统宇宙观、人观、秩序观，到政治、社会、文化、宗教、礼俗、性别、自我认同等各方面，几乎无所不关。[①] 特别是孝在儒家道德体系中占据核心的地位。五四前，吴康曾说："吾国数千年来国民道德之根本无他，惟孝道二字而已。"[②] 稍后，激烈主张家庭革命的罗敦伟也指出："中国是一个'孝国'，从天子直到小百姓无不挂出一块'孝'字招牌；起初固然是一种'伦理的孝'，后来却转到家庭生活上，乃至转到社会生活上；如'朋友不信''战阵无勇'……都与孝发生关系，于是'孝'可以作一切社会生活的总体，一变再变简直变为父母的权力了。"[③] 而"孝治天下"一语也透露出孝道受政治力量的维护，朝廷以此号召百姓，学者景从、百姓效仿，可以说是众皆认可的价值。

然而，五四前后却出现质疑和批评孝道的呼声。汪大燮曾发牢骚说："什么'非孝论'，什么'恋爱神圣'，已成为少年中国的新经典了！"[④] 1930 年代初，章太炎曾观察到："今日世风丕变，岂特共产党非孝，一辈新进青年，亦往往非孝。"[⑤] 所谓昔日奉之为金科玉律的孝道此时则视之为朽木粪土。因此，若考虑孝之于中国文化的核心意义，或可说非孝是对中国文

---

① 吕妙芬：《孝治天下：〈孝经〉与近世中国的政治与文化》，联经出版公司，2011，"导言"。

② 吴康：《论吾国今日道德之根本问题》，《新潮》第 1 卷第 2 号，1919 年 2 月 1 日，第 331 页。

③ 罗敦伟：《中国思想上之产儿制限反抗运动（略述）》，《家庭研究》第 2 卷第 2 号，1922 年 11 月 10 日，第 29 页。

④ 陶菊隐：《北洋文流六君子传》，群言出版社，2015，第 259 页。

⑤ 章太炎：《讲学大旨与〈孝经〉要义》，原刊《国学论衡》第 2 期，1933 年 12 月，章念驰编订《章太炎演讲集》，上海人民出版社，2011，第 372 页。原刊为"世风丕变"，演讲集为"世风不变"，前者似符合文义。

化的一个根本挑战。

非孝之说也从思想观念转变为态度和行动。在家庭革命的狂潮中，孝的尊崇地位被推翻了。有人无奈地指出："孝顺是现在一般所谓维新者所打倒的，所以几几乎失之殆尽，几至泯灭磨掉了。"① 也有人发出类似的感叹："降至晚近，世教坏，而风俗变，风俗变，而人心薄，孝之一字，几等乌有！"② 到1940年代，郭斌龢指出："五四时代，尚知非孝，视为活老虎而打之。今则视孝已为垂死之老虎，不必打，亦不屑打，坐待其毙。"③ 从有生命力的活老虎到垂死之老虎，亦可见时代变化的急速以及非孝对整个社会产生的广泛影响。

近代中国的非孝论曾引起学者的讨论，④ 以提倡非孝而著称的吴虞、施存统就是学者关注的焦点。⑤ 也有不少研究者注意到了五四时期的非孝论，他们的共性是以五四的整体认识或是新派的立场来分析具体的非孝论。⑥ 本

---

① 丁德普：《说孝顺》，《成达文荟》第4集，1932年3月1日，第187页。
② 平权：《论孝》，《南园》第4期，1933年，第14页。
③ 郭斌龢：《"孝与中国文化"附言》，《思想与时代》第14期，1942年9月1日，第8页。
④ 罗检秋：《文化新潮中的人伦礼俗（1895—1923）》，中国社会科学出版社，2013，第3章。从孝道中解放出来的新青年所经历的烦闷与困惑，参见王汎森《"烦闷"的本质是什么——主义与中国近代私人领域的政治化》，《思想史》第1辑，联经出版公司，2013，第86~137页；李文海、刘仰东《近代中国"孝"的观念的变化》，《中华文化的过去现在和未来——中华书局成立八十周年纪念论文集》，中华书局，1992，第212~231页。
⑤ Wen-hsin Yeh, *Provincial Passages: Culture, Space, and the Origins of Chinese Communism*. 近来亦有学者指出，道学先生单不庵对施存统思想转向的塑造。马楠：《"道学先生"门下出"新青年"：五四时施存统激进转向背后单不庵的影响》，《南京政治学院学报》2016年第5期；马楠：《"道学先生"一变而为"新青年"？——"五四"时期单不庵门生施存统的精神世界与〈非孝〉的制造》，杨国强主编《思想与文化》第18辑，华东师范大学出版社，2016；唐振常：《吴虞研究》，《章太炎、吴虞论集》，四川人民出版社，1981，第81~139页。
⑥ 洪峻峰：《鲁迅与近代中国的启蒙思潮的嬗变》，《文史哲》2006年第5期；钱理群：《试论五四时期"人的觉醒"》，《文学评论》1989年第3期；章清：《胡适评传》，百花洲文艺出版社，2015，第2章；冯鸽：《新文学中"孝"与"非孝"悖论话语的解析》，《江苏大学学报》2006年第2期；范国富：《"父亲"的觉醒与"青年"的自觉：鲁迅与〈新青年〉的"潜对话"》，《鲁迅研究月刊》2015年第10期；王莉：《"破家立人"：鲁迅与中国现代文学的家庭叙事》，《文艺争鸣》2014年第1期；杨华丽：《"打倒孔家店"研究》，人民出版社，2014，第231页。

章则从中西、公私、新旧竞争与对话出发，探讨孝道如何从核心道德转变为中国、私德、旧道德的象征，其后又与个人人格相对立的进程。而那些为学界忽略的质疑非孝和维护孝道的声音，同样值得呈现。①

# 一 孝道在中西、公私、新旧竞争中的窘境

孝作为传统社会的核心价值和中国文化的重要特征，体现在传统中国的方方面面，其维系也得到政治、社会、文化各方面的支持。但是在西力的冲击下，以戊戌维新为开端，政治制度逐步解体，短短十几年中国便经历了几次重要的政治制度改革。随着政治秩序的变动，孝道的地位也动摇了。

在万国竞争的时代，中外武力竞争基本以中方的失败告终，各自的文明与野蛮似乎昭然若揭。② 部分时人倾向于认为国家的劣败应由文化来承担责任，认为孝道是造成国家贫穷、种族衰弱的远因，是中国"野蛮"的象征，进而主张废弃孝道。西来的自由、平等之说也冲击了孝道所强调的差等。严复较早就直接批评中国的三纲，即亲亲、孝道、尊主等伦理准则，并将西方自由、平等的理念与中国三纲对立起来。③ 中国伦理重视的本是"差等"，而非"平等"。例如，有人就批评中国的父母"对于子女不以平等之人类视之"。④ 到五四时代，陈独秀批评旧道德不适用于新时代，原因之一就是其讲尊卑而不平等。

梁启超乐道的公德与私德之区分，进一步将孝道缩小在私德之范围，以其为"一私人对于一私人之事"而非利群的"公德"，而孝悌忠节为"不完全之义务思想"，而非"个人对团体之义务"。⑤ 虽然在梁启超的心目中，作为私德的孝道仍然具有一定的地位，但是，以公私划分道德的结果是重公德

---

① 刘保刚将拥孝纳入讨论，请参考其《试论近代中国的非孝与拥孝》，《晋阳学刊》2009 年第 4 期。

② 罗志田：《权势转移：近代中国的思想与社会》，第 2～52 页。

③ 《论世变之亟》，《严复集》第 1 册，第 3 页。

④ 张耀翔：《论吾国教孝之流毒》，《留美学生季报》第 7 年冬季第 4 号，第 29 页。

⑤ 梁启超：《新民说》，《饮冰室合集·专集之四》，第 12、108 页。

而轻私德。以西方道德反观中国，结果认为中国道德不完全（公德阙如之说），进而产生了相形见绌的观感。① 时人对于公德寄予很高的希望，以为它是救国的正途。章太炎就曾观察到："今之言道德者曰：公德不踰闲，私德出入可也。"不过，若无政府、法律的约束，人们便会"恣其情性，顺其意欲，一切破败而毁弃之"。②

重视公德首先意味着爱国变得日趋重要。趋新读书人越是想凝聚象征着"公"的民族国家观念，就越想打破家庭和孝亲观念。他们批评国人只知爱家而不知爱国，但知尊天敬祖而不知爱国。罗振玉就批评道德公私之分的观点。在他看来，"古今中外同无二致"的道德如今变成了"中国有私德无公德"。不过，他认为私德如基础，公德如"栋宇"；若私德为"根株"，公德则为"枝叶"，所以"公德为私德所推演，非可离私德而独立者也"。因此，他主张"欲拯救社会之腐败，以养成民德为第一义"则必自"修私德始"。③

不过，在公私的框架下尚有一定地位的孝道，在新旧之争中却以旧道德的象征而丧失了活力。旧道德不适于新时代，渐渐成为趋新时人的共识。当新旧之争日趋激烈时，"守旧者，讥新道德之为非。维新者，鄙旧道德之无用"。结果造成"新道德尚未成立，旧道德已弃如遗，遂成为非道非德之社会"。④ 也许在从公私到新旧的激荡中，人们的道德却整体性地滑坡了，"以言私德，则群趋凉薄，而先己不亲其亲。以言公德，则仅存名词而惟知自利其利"。⑤

20世纪初，科举制度的废除改变了读书人的思想世界和价值取向，使得具体承载儒家思想的读书人群体不复存在。四书五经从曾经规范人伦的道义载体变为过去学术思想的载体，不复有规范人伦的指导意义。加之，一些

① 马梅：《论中国国民道德颓落之原因及其救治之法》，《新民丛报》第28号，1903年3月27日，第1~2页。
② 《革命道德说》，《章太炎全集》第4卷，第277页。
③ 罗振玉：《公德私德辨惑》，《教育世界》第73号，1904年4月，第2页。
④ 《论中国社会之缺点》，《东方杂志》第4卷第8号，1907年10月2日，第155页。
⑤ 匿名：《古今民德进化退化变迁论》，《砭群丛报》第1期，1909年5月，"论说"第1页。

趋新士人开始推动"去经典化"，社会上作为四民之首的士不复能产生，思想上规范人伦的经典开始失范。① 不仅读书人所读之书已经溢出了传统，而且本来应该传承传统的读书人却走上了反传统的道路。即使官方试图在教育和法律制度内维持孝道的地位，孝道实际上却在变动之中。② 失去政治和社会支持的孝道，可谓无所凭依，愈加摇摇欲坠。

家庭原本承担着教育子弟的责任，在传统中国，家庭教育的目的是培养子弟谋生的能力、适应社会的能力以及对传统习俗的遵循。对于社会适应性来说就是要培养其孝顺之心，灌输"男女授受不亲"的思想，强调个人对家庭、宗族、婚姻以及象征的忠诚之心。③ 但是，以国家为主导的新教育则使国家成为新的权威，大大降低了家庭在子女教育中扮演的角色。梁漱溟就曾反思道："所谓新教育便是西洋化的教育，并且是都市文明体系中的一种制度。无论从知识思想、生活习惯，那一点上说，合于此者便不合于彼。所以乡村子弟受教育的那天，便是脱离乡村的一天。"④ 换言之，新教育以西方为模范，以传授知识为主，而传统家庭教育以孝悌忠信为根本。于是，集中在都市的新教育让"学生在学校里或学生在社会里养成的一种城市生活的习惯"，不能习惯于"旧日乡村简朴生活"。⑤ 城乡的疏离进一步推动了代际人生观、价值观的分裂。孝道对于父辈来说是天经地义的。而在新学堂接受新教育的青年学生阅读最新的教科书、新近出版的杂志和外来的翻译，习染自由、平等之说，接受了一套新的人生观和价值观。他们对传统的体认已经大大不同于他们的父辈了。

简言之，在中西、公私、新旧对立和冲突中，孝道已然越来越不受尊崇，本已不堪一击。加之，平等、国家、公德、竞争等一整套新观念崛起，

---

① 罗志田：《经典淡出之后：过渡时代的读书人与学术思想》，《中华文史论丛》2008 年第 4 期。

② 倪新兵、刘永祥：《权力与礼俗：近代官方的孝道政策变迁》，《中华文化论坛》2016 年第 5 期。

③ 徐烺光：《祖荫下：中国乡村的亲属、人情与社会流动》，王芃、徐隆德译，南天书局，2001，第 176～183 页。

④ 《乡村建设理论》，《梁漱溟全集》第 2 卷，第 480 页。

⑤ 《抱歉——苦痛——一件有兴味的事》，《梁漱溟全集》第 4 卷，第 837 页。

重视差等、强调服从、珍视家庭的孝道已经与之格格不入。在革命风起云涌时，对现存政治制度的反抗意味着孝道所维护的旧传统与革命所要塑造的新时代呈现出非此即彼的对立状态。忠君孝亲一变而为提倡政治革命与家庭革命。

## 二　从金科玉律到朽木粪土：打破孝道的迷信

辛亥革命之后，中国自此进入了一个无君的新时代，孝道的约束力大不如前。例如，民初的成都世风已变，那时"不但父兄之教不严，子弟之率不谨，而且父子之间，因思想冲突，而引起家庭纠纷，即后来之所谓'家庭革命'，也已喧腾众口，认为是人伦大变的"。① 吴稚晖就曾观察到："今日时贤之所惧者，莫如西说东渐，而孝必破碎。"② 不久后也有人指出，"这孝之一字，是我国一种最重要的国性"，但是"如今国中人民，大半把孝字看得很轻，差不多不讲孝之一字了。真正危险已极，将来深恐这孝字一灭，我想国家也必随之而灭"。③

新文化运动前后，在"重新估定一切价值"的号召下，至少在理想的层面上，传统不再顺顺当当就可以作为依据的规范了。④ 人们试图摧毁过去的一切思想，⑤ 视孝道为革命对象的新文化人一方面要从政治伦理中清除孝道，另一方面也要彻底摧毁孝道在人伦日用中的核心地位。在反传统大行其道的时代，作为传统重要的价值观念，孝道受到各种思潮的冲击。甚至一位中学生也感受到"欧化东渐，平等之声浪以兴，异学争鸣，非孝之论调乃起，新文化提倡甚力，旧道德扫荡无遗"。⑥

对于新文化人而言，在共和时代是否还要像君主时代那样生活是摆在他

---

① 李璜：《学钝室回忆录》，传记文学出版社，1973，第11～12页。
② 稚：《说孝》，《东方杂志》第13卷第11号，1916年11月10日，第27页。
③ 朱景珂：《说孝》，《讲演汇编》第29期，1917年12月，第35页。
④ 王汎森：《"烦闷"的本质是什么——主义与中国近代私人领域的政治化》，《思想史》第1辑，第98页。
⑤ 林毓生：《中国的意识危机："五四"时期激烈的反传统主义》，贵州人民出版社，1989，第6页。
⑥ 程祖洛：《说孝》，《学生文艺丛刊》第2卷第3期，1925年3月，第13页。

们面前的大问题。孝道作为君主时代的道德标准似乎丧失了其固有的价值和意义，进一步沦为旧时代的象征，时人常视之为"吾国固有之道德"。那些痛恨专制政治的人，视孝悌之道为专制政治的护符。尊孔复辟的政治举动让维护共和的读书人起而排斥儒家思想。

　　陈独秀就明确指出，旧道德不适于自由平等的共和时代，因此为了维护共和国体，必须将"反对共和的伦理文学等等旧思想，完全洗刷得干干净净不可"，所谓旧思想正是"忠君，孝父，从夫"。陈氏意识到新旧观念不能调和，"以其伦理学说，与现代思想及生活，绝无牵就调和之余地也"。盖"孔子之道，以伦理政治忠孝一贯，为其大本，其他则枝叶也。故国必尊君，如家之有父"。陈独秀所言的现代生活就是西洋的现代生活，包括离亲别居、简单的丧礼、妇女独立等生活方式，而孔子所提倡的不过是"封建时代之道德"，已经不适用于共和时代之国家。① 他着力打破的便是忠、孝、节之宗法社会的道德。

　　孝与忠的混同是儒家孝道思想演变过程中出现的一个大问题，也是民国以来一部分人士攻击儒家有助于专制的症结之一。② 吴虞曾批评君主专制利用家族制度，盖"儒家以孝弟二字为二千年来专制政治与家族制度联结之根干"。他指出，现实的国情是要追求共和国，进入国际社会，因此建议废除儒教尊卑贵贱之别。他说："夫孝之义不立，则忠之说无所附，家庭之专制既解，君主之压力亦散。"在他看来，不仅孝道、家庭和君主制度环环相扣，而且只有将孝道和家庭专制废除，才能实现政治层面的共和。换言之，共和政治与传统孝道势不两立的程度也让维护"共和"的读书人必须否定孝道。③

　　象征着过去的孝道既是中国专制的表现，也因其强调服从而成为个人独

---

① 《旧思想与国体问题——在北京神州学会讲演》，《陈独秀著作选》第1卷，第297页；《再答俞颂华（孔教）》，《陈独秀著作选》第1卷，第309页；《复辟与尊孔》，《陈独秀著作选》第1卷，第336页；《孔子之道与现代生活》，《陈独秀著作选》第1卷，第232～235页。

② 韦正通：《中国孝道思想的演变及其问题》，《现代学苑》1969年第5期，第4页。

③ 《家族制度为专制主义之根据论》，田苗苗整理《吴虞集》，中华书局，2013，第7、10页。

立人格的障碍物。五四时代推崇的是"以个人人格之自觉及人群利害互助之自觉为新道德为真道德"。① 陈独秀基于尼采的"谦逊而服从者"为"奴隶道德"这一观点，将中国传统的"忠孝节义"视为奴隶道德的表现。他强调以"自身为本位"的"个人独立平等之人格"就是要反对忠孝节义。② 他反复陈述了这样的观点："吾国旧日三纲五伦之道德，既非利己，又非利人。既非个人，又非社会，乃封建时代以家族主义为根据之奴隶道德。"③

整个《新青年》杂志传递出类似的信息。李亦民曾在杂志上刊文，其中对青年说，"忠孝节义，全非植根本于汝身。由身外之人，课汝以片面之义务，汝知汝所处之境地，为痛苦之境地乎？"④ 换言之，如果孝道是后天获得，而非与生俱来的，那么便是可以去除的。高素素也宣称，"节孝者，吾国之所谓名教也。问其根源，野蛮时代之家法耳"，而"个人者，非家族之私有。女子者，非男子之私有"。因此，所谓礼教就是"蔑视一部分男子之人格"的同时，"蔑视全部分女子之人格也"。⑤ 吴虞便批评孝道是为了尊贵长上，而忽略了臣子卑幼的人格权，特别是"为人子而不孝，则五刑之属三千，罪莫大于不孝；于父之不慈者，故无制裁也"。⑥ 这里频繁提到的人格、自我等词，意味着似乎只有从传统的人伦关系中解放出来才能成为一个独立的个人。

对于当时的新文化人来说，因为孝顺父母，他们接受了父母包办的婚姻。胡适曾对好朋友刘易斯·甘尼特（Lewis Gannett）说："我们这一代是必须奉献给我们的父母和我们的孩子的一代中间人。除非我们能摆脱一切影响，我们就必须要按父母的愿望和他们为我们选择的姑娘结婚，尽管这些姑娘在我们的婚典那天之前我们可能都没看见过。"⑦ 傅斯年对老师胡适所言

---

① 《通信》，《新青年》第 3 卷第 2 号，1917 年 4 月 1 日，第 12 页。
② 《敬告青年》，《陈独秀著作选》第 1 卷，第 129～131 页。
③ 《道德之概念及其学说之派别》，《陈独秀著作选》第 1 卷，第 300 页。
④ 李亦民：《人生唯一之目的》，《新青年》第 1 卷第 2 号，1915 年 10 月 15 日，第 8 页。
⑤ 高素素：《女子问题之大解决》，《新青年》第 3 卷第 3 号，1917 年 5 月 1 日，第 3 页。
⑥ 《家族制度为专制主义之根据论》，《吴虞集》，第 9 页。
⑦ 格里德：《胡适与中国的文艺复兴——中国革命中的自由主义（1917～1937）》，鲁奇译，江苏人民出版社，1996，第 12 页。

"我不是我，我是我爹的儿子"的说法就甚为赞同。他曾对一位朋友说过："中国做父母的给儿子娶亲，并不是为子娶妇，是为自己娶儿媳妇儿。"傅氏感叹道："这虽然近于滑稽，却是中国家庭实在情形。咳！这样的奴隶生活。"① 他们不希望后来的子弟还像他们一样活在孝道的"束缚"里，因此起来质疑和批评孝道。

也许这些曾因恪守孝道而做出自我牺牲的新文化人深感孝道的约束力，内心有着无言的苦衷，于是才起而打破孝的尊崇地位。鲁迅就表达过"完全解放了我们的孩子"的想法。② 在新旧冲突的时代，"只能先从觉醒的人开手，各自解放了自己的孩子。自己背着因袭的重担，肩住了黑暗的闸门，放他们到宽阔光明的地方去；此后幸福的度日，合理的做人"。具体地说，"父母对于子女，应该健全的产生，尽力的教育，完全的解放"。他特别阐述了"解放"，即"子女是即我非我的人；但既已分立，也便是人类中的人。因为即我，所以更应该尽教育的义务，教给他们自立的能力；因为非我，所以也应同时解放，全部为他们自己所有，成一个独立的人"。③

1919 年 7 月，胡适得子之后曾写一首白话诗《"我的儿子"》。在诗的结尾处，他写道："我要你做一个堂堂的人，不要你做我的孝顺儿子。"④ 其实，他就是想做那解放子女的父母。作为父亲的胡适对儿子"决不居功，决不市恩"。他认为，儒家宗教所谓的"父母的观念"和"祖先的观念"来做"人生一切行为的制裁力"在此时的中国已经不中用了。⑤ 胡适反问质疑他的汪长禄说："孝子"两个字究竟还有什么意义？因为忤逆不孝的人"穿上麻衣，带上高粱冠，拿着哭丧棒，人家就称他做'孝子'"。⑥ 胡适一方面反对中国传统家庭里父母以子女之恩人自居的情形；另一方面也反对子女为了赢得社会认可而顺从社会规范装作孝子的行为。

---

① 《万恶之原》，欧阳哲生主编《傅斯年全集》第 1 卷，湖南教育出版社，2003，第 106 页。
② 《随感录》，《鲁迅全集》第 1 卷，人民文学出版社，2005，第 339 页。
③ 《我们现在怎样做父亲》，《鲁迅全集》第 1 卷，第 135～141 页。
④ 《我的儿子》，欧阳哲生编《胡适文集》第 9 卷，第 144 页。
⑤ 《不朽》，欧阳哲生编《胡适文集》第 2 卷，第 532 页。
⑥ 《"我的儿子"》，欧阳哲生编《胡适文集》第 2 卷，第 523 页。

胡适和鲁迅是站在父亲的立场上放手让儿子从孝道中解放出来，而更多的新青年选择从儿子的立场出发反抗孝道的不公、约束力和强制力，实行自我解放。例如，施存统的《非孝》一文曾引起轩然大波，而原本的题目正是《我决计做一个不孝的儿子》。① 吴虞虽然年长，却因与父亲的冲突而较多地站在儿子立场发言，具体批评传统孝道中不顾父慈与否，而强求子孝的做法。他指出，中国的父子关系重伦理，而轻法律，"为人子者，无权利之可言，惟负无穷之义务。而家庭之沉郁黑暗，十室而九，人民之精神志趣，半皆消磨沦落极热严酷深刻习惯之中，无复有激昂发越之概"。②

鲁迅也指出，"拼命的劝孝，也足见事实上孝子的缺少。而其原因，便全在一意提倡虚伪道德，蔑视了真的人情"，并痛斥"孝""烈"这类道德是"一味收拾幼者、弱者的方法"。③ 张耀翔曾痛斥："父母之辖境限于家庭，子女即其属民也。父母得任意驱使之，玩弄之，督责之，据之为私产，视之为家仆，乃至售之为奴婢，献之为祭品。"在名分、孝道的规范下，子女必须牺牲一切以顺从父母：服劳、奉养、承欢、送终、继嗣、扫墓等责任，指出传统的孝道剥夺了子女的自由权。④

新文化运动前后，批评父为子纲、中国亲权太重，特别是父权太重的言论俯拾皆是。署名渔村的人曾批评，自从有了父为子纲之说，结果"那为父母的，在家庭中就成了惟一独尊的人。凡是他的儿子，皆成了他的所有物，须得听他的支配。无论那儿子的肉体上精神上受了如何的痛苦，宁可死了，也是不敢违背父母之命的"。⑤ 有人就批评："家长权无限的大家庭制，个人自由的摧残，个性发展的抑制。"⑥ 批评孝道的人认为这孝道是片面地对为人子者的要求，"为子女的，终其身做了一半家庭的奴隶；一半家

---

① 存统：《回头看二十二年来的我（续）》，《民国日报·觉悟》1920 年 9 月 23 日，第 4 张第 2 版。
② 《家庭苦趣》，《吴虞集》，第 362～363 页。
③ 《我们现在怎样做父亲》，《鲁迅全集》第 1 卷，第 143 页。
④ 张耀翔：《论吾国父母之专横》，《新青年》第 5 卷第 6 号，1918 年 12 月 15 日，第 637 页。
⑤ 渔村：《孝友泪》，《每周评论》1919 年 4 月 13 日，第 4 版。
⑥ 钱翼民：《旧家庭与新家庭》，《妇女杂志》第 7 卷第 8 号，1921 年 8 月 1 日，第 108 页。

庭的恶魔"。① 也有人抱怨："不论对与不对，总需勉强服从父母的意旨。这种摧残儿子人格的情形，不晓得牺牲人类多少。"② 邹韬奋也痛陈父权太强，婚姻、财产处处干涉，而子弟不得不忍受痛苦。③

由孝道、家庭而引起的痛苦，尤其能够唤起青年的共鸣。报纸杂志上，随处可见的是对父母的抱怨和对家庭的不满，公布家庭罪恶似乎成了家庭革命的题中之义。④ 青春期的少年夹杂着偏见与执着，发泄着对家庭的痛恨与不满。文学就是发泄的途径之一，文学中的父亲形象变得麻木、愚昧、古板、狭隘，这就加速发酵了青年对家庭，特别是对父兄的不满。⑤

非孝当然是反传统的一个具体表现，但也不能忽视非孝与传统若隐若现的联系。时人谢祖贤曾观察到："予阅某报，见有拾路粹之牙慧而变其说者。谓父母之生子，犹树木之结果实。果实既熟，坠之地上，别成一树，与母树绝无关系。"⑥ 章太炎就注意到，以朱熹为代表的宋儒怀疑与鄙视《孝经》，正与清末民初新文化运动人士提倡新道德、反对旧道德，主张废除家庭、非孝毁礼的观点有着理论上的一致性，朱熹的理论往往成为新文化运动人士破家非孝的借路工具。⑦ 余英时亦指出，胡适的非孝说便援引了王充、孔融以来"父母无恩"之说，其仍无法完全摆脱传统的旧格局。⑧ 除了与较久远的传统有关系外，非孝其实对清末的思想也有不少继承。王汎森就注意

① 易家钺：《我对于"孝"的观念》，《少年中国》第1卷第10期，1920年4月，第49页。
② 傅耀诚：《孝经与慈经》，《复旦》第10期，第35页。
③ 《非孝是什么意思？》，《韬奋全集》（1），上海人民出版社，1995，第213～214页。
④ 这方面受胡适启发较多，他在《易卜生主义》中提"写实主义"，叫人把"家庭社会的实在情形都写了出来，叫人看了动心，叫人看了觉得我们的家庭社会原来是如此黑暗腐败，叫人看了觉得家庭社会真正不得不维新革命"。《易卜生主义》，《胡适文集》第2卷，第485页。
⑤ 关于文学中的父亲形象，请参考江倩《对"家"的控诉与传统文化的解构——民族国家建构与中国现代家族小说的文化取向（一）》，《陕西教育学院学报》2008年第1期；陈千里《凝视"背影"——论20世纪中国文学中父亲形象的文学塑造与文化想象》，《天津社会科学》2003年第3期。
⑥ 谢祖贤：《辟仇孝之谬说》，《昌明孔教经世报》第1卷第3期，1922年3月，第7页。
⑦ 刘增光：《章太炎"新四书"体系中的〈孝经〉学》，《中国哲学史》2015年第4期。
⑧ 余英时：《五四运动与中国传统》，汪荣祖编《五四研究论文集》，联经出版公司，1979，第121页。

到非儒反孔的章太炎其实对提倡非孝、家庭革命的五四新文化人有着深远的影响，后辈的读书人将章太炎的反传统思想激烈化、彻底化了。[①]

不过，新文化人并非要废除父子，也不希望父子冲突对立，而是期待用新观念来取代孝道。吴虞曾主张："父子母子不必有尊卑的观念，却当有互相扶助的责任。同为人类，同做人事，没有什么恩，也没有什么德。要承认子女自有人格，大家都向'人'的路上走。"[②] 鲁迅也暗用了孔融的话，指出："性交的结果，生出子女，对于子女，当然也算不了恩。"他提倡："此后觉醒的人，应该先洗净了东方古传的谬误思想，对于子女，义务思想须加多，而权力思想却可切实核减，以准备改作幼者本位的道德。"鲁迅批评孝道抹杀了"爱"，一味说"恩"，又因此责望报偿。因此提议用爱来代替孝，"应将这天性的爱，更加扩张，更加醇化"。[③]

新文化人提倡非孝的目的不是让人不爱父母，而是反对传统教人爱父母的规范，其主旨在突破礼教的束缚。对他们而言，是否应该爱父母不是问题，而是"怎么爱父母"出了问题。他们的答案仍围绕每个人应怎样爱自己的父母，眼中仍有"个人"的存在。但是，受他们影响的新青年提出的问题已经变成"怎么照顾全社会的老人"，从整体上考虑育幼、养老的问题，这造成具体责任的抽象化，家庭在育幼与养老方面责任淡化以及家庭的地位动摇。概言之，在后五四时代，非孝论发生了一个根本性的转变，即从非议孝道走向废除父子，期待打破亲疏关系，建构"不独亲其亲、不独子其子"的社会。[④]

## 三 非孝引起的社会涟漪

爱父母是古今、中西人类社会的共性，虽然爱的方式各有不同。与宽泛

---

① 参考王汎森《章太炎的思想——兼论其对儒学思想的冲击》，上海人民出版社，2012，第204~217页。

② 《说孝》，《吴虞集》，第17页。

③ 《我们现在怎样做父亲》，《鲁迅全集》第1卷，第136~140页。

④ 相关的讨论，参见陈慧文《二十世纪前期中国的毁家废婚论（1900s~1930s年）》，博士学位论文，新竹清华大学，2015，第五章第六节。

的爱不同，中国讲求的孝则具体指代子女对父母的感情以及一整套表达爱的方式。受新思潮的冲击，在传统中本是共生的慈与孝、礼与情也呈现纷乱对峙的面向。旨在打破礼教的新文化运动在打倒了表达孝的方式"礼"之后，无意中也动摇了爱父母的核心。从礼教解放出来的不只感情，还有欲望。换言之，在浪漫的五四时代，如何表达感情、表达怎样的感情都是时人热烈讨论的问题。没有所谓现代理性的约束，宣扬感情的后果便很可能是纵情肆欲。

一旦打破了孝道的尊崇地位，便处处洋溢着解放带来的轻松感。青年易家钺曾观察到："现在中国，不是宗法社会时代的中国，那么为人子的，不能不随着时代的潮流，摇身一变，变成一个人；享受自由幸福，脱离奴隶苦痛。从前的'天经地义'已不中用了。我们应该提倡一种新伦理观念，补救现代社会的缺憾，换一句话，就是我们既反对古人所说的'孝'，就不可不提倡我们所说的'孝'。"易家钺相信世界进化，孝会消失于无形。但是当下又不能立刻消失，因此他退而求其次，提倡一种新的孝道，避免丧失自己的人格，不可为无理压制所屈服。①

如前所述，孝道不只是抽象的伦理标准，也是一系列的行为规范。在孝的大框架下，举凡居处、婚姻、祭祀、财产等制度都有一个稳定、具有传承意义的规范。在旧习惯、旧风俗、旧制度遭到质疑和挑战的新文化运动中，孝道所维系的伦理和规范也遭到了猛烈的攻击，家庭生活的方方面面都问题化了，进而成为革命的对象。

在非孝、家庭革命的时代氛围中，家庭内部子弟挑战父兄权威的现象层出不穷，围绕读书、就业和结婚不知生出了多少家庭内部的新旧之争，特别是子弟与父兄的紧张关系。像胡适那样温和地服从了母亲对自己婚姻安排的越来越少，而受新思潮的感染而敢于拒绝父母安排的越来越多，也有以逃跑等激烈方式反抗父母安排的婚姻。② 还有不少人虽然思想解放了，但行动上

---

① 易家钺：《我对于"孝"的观念》，《少年中国》第 1 卷第 10 期，1920 年 4 月，第 49~50 页。

② 参考《李欣淑致胡适》，耿云志《胡适遗稿及秘藏书信》第 28 集，黄山书社，1994，第213~216 页；雷家琼《"五四"后 10 年间女性逃婚与婚姻自主权的争取》，李长莉、左玉河主编《近代中国社会与民间文化》，社会科学文献出版社，2007，第 283~291 页。

妥协了。蒋廷黻的哥哥就在父母的坚持下回老家成婚，尽管他非常不愿意，但是只好服从长辈的命令。不过，他仍然以结婚不圆房来反抗父母包办的婚姻。而蒋廷黻决定反抗自己五岁时父母包办的婚姻。父母起初认为其"荒谬绝伦，不可能"，因此"亲戚们的信函雪片飞来"劝其服从，最后几经波折才解除了这桩婚约。蒋廷黻说，"当时我们是生在新旧交替的社会中"，"解除婚约——实在不是一件小事"。①

在强调慎终追远的传统社会，孝道不仅是处理个人与在世尊长关系的原则，也是处理个人与去世祖先关系的准则，特别表现在丧礼、祭礼。然而在新青年看来，丧礼、葬礼和祭礼都是"拘束个性的威权"。在科学昌明的时代，祭祀祖先演变为迷信的宗教形式。② 1920 年，严复长子写信告诉父亲："为亡母王夫人生忌日在京设奠，四弟璿、五弟玷不肯拜佛，还说了一些反迷信的话。"③ 那时青年的心态可见一斑！

尊祖敬宗要求绵延子孙，以便能有后人祭祀祖先，故有提倡"不孝有三，无后为大"之说。常乃惪就批评说："家族主义、嗣续主义不破，中国人终不能出水火而登衽席。"④ 为了有后便有了早婚、出妻、纳妾、溺女。结果，男子娶妻"是一方面为父母娶的，一方面为子孙娶的，自己全不能作主，那自由恋爱的婚姻，更说不上了"。⑤ 胡适也曾提倡无后主义，反对"不孝有三，无后为大"的说法。胡适并非真的提倡无后，实际的目的是要人们不必热衷于后代，从家族主义中解放出来，去为社会服务。⑥

新文化人打倒了受尊崇的孝道，即便那些爱父母的子女也感受到非孝的社会力量。1922 年，周瘦鹃就观察到，"现在新文化大家提倡非孝主义的时代，一般人怕捱骂，连孝子都不敢做了"。⑦ 非孝之说在社会层面形成的"霸权"地位可见一斑！曾经备受推崇的孝道经历了"除魅"的过程。孝道

---

① 《蒋廷黻回忆录》，传记文学出版社，1979，第 66～67、92 页。

② 易家钺、罗敦伟：《中国家庭问题》，泰东图书局，1922，第 142～144 页。

③ 孙应祥编《严复年谱》，福建人民出版社，2003，第 544 页。

④ 常乃惪：《我之孔道观》，《新青年》第 3 卷第 1 号，1917 年 3 月 1 日，第 10 页。

⑤ 《说孝》，《吴虞集》，第 17 页。

⑥ 李华丽、郭双林：《论胡适"无后主义"的中庸色彩》，《安徽史学》2010 年第 3 期。

⑦ 瘦鹃：《随便说说》，《申报》1922 年 11 月 16 日，第 19 版。

一下子跌下神坛，沦为个性自由的障碍、奴隶道德的象征、个人独立自主之人格的对立面，而不见容于日新月异的 20 世纪。历代皇帝固然利用孝道来维护统治，但是孝道本身也有独立的文化价值和社会意义。

需要指出的是，提倡非孝的新文化人尚能孝顺父母，[①] 例如胡适就相信，"'一个堂堂的人'决不致于做打爹骂娘的事，决不致于对他的父母毫无感情"。[②] 汪长禄就曾担心根底浅薄的青年看到胡适的话而宣称："胡先生教我做一个堂堂的人，万不可做父母的孝顺儿子。"他也担心，社会上充满"非孝"的言论，而不管不顾那老病的父母。[③] 陈独秀曾无奈地说，他们批评旧道德范围太狭，本来是希望"把家庭的孝扩充到全社会的友爱"，而"现在有一班青年却误解了这个意思，他并没有将爱情扩充到社会上，他却打着新思想新家庭的旗帜，抛弃了他的慈爱的、可怜的老母；这种人岂不是误解了新文化运动的意思？"[④]

孝道地位的动摇意味着怎样对待父母成为个人的选择。受新思潮感染而成长的五四青年就相信："当孝的就孝，不当孝的还是不应孝。"[⑤] 这其实意味着从前不容置疑的孝道其地位已经大不如前。青年程祖洛也曾预测说："为子女者，可群起而逆亲。父子之间，势必成为仇敌。"[⑥] 也有人观察到"人子之不顾其亲者，比比也，人子之逆骂其亲者，比比也"的可悲现象。[⑦]

孝道对子女约束力下降的同时，父母的责任却并没有减轻。有人就观察到："至于今日，父母已无责备子女以孝养之权利，而饮食之，教诲之，乃为父母不可逃之义务。"[⑧] 也有人痛陈："现在则子女鞠育之责，须父母任之。而子女对于父母，则不必善事。是子女方面以牛马待父母。近来劳工神

---

① 钱善刚：《无恩与有爱——五四启蒙者"父子伦"思想刍议》，《学术界》2012 年第 5 期；倪婷婷：《"非孝"与"五四"作家道德情感的困境》，《文学评论》2004 年第 5 期。

② 《"我的儿子"》，《胡适文集》第 2 卷，第 523 页。

③ 《"我的儿子"》，《胡适文集》第 2 卷，第 522 页。

④ 《新文化运动是什么？》，《陈独秀著作选》第 2 卷，第 125 ~ 126 页。

⑤ 易家钺、罗敦伟：《中国家庭问题》，第 154 页。

⑥ 程祖洛：《说孝》，《学生文艺丛刊》第 2 卷第 3 期，1925 年 1 月，第 13 页。

⑦ 饶平詹芳普：《我之劝孝观》，《扬善半月刊》第 1 卷第 4 期，1933 年 8 月，第 59 页。

⑧ 《义务与权力——在北京女子师范学校演说词》（1919 年 12 月 7 日），《蔡元培全集》第 3 卷，第 364 页。

圣，女子解放，其声浪洋溢于国人之耳鼓，乃视父母则似牛马，实与平等自由之说，背道而驰，则仇孝者之不合乎理可知矣。"① 当非孝论者批评专制家庭只知责子而不知责父时，其流弊就是"助人子以责其父者"。② 梁漱溟的父亲梁济就曾感受社会上家庭革命的压力而对子女教育方面多自我禁抑。③ 甚至提倡非孝的吴虞也发出"今之子弟似亦难教"的感叹。④

在非孝的呼声中，对如何照顾年迈父母的问题其实讨论不多，更多的是青年子弟不再愿意按照孝道的要求和父母的安排展开自己的人生。非孝较多地表现在代际人生观、价值观的对立，特别是乡间的父兄与入城的子弟之间，这也凸显出父子两代人对人生的不同态度和期待。受新思潮感染的青年不愿再做父母期待的儿女，而要冲破家庭寻找真正的自我。新青年通过反抗家庭来脱离旧式的人生轨迹，重新定义自我，表达了过新生活的愿望。

价值观念不同引起的对峙既发生在家庭内部，也体现在社会层面。不同群体对孝道的看法存在着天壤之别。这种区隔表现在有些人相信孝敬父母是天经地义的，是国性的象征，是维系社会、绵延种族的重要观念，是做人的基本准则；有人认为孝道危害国家种族，压抑个人，是制造顺民的大工厂，深信人有能力构建一个全新的无父无母的时代；双方或者几方都各有自己的立场和观点，并呈现出各种复杂的组合。从人们对孝道的不同看法也可以看出近代中国是一个多么分裂、缺乏共识的时代！

后来王造时就曾反思，鼓吹家庭革命、非孝的新文化运动之于社会层面的负面影响，即所谓"旧伦理、旧道德标准范围我们失了。忠君则无君可忠。孝父母则于小家庭的实行有碍。讲贞操，则不能自由恋爱。诸如此类，都可以证明旧的标准，已经不能维系人心"。⑤ 激烈的非孝、家庭革命带给社会的恐怕更多是混乱与无序。

---

① 震：《孝之真谛》，《思益副刊》第 8 号，1922 年 1 月 16 日，第 4 版。
② 谢祖贤：《辟仇孝之谬说》，《昌明孔教经世报》第 1 卷第 3 期，1922 年 3 月，第 14 页。
③ 罗志田：《对共和体制的失望：梁济之死》，《近代读书人的思想世界与之治学取向》，第 146~147 页。
④ 《吴虞日记》上册，1918 年 3 月 6 日，第 374 页。
⑤ 王造时：《中西接触后社会上的变化》，《东方杂志》第 31 卷第 2 号，1934 年 1 月 16 日，第 40 页。

## 四 孝本天性：质疑和批评非孝的声音

其实，"非孝"的观念一起便遭到了各方的批评。1919 年末，浙江省省长齐耀珊就批评施存统《非孝》一文，"尤于我国国民道德之由来，及与国家存立之关系并未加以研究，徒撷拾一二新名词，肆口妄谈"。① 浙江某位省议员批评师范学生黄宗正刊行《浙江新潮》倡导"非孝、废孔、公妻、共产之说"，而主张查禁之。②

1920 年代初，记者严独鹤就曾批评说："只是现在还有许多人掮着新文化的招牌，却不曾着力于文化的进行。专门注意父化的运动。我所以替他们起这个特别名称，称做新父化，因为他们这种人，开口是非孝主义，闭口是家庭革命，好像一个人生在世上，别的事业，且慢讲。只要推倒父母，就算是觉悟。只要捣乱家庭，就算是改造。于是父子之间便大起变化，这岂不是新父化么。"③

署名"凯庸"的作者曾投书给《申报》，斥责"非孝"之说。他说，"时髦人所说的'非孝'两个字，若是一个人当真实行起来，到底还像个人不像"，盖"父母抚育子女到了成人，他所受的辛苦"远超患难的朋友，若朋友尚知感激，何也对父母要用"非孝"的态度呢。因此，他提醒青年人，"若论非孝，那个时髦青年男女是万不可仿效的，并要知道孝是天性，不是为了遗产才孝呢"。④ 署名"钟"的作者就观察到，研究哲学的人喜欢发表无稽之论，例如非孝、公妻之说。⑤

辛菴就斥责新文化大家倡导废德仇孝、百善首淫，万恶先孝之说。他说，新文化人构建育婴堂、幼稚园、教养院，于是"人生所需罔或不备，然后男女恣其所悦，适然而有子女，则托于公有之组织，而鞠育之，

---

① 《杭州快信》，《申报》1919 年 11 月 28 日，第 7 版。

② 《杭州快信》，《申报》1919 年 12 月 3 日，第 7 版。

③ 《时报》1921 年 2 月 25 日，第 4 张第 1 版。

④ 凯庸：《斥非孝说》，《申报》1921 年 4 月 5 日，第 16 版。

⑤ 钟：《近今研究哲学者之普通弊病》，《申报》1921 年 5 月 30 日，第 16 版。

讫于成立。如是则父子不相闻，不相识，微特孝敬一无所施，即父子之名义沦于废弃，于心亦无所不安"。他批评，这样的说法简直"率天下皆为荡子荡妇"。① 该作者尤其痛恨非孝造成了青年人怀疑父子无恩的恶果。② 傅绍先也痛斥："彼主张非孝者，是直率人而入于禽兽也。"③ 蔡竞存坦言："近来一般新青年昌言非孝，日甚一日，我却不敢赞同。"他解释说："为父母者，以国民视其子，固不必以孝责，其子而为人子者，以恩人视其父母，则不可不以孝事其父母。何也？朋友之恩且不可不报，而况于父母耶？"④

陈文贵也观察到，旧派认为孝为百行之本，而新派以为孝妨碍人格发展，束缚个性自由，两派之对立可以想象。陈氏则肯定孝字在道德上具有价值。他坚持传统的看法，主张孝道是"人类天性"的表现，使孩子"甘心为父母的缘故，而牺牲自己一切幸福，这便是孝所由来根于天性"。他反对非孝主义者认为孝道是父母专制，是盲从父母命令。而认为孝道要表现的是"爱父母"之心，而"自爱就是爱父母，也就是孝父母了"。⑤ 也有作者呼应他的看法，江拯就观察到，"自欧风东渐，一般自命开通者流袭其皮毛，昌言子女对于父母无所用其孝，直视字典中多此一字。在此二十世纪新宇宙间不特不应有此美德，且不容有此谈论。其所持理由曰'父母生我非为我'"。⑥ 后来，徐位铭也反对当时流行的以为父母爱子女是因为肉欲的冲动，进而批评所谓的父母无恩之说。⑦ 毅华也痛心地说："欧风东渐，国人每以旧礼教为迂腐之学，又谓墨守旧教足毁青年志气，辄近又盛倡非孝主义，丧心病狂，莫过于此。"⑧

各种错综复杂的原因导致历来推崇孝道的国人突然不喜欢孝道，其中部

---

① 辛蒗：《朱云僧（上）》，《申报》1921年6月22日，第14版。
② 辛蒗：《朱云僧（下）》，《申报》1921年6月24日，第14版。
③ 傅绍先：《论妇女处家应具之道德（下）》，《申报》1921年9月18日，第13版。
④ 蔡竞存：《我对于孝字之见解》，《申报》1921年12月15日，第18版。
⑤ 陈文贵：《怎样叫做孝》，《申报》1921年12月27日，第17版。
⑥ 江拯：《辟非孝》，《申报》1922年7月15日，第21版。
⑦ 徐位铭：《家庭杂谈（二）》，《申报》1923年4月15日，第8版。
⑧ 毅华：《"慈母"影片之述评》，《申报》1924年12月12日，第8版。

分肇因可能是在这样一个过渡时代，社会、国家力量崛起的同时，家庭地位大幅衰落。郭斌龢就曾批评说："言爱社会，爱国家，而不言爱亲，自欺欺人，非狂妄，即凉薄。"① 章太炎也观察到："今人侈言社会、国家，耻言家庭，因之言反对'孝'。"章氏反问说，"孝之一字，所言至广，岂于社会、国家有碍"，且"家庭如能打破，人类亲亲之义，相敬相爱之道，泯灭无遗。则社会中之一切组织，势必停顿。社会何在？国家何在？"②

事实上，1930、1940 年代，代表国家的国民政府对非孝的言说持批评态度，并且推崇、重视孝道的传统，并将孝亲扩展至对民族的热爱。早在1927 年 5 月，国民党浙江省党部颁布了《党化教育大纲》，主张保存中国固有的"美德"，建设忠孝仁爱信义和平的"新道德"。③ 1933 年，时任江苏教育厅厅长的周佛海也发表了一篇《告全苏学生家长书》的文章。他严厉批评青年学生以"自由主义之名"，而行放纵恣肆之实。学生多"以严格为压制，以秩序为束缚"，于是"在家则高唱非孝革命之说"，导致"人类社会所赖以维系之根本规范亦将冲决破坏之而后快。家庭不能约，师长不能制，即政府之力，亦有时而穷"。④ 可见他对非孝、家庭革命涤荡了社会既存的秩序和权威的痛恨与无奈。

蒋介石尝试将传统道德嫁接到现代国民道德的准则之中，以应对来自内外的挑战。他在新生活运动中提倡四维八德，制定"忠勇为爱国之本""孝顺为齐家之本"等 12 条规则，作为国民党党员的守则。⑤ 这一运动强调"礼"的价值，"孝亲敬长"作为新生活须知之一，试图依靠"父训其子，兄教其弟，夫妇相劝，朋友互励"来实现移风易俗、革新生活的目标。⑥

1938 年 4 月，国民党临时全国代表大会制定了《中国国民党抗战建国

---

① 郭斌龢：《"孝与中国文化"附言》，《思想与时代》第 14 期，第 9 页。
② 《讲学大旨与〈孝经〉要义》，《章太炎演讲集》，第 372 页。
③ 舒新城：《近代中国教育史料》第四册，上海中华书局，1928，第 25 页。
④ 周佛海：《附周厅长告全苏学生家长书》，《申报》1933 年 1 月 20 日，第 13 版。
⑤ 刘文丽：《激变时代的选择：戴季陶政治思想研究》，首都师范大学出版社，2015，第 101 页。
⑥ 《新生活须知》（1934 年 5 月 15 日），秦孝仪主编《中华民国重要史料初编》续编三，中国国民党中央委员会党史委员会，1981，第 68 页。

纲领》，其中指出要"注重于国民道德之修养"。① 抗战时期，蒋介石在国民参政会第一届第三次会议上宣布《国民精神总动员纲领》，延续了新生活运动中对孝道的态度，强调救国之道德就是忠孝仁爱信义和平。蒋介石诠释说，"八德之中，最根本者为忠孝，唯忠与孝实中华民族立国之事"，而"中国社会数千年来之所谓孝，不唯尽孝于其亲，亦重在尽孝于其祖，故以不祀无后为最大之罪恶，此就人人之直系祖先而言之也"。他又将孝道扩充至"整个之民族"，即所谓"吾人今日行孝之对象，应为整个之民族，应求不辱吾民族共同之祖先，吾人应时刻自念吾人数百代共同祖先所辛苦经营而遗留于吾人之锦绣河山"。②

蒋介石曾试图重建孝道的时代意义。他在《中国之命运》中赞赏中国固有社会组织的优美。所谓自血统看，"由身而家而族"，自地域看，"由家族而保甲而乡社"。但是，这一切在不平等条约的压迫下解散，造成"农村生活日趋衰落，而都市生活日趋于浮华。家族乡社的组织，为之分解"的恶果。社会解体的同时，伦理观念遭到西力的极大冲击。他认为："父子、夫妇、兄弟、朋友之道，上下尊卑，男女长幼之序，乃至邻里相恤，疾病相助，实为社会生活不变的常理。"在外力的冲击下，造成"视骨肉如路人，视同胞如敌寇"的悲惨图景。③

抗战胜利后，也有人批评五四运动在文化方面的消极影响。有位作者说："在'打倒孔家店'的呼号下，我国固有的传统，我先人所留下给我们的文化遗产，动辄鄙弃。在那个时候，居然有人提倡'非孝'，提倡'公妻'，这在现在看来，诚不免充满了幼稚病的流露，然而在那时候，却与'共产'主义一样很认真的被一般'新头脑'的新青年热烈的研究着。"④也有作者指出："自从'打倒孔家店'，提倡'非孝'之说起，我国固有的

① 中国国民党中央执行委员会宣传部编印《中国国民党抗战建国纲领宣传指导大纲》，1938，第 37 页。

② 《国民精神总动员纲领》，唐润明编《中国战时首都档案文献·战时动员》（上），重庆出版社，2014，第 299 页。

③ 蒋介石：《中国之命运》，《总统蒋公思想言论总集》第 4 卷，"中央文物供应社"，1984，第 38~40 页。

④ 《发扬五四精神》，《申报》1946 年 5 月 4 日，第 2 版。

伦理道德，频遭打击，致使我国民道德的水准日趋低落。"其主张恢复我国固有道德，使得"建国大业能够有一种优良的精神基础"。① 曾经追随新文化运动的潘公展则转向《孝经》和曾子，强调孝道与爱国的一致性。他说："尽孝于父母，即尽忠于国家，孝是一切良善行为之出发点。"故，"孝顺父母，即忠于国家民族"。他进而批评："前有人提倡非孝，实在使人类沦于禽兽之域。"② 然而，类似的反思、质疑和提议并不能抵挡汹涌澎湃的非孝、家庭革命洪流。

\* \* \*

五四一个重要的遗产就是推翻了孝道在伦理道德系谱中的核心地位。署名"凤"的作者曾指出："自五四以来，实行非孝主义。"③ 对新文化运动予以肯定的人用阶级的眼光看五四运动，探讨非孝与五四的关系，认为五四"是继续予封建势力以掊击，进一步奠定资本主义文化的基石"。具体而言，五四后社会意识、文学、社会制度、道德、宗教、法律等方面都起了重大的变化，"非孝论、非节论都于此时次第展开，这样便奠定了资本主义文化的基础。所以我们可以说，五四运动是我国新文化运动的一块划时期的界石"。④ 不过，西方资本主义文化以重家为特色，⑤ 何以中国的所谓资本主义文化以非孝、家庭革命为标志，这个问题尚需进一步讨论。

一位对新文化运动持保留态度的作者曾分析非孝的远因。他认为，"近代科学精神，侧重批判，尼采所谓'重新估定一切价值'"，而"自从辛亥革命以后，旧的礼教拼命打破，而新的礼教，并未产生，因此而将成无礼教之国，在普通一般的心理，以为新的意义，就是反乎旧便为新，因此而便有

---

① 《胜利后首届父亲节》，《申报》1946 年 8 月 8 日，第 2 版。

② 《尽孝父母即尽忠国家》，《申报》1947 年 8 月 9 日，第 4 版。

③ 凤：《一周间的小事记》，《申报》1934 年 9 月 5 日，第 23 版。

④ 静子：《纪念五四》，《申报》1933 年 5 月 4 日，第 16 版。

⑤ Brent Waters, *The Family in Christian Social and Political Thought* ( New York: Oxford University Press, 2007).

非忠非孝等等说教出来"。他批评这不是"重新估定一切价值"，而是"蔑视一切"。①

孝道之所以让新青年有强烈的压迫感，或许是因为经过了几千年的因革损益，社会赋予孝道的意义以及对如何行孝的规范越来越礼节化、严苛化，到了近代有积重难返的倾向，礼俗的强迫力量让人无法在礼俗之间游刃有余。梁漱溟就观察到，"中国礼俗中一个为子要孝，一个为妇要贞，在原初是亲切的自发的行为上说，实为极高的精神"，但是后来"变做一种维持社会秩序的方法"，结果"原初的精神意义尽失，而落于手段化、形式化，枯无趣味；同时复极顽固强硬，在社会上几乎不许商量，不许怀疑，不许稍微触犯；否则，施以极严厉的压迫制裁"。受西洋风气干扰的少年因厌弃而反抗，也许就是不服这强制性的压迫。② 其实，朱光潜也有类似的感慨。他说："礼至而情不至，孝的意义本已丧失。儒家想因存礼以存情，于是孝变成一种虚文。"③

早在1921年，曾经激烈主张破坏传统的钱玄同就曾反思，若旧人"迷信孝，则当由孝而引之于爱，不当一味排斥"，因为他已经意识到，要革新生活见解"须知统一于三纲五伦固谬，即统一于安那其、宝雪维兹也是谬"。④ 他的感悟很有提示意义，或许以宣扬自由的新文化运动带来的无非是新的"束缚"。旧日礼俗固然对孝亲严格化而让人生厌，而极端化为爱国家、爱社会也未必就顺人情。爱国家、爱社会固然高尚动听，但对象模糊、空泛，很可能造成的流弊是人们既不能爱国家也不能爱家。然而，非孝与五四时期个人主义激荡的结果是青年在自利与利他之间飘摇，或成为自私自利之个体或沦为无我利他之工具，本为寻求主体性的个体在错综复杂、迅速转变的时代背景下或许不知不觉中进一步丧失了主体性。

---

① 佛：《大廉价》，《申报》1932年8月30日，第20版。
② 《乡村建设理论》，《梁漱溟全集》第2卷，第201~202页。
③ 《谈情与理》，《朱光潜全集》第1卷，安徽教育出版社，1987，第45页。
④ 杨天石主编《钱玄同日记》上册，1921年1月1日，北京大学出版社，2014，第367页。

## 第七章　为了人生幸福：五四时期
### 家庭革命的个体诉求

胡适曾回忆说，五四前后，"我们不但对人类的性生活、爱情、婚姻、贞操等问题，都有过很多的讨论；同时对个人与国家、个人与家庭与社会的关系也都有过讨论。'家庭革命'这句话，在那时便是流传一时的名言"。①以今日后见之明来看，胡适所倡导的最成功的两个变革，其一是文学革命，②其二是家庭革命。前者至少改变了人们使用的语言文字，后者则重塑了青年理想的家庭。两者都与一般人生出交涉，并改变了芸芸众生的日常生活。然而史家多言及文学革命，却对胡适所提到的家庭革命着墨不多。③其实，家庭革命得到新青年的呼应最多，讨论最多，影响他们的情感与志业也最多。

## 一　快乐的天堂：西洋小家庭正面形象的确立

早在 20 世纪初，就有作者不无羡慕地说："近观之欧美诸国，男女自择，阴阳和协，内无怨女，外无怨夫，群治之隆，蒸蒸日上。"④不久，金天翮就鼓吹说："我同胞欲实行其社会主义，必以一夫一妻为之基础。"⑤陈

---

①　《胡适口述自传》，欧阳哲生编《胡适文集》第 1 卷，第 341 页。

②　罗志田：《体相和个性：以五四为标识的新文化运动再认识》，《近代史研究》2017 年第 3 期。

③　相关研究着重在易卜生主义与胡适的关系，参考许慧琦《"娜拉"在中国：新女性形象的塑造及其演变（1900～1930）》，台湾政治大学历史学系，2003，第 89～114 页；张春田《女性解放与现代想象：思想史视野中的"娜拉"》，华东师范大学出版社，2014，第 2 章。

④　凤城蓉君女史：《男女婚姻自由论》，《清议报》第 76 册，1901 年 4 月 19 日，第 14 页。

⑤　金天翮：《女界钟》，第 79～80 页。

王也曾说："泰西夙重分居之制。故男子须有职业，可以自立，始得娶妻之资格。"既成婚之后，夫妇间"情周意洽，永无怼尤"。① 陈独秀也宣称："现在世界万国结婚的规矩，要算西洋各国顶文明。他们都是男女自己择配，相貌才能性情德性，两边都是旗鼓相当的，所以西洋人夫妇的爱情，中国人做梦也想不到。"② 大体而言，读书人对于西洋男女成婚自择、恋爱结婚、一夫一妻、分居成立小家庭的生活方式已经有了一个基本的印象，而这一印象也借助西方作为整体在中国地位的上升而成为文明、进步的象征。

民初，杨昌济曾细致地对比中西家庭生活的差异。他说：

> 西洋人结婚，则夫妇别赁一家居之，不以舅姑及夫之兄弟姐妹间之。中国妇人，则以事奉翁姑为妇道之大者，而不得不与其夫之家人同居。此东西洋家族制度之异点也。中国之家族制度，翁姑可得子妇之侍奉，而妇姑勃谿之弊，在所不免。西洋之家族制度，夫妇同栖，无他人间之，而老年之翁姑，不无寂寞之感。西洋新婚之夫妇所以能独立门面者，以不早婚之故。中国新婚之夫妇所以难于独立门面者，以早婚之故。西洋人之结婚必由于两人之自愿；中国人之结婚则全听父母之主持。西洋人无祭祀祖先之习，故不甚以无嗣为虑。中国人有祭祀祖先之习，故深以无嗣为忧。不忧无嗣，故西洋之男女其不结婚者颇多，其结婚亦迟。惟恐无嗣，故中国之女子不结婚者绝少，其结婚亦早。西洋人皆群居于市镇，可以随处赁屋，故新婚之夫妇易于创独立之门面。中国人多散处于乡间，不能随处赁屋，故新婚之夫妇难于创独立之门面。今人有欲变中国之家族制度为西洋之家族制度者，当顾虑各种事情。盖欲改一制，必将与其制相牵连者一一改之而后可。③

---

① 陈王：《论婚礼之弊》，《〈觉民〉月刊整理重排本》，第 25~26 页。
② 《恶俗篇》，《陈独秀著作选》第 1 卷，第 41 页。
③ CZY 生（杨昌济）：《改良家族制度札记》，东京《甲寅》第 1 卷第 6 号，1915 年 6 月 10 日，第 5 页。

换言之，西方的婚姻自择、迟婚以及婚后分居，与中国的父母主婚、早婚以及同居是完全不同的两套系统。受独立、自由、平等、自主等新观念的冲击，中国的家庭生活已遭到严厉批评。清末民初，私德让位于公德，个人让位于群体，而这一重群救国的倾向到1915年前后已转向了以人性解放、培养个人的主体意识和创造精神为主旨的个人本位思想。① 而家庭革命的言说也从为了国家转变为替个人谋人生幸福，而恋爱结婚成立小家庭便是人生幸福不可或缺的组成部分。

在西洋家庭形象正面化的同时，中国家庭的形象却日趋负面化，成为"桎梏"的象征。原来以关爱、责任、道德为核心的家庭本是其成员的避风港，在很多趋新读书人心目中，此时却布满了不快，进而演变为黑暗、冰冷的牢狱。传统父严母慈、兄友弟恭、夫义妇贤的理想关系，转变为整体负面的顽父、嚚母、劣兄、恶夫/恶妻。以提倡家庭革命的胡适为例，他从小孤儿寡母地生活在一个大家庭中，虽然理智上曾经认可家族制度的优长之处，但是实际感情上对大家庭印象不佳。罗志田先生从胡适《弃父行》中解读出除了作者的伤心外，多少也有些抱怨兄长的不够争气及大家庭的不和谐。胡适将母亲只活了四十多岁归咎于"在大家庭里受的气，又是营养不足"。故"大家庭"给胡适的印象极坏，后来他支持别人进行家庭革命，大约自己的经历也在起作用。②

胡适在《四十自述》中说：父母结婚后不久，父亲把母亲接到上海同住，母亲这才"脱离了大家庭的痛苦"。③ 胡适也曾坦言："我母亲二十三岁做了寡妇，又是当家的后母。这种生活的痛苦，我的笨笔写不出一万分之一二。"④ 大家庭中继子与后母、婆媳、妯娌等关系给母亲带来的痛苦唤醒了胡适的同情心，也引起了他对旧家庭的痛恨。胡适曾说："少年人的理想主义受打击之后，反动往往是很激烈的。在戊申己酉两年之中，我的家事败坏

① 参考鲁萍《"德先生"和"赛先生"之外的关怀——从"穆姑娘"的提出看新文化运动时期道德革命的走向》，《历史研究》2006年第1期。
② 罗志田：《再造文明的尝试：胡适传（1891～1929）》，中华书局，2006，第32、34页。
③ 《四十自述》，欧阳哲生编《胡适文集》第1卷，第44页。
④ 《四十自述》，欧阳哲生编《胡适文集》第1卷，第54页。

到不可收拾的地步。己酉年，大哥和二哥回家，主张分析家产；我写信回家，说我现在已能自立了，不要家中的产业。"①

其实，中国的家族制度并非没有优点。1914 年，胡适还曾指出中国女子地位高于西方女子，其证据之一便是"吾国顾全女子之廉耻名节，不令以婚姻之事自累，皆由父母主之"。② 几天后，他还为传统婚姻制度辩护。他说："人或疑此种婚姻必无爱情可言，此殊不然。西方婚姻之爱情是自造的（Self-made），中国婚姻之情是名分所造的（Duty-made）。"③

不过，那时正是青年胡适思想剧烈变动的时期。1914 年 6 月 7 日，他在日记中说自己此前常常为中国家族制辩护，现在发现中国的家族制亦有大害，例如养成依赖性。盖"西人之个人主义以个人为单位，吾国之个人主义则以家族为单位"，实际都是自私自利，然而西方的个人主义可养成"独立之人格"，而吾国"家族的个人主义"则造成"私利于外，依赖于内"的结果。④ 罗志田先生注意到胡适那时既暂不拟归，就要在自己心里给自己的行为"正名"。因此而一变其素志，以前读过的辛亥革命前后那种以中国家族制为亡国之恨的老观念，此时不呼自出，涌上心头，又有了新的意义。而且，非常有可能的是，他在前些时候所读的传教士明恩溥等西人谈中国的观念也无意中融入他的新观念了。罗先生指出胡适这次心绪动荡后的一个大的改变：以前他常为中国各种风俗制度等辩护，此后则开始较多看到西方的好处和中国的不如人处；以前他论事还多出于中国的传统观念，此后则渐偏向西方的思路。⑤

1915~1916 年为胡适思想变化的一个关键时期。变化的一个表现就是他对美国家庭生活从有所保留到极力赞美。早在 1914 年 8 月，在访问好友金君一家时，胡适曾对他们说："吾国子妇与父母同居以养父母，与西方子

---

① 《四十自述》，欧阳哲生编《胡适文集》第 1 卷，第 95~96 页。
② 《吾国女子所处地位高于西方女子》（1914 年 1 月 4 日），曹伯言整理《胡适日记全编》（1），安徽教育出版社，2001，第 213 页。
③ 《演说吾国婚制》（1914 年 1 月 27 日），《胡适日记全编》（1），第 223~224 页。
④ 《我国之"家族的个人主义"》（1914 年 6 月 7 日），《胡适日记全编》（1），第 292~293 页。
⑤ 罗志田：《再造文明的尝试：胡适传（1891~1929）》，第 80 页。

妇婚后远出另起家庭，不复问父母，两者皆极端也，过犹不及也。吾国之弊，在姑妇妯娌之不能相安，又在于养成依赖性。"而"西方之弊（美国尤甚），在于疏弃父母：皆非也。执中之法，在于子妇婚后，即与父母析居而不远去，时相往来"。胡适继续写道："家人妇子同居一家，'敬'字最难；不敬，则口角是非生焉矣。析居析产，所以重个人之人格也，俾不得以太亲近而生狎慢之心焉。而不远去，又不欲其过疏也，俾时得定省父母，以慰其迟暮之怀，有疾病死亡，又可相助也。"① 到了1915年1月，胡适造访了卜朗博士夫妇，他在日记中写道："博士夫妇极相得，无有子女，夫妇共持家同艰苦，其相敬爱之深真非笔墨所能写，此真西方极乐之家庭也。"② 差不多同时，友人节君告诉胡适："吾妇之于我，亦夫妇，亦朋友，亦伴侣。"胡适随后写道："此婚姻之上乘也。"③ 1916年8月，胡适访问了友人根内特君一家，归来后便叙其家庭生活以及恋爱结婚之乐事于日记。④

虽然胡适心中向往那种伉俪兼师友的婚姻，然而已有婚约的他不得不有所禁抑。1914年11月3日，胡适在日记中写道："吾于家庭之事，则从东方人，于社会国家政治之见解，则从西方人。"⑤ 在致母亲的信中，他说："今之少年，往往提倡自由结婚之说，有时竟破坏已订之婚姻，致家庭之中龃龉不睦，有时其影响所及，害及数家，此儿所大不取。自由结婚，固有好处，亦有坏处，正如吾国婚制由父母媒妁而定，亦有好处，有坏处也。"⑥ 在1915年10月的家书中，胡适再次向母亲言明不会毁弃婚约的心迹。⑦ 归国后的胡适极力推崇以爱情为基础的婚姻，而这主要是面向他人，特别是青年。

---

① 《一个模范家庭》（1914年8月16日），《胡适日记全编》（1），第420～421页。
② 《世界学生总会年会杂记》（1915年1月4日追记），《胡适日记全编》（2），第6页。
③ 《再游波士顿记》（1915年1月27日追记），《胡适日记全编》（2），第18页。
④ 《根内特君之家庭》（1916年8月21日追记），《胡适日记全编》（2），第463～464页。
⑤ 《"容忍迁就"与"各行其是"》（1914年11月3日），《胡适日记全编》（1），第516页。
⑥ 《胡适致母亲》（1915年5月19日），耿云志、欧阳哲生编《胡适书信集》上册，北京大学出版社，1996，第60页。
⑦ 《胡适致母亲》，《胡适书信集》上册，第65～66页。

曾写出"新俄万岁"[1] 的胡适那时正是情感热烈发展的时期，也多呈现出激进的一面。怀揣理想和批评精神的胡适认为，中国需要的正是家庭革命。他给中国青年描绘了一幅近乎完美的美国家庭生活画卷。在他口中，杜威夫妇是"同具高等学问，相敬相爱，极圆满的家庭"；也有"平常中等人家，夫妻同艰苦，同安乐的家庭"；也有夫妇虽没有儿女，却过着"同安乐，同艰苦的家庭生活"；还有"夫妇各有特别性质，各有特别生活，却又都能相安相得的家庭"。而"美国的结婚，总算是自由结婚；而自由结婚的根本观念就是要夫妇相敬相爱，先有精神上的契合，然后可以有形体上的结婚"。[2]

需要特别注意的是，归国后的胡适几乎不提他此前曾注意到的美国家庭生活所存在的问题，而极力宣扬一个近乎完美的美国家庭形象。这并非无意之举，而是有意为之。他坦言自己不愿像贱视别国文化的传教士那样讲述美国。他说："我平日的主张，以为我们观风问俗的人，第一个大目的，在于懂得人家的好处。我们所该学的，也只是人家的长处。我们今日还不配批评人家的短处。不如单注意人家的长处在什么地方。"[3] 换言之，他是有目的地去塑造美国一夫一妻小家庭的正面形象。罗志田先生较早就注意到，胡适对美国主要是见其好处，说的时候更基本不说其坏处，也是事实。罗先生分析说，把这些"野蛮"和具有帝国主义性质的西方事物拒绝摒弃之后，胡适心目中的"西方"就只剩光明了。故文化可分论虽然使胡适捐弃了"西方整体"之重要部分的基督教，却也净化了他心目中的"西方"。[4]

胡适所留学的美国又是一个特别的国家。其对留学生的影响不仅仅在于课堂、实验室、图书馆等，"更重要的和更基本的还是在美国生活方式和文化方面去深入体会"。通过国际学生社，北美基督教青年会"号召美国各地其他的基督教领袖和基督教家庭，也以同样方式接待中国留学生，让他们知道美国基督教家庭的家庭生活的实际状况；也让中国留学生接触美国社

---

① 《沁园春·新俄万岁》（1917 年 4 月 17 日），《胡适日记全编》（2），第 582 页。

② 《美国的妇人》，欧阳哲生编《胡适文集》第 2 卷，第 498 ~ 500 页。

③ 《美国的妇人》，欧阳哲生编《胡适文集》第 2 卷，第 501 页。

④ 罗志田：《再造文明的尝试：胡适传（1891 ~ 1929）》，第 66 ~ 67 页。

会最善良的男女，使中国留学生了解在美国基督教整体中的美国家庭生活和德性"。①

胡适留学期间正是美国历史上的进步时代，而他接触到的恰恰是美国社会上层、风俗中较好的一面。19世纪中叶以来基督教特别推崇幸福家庭（cult of domesticity），认为安全、神圣的家庭是抵御市场不安、腐败的根基。② 虽然在19世纪末20世纪初这一家庭意识形态（domestic ideology）受到女性主义和个人主义的持续挑战，然其余波恐怕要持续到一战结束。换言之，这些错综复杂的内外力量共同塑造了胡适心目中美国家庭的正面形象。

其实，从美国离婚率的上升也可以捕捉到美国家庭生活并没有想象得那么完美。③ 孙鸣琪就曾观察到位于美国大城市的"家庭官院"，特别"审理一切夫妇间不愉快之事"，每年数千计的夫妇案件，约有三方面原因：第一，男女成亲之前相识未久，成婚之后则对彼此性情、学问、能力表示不满；第二为男女均属于"愚蠢之流"，而且"对于夫妇之责任与其重要，茫然不知"；第三种情况为工人阶级之收入不足以养家糊口，而且才学又不足以另谋他业。④ 其实，西方男女交际也没有青年想象得那么自由。1915年初，胡适在日记中写道："盖此邦号称自由耳，其社会风尚宗教礼俗，则守旧之习极深，其故家大族尤甚。"⑤ 与胡适交往的韦莲司确实不为美国社会流俗所拘束，盖那时的美国男女交际要有"挟保娘"伴随左右。⑥ 然而对于胡适而言，抛弃了这些美国家庭生活的阴暗面，美国就是郅治之国，就是他

---

① 《胡适口述自传》，欧阳哲生编《胡适文集》第1卷，第202页。

② Gillian Brown, *Domestic Individualism: Imagining Self in Nineteen-century America*（University of California Press, 1990）, pp. 20 - 37; Barbara Welter, "The Cult of True Womanhood: 1820 - 1860," *American Quarterly* 18（1966）, pp. 151 - 74.

③ Glenda Riley, *Divorce: An American Tradition*（Lincoln and London: University of Nebraska Press, 1997）, Chapter 6.

④ 孙鸣琪：《改良家庭与国家有密切之关系》，《新青年》第3卷第4号，1917年6月1日，第6页（女子问题栏）。

⑤ 《C. W. 论男女交际之礼》（1915年2月3日），《胡适日记全编》（2），第34页。

⑥ 《美国男女交际不自由》（1915年6月5日），《胡适日记全编》（2），第163页。挟保娘是维多利亚时代陪伴年轻女性出行的老年妇女。根据胡适的观察，这一风俗也流行于当时的美国。Jennifer Phegley, *Courtship and Marriage in Victorian England*（Santa Barbara: Praeger, 2011）, Chapter 2.

心中的乌托邦。

回国之初的胡适借易卜生之口来提倡家庭革命。不过，胡适坦言，母亲的过世恰恰是"引导我把我在这广大世界中摸索了十四年多些的信条第一次列成条文的时机"。① 因此，关于丧礼制度的改革、与蓝公武争论恋爱结婚、借李超之死来批评旧家庭制度都是在母亲过世后的1919年。这很可能是缺少了母爱的那份压力，胡适得以抒发心中被压抑的情感。其实，一万篇说理的文章抵不上一个感人至深的故事（sensational story）。李超的死便是胡适抓住的典型，借一个女子的死来唤醒广大民众对女子的同情和对旧家庭制度的不满。而胡适的《李超传》恰恰鼓励新青年讲述他人或自己的真实故事。②

概言之，清末民初为国破家的家庭革命已经使传统家庭理想发生了动摇，但是大家都不知道应该往何处去。胡适恰恰呼应了时代的问题和青年的困惑，为他们开拓了一种新的生活。胡适告诉新青年恋爱结婚、自择成立小家庭就是你们想要的生活。因此，家庭革命得到边缘知识青年的广泛响应。白话文和白话诗赋予了他们表达感情的工具，恰恰在这一点上，文学革命与家庭革命合流了。

## 二　活地狱：旧家庭形象负面化的高潮

五四前，陈独秀就曾对易宗夔说："旧文学，旧政治，旧伦理，本是一家眷属，固不得去此而取彼。"③ 这"一家眷属"的概括，恐怕就是对以血缘为基础的家庭所做的政治性反思。在新文化人的心目中，一方面为了维护共和体制，要打破旧礼教、旧道德、旧伦理集中的旧家庭；另一方面为了个人的幸福，也要冲破旧家庭的束缚。这意味着革命从政治领域步步深入人伦日用。

---

① 《我的信仰》，欧阳哲生编《胡适文集》第1卷，第18页。
② 关于李超之死从私人空间到公共空间的转变，请参考李净昉《性别视野中的女学生之死——以五四时期李超为中心》，《妇女研究论丛》2007年第5期。
③ 《答易宗夔》，《陈独秀著作选》第1卷，第408页。

不过，家庭革命、妇女解放之类的号召起初几乎没有得到青年的呼应。1918 年 5 月，周作人就曾说："《新青年》曾登了半年广告，征集关于'女子问题'的议论；当初也有过几篇回答，近几月来，却寂然无声了。"① 然而欧战胜利后，沉浸在狂热乐观情绪中的青年首先响应了老师反礼教、非孝、家庭革命的呼声。有人指出："自从欧战告终之后，全世界统入于改造之时代。"② 不少人以为人类新纪元从此开始，希望借欧战胜利的东风，由外及内，一举解决中国的全部问题，进入世界大同境界。③

受新思潮感染的学生开始从理性和感性两个角度来唤醒广大青年对家庭的痛恨。1919 年初，傅斯年就从个性的发展是善这一前提出发，以为"'善'是一定跟着'个性'来的，可以破坏个性的最大势力就是万恶之原"，而"破坏个性最大的势力"正是中国的家庭。因此，他宣称中国的家庭是"万恶之原"。傅氏感慨道，"咳！家累！家累！家累！这个呼声底下，无量数英雄埋没了"，更不要提妻妾、姑媳、妯娌矛盾重重的怪现状。他反问道："名教本是杀人的，哪里有不杀人的名教？"④ 顾颉刚也动情地说，"我常临寝存想，这一天内：各个家庭中抱了愠怨的有多少人，想来总有数千万；破口相骂的有多少人，想来总有数百万"，结果"经此一想，觉得各个家庭都被阴云惨雾笼罩得'密密层层'"，旧家庭简直成了惨不忍睹的"活地狱"。⑤

罗家伦曾深情地对青年说，"可怜我们现在的中国人，更可怜我们现在中国的青年，受了几千年圣贤的欺骗，万恶社会的熏陶，黑暗家庭的压制"而认为这是自然的。他说，"真正的幸福，是从真正的自觉心里生出来的"，而真正的自觉心又是从"'苦中苦'里生出来的"。⑥ 假如意识到痛苦的存在是消除痛苦的前提，对青年的唤醒恐怕正是一种情感的动员。顾颉刚就对

① 《贞操论》，钟叔河编订《周作人散文全集》第 2 卷，广西师范大学出版社，2009，第 31 页。
② 李光业：《家庭之民本化》，《妇女杂志》第 7 卷第 2 号，1921 年 2 月 5 日，第 1 页。
③ 罗志田：《"六个月乐观"的幻灭：五四前夕士人心态与政治》，《历史研究》2006 年第 4 期。
④ 《万恶之原》，欧阳哲生主编《傅斯年全集》第 1 卷，第 104～107 页。
⑤ 顾颉刚：《对于旧家庭的感想》，《新潮》第 1 卷第 2 号，1919 年 2 月 1 日，第 167 页。
⑥ 《罗家伦致杨钟健》，《新潮》第 1 卷第 5 号，1919 年 5 月 1 日，第 950 页。

傅斯年说："我总希望我们的《新潮》杂志有真挚浓密的感情，去感动社会。"傅斯年也表示要"对于青年人务必感化"。①

或许，情感共鸣就是青年回应新思潮的方式之一。苏雪林曾回忆说："新青年反对孔子，我那时尚未敢以为然，但所举旧礼教之害，则颇惬我心。想起我母亲一生所受婆婆无理压制之苦及我自己那不愉快的童年，还不由于此吗？"② 她的回忆特别有提示性，正是自己的经历或对家人的同情唤起了青年对旧家庭、旧礼教的痛恨。一位寄居在外祖父家的女学生也曾回忆说："施存统先生的《非孝论》的观点给我印象很深。我对我出身的那个大家庭深感厌恶。"③ 她便是后来的丁玲。

家庭革命的号召者成功地改变了新青年对于旧家庭的观感，而痛苦、烦闷、怨恨等负面情绪便产生了。北大学生张厚载就曾观察到，那时稍"有些新思想的人，常常感触旧家庭的痛苦"。④ 左舜生也曾诉苦说自己"感受社会的苦还比较的少，感受家庭的苦实在太多"。⑤

进而，这类的个人认知很快就上升为对中国家庭的整体印象。黄蔼女士就宣称，"中国的家庭大半是麻木不仁的""恶家庭"。⑥ 1920 年夏，在法勤工俭学的罗学瓒致信毛泽东时就曾发泄说："一言及家庭，即有无限的悲感，家庭！家庭！真是杀尽中国〔人〕的牢狱！"⑦ 在郑士元的笔下，"中国式家庭大半是专制的、麻木不仁的、无生气的，简直说是世界最黑暗的牢狱，用婚姻做墙基，族姓做砖石，纲常名教做泥土，粘合而成'铜墙铁壁'、'森严牢固'的大狱"。⑧

其实，中国家庭形象的负面化与对西方（包括日本）快乐小家庭的想

---

① 《顾诚吾致傅斯年、傅斯年附识》，欧阳哲生主编《傅斯年全集》第 1 卷，第 205、207 页。

② 《苏雪林自传》，江苏文艺出版社，1996，第 38 页。

③ 《丁玲自传》，江苏文艺出版社，1996，第 22 页。

④ 张厚载：《生活独立》，《新潮》第 1 卷第 4 号，1919 年 4 月 1 日，第 663 页。

⑤ 《讨论小组织问题》，《少年中国》第 1 卷第 2 期，1919 年 8 月，第 39 页。

⑥ 黄蔼女士：《模范家庭为社会进步的中心》，《少年中国》第 1 卷第 4 期，1919 年 10 月，第 19 页。

⑦ 《罗学瓒给毛泽东》（1920 年 7 月 14 日），中国革命博物馆、湖南省博物馆编《新民学会资料》，人民出版社，1980，第 118 页。

⑧ 郑士元：《家庭改造论》，《时事新报》1920 年 8 月 24 日，第 4 张第 1 版。

象乃一事之两面。有人就满心疑惑地问："为什么我们走到欧美人的家庭里边去，终觉得他们是欢喜快乐的，有春气的，等到走到我们中国人的家庭里边去，终觉得忧愁惨淡的，有秋气的缘故？"① 留学日本的吴觉农②也感受到日本的家庭"生气勃勃，使人慰安"。在他看来，日本之所以被称为世界强国之一，除了"政治的修明，教育的进步，实业的发达"，"其根本的原因，正在负担家庭经济的人，能够安稳的享受家庭的幸福"，而"我国官僚政客的奔竞钻营、纳贿卖国，智识阶级的自甘堕落，劳动阶级的卖妻鬻子，其原因就在大家庭制度的为害"。③ 在中西、新旧的转换中，中国家庭代表了旧、落后、乡村、痛苦，而西方家庭则象征着新、发达、城市、快乐。而那忧愁惨淡的秋气恐怕就是家庭内部新旧之争的感性体现。

家庭形象的负面化在五四前后走向了高潮，并借助白话文的力量进一步弥散开来。④ 然而，攻击中国家庭为"万恶之原"的傅斯年却说："自己虽不曾很受这种苦痛，可是看见受这苦痛的人，到处皆是。觉得忍无可忍，一天也不能敷衍下去，只得急起改造。"⑤ 可以想象，家庭痛苦虽然有真实的一面，恐怕也不乏想象、夸大的因素。这类因家庭而产生的"痛苦"在新青年之间迅速发酵，引起很多读者的共鸣。对社会、政治的不满很可能会转移到家庭身上，进而将"家庭黑暗"视为万恶社会和黑暗政治的表现。对于他们而言，这痛苦既是个人的和家庭的，也关涉民族和国家。"家庭痛苦"的形象一旦形成便自有其生命力，由思想进入社会以及随后的文学领域。

受家庭革命的熏染，新青年一面宣泄着因家庭而生的烦闷和痛苦，一面塑造一个以西方为典范的幸福快乐小家庭形象。五四前后的家庭革命就像磁

---

① 张恭叔：《一个问题的商榷·其二》，《时事新报》1919 年 11 月 5 日，第 3 张第 4 版。
② 关于 Y. D. 真实身份的考证，参考姜瑀《谁是 Y. D.：作为妇女解放运动参与者的"新青年"吴觉农》，《妇女研究论丛》2018 年第 1 期。
③ Y. D.（吴觉农）：《从大家庭生活到个人生活》，《妇女杂志》第 9 卷第 4 号，1923 年 4 月 1 日，第 71 页。
④ 赵妍杰：《为国破家：近代中国家庭革命论反思》，《近代史研究》2018 年第 3 期。
⑤ 《顾诚吾"对于旧家庭的感情"附记》，欧阳哲生主编《傅斯年全集》第 1 卷，第 158 页。顾文原标题为《对于旧家庭的感想》，《傅斯年全集》似有误。

铁一样吸纳了无数的思想、情感与寄托。对于新青年而言，眼前的痛苦是真实的、具体的，让人同情和怜悯的，而想象中的快乐却是那么让人神往、令人心醉。西洋家庭正面形象的确立进一步形塑了新青年的理想家庭，吸引着他们为此而实行家庭革命。

## 三 从地狱到天堂："小家庭是第一桩事"

胡适曾说："《新青年》的一班朋友在当年提倡这种淡薄平实的'个人主义的人间本位'，也颇能引起一班青年男女向上的热情，造成一个可以称为'个人解放'的时代。"[①]"热情"一词非常关键，青年学生的心态本就活跃，再加上老师的表扬和赞美，几乎到了极度自信和狂热的阶段。那时的青年追求高远的思想、真挚的情感，而倡言家庭革命恰恰就证明自己是一个"人"。结果，老师辈尚能依旧道德生活，而新青年已经不愿再周旋于旧家庭之中了。

1919 年 10 月，傅斯年就曾观察到："五四运动过后，中国的社会趋向改变了。有觉悟的添了许多，就是那些不曾自己觉悟的，也被这几声霹雳，吓得清醒。"他就曾预言说："以后是社会改造运动的时代。"[②]傅氏曾提议："我们理想中的家庭是怎样的，却是一个大问题，我很希望大家都去研究一下。"[③]顾颉刚也注意到，五四后社会舆论界并不缺乏提倡改革家庭的呼声，而当时的重要问题已经转移到"旧家庭如何可以破坏，新家庭如何可以建设"上来了。[④]

其实，早在 1915 年，吴贯因就曾提倡家族制度的改革，特别针对父母主婚、同居、共产、祭祀、守节等制度。[⑤]魏寿镛也明确支持吴氏"提倡改

---

① 《四十自述》，欧阳哲生编《胡适文集》第 1 卷，第 137 页。

② 《〈新潮〉之回顾与前瞻》，欧阳哲生主编《傅斯年全集》第 1 卷，第 295 页。

③ 《顾诚吾"对于旧家庭的感情［想］"附记》，欧阳哲生主编《傅斯年全集》第 1 卷，第 158 页。

④ 顾诚吾：《顾诚吾启事》，《新潮》第 2 卷第 1 期，1919 年 10 月 30 日，第 443、445 页。

⑤ 参考吴贯因《改良家族制度论》，《大中华》第 1 卷第 3 号，1915 年 3 月 20 日、第 1 卷第 4 号，1915 年 4 月 20 日、第 1 卷第 5 号，1915 年 5 月 20 日；吴贯因《改良家族制度后论》，《大中华》第 1 卷第 6 号，1915 年 6 月 20 日。

良大家族，组织小家庭"的主张。他批评数世同居的制度"抑制其自由之理想不得发展"，又造成"妯娌勃豀、兄弟阋墙、姑息反目、婢仆冲突"等不良后果。因此，他提倡打破"同居之大家族"而成立"分治之小家庭"。这便要求"男子之婚期当在二十二岁有一定职业能自力谋生之后"。那么，主婚问题便可操之自己手中。[①] 杨昌济也提议父母者不宜强求"子妇与之同居"，而"为兄弟者亦不宜慕九世同居之美名，致其家人受无形之痛苦"。[②]

在新青年心目中，恋爱结婚成立小家庭取代了同居共财的大家庭成为理想的家庭形式。李平在《新青年之家庭》一文中就构建了一夫一妻以及未婚子女组成的新家庭。他强调废除纳妾、蓄婢，支持男女同等教育以及亲子关系的改变。[③] 有人就指出："普通之家，一家四五口，极一人之力，仅足以供全家之衣食，或且饥寒不免。于是儿童之教育，有所不暇及，儿童之造就，有所不遑问。"故"欲救其弊，非先造成小家庭不可"。[④] 1918 年 11 月，北大学生夏道漳也曾反思说，虽然家庭革命最终的目的是一夫一妻小家庭，然当此过渡时代不可不持稳健的态度，"父子之家庭则视其家境之贫富、天伦之美满与否，以为分合。兄弟叔侄之家庭则无论如何须厉行分居制也"。[⑤]

五四前，顾颉刚也曾特别提醒自己的读者，家庭革命绝不是激进的分居别爨，而是针对"制造家庭的模型"的革命。[⑥] 1919 年 3 月，《时事新报》的副刊《学灯》曾就"理想的家庭"进行特别征文。[⑦] 究竟什么是理想的家庭引起了青年的热切讨论。左学训以为："中国式之家庭暂时虽不必改革

---

① 魏寿镛（冰心）：《改良家庭问题之研究》，《妇女杂志》第 2 卷第 10 号，1916 年 10 月，第 11 页（家政）。

② CZY 生：《改良家族制度札记》，东京《甲寅》第 1 卷第 6 号，1915 年 6 月，第 5~6 页。

③ 李平：《新青年之家庭》，《新青年》第 2 卷第 2 号，1916 年 10 月 1 日，第 3~4 页。

④ 树声、西神：《家庭大小论》，美国 Carl Eastern Williams 原著，《妇女杂志》第 3 卷第 1 号，1917 年 1 月，第 1 页。

⑤ 夏道漳：《中国家庭制度改革谈》，《新青年》第 6 卷第 4 号，1919 年 4 月 15 日，第 444~445 页。

⑥ 顾诚吾：《对于旧家庭的感想》，《新潮》第 1 卷第 2 号，1919 年 2 月 1 日，第 158~159 页。

⑦ 《广告：本栏特别征文题》，《时事新报》1919 年 3 月 13 日，第 3 张第 3 版。

其形式，要不可不亟谋一新其精神。"他建议："为家长者，于其曾受中等以上教育之子若女，予以一部分之开放。即以择偶之初选权，仍操之家长与媒妁，而复选权则归之子若女。"① 在左氏看来，革新家庭要求废除妾制，应从淡化子嗣观念、提高女子教育、提倡恋爱结婚、缩小家庭组织、改革社会空气等方面着手。② 左氏赞成所谓"活泼、愉快、自由"的"一夫一妻及未成年之子女组织的小家庭"。不过，他主要讨论如何减少亲戚、雇工和婢女以便缩小家庭组织，但是仍保留父母、子女、兄弟、姐妹、妯娌。③

与左氏通过社会观念来改造家庭的思路不同，郭一岑就认为应该以法律取缔为手段来废除纳妾制度，盖"法律的制裁律对于形式的效力是比社会提倡的力量还大得多哩"。他希望借助法律把纳妾制度的"恶俗铲除殆尽"。④ 有感于胡适关于美国家庭生活的描绘和顾颉刚对旧家庭生活的控诉，郭一岑进而主张："家庭根本的改革和普遍的改革就是分居，就是缩小家庭。"家庭罪恶的核心是"辈分主义"，即"那幼辈不论怎样都是要服从长辈的"。因此，只有分居才能改善媳妇的悲惨命运。与左氏所谓等"有机会"再进行改革不同，他则认为家庭改革"万不能等到'有机会'，必用毅然的手段。要晓得现在家庭种种罪恶都是由大家庭发生的，不先着手这一点，他种的改革决没有希望"。⑤ 在答书中，左学训指出自己并非根本反对小家庭制，但是"社会问题不是纯理的问题，太偏于理想，事实上万做不到"。⑥ 左学训认为："对于家庭要争的是婚姻自由，至若分居不分居还可以留作第二步。"⑦

---

① 左学训：《家庭改革论（一）》，《时事新报》1919年3月19日，第3张第3版。
② 左学训：《家庭改革论（二）》，《时事新报》1919年4月14日，第3张第3版。
③ 左学训：《家庭改革论（三）》，《时事新报》1919年5月5日，第3张第3版。
④ 一岑（郭一岑）：《多妻问题》，《时事新报》1919年4月18日，第3张第3版。
⑤ 一岑（郭一岑）：《家庭组织问题之商榷》，《时事新报》1919年5月15日，第3张第3版。
⑥ 左学训：《家庭组织问题商榷的商榷答一岑君》，《时事新报》1919年5月22日，第3张第3版。
⑦ 左学训：《家庭组织问题商榷的商榷答一岑君》，《时事新报》1919年5月22日，第3张第3版。

不过，也有不少青年把分居看作家庭革命的第一步。程明德认为，尽管传统社会赞扬同居并尽量推迟分家，但是也造成了家庭不和以及互相依赖的恶果，因此他特别强调兄弟分居。① 王崇植也说："现在要变中国的家庭，从地狱到天堂，小家庭是第一桩事呢。"② 有作者也认为："文明愈进，家庭之范围愈小。"③ 吴弱男就注意到："在西方，这家庭所包含的只有一夫一妻同他亲生的所未曾嫁娶的子女。"因此，"西洋家庭份子是很简单，中国家庭份子是最复杂的"。④ 盖"同居是依赖的、分利的、退化的、作伪的、有阶级的、不自然的，分居是独立的、生利的、进化的、率真的、平等的、自然的"。⑤

一位作者便呼应说，"西文之家庭（family）乃指一夫一妻及其子女未嫁娶者"，而我国的家庭则包括父母、兄弟、姐妹、妻子、子女；西方家庭的优点在于养成子女的独立性，培养国民之国家观念。⑥ 从中西到新旧的转变中，时人"多论大家庭制之弊害，而扬小家庭制之利益"。⑦ 后来，支持改合居制为分居制的章锡琛就批评父权大家庭的弊端，包括蔑视个人人格、养成依赖心、妨害个人自由发展、增多家人的冲突，因此"为个人的幸福，家庭的安宁，民族的进步，国家的强盛起见，不可不把旧有数代同居的大家庭制度，改为欧美现行一夫一妇的小家庭制度"。⑧ 从理想出发，新青年提出了各式各样的家庭革命方案，问题的焦点渐渐集中到如何实现父子析居和恋爱结婚两个方面。

理想的小家庭不仅在于家庭规模的大小或人数的多寡，而且在于其不同于旧家庭的精神气质。吴弱男认为，西洋家庭能养成人人有好胜心、独立精

---

① 程明德：《兄弟析居问题》，《时事新报》1919 年 7 月 14 日，第 3 张第 4 版。
② 王崇植：《一个问题的商榷》，《时事新报》1919 年 11 月 11 日，第 3 张第 4 版。
③ 光辉：《新家庭之根本问题》，《妇女杂志》第 5 卷第 10 号，1919 年 10 月，第 1 页。
④ 吴弱男女士：《论中国家庭应该改组》，《少年中国》第 1 卷第 4 期，1919 年 10 月，第 4 页。
⑤ 郑士元：《家庭改造论》，《时事新报》1920 年 8 月 24 日，第 4 张第 1~2 版。
⑥ 芜城玉芝女士：《中西家庭之比较（上）》，《申报》1920 年 11 月 27 日，第 18 版。
⑦ 藏园：《大家庭制与小家庭制之研究（上）》，《申报》1922 年 11 月 12 日，第 5 版。
⑧ 瑟庐（章锡琛）：《家庭革新论》，《妇女杂志》第 9 卷第 9 号，1923 年 9 月 1 日，第 4 页。

神，能强种族、造社会，而中国家庭是社会中"万恶的源泉"，是"造奴隶的厂所"。就情感来说，西洋家庭乃"人生最乐的区域"，而中国家庭是"最使人不安不快的地方"。因此，她热情地号召："若是我们中国的少年要改造这国家和社会，定不可不先把这样腐败的家庭推翻。若要人民人人有独立精神和自立人格，亦不可不先把旧家庭制度打破。如不先从个人和家庭着手，那社会革新的事业就更没有办法了！"①

新青年深信建设新家庭不仅可以增进人生的幸福，还可以强种族、造社会、救国家。黄蔼就说："模范家庭是个优美愉快、一夫一妇、少数儿女、以爱为主体、不背经济的原则，且能谋社会的活动的家庭。"而其要素包含物质和精神两方面：前者包括完美小家庭制的组织、有夫妇经济独立的能力、有健康的社会交际、有卫生的饮食起居、夫妇各有职业的自由选择权以及儿童有良善合法的教养；后者则包含高尚的"爱"、纯粹的"真"、良善的"美"和宗教信仰的自由。② 与强调尊卑、上下、男女之别的旧家庭不同，此时他们理想的小家庭则强调以爱为基础的平等关系。

与象征着专制、依赖和矛盾的旧家庭相比，新家庭成了自由、自立、和睦的代名词。理想的家庭是男女经过恋爱进而合组成一夫一妻的小家庭。彬彬就认为，理想的新家庭应该去掉宗法制度，家庭里应当互重人格、男女平等，解放从前束缚自由的恶习惯，养成独立精神，注重自由恋爱，注重社会的幸福、简单的生活，这样才能实现"自由、平等、简单、活泼、愉快"的家庭生活。③ 按照郜光典、宝贞的说法，所谓新家庭有三点作为基础：分居、恋爱结婚、财产个人所有。盖"新家庭最自由而不相侵犯也；最平等而不设阶级也"。这样的家庭生活的和美对社会有积极的影响。"新家庭中觉另有一种志气与社会及学校迥殊。处其中者，受天然之涵养、爱力之镕

---

① 吴弱男女士：《论中国家庭应该改组》，《少年中国》第 1 卷第 4 期，1919 年 10 月，第 5～6 页。
② 黄蔼女士：《模范家庭为社会进步的中心》，《少年中国》第 1 卷第 4 期，1919 年 10 月，第 19～24 页。
③ 彬彬：《改造家庭的我见》，《时事新报》1920 年 6 月 13 日，第 4 张第 2 版。

冶，品行得潜移默化于无形之中，盖精神之快愉，有非物质之富贵可比拟者。"① 新家庭是"适应时势要求的重要教育机关"，以"爱"为伦理基础，"扶植德谟克拉西的精神，使家庭里面，凡事皆自由平等"。② 章锡琛也曾呼吁家庭精神上的革新，废除专制、保守和迷信，提倡家庭的平等、快乐和科学。③

家庭革命的目的是追求个人的幸福生活，夫妇爱情便是人生幸福的重要部分。新青年试图去掉大家庭中牵制夫妻关系的婆媳关系和妻妾关系，使得婚姻的重心由承先启后、侍奉公婆、照顾儿女转变为夫妇之间的情感满足。俞藏园就观察到，小家庭制度除了减少妇人矛盾之外，还可以减轻代际的冲突，盖"世界日趋文明，思想亦随时而异，故年高者之思想常旧，而年青者之思想常新"。在家庭制度中，新旧冲突常以父子冲突的形式爆发，而小家庭可以按照各自的生活方式生活。④ 俞氏后来又说："新家庭者乃打破旧家庭之一切坏习惯，而建设一组织适宜之人的结合团体，以谋人生幸福者也。"⑤

郑士元反对废除家庭的激进主张，坚持认为应该保存家庭形式，呼吁把家庭的制度、习惯大大改良。盖"家庭为社会的分子，社会即多数家庭组织来的。家庭黑暗，就是社会黑暗，恶家庭当然产出恶社会，所以我们要改造社会，非从改造家庭做起不可"。他号召觉悟的青年向家庭宣战，"拼命打破狱门，杀退恶魔，向光明的路线走"。他鼓励青年"要用'德谟克拉西'做墙基，纯粹的真、良善的美做砖石，高尚清洁的爱做泥土，组成一个愉快开放的家庭"。他认为，家庭革命的对象就是婚姻制度、家庭教育、男尊女卑、迷信、男女无社交、缠足和穿耳、研究旧伦理、复杂家庭、蓄婢制度等。在郑氏看来，家庭之所以如"牢狱"，成为"最悲惨、最苦痛的场所"就在于其由"无人格、不自由的婚制造成的"，因此他特别提倡"两性

① 邰光典、宝贞：《新家庭》，《妇女杂志》第 7 卷第 1 号，1921 年 1 月 5 日，第 6～7 页。
② 钱翼民：《旧家庭与新家庭》，《妇女杂志》第 7 卷第 8 号，1921 年 8 月 1 日，第 108～109 页。
③ 瑟庐（章锡琛）：《家庭革新论》，《妇女杂志》第 9 卷第 9 号，1923 年 9 月 1 日，第 5～9 页。
④ 藏园：《大家庭制与小家庭制之研究（下）》，《申报》1922 年 11 月 26 日，第 8 版。
⑤ 俞藏园：《新家庭与欧化》，《申报》1923 年 9 月 16 日，第 23 版。

间神圣的、真挚的、光明的、双方的、精神的、恋爱为前提"的婚姻制度。①

在社会改造的时代，新青年不想只停留在"说革命"，而是要真正地"干革命"。解放出来的青年便加入了家庭革命大军，盖他们深信，"吾国革命不能战胜社会罪恶，果何自起耶？盖吾人近数年来所急需者，非政治革命，乃社会革命；更进一步言，即家庭制度之革命耳"。② 陆宗义乐观地说："人都知道家庭是万恶之源，几千年来埋没了无量数壮士青年；伊里面的残酷、黑暗、虚伪……种种，直是不堪言状！所以大家异口同声的主张改造……改造，改造的议论差不多布满全国了，那是一件很可喜的事。"③

后来，张舍我就观察到："家庭之腐败日甚一日，则求改革之方愈刻不容缓，于是家庭革命之声乃沸腾于全国，著书立说者有之，集会研究者有之，此诚解决家庭问题之佳兆也。"④ 黄厚生也注意到："自五四学潮而后，吾国人数百年之迷梦渐呈伸欠欲起之象，而小家庭之提倡亦于新文化之洪涛巨浪中翻腾而出。故一般号为文化运动者莫不津津焉以小家庭制度明诏于群众之前。"⑤ 同年，严沁簃也观察到"两年来国人沐新思潮洗礼而旧制度顿呈破产之观，于是家庭改革之呼声亦似雨后春笋，乘间勃发"，俨然成为一个"重大之社会问题"。⑥

家庭革命体现出的不仅是时人对于理想家庭的向往，也是他们对个体与群体关系的反思。章锡琛曾鼓励青年打破"个人是靠着家庭而生存，并且是为了家庭而生存的，没有家庭，个人便没有生存的意义和生存的能力"的旧观念，树立组织家庭的目的"在谋各个人的幸福"。他反问说："家庭不能给个人以幸福，而反给个人以苦痛，那么，我们又要这家庭做什么呢？"因此，"今后务要树立起个人造家国，非家国造个人，家国为个人而

---

① 郑士元：《家庭改造论》，《时事新报》1920 年 8 月 24 日，第 4 张第 1~2 版。
② 邰光典、宝贞：《新家庭》，《妇女杂志》第 7 卷第 1 号，1921 年 1 月 5 日，第 8 页。
③ 陆宗义：《改造家庭从什么地方做起》，《家庭研究》第 1 卷第 4 号，出版时间不详，第 22 页。
④ 张舍我：《吾之改革家庭法》，《申报》1921 年 8 月 14 日，第 18 版。
⑤ 黄厚生：《小家庭之真谛》，《申报》1921 年 8 月 21 日，第 18 版。
⑥ 严沁簃：《家庭小论（一）》，《申报》1921 年 11 月 13 日，第 18 版。

有,非个人为家国而有的观念"。①

然而,在国家至上、个人淡出的人心大趋势下,② 为了个人的家庭革命又逐渐落实到群体的层面。颜筠后来就观察到:"年来对于人间种种革新的声浪,一天高似一天地起来了。他们的中间,最高远的、最澈底的、不消说自然首推社会改造的主张了。"这里所谓社会改造乃是将非人格的社会转变为人格的社会,然而"在这人格的社会难得实现之前,就不得不先去创造一种比较容易实现的人格的小社会了。这小社会便是社会组织底下的一分子的家庭,于是乎'家庭改造'的必要因之而发生了"。③ 换言之,家庭革命既是为了人生幸福,但也凝聚着时人对社会和国家的长远关怀。

就像专制、束缚和痛苦联系着旧家庭一样,自由、平等、快乐让人联想起新家庭。新家庭的理想既影响整个政治、社会和文化,也反过来受后者的影响。新家庭的理想也体现了五四一代知识青年对理想的人生、社会和国家的期盼。然而,期望高、失望大,他们渴望幸福,实际却往往在烦闷中苦苦挣扎。

## 四 婚姻革命:亲子之间的冲突与对峙

在呼吁社会改造的氛围里,家庭革命意味着青年要主动革命而非静待时代的变迁。郭妙然就不同意旧家庭无须打破的时论。他认为:"旧家庭的制度如果存在,那旧人物虽然都死了,新出来做家长的,未见得个个头脑儿很清楚的,恐怕仍旧要做到专制阶级的地步!"④ 彬彬也曾号召说:"我们现在应当把我们理想的模范家庭,实现出来,建设起来。旧人物看见新家庭果然美满,就不难被新家庭所同化了,而后他们也必定照这样去建设他们的新家庭。"⑤

---

① 瑟庐(章锡琛):《家庭革新论》,《妇女杂志》第 9 卷第 9 号,1923 年 9 月,第 9 ~ 10 页。
② 鲁萍:《"德先生"和"赛先生"之外的关怀——从"穆姑娘"的提出看新文化运动时期道德革命的走向》,《历史研究》2006 年第 1 期。
③ 颜筠:《家庭改造论》,《妇女杂志》第 11 卷第 2 号,1925 年 2 月,第 316 ~ 317 页。
④ 郭妙然:《新妇女与旧家庭》,中华全国妇女联合会妇女运动历史研究室编《五四时期妇女问题文选》,中国妇女出版社,1981,第 231 页。
⑤ 彬彬:《改造家庭的我见》,《时事新报》1920 年 6 月 13 日,第 4 张第 1 版。

对新家庭满怀期待的新青年迫切要求将家庭革命付诸实践。人元就宣称："建设新家庭就是根本上打破旧家庭的方法。"他建议已觉悟的青年"快快同旧家庭脱离关系。脱离之后，如其还没组织新家庭的适当条件——经济的足够敷设，受过教育的妻子等等——就自然不必组织。如其有了，就要合法的组织起来"。那些未觉悟的人是受了"反时代性的教育"，或者也有的人"虽已觉悟但不能自主"，因经济压迫而不能脱离旧家庭。不过，他相信"只要受着正当的教育，彻底了解了新人生观"便可以促使这两部分人建设新家庭。①

因此，新青年一面批评父母包办婚姻的恶果，一面大力宣扬婚姻自择、恋爱结婚的正面意义。父母主婚为期待恋爱结婚的青年所极力反对。较早，高素素曾在《新青年》刊文批评说："女子仅为男子之牺牲，甚焉者，男女同为家族主义之牺牲。故所组成之家庭，无生气无精神，傀儡之扮演场；交谪交谇，相诈相虞，恶魔之黑暗狱耳。"②陈华珍也批评说，"我国人于婚姻一事多轻忽而怠于注意，唯任父母之相攸耳"，而"欧西各国，无不崇尚自由结婚者，而于身体之健强与否亦极注意。故所生儿女，鲜赢弱夭折者"。③父母主婚被视为盲目地结婚、否定个人人格、自由意志的"恶"制度。旧式婚制遭到极为严厉的批评，新青年对旧婚制的不满可谓随处可见。袁振英就说："人类最大之耻辱，莫有逾于与一素不相识之人同居且为之养育子女。"④傅斯年也曾批评包办婚姻出于父母的自私自利。他曾说："我前年也对一位朋友说过一句发笑的话：'中国做父母的给儿子娶亲，并不是为子娶妇，是为自己娶儿媳妇儿。'这虽然近于滑稽，却是中国家庭实在情形。咳！这样的奴隶生活，还有什么埋没不了的？"⑤

高素素进而指出："恋爱为结婚之第一要素，则毫无疑义。"⑥ 1917 年，

① 人元：《旧家庭的打破》，《时事新报》1920 年 1 月 7 日，第 4 张第 2 版。
② 高素素：《女子问题之大解决》，《新青年》第 3 卷第 3 号，1917 年 5 月，第 4 页。
③ 陈华珍：《论中国女子婚姻与育儿问题》，《新青年》第 3 卷第 3 号，1917 年 5 月，第 6 页。
④ 袁振英：《易卜生传》，《新青年》第 4 卷第 6 号，1918 年 6 月，第 613 页。
⑤ 《万恶之原》，欧阳哲生主编《傅斯年全集》第 1 卷，第 106 页。
⑥ 高素素：《女子问题之大解决》，《新青年》第 3 卷第 3 号，1917 年 5 月，第 4 页。

杜亚泉就曾回忆道："吾人在少年时代，尚未闻自由结婚之说。及至壮年，虽闻其说，而社会之拘束力尚强，不敢径行己意。故未得享自由结婚之幸福，然心窃向往之。"如今"青年之怀抱新思想者，多实行自由结婚。社会之拘束力，已不如曩时之甚"。[①] 受杜氏的启发，恽代英也认为，结婚之主权"属于男女之父母，其为弊甚明显"。他认为，男子自择才体现慎重，而且由于"结婚为男女自身之事，故当以男女自主之为正也"。然而，"子女自身主婚，所以有弊，由于无结婚之知识；父母代子女主婚，所以有弊，亦由于无结婚之知识"。因此，通过获得的"结婚知识"可以弥补父母选择或子女选择的弊端。[②]

受此观念的影响，主张个人人格的青年不愿做家庭的奴隶，宣称家庭革命的比比皆是。少年中国学会的左学训就反思说婚姻改革和家庭改革势在必行。[③] 署名"光辉"的作者也主张，"欲改良家庭必须先改婚制。我国婚制腐败已极，害于腐儒之泥于陈法者半，害于乡愚之迷信者亦半"。因此，他建议"禁止惨无人道之媒妁"，"限制结婚年龄"。[④] 到了1919年年末，毕立就观察到，"自由结婚，这个名词，略有新学识的人，没有不把他研究一回"。在新青年看来，"结婚的要件，就是'自由恋爱'，没有这个自由恋爱的结婚，是机械的结婚，是强盗的结婚，更不是 Democracy 时代的结婚，所以现在有许多的男子和女子，拼命向他的父母争回'婚嫁权'"。[⑤] 不久，青年罗学瓒就对毛泽东说："我近见法国家庭之和乐，与组织之良善（比较中国的），常常骂中国家庭之万恶。要改革社会，非先改革家庭不可，欲改革家庭，非先改革婚姻制不可。"[⑥] 颜筠也曾宣称："欲求人格的家庭，不可不先求人格的婚姻，婚姻改造实是家庭改造的第一步。"[⑦]

---

① 伧父（杜亚泉）：《谈屑：自由结婚》，《东方杂志》第14卷第5号，1917年5月，第7页。

② 《结婚问题之研究》，《恽代英全集》第1卷，第309~313页。

③ 左学训：《优美愉快的家庭》，《少年中国》第1卷第2期，1919年8月，第9~11页。

④ 光辉：《新家庭之根本问题》，《妇女杂志》第5卷第10号，1919年10月，第1~2页。

⑤ 毕立：《血统相近者是否可以结婚》，《时事新报》1919年12月9日，第3张第3版。

⑥ 《罗学瓒给毛泽东》（1920年7月14日），《新民学会资料》，第118页。

⑦ 颜筠：《家庭改造论》，《妇女杂志》第11卷第2号，1925年2月1日，第317页。

关于婚姻改革的呼声可谓铺天盖地。婚姻谁主、何时结婚、婚礼如何进行等议题都有热烈讨论。章锡琛就号召彻底颠覆传统婚制，废除父母之命、媒妁之言、早婚、童养媳、妾等恶劣的制度。他坚定地指出："家庭制度和婚姻制度本来有连带的关系，此等不良的婚制，原是父权的大家庭制度造成的；然而即使把同居改为分居制，而使此等婚制仍然存在，恐怕大家庭的弊害，依旧不会减少的。所以今后的婚姻，应该以当事人的意志为主，造成自由结合的一夫一妇制度。"①

新家庭的成立是以恋爱结婚为基础的。高思廷特别强调，由特别谨慎的长久的交友，然后经"正当的同意"而成"真挚热烈的爱情"方可结为夫妻。盖"在理想的家庭中间，为小家庭之组织，即是一夫一妻的固定配偶。双方各保持其贞操，各尊重其神圣之人格"。在详细探讨了家庭的陈设、经济、生活的方方面面之后，他总结说："理想的家庭中无所谓英雄豪杰或弱者，他们只是很欢愉地营'人的生活'、享'人的幸福'。他们所受的教育俱是自然所给予和先哲遗籍中之融会贯通，因是很有些发明而贡献于社会！"②

青年向往的新家庭不仅是形式上的家庭改组，而且是建立在婚姻自主与自由恋爱的原则上，强调男女平等、尊重个性的家庭。新家庭自然呼唤妇女从传统儒家伦理中解放出来。王光祈就特别注意到："家庭改组问题亦为女子解放、社会改良最切要的事，但是新家庭的女子，若未受过相当教育，家庭幸福仍是不能圆满。不过是由大旧家庭改组为小旧家庭罢了。"③ 因此，他呼吁女子教育、女子职业、社交公开也是家庭革命的逻辑选择。④

为了实现理想的家庭，女性在家庭和社会中的角色也需要随之改变。林振声曾说，在社会主义尚未发达、儿童公育未能实现的过渡时代，权宜之计是将"大家庭改组为多数的小家庭"。家庭简单自然要求独立的生活，这样

---

① 瑟庐（章锡琛）：《家庭革新论》，《妇女杂志》第 9 卷第 9 号，1923 年 9 月 1 日，第 5 页。
② 高思廷：《理想之家庭》，《妇女杂志》第 9 卷第 8 号，1923 年 8 月 1 日，第 42～43 页。
③ 王光祈附言《大学开女禁的问题》，《少年中国》第 1 卷第 4 号，1919 年 10 月，第 2 页。
④ 张玉法：《新文化运动时期对中国家庭问题的讨论，1915～1923》，中研院近代史研究所编《近世家族与政治比较历史论文集》下册，中研院近代史研究所，1992，第 908 页。

"妇女就不能不谋独立了！妇女独立，势必先要经济独立；经济独立，势必要有职业。所以解决目前的家庭问题就是提倡职业"。① 周建人也以为："要使将来的家庭建设于合理的基础上，一换从前妇女寄生生活、奴隶生活而成为健全的家庭分子，却必须将从前旧家庭生活的习惯澈底的改造一番不可。"他进而提出男女同校、社交公开等要求。② 杨杏佛就认为，改革中国社会不外提倡教育、振兴实业和改良家庭三事。③

所谓牵一发而动全身，居于社会中心地位的家庭，其变动势必要求政治、社会、教育、法律等全局性的改变。这意味着家庭革命不仅仅是思想与文化的革命，也是社会与生活的革命。在家庭革命者心中，模范家庭拥有以下几个要素："妇女俱有职业、已成婚者分立、家计量入为出、服饰不取奢华、平日不用仆婢、胎教极力注意、儿女力戒娇纵、婚嫁力求节俭等。"④ 要组织新家庭就"必须改造从前的习俗、礼教、思想与行为"，这样才能建设新的合理家庭。⑤ 周建人指出："要纠正中国旧家庭制度的不良和妇女地位的卑下，只要教育上男女平等，政治上的待遇及法律上的地位都平等后，妇女在家庭中的地位自然而然也会趋于平等的。"⑥

对恋爱结婚的向往不仅敲打着青年的心扉，也不乏政治象征的意味。具体地说，政治变动，特别是辛亥革命冲击了婚姻制度所依存的政治基础。有位青年就反问说："如果能够把民国取消，重翻捧出那宣统来做皇帝，如果能够教全国的女子个个重缠起小脚，全国的男子个个重翻拖着大辫，那么儿女的婚姻或者也还可以由父母代订。"在他看来，婚姻制度与政治体制有着明确的对应关系。他曾以专制婚、同意婚和自由婚与君主专制、君主立宪、

---

① 林振声：《家庭制度的罪恶和改革的方法》，《家庭研究》第 1 卷第 2 号，出版时间不详，第 51～52 页。
② 健孟（周建人）：《新旧家庭的代谢》，《妇女杂志》第 9 卷第 9 号，1923 年 9 月 10 日，第 14～15 页。
③ 杨铨：《社会自救与中国政治之前途》，《东方杂志》第 21 卷第 1 号，1924 年 1 月 1 日，第 20 页。
④ 鸢仪：《理想之模范家庭》，《妇女杂志》第 3 卷第 7 号，1917 年 7 月，第 25～27 页。
⑤ 健孟：《新旧家庭的代谢》，《妇女杂志》第 9 卷第 9 号，1923 年 9 月 1 日，第 15 页。
⑥ 乔峰（周建人）：《家庭改造的途径》，《妇女杂志》第 9 卷第 9 号，1923 年 9 月 1 日，第 16 页。

民主共和一一对应。据此，他反对同意婚，盖"同意婚和德谟克拉西是不相容的"。① 也有读书人移用本是国与国之间的"主权"来解释配偶选择的问题，以鼓励青年夺回在父母手中的主婚权。到了1920年代，父母主婚这一"风俗习惯的势力，渐渐失堕，大多数的青年男女，都有自己选择配偶的意识，或竟见之于行事，而对于父母所选择的配偶，不但表示不满意的态度，并且实际上声明拒绝或要求撤消"。②

受家庭革命言说的熏染，青年的思想、心态幡然改变，再也不能像父辈那样安然接受婚姻的安排。由此而引发的家庭内部的革命可谓"兵戎相见"。在婚姻问题上与家庭抗争的青年脱离家庭，宣称自己在实行家庭革命。一些激进青年就主张："一切被家长订婚的未嫁女子，如以为不合意，应要求废婚，不然就可与家庭脱离关系。"③ 自嘲作为现代青年烦闷者的杨贤江也渐渐对旧式妻子不满意，质疑没有爱情的夫妻关系是否有存在的意义。受压抑、悲哀之苦的他最终在1919年"关不住了"，决定"为了尊重个人生活的权利，为了破除社会结婚恶习，同时又受了不能公布的家庭黑幕的刺激，决定向伊提出离婚的要求了"。④ 激进青年陈梦云也想摆脱包办婚姻的束缚，寻找情投意合的妻子。⑤ 蒋廷黻的哥哥则以成婚而不圆房的手段来表达对父母包办婚事的抗拒。⑥

变动确实冲击了不少家庭，以天津的叶家为例，叛逆的叶笃庄决定取消他的包办婚姻。"撤销婚约的手续是在一家律师楼办理的，两家人在不同的房间里签署文件，但是笃庄登报声明废除婚约的要求被拒绝了。手续办妥之后，笃庄回到家里，满院子地乱跑，大喊：'I'm free! I'm free!'（我自由了，我自由了！）这次废除婚约为叶家带来了巨大的转变，从此，叶家的婚姻都是由年轻人自己做主的'爱情婚姻'了，这种变化是大哥作为长子和

① 陆秋心：《婚姻自由和德谟克拉西》，《五四时期妇女问题文选》，第238、239、243页。
② 瑟庐（章锡琛）：《现代青年男女配偶选择的倾向》，梅生编《妇女年鉴》第2回上册，新文化书社，1925，第293页。
③ A. Y. G女士：《致少年中国记者》，《少年中国》第1卷第6期，1919年12月，第43页。
④ 《病后》，《杨贤江全集》第1卷，河南教育出版社，1995，第562~564页。
⑤ 《胡兰畦回忆录（1901~1936）》，四川人民出版社，1985，第84页。
⑥ 蒋廷黻英文口述《蒋廷黻回忆录》，谢钟琏译，传记文学出版社，1984，第66页。

一家之主非常不愿意接受的。"①

　　虽然拒绝包办婚姻的多为青年男性，但是也有受新思潮感染的女青年主动实行家庭革命。陈碧兰曾回顾说自己自从有了新思想之日，在内心里便确定了"一定要解除婚约"的信念。1923 年她果然写信给未婚夫声称父母所定的婚约是"非人式"的婚姻制度。最后，经其父母的同意，她的堂叔代表女方的家长与未婚夫的父亲在酒席上和平地解决了。② 四川的胡兰畦也说她当时一心想拒婚，但是为了不让曾祖母和父亲伤心才勉强成婚。她暗自思量："绝不能当禁锢在家庭樊笼里，养尊处优的金丝雀。"试图脱离家庭束缚的她于 1923 年解除了婚姻关系。③ 女革命者曾志受到男女平等这一思潮的影响，便决定反抗"包办婚姻"。她写信告诉母亲："自己已选择了革命的道路，那桩婚事当初是父母包办的，如今还是请母亲出面去解除。"④ 谢冰莹在要求解除父亲代订的婚约时，遭到了父母激烈的反对，结果她三番五次地逃走，最后在成婚之后离开了夫家。⑤

　　可以说，家庭革命感染了一代知识青年，而革命的对象正是父母或者家长。郭妙然就认为："那家长的权利，大半和专制魔王一般，什么经济呀，交际呀，子女的教育呀，婚姻呀，都要由他主裁。"⑥ 无竞也控诉说："我国的婚姻只是家族与家族的结合，当事人的青年男女没有机会可以发展恋爱自由的意志。"结果，"几千年来，在这命运说之下，不知屈死了多少的男女，破毁了多少的家庭！"⑦ 中国传统的婚姻制度、礼节风俗就变成了"野蛮""专制""腐败""迷信"的象征。新青年对父母主婚而成的夫妇有着悲观看法，进而波及了他们对整个旧家庭制度的观感。

① 周锡瑞：《叶：百年动荡中的一个中国家庭》，史金金等译，山西人民出版社，2014，第227 页。
② 陈碧兰：《我的回忆：一个中国革命者的回顾》，十月书屋，1994，第 44～63 页。
③ 《胡兰畦回忆录（1901～1936）》，第 21～26 页。
④ 《一个革命的幸存者——曾志回忆实录》，广东人民出版社，1998，第 25 页。
⑤ 谢冰莹：《一个女兵的自传》，《从军日记》，凤凰出版传媒集团，2010，第 73～120 页。
⑥ 郭妙然：《新妇女与旧家庭》，《五四时期妇女问题文选》，第 230 页。
⑦ 无竞：《关于配偶选择的几条要件》，《妇女杂志》第 9 卷第 11 号，1923 年 11 月 1 日，第11～12、7 页。

其实，造成家庭冲突的原因是父子两代人对什么是理想的婚姻持完全不同的立场。沈定一就认为，包办婚姻是父母出于"善意"而做的"恶事"，因此，他主张"婚嫁是男女两个人的事，不容第三者干预"。① 邓颖超亦指出礼教妨碍了父母爱子女的天性，盖"宇宙间只有父母对子女的爱是真纯永久而不变的。他们对子女的一切动机、一切处置，都是存着使子女得到幸福的心，没有丝毫存心欺害的意思"。② 因此，父母"以为子女的婚嫁是父母的职务"。③ 然而，这一"责任"变成了"权利"的象征时，父母便沦为家庭革命的对象，而家庭革命的最终目标自然是父母所承受之旧制度、旧习惯。

家庭革命恰恰发生在家庭内部父子之间。青年的抗争意味着新旧之争进入了白热化的新阶段。有人就观察到，"自由结婚是两性青年对于父母专制的反抗"，故"现今'子'的'剑'正向'父'的'专制威严'攻击的时候，自由结婚制自然而然的必须成立"。④ 经历新文化运动的洗礼，各个地方"风气开通"，且"文明程度一天高似一天"，有人就期待"把以前卖买的订婚制度打得他片甲不留呢，并且父兄经过这一翻文化革命以后，也可以把包办婚姻的恶习惯稍为改变"。⑤

视家庭为痛苦源泉又渴望爱情的新青年断然实行家庭革命。在家庭革命潮流的熏染下，拒绝者有之，离婚者有之，有的甚至停妻再娶，对旧式包办婚姻的妻子置之不管。⑥ 也有不满意旧式妻子，又无可奈何的青年就选择出洋留学几年，"把他夫人放在家里，如同木偶一样"。⑦ 杨贤江就观察到，"不满意于在旧式家庭底下生活的青年男女，乘着这个新潮流，很有不少离

---

① 《婚嫁问题》，陶水木编《沈定一集》，北京图书馆出版社，2010，第188~189页。
② 邓颖超：《姐妹们起来哟！》，中华全国妇女联合会妇女运动历史研究室编《中国妇女运动历史资料（1921~1927）》，中国妇女出版社，1986，第163页。
③ 景：《为父母者应改变的两种心理》，《申报》1920年7月30日，第16版。
④ 《"妇女评论"创刊宣言》，《中国妇女运动历史资料（1921~1927）》，第24页。
⑤ 严群僻：《自由订婚的我见》，《申报》1921年4月1日，第4张第16版。
⑥ 雷家琼：《民国时期婚姻自主权怎样发生变迁——以代际冲突为焦点的考察》，《民国研究》第29辑，社会科学文献出版社，2016。
⑦ 李邦箎：《关于离婚的两件事实》，《妇女杂志》第8卷第4号，1922年4月1日，第166页。

家远游的"，其中原因不外"志愿读书而家庭不许"或"父母代定的婚姻不合自己情意"。① 由此引起的冲突与对峙再现了家庭革命之于日常生活的实际影响。有的甚至闹到父母因此驱逐子女，或者子女脱离家庭、骨肉分离的不幸状况。②

周建人后来曾分析说，观念不变，家庭稳固安稳；但是"观念有了变动，有人将思想注意到人生问题上去，于是发生了觉悟"，而"一旦有了觉悟，便发生了苦痛"，而多表现在精神上的苦痛，于是才有"极力的挣扎"，这也转为"旧家庭制度趋向破裂的极有力的动力"。③ 到 1931 年，有人就曾分析近年自由思潮深入社会而男女问题亦随之复杂，盖"旧者至于墨守劣俗，指腹联姻；新者至于醉心解放，十三四岁即已沉溺爱河"。结果，《摩登周刊》的投书中"新旧婚姻之烦闷苦恼实占大多部分"。④ 晚至 1937 年，张少微就认为："中国的婚姻状况现今已达最混乱、最危险的时期。"⑤

在一个旧秩序解体、新秩序尚未建立的过渡时代，青年男女或许既无缘享受旧制度的保障，也没有机会体验新观念所承诺的快乐。新青年通过办杂志、投稿、文学创作掌握了时代的话语权。当他们主动以白话文在报纸杂志宣泄着内心的痛苦，家长的痛苦常常被有意无意地忽略了。既存研究有意无意受史料的限制多言及青年男子的苦痛，而较少关注沦为革命对象的父母和妻子的情感和人生际遇。以追求幸福为目的的家庭革命给被革命的旧式妇女和父辈造成不少痛苦与无奈。⑥ 陆秋心就曾说："现在我国大多数做父母的和做儿女的，关于婚姻这个问题，心里头都感受着很大的痛苦。"⑦ 而这一

① 《十年来的中国与学生》，《杨贤江全集》第 1 卷，第 781 页。
② 程星：《为婚姻敬告为父母者与为子女者》，《申报》1921 年 1 月 11 日，第 16 版。
③ 周建人：《中国旧家庭制度的变动》，《妇女杂志》第 7 卷第 6 号，1921 年 6 月 5 日，第 4 页。
④ 《新旧过渡中之婚姻问题》，《大公报》1931 年 3 月 20 日，第 2 版。
⑤ 张少微：《现代家庭生活的危机》，《东方杂志》第 34 卷第 7 期，1937 年 4 月 1 日，第 261 页。
⑥ 梁惠锦：《婚姻自由权的争取及其问题（1920~1930）》，吕芳上主编《无声之声（Ⅰ）：近代中国的妇女与国家（1600~1950）》，中研院近代史研究所，2003，第 118~120 页。
⑦ 陆秋心：《婚姻问题的三个时期》（1920 年 4 月 15 日），《五四时期妇女问题文选》，第 236 页。

代父母、子女、夫妻在生活空间和情感上的疏离可能是永远都抹不去的伤痛记忆。其实，无论是父兄妥协还是子弟牺牲，无论是丈夫离开妻子再谋小家庭的生活，还是具有新思想的女子提出解除婚约，双方或者几方都处在极度焦虑和矛盾中。① 过渡时代的烦闷和痛苦恐怕不仅仅是新青年一方的控诉吧！

家庭革命的号召者和追随者多是二十多岁、尚乏人生阅历的少男少女。他们一面对承载旧礼教和旧道德的旧家庭进行猛烈抨击，另一方面又幻想和期盼以爱情为基础的快乐小家庭。然而，无论中西、古今，家庭基本是苦乐共存的。旧家庭并非毫无乐处，新家庭也未必全是快乐。然而，在视新旧如冰炭的时代，人们易把痛苦当作旧的全部，而把所有的快乐都投射给了未来的新者。有如范丽海所言："中国旧时代的家庭学说，和现在新时代的家庭学说，相离得太远了。勉强在拘守旧学说的旧家庭中，要实行新时代的新家庭学说，那真像新酒旧袋，一经荡决，便当立时破裂。家庭破裂，是现代青年极大的痛苦。"②

家庭革命所呈现的代际冲突具有时空特性，因此不能将五四前后新青年的痛苦和烦闷视为多数传统中国人对家庭的感受。多数生活在传统社会的人并未感觉到痛苦（或者视痛苦为人生之自然），而恰恰是通过家庭来获得人生的意义和目的。王崇植就敏锐地注意到，如何对待父母代定的婚约这个问题，"在西方还有什么讨论的价值吗？在十九世纪的中国，有人敢提出来讨论吗？"他的追问表明这个问题的时代性。即便在中国范围内，也"不要拿上海来做代表，要拿贵州、云南、甘肃的荒僻的地方著［着］眼"。③ 然而，当口岸城市的新思潮占据了主导地位之后，原本恪守礼教的乡村风俗就演变为"野蛮"与"落后"的形象，甚至成为"非法"行为。

需要指出的是，对于大多数没有经济能力的青年男女来说，实行家庭革

① 例如，袁舜英就因遭到包办婚姻的丈夫的轻视而自杀，彭襄以婚姻自由为名而抛弃妻子，参考凌云岚《"婚姻自由"与"教育平等"——以"袁舜英自杀"和"彭襄弃妻"为例》，《佛山科学技术学院学报（社会科学版）》2006 年第 6 期。

② 范丽海：《家庭问题引端》，《青年进步》第 61 册，1923 年 3 月，第 1 页。

③ 王崇植：《一个问题的商榷》，《时事新报》1919 年 11 月 11 日，第 3 张第 4 版。

命是相当困难的，不少脱离家庭的青年寻求组织的力量来应对现实中的挑战。向警予曾提议组成"婚姻自决的同盟"，以团体力量来抵抗家庭的束缚。她认为："有了团体，则个人的主张，可由团体向家庭通报，个人的意外，可由团体向家庭警告，个人至万不得已时，有了团体的帮助，必不至陷于孤立无援的绝境，自杀与投降的事，自然可以不再发生了，这是救人自救的唯一妙法。"① 她的言说从另一方面也反映出家庭革命者的艰难处境，组织起来成为他们一个迫切的需要。而新式报刊媒体为这些实行家庭革命的青年人提供了联络的管道。

回过头来看，恋爱结婚不仅改变了家庭成立的目的和意义，而且改变了男女两性在社会层面的关系。一方面是六礼婚姻制度逐渐负面化，另一方面是以爱情为基础的婚姻观念慢慢确立。这两股力量共同塑造了五四前后家庭革命的新走向。羡慕西方一夫一妻小家庭的新青年极力宣扬婚姻的基础是夫妇的爱情，这是婚姻合理性的基础，甚至是唯一的基础。对于那时的青年，成立新家庭牵涉两个方面：其一是拒绝父母的包办婚姻；其二是找到恋爱对象并组织小家庭生活。这两个方面常常缠绕在一起让五四后的青年男女烦闷和痛苦。对于他们而言，谈恋爱是一个新鲜的观念。和谁谈恋爱、怎样谈恋爱、如何面对恋爱的成败便是青年不得不解决的问题。不过，城市的公园、学校、电影院等新的空间为男女青年恋爱提供了场所。然而，良伴难寻、佳偶难觅恐怕也是1920年代新青年面临的困境。由于恋爱问题牵涉较多，只能另文讨论。总之，理想的家庭变了，随之理想的丈夫、理想的妻子以至于理想的人生也变化了。与之密切相关，理想的社会、理想的政治，甚至理想的世界也全都改变了，这意味着一个新的时代即将到来！

## 五 从多重视角反思五四时期的家庭革命

受胡适等人影响的新青年纷纷羡慕西洋一夫一妻小家庭。然而五四前

---

① 向警予：《女子解放与改造的商榷》（1920年5月26日），《五四时期妇女问题文选》，第73页。

后，风靡一时的易卜生所描写的就是西方家庭之罪恶，并非中国家庭的问题。按照胡适自己的解读，"易卜生所写的家庭，是极不堪的"。而且他笔下的家庭里面有"四种大恶德"，例如自私自利、依赖性、奴隶性，假道德、装腔做戏以及懦怯没有胆子。① 如果易卜生笔下的西洋家庭如此不堪，为什么中国还要效仿西洋的家庭呢？那么，值得进一步追问的是他们效仿的对象究竟是实际的西方还是想象的"西方"？② 具有吊诡意味的是，娜拉出走的那个家庭恰恰是新青年向往的对象。③ 或许新青年理想的新家庭虽然以西洋一夫一妻为模板，但又不是"西洋家庭"的实况，而是一种美化了的"西洋家庭"。

其实，西洋小家庭并不是天堂，中国的旧家庭也不是地狱。无论中西、古今，家庭都是为了满足人以及人类社会的需求，是苦乐共存的。新青年憎恶媒妁婚姻而醉心恋爱。其实，前者并非都不幸福，后者带来的也未必全是快乐。多年后，陆小曼曾对王映霞说："我以最大的勇气追求幸福，但幸福在哪儿呢？是一串泡影，转瞬之间，化为乌有。"④ 然而，在新即是善、旧即是恶的大背景下，向往小家庭快乐的新青年却义无反顾地实行家庭革命了。

与现实中感受到的痛苦相比，想象的新家庭充满快乐、近乎完美。而想象就是一种解放的力量、一种无形的动力。家庭革命的呼声一浪接着一浪，旧习惯、旧道德遭到严厉的批评和诅咒，青年再也不愿按照父辈的样子展开自己的人生。到1940年代，有人曾回忆："二十几年前的新文化运动者把西洋社会的小家庭形容得天堂一般，自称'解放'的新青年也把它看做男女的乐园。许多青年男女把它认作争夺的目标；为它牺牲了亲子间的感情，为

---

① 《易卜生主义》，欧阳哲生编《胡适文集》第 2 卷，第 476 页。

② 虽然维多利亚时代强调家庭幸福与快乐的价值，但是略微了解 1920 年代前后的西方社会，考虑女权运动对于西方父权、夫权的批评，这样的西方家庭正面形象恐怕也要让西方人暗自觉得名不副实了。

③ 李海燕：《心灵革命：现代中国爱情的谱系》，修佳明译，北京大学出版社，2018，第 124 页。

④ 王映霞和郁达夫的小家庭生活并不快乐，最终以离婚收场。参考《王映霞自传》，传记文学出版社，1990，第 275 页。

它而闹家庭革命，得不到它的便感觉失望与苦恼。"① 因家庭而生的烦闷和痛苦恐怕不止新青年一方，而那些作为革命对象的父兄和妻子在历史叙述中几乎失语。

萧公权就曾反思说："五四运动的健将曾经对中国旧式家庭极力攻击，不留余地。传统家庭诚然有缺点，但我幸运得很，生长在一个比较健全的旧式家庭里面。其中虽有不能令人满意的地方，父母双亡的我却得着'择善而从'的机会。因此我觉得'新文化'的攻击旧家庭有点过于偏激。人类的社会组织本来没有一个是至善尽美的，或者也没有一个是至丑极恶的。'新家庭'不尽是天堂，旧家庭也不纯是地狱。"② 除了他对旧家庭社会功能的肯定值得我们注意之外，"人类的社会组织本来没有一个是至善尽美的"一语就更值得反思。然而，这一点恐怕不为新青年所接受，盖他们就是要重构整个社会，进而建立一个他们心目中的完美社会。

在国家层面，家庭革命确实取得了成功。1930 年，国民政府颁布了新的《民法·亲属编》。胡适就欣喜地注意到该法所体现的社会进步。他说："城市工商业与教育的发展使人口趋向都会，受影响最大的是旧式家庭的崩溃，家庭变小了，父母公婆与族长的专制威风减消了，儿女宣告独立了。在这变化的家庭中，妇女的地位的抬高与婚姻制度的改革是五千年来最重大的变化。"③ 在胡适眼中，社会改革最明显的进步就是女子的解放，包括身体、教育、经济、法律、政治地位的提高，"这都是二十年来中国社会的大进步"。④

不过，我们也不能夸大家庭革命所带来的实际社会变迁。早在 1923 年，支持家庭革命的章锡琛就观察到："一般青年，虽然知道家族制度已经万难维持，感到旧家庭生活的种种痛苦，但一方既然要和反对者宣战，一方更苦于无从着手。所以家庭革新的论调，已经高唱了许多年，至今还没有一点成

---

① 王政：《家庭新论》，中国文化服务社，1944，第 44 页。
② 萧公权：《问学谏往录——萧公权治学漫忆》，学林出版社，1997，第 13～14 页。
③ 《写在孔子诞辰纪念之后》，欧阳哲生编《胡适文集》第 5 卷，第 411 页。
④ 《悲观声浪里的乐观》，欧阳哲生编《胡适文集》第 5 卷，第 406 页。

绩可说。"① 虽然这带有怒其不争的意味，但是考虑到新教育、工业化和城市化的发展有限，1920 年代多数中国乡村可能确实变动不多。换言之，"说革命"者较"干革命"者为多，恐怕也是家庭革命的常态。吴觉农就希望通过家庭革命来改善农村的家庭生活。他说："家庭是社会的集合体；家庭生活的完美与否，直接关系于个人生活的安全，间接影响于社会的文化。中国农村的家庭生活，虽不如城市间的资本家有蓄妾、养婢等各种的流弊；但是还本着古代家族制度的遗风，父母私有子女，婚姻极不自由；而且一家中几世同居者又很多。"他期待"今后应该规定结婚的年龄，提创新式的小家庭制度，庶几农民生活，也从此可以改善"。②

然而作为行动的一种，言说本身也具有力量，曾引起不少反对的声音。邵祖平就批评新思潮以虚名迷惑人心。盖"今之盛倡解放女子、男女社交公开、女子贞洁诸问题。不过为破除风俗之一端。盛倡新家庭组织、婚姻自由诸问题。不过为破除礼制之一端。盛倡灭忠、非孝、公妻诸问题。亦不过为破除人伦之一端"。邵祖平并不认为小家庭可以减少婆媳和妯娌的矛盾、增进夫妻感情。他也反对"旧家庭必不足以谋幸福"的时论。他批评说，"新家庭之组织，非仅乖离骨肉，破坏伦理之道德，亦事实上强效之而不能似者也"。他主张必须保存传统的婚姻，盖"吾国个人之道德未提高，男女之社交未扩大，婚姻自由之新制，行之殊多危险"。③

周守一则视家庭革命为"反社会的表征"，是"颓放"的表现。他说："婚姻问题现在也陷许多青年于烦恼颓唐的境地。这一个因为妻子不如意，离婚不得，认为此生已无生趣，便不再为社会奋斗。那一个因为自由恋爱不成功，生活趣味全失，亦不愿再去进取。此外猎艳、纵酒、捧角、吟诗——除了真正为文学的以外——差不多也都是反背社会的现象。"而这背后的原因在于"海禁既开以后，新思想、新欲望以及新制度陆续输入中国，旧有的一切社会制裁皆根本动摇，士人的行为才渐渐无拘无束"。结果"在离婚

---

① 瑟庐（章锡琛）：《家庭革新论》，《妇女杂志》第 9 卷第 9 号，1923 年 9 月 1 日，第 11 页。
② 吴觉农：《中国的农民问题》，《东方杂志》第 19 卷第 16 号，1922 年 8 月 25 日，第 19 页。
③ 邵祖平：《论新旧道德与文艺》，上海《学衡》第 7 期，1922 年 7 月，第 3~4 页。

制度保护下，自私自利的可以企图牺牲妻子的幸福，图谋个人的快乐；在自由结婚制度下，无道德的可以故意欺蒙女子，停妻再娶，坐犯法律不常处分的重婚罪"。①

从城乡的角度出发，家庭革命是一个代表城市的新中国对乡村旧中国的革命。"（盖）农业之国易于发生家族主义。工商之国则易于破坏家族主义。盖农业者多土著，死徙无出乡，出入相友，守望相助，疾病相扶持，此同宗之人所以能永久相亲也。务工商者轻去其乡，同宗之人天各一方，会晤少而音问稀，情自同于陌路。"② 然而，农业中国面临工业西方的冲击，结果造成一方面"西来的经济势力正迫着我们的社会经济组织慢慢地改变"，另一方面"新思想的提倡，使青年人——男和女——都觉得家庭是黑暗专制到极点，因而亟思脱离或反抗"。③ 当大部分中国乡村青年依旧按照父母之命、媒妁之言缔结婚姻的时候，在口岸、省会城市中受新思潮感染的青年则要求自己寻找恋爱的对象结婚。他们心目中婚姻不以家庭为重，而以个人的情感满足为优先考虑因素。因此，男女双方在婚姻缔结中扮演更主动的角色，而父母则渐渐从决定性变为参考性，甚至丧失了发言权。

从中西文化竞争的角度来看，旧家庭强调礼教、孝道、贞节、男女有别，而新家庭则看重夫妇爱情、子女平等，其间的根本精神截然不同。于是，家庭便成了新旧文化冲突的焦点。"（盖）家庭是中国社会生活的中心，是传统文化的保存所，在战略上乃兵家必争之地，所以凡是新文化势力已经达到的地方，家庭即成为新旧冲突的焦点。就整个战争的形势看，父权大家庭的倾覆已成定局。"④ 如果说家庭是中国文化之于社会制度的一个表现，那么伴随着乡村的失语，传统中国家庭生活似乎已经到了无人代言的境地。上层接触到西方文化的读书人激烈反传统，而遗落在乡土中国的传统在革命大潮中沦为革命的对象。这恐怕进一步造成了社会的分裂和对峙。

---

① 周守一：《士气与国运》，《东方杂志》第 21 卷第 12 期，1924 年 6 月 25 日，第 21～23 页。
② CZY 生：《改良家族制度札记》，上海《甲寅》第 1 卷第 6 号，1915 年 6 月，第 7～8 页。
③ 沈雁冰：《家庭改制的研究》（1921 年 1 月 15 日），《五四时期妇女问题文选》，第 247 页。
④ 王政：《家庭新论》，第 74 页。

对于大多数人类社会而言，家庭并非总是安然无恙，而是会面对各式各样的挑战。不过，近代中国家庭问题的特别之处在于它是由文化变动引起的社会变动，又是新旧两种文化在家庭制度层面的竞争，由此带来家庭内部实际冲突的增加。[①] 家庭革命可以说是一个过渡时代特有的问题！新教育催生的社会变化亦加剧了中西文化之间的冲突。盖"从甲午以后，渐渐知道旧式教育的不足恃，提倡兴办学校，于是将从前在家庭间的教育，推向社会上去；青年的见闻及交际，因此推广开去，渐觉得旧家庭制度中的生活狭窄枯燥；对于旧家庭，起了不满意的感觉，而发生了谋新的生活的要求"。[②] 辛亥革命以及随之而来的政治体制改变也抽离了旧家庭依存的基础，受新教育成长起来的一代人不满于旧家庭生活而向往西式快乐小家庭了。

从长幼的角度出发，家庭革命又多半是少男少女的想法，而青年的理想主义、对人性的乐观估计使得他们对现存的家庭产生叛逆心理而对小家庭产生浪漫的幻想，还夹杂着些许对国富民强、社会进步的期待。意识到家庭问题的青年分享对现实的失望、对未来的美好希望，进而讨论如何实现这梦想的未来。其中一些脱离家庭的青年继而在新兴的政治组织中寻找庇护，试图实现自己改造个人和改造世界的宏愿。在家庭革命的呼声中，他们建立了自己的新人生观，认为自己就是人生的舵手，独自航行驶向远方。

问题是青年的人生阅历有限，对待家庭、婚姻的观念也容易失之偏颇。旧家庭的痛苦和新家庭的快乐都是他们情感的宣泄。在一个宣扬理性的时代，其实也充满了感性、偏见、情绪和不理智。情感充沛的青年拥有动听的新鲜想法，竭力地实现。不少青年忘记了胡适说自由还需要有责任，在没有独立的情况下争取平等和自由。换言之，家庭革命是一个青年人的思想观念。由于青年地位在近代中国的上升，[③] 家庭革命不仅塑造了家庭革命者的

---

① 邓伟志注意到由于家庭变动带来的代际、夫妻、婆媳、兄弟、妯娌、姑嫂、叔侄冲突增多，导致家庭失调、家庭组织破裂，甚至自杀等社会问题。邓伟志：《近代中国家庭的变革》，上海人民出版社，1994，第144~145页。

② 周建人：《中国旧家庭制度的变动》，《妇女杂志》第7卷第6号，1921年6月5日，第4页。

③ 参考吕芳上《从学生运动到运动学生（民国八年至十八年）》，中研院近代史研究所，1994。

人生轨迹，也有力地塑造了整个中国的政治和社会走向。

家庭革命承载着时人对个人与家庭幸福的期待，也寄托着青年对国家和民族的憧憬，但是家庭革命这一手段是否能实现其宏阔的政治目的，或者说家庭革命是否应该做为实现政治目的的手段都值得进一步反思。有如一位时人所言："廿世纪误人的学说是'人为幸福而生'，若以此为前提，夫妇无幸福，则夫妇离婚，家庭无幸福，则家庭革命，国家无幸福，则政府推翻。那里知道，夫妇离婚了，家庭革命了，政府推翻了，幸福仍是镜花泡影。"[①]人们之所以敢于呼唤家庭革命是因为相信美好的未来将建基于破坏之后的创造。然而，当旧有的一切都烟消云散时，如何继续相信未来终将美好？套用五四时代曾流行的"重新估定一切价值"，或许也应该重新估定家庭革命之于我们的价值。

---

① 张坊：《妇女义务服务与其家庭责任之关系》，《女青年》第5卷第5号，1926年6月，第6页。

# 第三部分　情感对制度的冲击：新婚姻观念的几个核心主张

# 第八章　被误解的自由：自由恋爱的想象及其对两性关系的冲击

五四前后主要流行两种恋爱观念。其一是恋爱自由，是指不受父母之命、媒妁之言传统束缚，核心在于男女恋爱、自择，进而步入婚姻殿堂。由于这一婚姻观念建立在男女爱情基础之上，因此爱情的消失也意味着婚姻的解体，故自由离婚观念甚嚣尘上。需要注意的是，自由离婚虽然是对一段婚姻关系的终结，但不是对婚姻制度本身不信任。这也可以看作欧化的一个表现。其二是自由恋爱，自晚清以来思想激进的读书人认为两性关系应该完全不受婚姻的约束，以为理想社会的男女性关系得到极度解放，以至彻底废除一切婚姻制度。两种恋爱观念都体现出五四前后新青年在情与欲交织碰撞中，对社会伦理、道德和秩序的破坏。

五四前后，受高曼（Emma Goldman）、嘉本特（Edward Carpenter）、罗素（Bernard Russell）、倍倍尔（Auguste Bebel）等西方思想家的影响，部分思想激进的青年向往一种以废除婚姻、只要恋爱的"自由恋爱"（free love）为特征的两性关系。更激进的自由恋爱否定了先恋爱后结婚的"新"观念，而种种相关的概念共同构成了一个家庭革命的概念群。新青年不仅在谈论家庭革命、儿童公育等全新的生活方式，而且尝试付诸实践，工读互助团便是一个例证。虽然由于一些错综复杂的原因，工读互助团很快解散了，但是废除家庭、共同生活的理想一直萦绕在青年革命者心中。当思想革命走向社会革命时，家庭革命也从言说走向实践，因此自由恋爱也进一步革命化、组织化和激进化了。

## 一　西方自由恋爱思想的冲击

恰在五四前后，各种外来思潮中鼓荡着废除婚姻的倾向。具有否定家庭倾向的无政府主义者、女权主义者，包括高曼、嘉本特、罗素等的思想，纷纷扣响中国青年的心扉。早在 1917 年 7 月，《新青年》刊发了高曼女士的《结婚与恋爱》一文，其核心观点便是以自由恋爱取代婚姻制度。这位出生于俄国的高曼女士是美国非常活跃的无政府主义者，她认为婚姻制度像君主、总统、资本家、牧师一样，是压制女性的存在，而婚姻与爱情是完全对立的。所谓"婚姻以爱情而配合者有之矣，而以爱情相终始者，亦有之矣。然与婚姻无涉，不得谓爱情由婚姻而致也"。她号召人们放弃痛苦的婚姻制度而实行"神圣之恋爱"。她极力赞美恋爱。

> 爱情者，人生最要之元素也，极自由之模范也，希望愉乐之所由创作，人类命运之所由铸造。安可以局促卑鄙之国家宗教，及矫揉造作之婚姻，而代我可宝可贵之自由恋爱哉？

在她看来，爱情不仅与个人幸福有关，也对社会乃至人类有正面之作用。

> 男女奋兴之日达于极端地位，造成一伟大强固之社会，以享受此可宝可贵之爱情。人类之幸福，虽诗歌异能、理想遥远，亦难预言其真境。若世人能破除婚姻之陋习，结纯粹之团体，人类之和谐，必皆以爱情为之根源矣。①

嘉本特（亦译为卡本特、卡本忒、凯本德等）是英国社会主义者、同性恋支持者，其基本立场是肯定恋爱而否定婚姻制度。1918 年 9 月，周作人在《新青年》上介绍嘉本特的主张。嘉本特希望"在将来社会上，成立一种新理想新生活，能够以自由与诚实为本，改良两性关系"。不过，"女子的自由，到底须以社会的共产制度为基础；只有那种制度，能在女子为母

---

① 美国高曼女士：《结婚与恋爱》，震瀛译，《新青年》第 3 卷第 5 号，1917 年 7 月 1 日，第 1、7、9 页。

的时候供给养活她，免得去依靠男子专制的意思过活"。① 嘉本特提倡恋爱结婚，但是他进而以为"恋爱不要有什么约，一年都不要限定，一生也不要限定"。② 沈雁冰注意到，嘉本特"以为人类最合理的生活应是社会生活。一切人类都是痛痒相关的。一切人都在同一社会中生活着，互尽其服务的能力；家庭这个东西便是使人类互相隔绝，各存利己的心，不知有社会，惟知有自己的毒物，所以不论现家庭制度本身有何等的好处，一无些弊端，只就发达利己心，减少人们的痛痒相关的观念一面看来，已觉得家庭这个东西，实在万万要不得。因为他使人类道德的及知识的方面，都入于偏狭而贪婪"。③

嘉本特的思想在青年学生中颇为流行，其所著《爱的成年》先后有不同译者根据日文版及英文版出了三个中文译本，印刷版次达 16 次之多。该书还在《民国日报》副刊《妇女周报》上连载。④ 可以想象，它也是新青年爱读书目之一。⑤ 1920 年，青年毛泽东就读过郭昭熙翻译的《爱的成年》。⑥ 到了 1924 年 7 月，胡适在致国务总理张国淦的信中说："最奇怪的是现在警察厅禁售的书，不但有这两部文存，还有便衣侦探把一张禁售的书单传给各书摊，内中有什么《爱的成年》《爱美的戏剧》《自己的园地》等书。这真是大笑话！《爱的成年》乃是英国著名老宿嘉本德（Edward Carpenter）的名著，世界各国文字皆有译本，不料在中国竟遭禁卖之厄。"⑦ 被政府列为禁书，亦见其流行的程度以及其引起的思想和社会冲突。

---

① 《爱的成年》，《周作人散文全集》第 2 卷，第 63～66 页。

② B. L. 女士：《离婚问题的实际和理论》，《妇女杂志》第 8 卷第 4 号，1922 年 4 月 1 日，第 38 页。

③ 沈雁冰：《家庭改制的研究》，《民铎》第 2 卷第 4 号，1921 年 1 月 15 日，第 4 页。

④ 陈静梅：《现代中国同性恋爱话语译介及小说文本解读》，西南交通大学出版社，2013，第 79 页。参加工读互助团的傅彬然曾到晨报馆印刷厂为《爱的成年》一书排字，参考傅彬然《五四前后》，《五四运动回忆录》，第 750 页。茅盾的小说《虹》中的主人公梅女士就曾阅读此书。《爱的成年》1923 年晨报社再版，参考《民国时期总书目》，书目文献出版社，1995，第 127 页。

⑤ 陈子善：《不日记》二集，山东画报出版社，2015，第 115 页。

⑥ 陈晋主编《毛泽东读书笔记精讲》第 4 卷，广西人民出版社，2017，第 237 页。

⑦ 《胡适致张国淦》（1924 年 7 月 3 日），《胡适书信集》上册，第 333 页。

英国性心理学创始人霭理斯（Havelock Ellis，又译爱理斯、霭理士等）的思想，① 较早是经由日本的"白桦派"、周作人、金仲华、周建人、潘光旦、胡风等人的翻译传入中国的。② 霭理斯的思想是对维多利亚时代性道德的反动，特别表现在他对同性恋的开放态度。霭理斯观察到现代社会组织有两个倾向，一方面"谋公共利益之团体组织，日益增多"；另一方面"个人自由之范围亦日益扩大"。他预言人类社会的未来是集产主义的无政府时代。在妇女经济地位完全独立之后，国家所定之婚姻法"当然无效"。假若男女社交自由和女性经济独立，"虽处此繁复之文明社会中，男女亦皆可自由择偶，一无拘束一无挂碍矣"。这固然依赖"个人之自由实践"，特别仰仗"国家将离婚法逐渐改变，使离婚愈能自由"。③

倍倍尔（亦译贝贝尔）是德国社会民主党和第二国际的创始人和主要领导人之一。④ 经由日译作品，他的思想得以为时人所知晓。本间久雄曾介绍了德国社会主义者倍倍尔、英国巴克斯和嘉本特对于一夫一妻婚姻制度的批评。这些西方人认为"近代的家庭实在只是一种的奴隶制度，一种的卖淫制度"，而婚姻革命的主要动机就是要"革命了这样卖淫的一夫一妇制"。本间久雄说："所谓结婚以恋爱为基础，那恋爱当然不是放纵的自由恋爱，而是带有责任和自由的人格的恋爱。"⑤ 基督教社会主义者贺川丰彦转述倍倍尔的话批评一夫一妻制度，所谓"一夫一妇制，因为彼是从私有财产制度而产生的视若一种'所有'，所以不好"。⑥ 沈雁冰就介绍了倍倍尔在

---

① 1925 年，周建人在《哈夫洛克霭理斯》一文中介绍了这位名噪一时的英国科学家的著作与生平。

② 戴潍娜：《霭理士译介史》，《新文学史料》2016 年第 3 期。

③ Havelock Ellis：《妇女地位之将来》，罗罗译，《东方杂志》第 17 卷第 1 期，1920 年 1 月 10 日，第 80 ~ 83 页。

④ 葛斯：《倍倍尔与妇女问题》，《国际共运史研究资料》1984 年第 1 期。

⑤ 本间久雄：《婚姻革命底诸提倡》，平沙译，《妇女年鉴》第 2 回上册，第 192 ~ 195 页。平沙在题记中指出，本间久雄以编杂志而闻名，曾在《早稻田文学》上发表论文，尤其关注女性恋爱问题，私淑爱伦凯女士。这篇文章是在《妇人公论》的"家庭革命号"上发表的。

⑥ 贺川丰彦：《恋爱底自由和个性底自由》，琴叔译，梅生编《妇女年鉴》第 2 回上册，第 153 页。

《妇人与社会主义》[1] 所阐释的观点，认为中产阶级的婚姻和家庭是建立在财产私有制基础上的，故 "私产制度的能废与否，实与现在家庭关系的存废很有连带的关系"。[2] 换言之，倍倍尔主张为废除私产制度，必须废除家庭制度。倍倍尔在《妇女与社会主义》一书中也预言未来社会主义的理想社会，"在不使别人受损害的条件之下，各个人自己想法子来足自己底本能。满足性欲也与满足别的自然本能的一样，是各人底私事"。因此，"如果要结合的两个人之间，发生了不合或爱情消失或憎恶之事，道德就来命令这个不自然的——因之不伦理的——结合——解散"。[3] 社会主义者惠尔斯在《社会主义与家庭》中就主张，"社会主义实在要想把家长式的家庭废掉"，从而 "抬高妇人到与男子平等市民的地位"。[4] 一部分人认为废除家庭才能实现理想的生活；而另一部分人认为废除家庭是废除私产的手段，因此要提倡废除家庭。在一个概念内部，其侧重亦有不同。废除家庭究竟是目的还是手段，人们恐怕也持有不同的态度。

美国女权主义者、社会改革家纪尔曼主张女性的经济独立，并提出一种 "旅馆式的家庭"，即 "各份人家的伙食，不须自备，只要公买一付大灶，烧好后派人分送到各家，或大家走来，在一间大饭堂内会食，也可以。清洁卫生等事也可由各家的总账内公支，不须一家一家分开，多了磨烦"。[5] 在《家庭生活与男女社交的自由》一文中，纪尔曼强调群居的男女组成一个大家庭，而 "这等的家庭，使人终身不受家事的拘束，自由自在，使人享受和静清闲的生活，是很能滤清及抬高人类生活的关系的，而最大的功用尚在能扩张及加强社会的关系。因为当这个时候，个人应能觉悟自己是社会组织中不可少的一部，和社会的需求与致用是密切地直接地而且永久地关连的"。这进一步意味着儿童教养的改变，她设想："将来我们若把社会的经

---

[1]　1927 年，夏衍将倍倍尔的《妇人与社会主义》翻译成中文，作为妇女问题研究会丛书之一出版。

[2]　沈雁冰：《家庭改制的研究》，《民铎》第 2 卷第 4 号，1921 年 1 月 15 日，第 3 页。

[3]　伯伯尔：《女子将来的地位》，汉俊译，《新青年》第 8 卷第 1 号，1920 年 9 月 1 日，第 2 页。

[4]　沈雁冰：《家庭改制的研究》，《民铎》第 2 卷第 4 号，1921 年 1 月 15 日，第 5 页。

[5]　沈雁冰：《家庭改制的研究》，《民铎》第 2 卷第 4 号，1921 年 1 月 15 日，第 8 页。

济力代替各个父母私有的经济去抚育儿女，当然亦不至于害及家庭的兴旺和爱情了。"而无家庭的社会生活将"脱离被迫的家庭结合的路上，而到自由的社会结合的路上"。① 换言之，也就是男女社交更加自由、自然、公开。这和社会主义者所支持的公共厨房、儿童公育的见解十分相似。但是，女性主义的出发点在于解放妇女，而社会主义、无政府主义的出发点在于彻底重构整个社会。不过，三者都兼具强烈的废除家庭的思想倾向。

罗素也曾鼓吹个人自由、个性解放，他反权威的主张对于新文化运动的反礼教思潮有着推波助澜之力。已婚的罗素带着女朋友游历东方的举动对中国青年的婚姻观念也产生了相当大的冲击。② 亲眼看见罗素和勃拉克不受婚姻约束的恋爱，远较文字来得更具体、更真切，引起一班新青年的赞美。杨贤江曾指出，罗素演讲的影响远没有杜威那么"普遍而永存"，但是"他偕他的爱人勃拉克女士同来，于我国青年的婚姻问题上，却留下很坚实的'感化'"。③ "感化"一词非常生动地再现了当时的青年对一位洋人的接受和推崇。有人曾回顾罗素来华时带来的影响："罗素除了他本人的学术思想引起我们热心研究之外，更哄动一时的注意便是他与勃拉克女士（当时还没称为罗素夫人）那特殊的关系——名义上未结婚而实际上已同居的自由恋爱。这自由恋爱的名词，在当时的中国确很新鲜，至少我个人，是在他们身上才第一次听到的。"④

勃拉克在演讲中指出："普通人都相信一妻二夫比较一夫二妻为不道德。然科学可以证明此种信心是站立不住。像这样只准男子自由，不准女子自由的道德的根据，全是男子的忌妒心和占有的本能。"她宣称："中国现在仍摆脱不了旧文明的束缚，岂独中国，欧美亦何莫不然。"她据此鼓励青年破除道德上的迷信，发展正确的和诚实的本能，提倡"以科学为基础的

① 纪尔曼：《家庭生活与男女社交的自由》，P. 生（沈雁冰）译，《妇女杂志》第 6 卷第 10 号，1920 年 10 月，第 4、6 页。

② 吕芳上：《法理与私情：五四时期罗素、勃拉克相偕来华引发婚姻问题的讨论（1920 ~ 1921）》，《近代中国妇女史研究》第 9 期，2001 年 8 月。

③ 《十年来的中国与学生》，《杨贤江全集》第 1 卷，第 767 页。

④ 星：《罗素的离婚问题》，《北平晨报》1934 年 11 月 10 日，第 13 张。

人本主义"。① 罗素后来回忆说，勃拉克常去女子师范学校回答有关婚姻、自由恋爱、避孕等各种问题。就此，罗素还特别指出："在欧洲类似的学校里是不可能提出这类问题来讨论的。"② 罗素的回忆折射出从礼教中解放出来的新青年在性解放方面呈现出"远超欧美，直追苏俄"的态势。③

　　罗素辩解说："不论法律，或是舆论，都不应过问男女之私关系。"他又说，"自由是营生的（政治）智慧之根底"，而"在男女关系问题"的根本也是自由。罗素也指出："身心健全人生的儿子的教育费，应完全归群合负担。"在罗素的追随者张申府看来，儿童公育虽说尚是理想，不过"现在盛行认为当认的思想自由、信仰自由、民治主义、社会主义、女权恢复、国际组织等等，哪个当初不是几个人的悬想？"④ 夏梅就曾引用罗素所言"结婚是相互本于一个自由，自发的遇合"，而主张婚姻不受法律的限制。她甚至宣称，一夫一妻也无须保存。她继而援引倍倍尔的话，所谓"在自由社会里，男女的结合，应以恋爱为中心，什么婚制，都应该打破"。⑤ 邵力子甚至在报纸上宣称，在一个法律不允许重婚、离婚又做不到的社会，"万一真有相当的恋爱，没法避免，罗素和勃辣克女士无夫妇之名而不避男女关系之实，是很可取为先例的"。⑥ 这类言论真是超越古今，几乎等于公开承认了恋爱的价值高于婚姻，从而认可婚外情的正当性。结果在这样的导向下，受家庭和社会约束而不能离婚的新青年不少也采取了类似的权宜手段。

　　实际上，赵元任就曾提到，在那个时代的英国，"未婚男女结伴出行很少见"，更不要提在中国。⑦ 那时，勃拉克女士已经怀孕了，英国公使馆的班奈特便对此极有看法。罗素之所以出现在军事情报局的"嫌疑犯"名单

---

① 勃拉克女士演讲，品青记《少年中国的男男女女》，《东方杂志》第 18 卷第 14 期，1921 年 7 月 25 日，第 119、122 页。

② 《罗素自传》第 2 卷，商务印书馆，2003，第 188 页。

③ 杨联芬：《浪漫的中国：性别视角下激进主义思潮与文学（1890～1940）》，人民文学出版社，2016，第 116 页。

④ 《男女问题》，《张申府文集》第 3 卷，第 23 页。

⑤ 夏梅女士：《自由离婚论》，《妇女杂志》第 8 卷第 4 号，1922 年 4 月 1 日，第 20～21 页。

⑥ 《救济旧式婚姻的一个商榷》，《邵力子文集》上册，第 443 页。

⑦ 罗斯玛丽·列文森采访《赵元任传》，焦立之译，河北教育出版社，2010，第 89 页。

上，是因为"在长沙时，给学生讲授社会主义。与一位不是他妻子的女士住在中国的一家旅馆里"。①

通过从西文直接翻译和日文间接翻译两个途径，五四后的中国思想界涌进了西方无政府主义者、社会主义者、女权主义者、共产主义者废除婚姻制度的思潮，进一步催化了新青年废除家庭的思想和心态。只要恋爱、不要婚姻、不要家庭的主张也逐渐从言说转变为行动，吸引着青年为之奋斗，也为之烦闷。而从他们对两性关系的理解，亦可见他们对自由的理解所折射出的时代特色。

## 二　争议中的自由恋爱

其实在五四运动之前，蓝公武曾对纵情恣欲的自由恋爱加以批评。他说："性欲的满足，须有人的对手，若无道德的制裁，仅看作一种性欲关系的事实，不问是男是女都许把对手看作满足自己的情欲罢了，这是如今的道德意识所能容许的么？"换言之，"人有人格，夫妇虽有性欲的关系，却是人格的结合。人格结合，便是一种道德的关系。道德意识断不能许把他人的人格来满足自己的性欲。如只作性欲关系看待，那便没却他人的人格，犯了道德的罪恶"。蓝氏进一步追问："试问不节制性欲就算自由正确幸福的生活么？如果照这样的解说放任情欲是真实，抑止情欲是虚伪，把贞操根本推翻，那有什么可以叫做夫妇？"蓝氏曾严肃地批评共妻主义"表面上说是尊崇妇女，实际上是把妇女看作机械牛马，与古代主张奴隶制的一样"。②

如果说蓝公武看到了人性罪恶自私的那一面，那么胡适看到的却多是人性善良的一面。胡适提倡贞操是自动的道德，其实就是对人性的乐观估计。在给蓝公武的答复中，胡适指出："有意识的自由恋爱，据我所见，都是尊重性欲的制裁的。无制裁的性欲，不配称恋爱，更不配称自由恋爱。"③ 胡

① 罗纳德·W. 克拉克：《罗素传》，天津编译中心组译，世界知识出版社，1998，第417页。
② 《蓝志先答胡适书》，《新青年》第6卷第4号，1919年4月15日，第402、404页。
③ 《论贞操问题：答蓝志先》，欧阳哲生编《胡适文集》第2卷，第514页。

适批评说："世间固然有一种'放纵的异性生活'装上自由恋爱的美名。但是有主义的自由恋爱也不能一笔抹杀。古今正式主张自由恋爱的人，大概总有一种个性的人生观，决不是主张性欲自由的。"他举了 William Godwin 与 Mary Wollstonecraft 的关系为例，说明恋爱未必就是"淫乱"的表现，盖"人类的通性总会趋向一个伴侣，不爱杂交"，若"再加上朋友的交情，自然会把粗鄙的情欲变高尚了"。退一步说，即使"承认自由恋爱容易解散，这也未必一定是最坏的事"，由于"自由恋爱的离散未必全由于性欲的厌倦，也许是因为人格上有不能同居的理由"。既然自由恋爱是"人格的结合"，那么"继续同居有妨碍彼此的人格，自然可以由双方自由解散了"。①

后来，张申府就宣称："君宪可以改成共和。专制可以改成民主。婚姻本也是古来传留、霸据、欺伪的制度中的一种。但使吾们明白他的真作用，把对于他的心理改改，这种作万恶源泉的制度有什么不可去，有什么不该去，有什么不能去的？"若按当时流行的观点认为男女关系以爱情做主，而不能以婚姻制度来维系，那么"爱情断了，还定要保留因他起的关系，那便是强迫，那便是假冒"，因此，他宣称"男女关系不严重，也不见得总有害。就要保持他的郑重切实，也只有仍就爱情想法子：想法在爱情上求纯净真洁，想法把本能之爱养成精神之爱"。因此，"夫妻的名字，自然也不必须，并且也不可要"。他宣称："看破国界、种族界的本早就很有，可是更进一步，看破男女性界，再进一步看破人与人外的自然界的却到如今不多。"而张申府恐怕恰恰是为数不多看破男女界的个人——他相信，男女关系从黑暗到光明的第一步"必须就使离婚容易，说实话，就是怎么使离婚制度能够行到中国"，其次才是"结婚的真正自由"。②那"少年男女若能自由思想，性欲足令'道德'扫地。一国的人若能自由思想，人的本性、政治的组织足令政治法律一切失其效力"。③

张申府诠释男女关系所用的"自由"便具有剥离社会属性的倾向，盖

①《论贞操问题：答蓝志先》，欧阳哲生编《胡适文集》第 2 卷，第 516 页。
②《男女问题》，《张申府文集》第 3 卷，第 20～24 页。
③《"危险思想"》，《张申府文集》第 3 卷，第 27 页。

其寻找的自由是教育自由、工作自由和男女关系自由。① 就男女关系而言，"废掉男女的有意分别而扩张之，这个自由便是人间关系的自由。人间关系是要表里如一的。人间关系只有根于互相的自由的才有价值。人间关系要只以情感为绾结；情感已绝，便无值得保存之物存留。情感是要自由的，是不得勉强的，所以人间关系也必要自由。又因情感是要自由的，人以他成关系，人生乃能无不自由，而人爱情中一切创造性的东西也可得越发自由发展之地。我们要使人有关系的自由，根本固为破坏那种受买卖主义最坏的影响的最难脱离的卖淫制度——嫁娶，——也就是为的交际自由，离合自由、爱情解放——与爱情以机会……等等"。② 在另一文中，他进而说："吾们期望自由，第一便要先由自己自由自己。吾们的心、吾们的精神，不但要伟大，自由更要紧。一切心里的锢蔽束缚、思想上的网罗，都须尽先解除。"盖"自由本是政治营生中最伟大最宝贵的东西"，而"合乎自然的自由"才是"真正的自由"。③ 张申府心目中的"自由"有着强烈的虚无主义倾向，类似谭嗣同冲决网罗的理想。

要想实现自由恋爱，需要先废除婚姻，而首要的做法便是废除婚礼。张申府就从"结婚本由于各人性欲之发动，自然该以爱情作基础"这一立场出发，来说明结婚、离婚都应该自由，故"既不要什么仪式，也说不上什么道德不道德，更用不着无聊的法律来规定"。④ 1919 年 10 月，梦想世界大同的王光祈在答复一位读者的来信时就指出，"结婚是两性既有恋爱后所发生或种合意的事实"。既然婚姻是一种"合意"的事情，因此不容第三者的批评。因此他提议，结婚分为有形式的结婚和实质的结婚两种。他极端反对订婚书、行结婚礼、有媒人、有证婚人的形式，而支持实质的结婚。他所谓的实质的结婚就是有婚姻关系而无婚礼。在王光祈看来，"行一纸婚约，以为将来的束缚，或在公共场所行结婚礼，以便昭示于众，永远受此束缚"。他反问道："世界上岂有如此互相疑忌而可以称为恋爱之理？"他一方面支

---

① 《罗素与人口问题》，《张申府文集》第 2 卷，第 15 ~ 25 页。

② 《就来的三自由》，《张申府文集》第 1 卷，第 14 ~ 15 页。

③ 《自由与秩序》，《张申府文集》第 3 卷，第 30 ~ 31 页。

④ 《结婚与妇人》，《张申府文集》第 3 卷，第 15 页。

持“实质的结婚”，另一方面又反对家庭。在他看来：“家庭系一种私利团体，对于公益常有妨碍。实质的结婚，系两性间合意的一种事实，对于公益毫无妨碍。”①

在另一封回信中，王光祈说：“我以为两性间因恋爱而有夫妻的事实，并不必发生组织家庭问题，彼此仍可以继续保持未婚以前各自在社会上的原有的状态——即是没有家庭的状态。”② 稍后，陆秋心也曾预言，“将来的婚姻是完全结成在自由上的、恋爱上的”，并且“证婚人介绍人统统用不着”，“没有嫁娶的名目，只有结婚的名目”，“聘金妆奁等一切取消”，“改同姓不结婚为近血统亲不结婚”。③ 若我们将恋爱、婚姻、家庭做一比较，传统中国最重家庭，而此时的王光祈最重恋爱而轻视婚姻、家庭，并且视家庭为公共团体的障碍物。对于彻底怀疑一切的激进青年而言，婚礼的仪式意义被完全否定了。其实，不仅婚礼的意义备受质疑，婚姻制度本身的存废也是问题。④

大体而言，传统意义世界的崩溃造成了中国思想界的真空状态，各式各样的社会思潮纷纷涌入。《中华新报》的记者就注意到：“近年文化运动之发起，非仅一求智问题，乃人生观问题。盖欧潮所激，思想解放，顿觉旧有全非，乍入于一种精神的无政府状态。”⑤ 1920 年 9 月，陈独秀就指出：“中国底思想界，可以说是世界虚无主义底集中地；因为印度只有佛教的空观，没有中国老子的无为思想和俄国的虚无主义；欧洲虽有俄国的虚无主义和德国的形而上的哲学，佛教的空观和老子学说却不甚发达；在中国这四种都完全了，而且在青年思想界，有日渐发达的趋势。”⑥ 恐怕恰恰由于空虚才出现饥不择食的状态，而欣喜若狂的青年无法抵御自由恋爱的诱惑。

舍弃婚姻、极端自由恋爱的言说得到青年的青睐。五四后，胡适曾

① 《答 M. R. 女士》，《王光祈文集》第 4 辑，巴蜀书社，2009，第 64~66 页。
② 《答 A. Y. G. 女士》，《王光祈文集》第 4 辑，第 67 页。
③ 陆秋心：《婚姻问题的三个时期》（1920 年 4 月 15 日），《五四时期妇女问题文选》，第 241 页。
④ 梁景和：《近代中国陋俗文化嬗变研究》，首都师范大学出版社，2009，第 320~328 页。
⑤ 一苇：《读学衡书后》，《中华新报》1922 年 1 月 19 日，第 1 张第 2 版。
⑥ 《虚无主义》，《陈独秀著作选》第 2 卷，第 167 页。

批评青年人"不去研究女子如何解放，家庭制度如何救正，却去高谈公妻主义和自由恋爱"。① 谢觉哉也注意到自由恋爱乃"极时髦的名词"。② 另一位时人也观察到："近年一班青年肆谈恋爱自由、婚姻自由者，有若狂风怒涛、万马奔驰之概，且具有非达其目的不止之势。"③ 不少青年处于狂热、无拘束的心境，思想之混乱与精神的迷茫状态恐怕变成了"常态"。1922年，恂禁观察到，高唱解放的声浪里，"激进派几欲废止婚姻实行自由恋爱主义"。④ 同年，一位时人观察到，所谓自由恋爱乃"欲举婚姻上法律之仪式之手续而否认之，但以男女情爱程度为转移之鹄的，偶起龃龉则借口个人幸福，便可自由离异，分道扬镳，是则朝秦暮楚亦意中事"。⑤

自由恋爱既展示了青年如何理解自由，也受他们如何理解民主的塑造。那时，困扰着新青年的问题是："究竟婚姻自由是德谟克拉西呢？废婚是德谟克拉西呢？"陆秋心就相信："废婚是从婚姻自由再进一步的主张，是无家庭，他的对象就是从德谟克拉西再进一步的无政府。"因此，他勾勒了婚姻制度与政治制度密切相关，即君主专制时代的专制婚、君主立宪时代的同意婚、民主共和时代的自由婚以及无政府时代的废婚姻。⑥ 1920年初，有人就指出："'自由恋爱'、'打破家庭'这两句话是带有'安那其'色彩的绝端论。"⑦ 类似的反思亦可见政治的变动对于日常生活所造成的困惑。

婚姻制度既满足了人类性欲，又规范了性生活，与婚姻相关的生育制度更是人类繁衍的基础。在近代思想激进的读书人心目中，婚姻制度却变成了妨碍个人自由的枷锁。他们一方面将性关系去道德化，另一方面积极控诉婚姻制度。但为了避免让人类走向灭亡，又只有将婚姻与性、生育的关系打

---

① 《问题与主义》，欧阳哲生编《胡适文集》第2卷，第251页。
② 《谢觉哉日记》上册，1921年11月16日，第68页。
③ 山甫：《凌君之婚姻谈》，《申报》1923年10月8日，第3张第11版。
④ 恂斋：《自由结婚父母应处监察地位》，《申报》1922年7月23日，第18版。
⑤ 鲍眕：《论婚姻问题（上）》，《申报》1922年4月9日，第18版。
⑥ 陆秋心：《婚姻自由和德谟克拉西》，《五四时期妇女问题文选》，第243~245页。
⑦ 驾白：《改良婚制的成见》，《申报》1920年7月23日，第16版。

破，构建一种有性、生育而无婚姻的社会。

谢觉哉就曾反思"自由恋爱"的主张，盖"从人种生存上观察，夫妇关系不确定，非避妊即弃儿，不肯负教养之责，亦无从负教养之任，故必采用儿童公育"。不过，儿童公育"虽说可得有学识经验之保姆，但养护终不如亲生父母之恳挚"。因此，他说人类"要繁荣、要向上，不可不先确定夫妇关系"；另一方面从人生幸福的角度说，"吾人和煦甜蜜之境，大半属于和美的家庭，尤属于爱情长久的专注"。然若"恋爱自由，离合无定——结合无仪式，无约束，脱离亦可任意，换句话说同嫖娼无异——则男女都为社会之游离分子，社会被扰于不宁，本人亦觉了无乐趣"。[①] 至此，谢氏指出了自由恋爱对社会、人生可能造成的负面影响。到 1925 年，伯度观察到，"自由恋爱之弊，则不免假借自由之名义，任意恋爱，滥行缔姻"之闹剧。[②]新青年呼吁精神的解放，呼唤真情，但他们提倡的自由恋爱强调的是欲望而非感情。其实，感情是非常复杂的，包括友谊、鼓励、安慰、陪伴等。如果任由人与人之间的关系彻底自由解体，那么这种自由难免失之为虚幻的、浪漫的、任意的。

有态度保守的人批评自由恋爱恰恰是西方"野蛮"的表现，所谓"现在欧美各国，常有一种短期夫妇的结合，过了所协订的期限，双方都可离异，别求新恋。噫！这真是兽欲横流的世界了！我国际此新旧婚制过渡的时代——专制婚制与自由婚制——两性往往为了父母强迫的撮合，为不满意，就离异，已经结合的夫妇，别谋新恋，而离婚之案，也就充塞我国了。然则当此离婚潮流极盛时代，我们将何所适从呢？"[③]

这也引起了在华西人的注意。费睿思说："常在和中国青年女子谈话中，听到她们以为欧美社交非常自由的话；在实际上，欧美人结婚前所过的社交生活或伴侣选择，并没有像东方人所设想似的普遍或自由。"[④] 其实，倡导家庭革命的胡适早就意识到："美之家庭未必真能自由，其于男女交

① 《谢觉哉日记》上册，1921 年 11 月 16 日，第 68 页。
② 伯度：《青年对于婚姻之态度》，《申报》1924 年 8 月 12 日，第 17 版。
③ 毛拔：《基督教的婚姻观》，《青年进步》第 75 期，1924 年 7 月，第 24～25 页。
④ 费睿思：《从初交到结婚——欧美的社交习惯》，《星火》第 2 期，1928 年 10 月，第 10 页。

际，尤多无谓之繁文，其号称大家者，尤拘拘于小节。推原其始，盖起于防弊，而在今日，已失其效用，其男女之黠者，非防闲所能为力，而其具高尚思想魄力者，则无所用其防闲，防闲徒损其志气耳，徒挫其独立之精神耳。"①

\* \* \*

那么，究竟什么是自由——是不受父母或者家长干涉的自由，还是不受婚姻约束的自由？自由的边界在哪里——自由真的意味着婚姻可以不受任何限制而随意解体吗？再者，解放是获得自由的手段吗？从旧制度的束缚中解放出来的个体，却很可能沦为新的、情欲的奴隶。虽然时言"自由"，但他们口中的"自由"更多的是一种解放，是一种人与人关系的脱离。主张废婚姻的激进派肯定了男女的主观好恶、相悦、爱情等个人感受，却轻视责任，将自由误解为放纵。这样的自由只能说是一种自然或天性的自由，并非与公民责任和政治责任相对应的自由。近代中国以解除人与人之间关系的方式理解自由，加速催化了人伦关系的解体和社会的溃散。

更值得反思的是，废除婚姻制度构成了对人性中的占有欲和嫉妒心的挑战。它对于人性罪恶的那一部分却始终缺乏深刻的警惕。以此类青年的理解，性关系变动越多越好，而这是否符合人类心理值得进一步探讨。梁启超就曾质疑其是否与人性相悖，盖"所谓男女同栖当立期限者，是否适于人性，则亦未甚能自完其说"。②情欲的满足可能是人自主性的体现，但是也容易造成个体沦为欲望的奴隶，而浪漫的个体更容易进一步沦为政治和主义的工具而丧失自我。假如我们承认天生喜欢性关系变化的人与多数人并不同，那么，两性关系的本质是否应该受道德和法律的约束就值得追问思考。

① 《藏晖室札记节录》，欧阳哲生编《胡适文集》第9卷，第702页。
② 梁启超：《清代学术概论》，上海古籍出版社，1998，第82页。

　　废除婚姻虽然以解放女性为号召，但实际的结果可能是南辕北辙。在一个本质上仍是男权社会的环境中，原本受家庭保护的女性可能因失去家庭的荫庇而处于无人保护的境地。在经济不能独立的情况下，婚姻若不稳定，女性的生活则可能更加悲惨。以解放女性、提高女性地位为目的的婚姻革命，却可能造成女性地位的进一步降低。以重构社会为目的的自由恋爱，亦可能造成的是情感纽带的破裂和社会凝聚力的下降。那么，家庭革命究竟能否造成人人相亲相爱的社会，还是会摧毁整个社会，并造成人与人互相为敌的悲惨境地，值得进一步反思。

# 第九章　先恋爱后结婚：从性和爱的角度看婚姻

1923 年的一个夏夜，一位山东青年在灯下写信给《妇女杂志》的编辑章锡琛。信中他提出三个问题：为什么要结婚？结婚的目的是什么？怎样才能保全永久的爱？[①] 他所提的三个问题表明在礼教崩散之后，原来可以解释生活意义的传统再也不能说服青年人，而正在形成的、为了爱情而结婚的新观念又给青年带来不少困惑。从他给杂志社写信寻求解答的方式也可以读出不少时代的信息。罗志田先生曾指出："白话文的简易无约束使向不入文的各种社会情态以及个人情感都有了发泄和记载的机会。"[②] 报纸杂志不仅传播了信息，也成为人们寻求意义与价值的渠道。书信让陌生人之间的交流变得更为便捷，报纸杂志给青年人提供了交流的新空间。青年人不愿意相信父母的家庭教育，而愿意相信一个远方记者的劝说。

从 1919 年胡适呼吁恋爱结婚到 1923 年这位青年写信寻求答案，短短几年时间婚姻问题引起了广泛、热烈的讨论。以公开方式谈论恋爱、婚姻、性爱、家庭等问题或许是中国历史上的第一次。而爱情产生幸福的神话也在这一阶段被塑造出来，进而形成了爱情乃婚姻之基础的新观念。本章尝试解决的问题是：作为一种情感，爱情是如何重新定义了婚姻；向往一夫一妻快乐小家庭的青年言说中的"爱情"表达了他们怎样的期待与渴望。当然，也有不少思想激进的青年从渴望夫妇爱情走向只要爱情不要夫妇，宣扬更为激进的废婚立场。本章所讨论的恋爱结婚观其基本立场仍是保存婚姻制度，只不过寻求一种全新的、侧重夫妻间情感关系的制度。

昔日的价值系统崩溃后，传统婚姻制度的意义和价值不再为新青年所接受，男女两情相悦的恋爱成为婚姻成立的前提条件。新婚姻观念的核心是夫

---

① 鲁夫：《结婚与爱》，《妇女杂志》第 9 卷第 10 号，1923 年 10 月 1 日，第 124 页。
② 罗志田：《近代中国史学十论》，第 168 页。

妇自择、恋爱结婚。这一主张试图去掉大家庭中牵制夫妻关系的婆媳关系和妻妾关系，使得婚姻的重心由承先启后、侍奉公婆、照顾儿女转变为夫妇之间的情感满足，这是近代中国婚姻观念的根本变化。不少新学少年都坚信"女子解放，家庭幸福，恋爱自由，家庭幸福"的观念。[①] 他们深信，只有自愿、自主的婚姻才是幸福的，而包办婚姻是不幸的、悲惨的。于是，何时结婚及以怎样的方式结婚都成了争议的话题。这些问题将在后面的章节一一讨论。

## 一  恋爱结婚：渴望以爱情为基础的婚姻

如今人们毫不犹豫地把爱情与婚姻联系起来，似乎遗忘了历史上它们的关系并非如此。在人类社会大多数时间，婚姻被视为社会制度、财产关系而非情感联系。在西方，强调以爱情为基础的婚姻是启蒙运动之后的新观念。伴随着资本主义的发展和个人主义的兴盛，婚姻中感情的因素逐渐为西人所关注。以维多利亚时代的英国为例，社会主流还是强调理想的婚姻是一种成功的安排。爱并不是愉快和浪漫的体验，而是一种奉献和友谊。男女之别妨碍了夫妻之间的感情。19 世纪西方关于爱情和婚姻的观念非常多元，并没有单一固定的权威解释。[②] 就欧美社会而言，婚姻从神圣的宗教事务变成民事契约关系经历了几百年的变迁，爱情为婚姻的基础也不过是 19 世纪末 20 世纪初的新潮流。[③] 西人越发珍重内心化的、个人化的感情，因此越来越多的人赞美完全投入的爱情。

其实，陈独秀较早注意到孔德的话："爱情者，生活之本源也。"[④] 他也郑重地告诉读者："西俗爱情为一事，夫妇又为一事。恋爱为一切男女之共

①  伯才：《家庭幸福》，《申报》1921 年 10 月 30 日，第 18 版。
②  David R. Shumway, *Modern Love：Romance, Intimacy and Marriage Crisis* (New York & London：New York University Press, 2003), p. 19.
③  参考劳伦斯·斯通《英国的家庭、性与婚姻 (1500～1800)》，商务印书馆，2011。
④  《〈绛纱记〉序》，《陈独秀著作选》第 1 卷，第 128 页。

性；及至夫妇关系，乃法律关系，权利关系，非纯然爱情关系也。"① 吴贯因也曾指出："太古之世所谓夫妇者，非以情意结合也。"② 梁漱溟后来也注意到，西方从处理人与物的关系转向处理人与人的问题，男女恋爱问题便是其中最大的问题。③

不过，20 世纪初的中国就有人大胆主张："夫婚姻为人道之大经，宜以爱情结合，而不容夹入他种之观念。"④ 胡适就特别向往那种伉俪兼师友的婚姻。⑤ 五四前夕，胡适提倡以爱情作为夫妇关系的基础。1919 年 4 月，胡适开始向青年一代宣扬恋爱结婚的新观念。胡适对夫妻关系的定义与传统完全不同。他说："夫妇之间的正当关系应该以异性的恋爱为主要元素；异性的恋爱专注在一个目的，情愿自己制裁性欲的自由，情愿永久和他所专注的目的共同生活，这便是正当的夫妇关系。" 显而易见，爱情的重要性自然凸显出来了。胡适强调的是一种"人格的爱"。他说，"平常人所谓爱情，也未必全是肉欲的爱；这里面大概总含有一些'超于情欲的分子'"，但是"这种分子，总还要把异性的恋爱做一个中心点"。若无这一点，"共同生活便成了不可终日的痛苦"。总之，"夫妇之间的正当关系应该以异性的恋爱为主要元素"。所谓"人格的爱"即是这种正当的异性恋爱加上一种"自觉心"。⑥

后来胡适曾翻译诗一首，其言曰："我把心收起，像人家把门关了，叫爱情生生的饿死，也许不再和我为难了。"⑦ 奔涌而出的爱情几乎难以抑制。见过溥仪之后，胡适写过"千年的礼教，锁不住一个少年的心"这样的小诗，⑧ 未尝没有对自我的感怀混杂其间。这首诗也敲打着彼时青年的心扉。例如，

① 《东西民族根本思想之差异》，《陈独秀著作选》第 1 卷，第 167 页。
② 吴贯因：《改良家族制度论》，《大中华》第 1 卷第 3 号，1915 年 3 月 20 日，第 3 页。
③ 《东西文化及其哲学》，《梁漱溟全集》第 1 卷，第 494 页。
④ 履夷：《婚姻改良论》，《辛亥革命前十年间时论选集》第 3 卷，第 840～841 页。
⑤ 胡适与母亲讨论婚事，参考胡适致母亲的几封信，《胡适书信集》，第 6、7、60、65、85、87、91、94、97、101、106、112、118、156 页。
⑥ 《论贞操问题：答蓝志先》，欧阳哲生编《胡适文集》第 2 卷，第 511～512 页。
⑦ 《关不住了!》，欧阳哲生编《胡适文集》第 9 卷，第 135 页。
⑧ 《有感》，欧阳哲生编《胡适文集》第 9 卷，第 296 页。

杨贤江就曾回忆自己渴望爱情的心"关不住了"，而引起内心的波澜。① 周作人对恋爱结婚的观念表示赞同，以为恋爱尊重人格，而自由恋爱是一种尊重人格、高尚化的感情。五四前后，新青年的老师辈就特别注重抬高恋爱的价值。然而准确地说，那时的青年并不是爱上了谁，而是爱上了爱情本身。

新观念的核心是以爱情为基础的婚姻才是道德的。胡适宣称，"美国男女结婚，都由男女自己择配"，也就是说"美国的结婚，总算是自由结婚；而自由结婚的根本观念就是要夫妇相敬相爱，先有精神上的契合，然后可以有形体上的契合"。② 张申府也呼应说："结婚本由于各人性欲之发动，自然该以爱情作基础。爱情以外的东西，不论他是什么，都不应许他来干涉来阻碍。"③ 在他们看来，毋庸置疑，爱情是最重要的。

对于蓝公武所持的"贞操并不是以爱情有无为标准"这一主张，胡适就表示反对。胡适认为，贞操就是"异性恋爱的真挚专一"。在这个问题上，胡适走得更远。他说："没有爱情的夫妇关系，都不是正当的夫妇关系，只可说是异性的强迫同居！"换言之，他等于将既存的夫妻关系是否合理统统打上了问号。而且，他又说自己说的"高尚的自由恋爱"并非"现在那本轻薄少年所谓自由恋爱"。他以为，在美国"这种自由恋爱的男女，觉得他们能尊重彼此的人格"。④

胡适的恋爱结婚观念得到了新青年的广泛呼应。田汉则较温和地提出只有建立在爱情基础上的婚姻才是合法的，进而热情地宣称"恋爱神圣论"。他曾转述爱伦凯的主张，写道："无论何种结婚，若有恋爱即为道德。虽经法律上之手续之结婚，若无恋爱即为不道德。"⑤ 杨贤江亦呼应说："恋爱的结果，通常终要发生结婚的一种事实，但亦不一定终须结婚。不过讲到结婚，当然要以恋爱做个基础。"⑥ 四珍也指出爱情是结婚的中心要素。⑦ 也就

---

① 《病后》，《杨贤江全集》第 1 卷，第 562 页。

② 《美国的妇人》，《胡适全集》第 2 卷，第 625 页。

③ 《结婚与妇人》，《张申府文集》第 3 卷，第 15 页。

④ 《论贞操问题：答蓝志先》，欧阳哲生编《胡适文集》第 2 卷，第 511~513 页。

⑤ 田汉：《秘密恋爱与公开恋爱》，《少年中国》第 1 卷第 2 期，1919 年 8 月，第 34 页。

⑥ 《青年的恋爱》，《杨贤江全集》第 1 卷，第 217 页。

⑦ 四珍：《爱情与结婚》，《妇女杂志》第 6 卷第 3 号，1920 年 3 月 1 日，第 2 页。

是说，婚姻必具备的条件之一便是"由爱情的结合"。① 恋爱结婚的新观念塑造了五四前后家庭革命的新风貌。而社会上不满意于旧婚制的新青年，其解决的办法就是"实行恋爱的结婚"。陈望道就坚持说："我们承认婚姻是两性最密切的共同生活，在这共同生活之间始终应有称为恋爱的一个精神的要素。"②

在1920年颇为流行的《女性论》一书中，冯飞强调："结婚者，宣告两性恋爱成立，证明夫妻行为开始之方法也。"③ 易家钺一方面批评"非人格的结婚"，因其"阻碍社会进化"，"妨害人类自由"；另一方面宣扬结婚乃"异性二人之人格之肉体并精神的结合也"。④ 恋爱结婚的核心要素在于强调是"人格之结合"，盖"结婚必须有精神上的恋爱"。换言之，"结婚既以恋爱为唯一的条件，那么，由结婚而成立的夫妇关系—依有无恋爱为转移。两性间有了恋爱——性的恋爱，我们就可以称他们作夫妇，否则虽在中央公园大结其婚，也不过有夫妇的躯壳而无夫妇的灵魂"。总之，"婚姻关系、夫妇关系，是由恋爱、自由、平等三个元素结合拢来的"。⑤

因此，恋爱结婚成了个人实现人格的标志。倪文宙就说："既以人之生存之意蕴，大部分在精神欲之满足，则两性关系间，必须有人格的主动，情操之发展者，乃不负为居于生物最高级之人类，而有人的价值。"因此，他反对传统的"配合"的、受人"撮合安排"的两性关系，而主张"在人格之交融，与情操之发展"。他甚至进一步把两性中的感情提高到社会制度之上。他说："在昔以两性的关系为形式的关系，两性之结合，受制度之支配；在今以两性之关系，为生物的关系；两性之结合，乃人格与情性之交融，苟能具此条件，可不受社会制度之支配。"他认为，"两性本能，为一切生活之基础"，故"两性间之伦理，尤不能不以生物学为观点，而不当仅

① 潘式：《中学生与早婚》，《家庭研究》第1卷第4期，第20页。
② 《自由离婚底考察》，《恋爱、婚姻、女权：陈望道妇女问题论集》，第46页。
③ 冯飞：《女性论》，上海文艺出版社，1990，第100页。
④ 易家钺：《结婚之真意义》，《国民杂志》第1卷第3号，1919年4月，第1~5页。
⑤ 易家钺：《罗素婚姻问题为中国人之观察》，《家庭研究》第1卷第3号，1921年3月20日，第13~14页。

言形式与制度。两性间苟有热爱真情，而无异常的征象，不碍社会之安宁，则固不应以呆板之伦常方式范畴之也"。他批评传统的伦理"仅在唯物的平面上而牺牲精神方面之两性关系"，而"束缚形骸，多方限制，无端而使不相干之男女，厮守终身，是实蔑视吾人精神情操之可贵，与彼狗彘之行，正属同科"。① 他以男女精神之满足作为人禽之别的基础，这一点突破了对于两性伦理的传统建构，也展现出某些时代的共相。

恋爱结婚的重要意义在于家庭和夫妇的和谐。严沁簃曾说："子女婚姻须予以自由，则夫妇之间有真爱情能真团结，共致其力，以谋家庭之福利。"② 李光业也认为，家庭改造提倡"男女的结婚，应该以'爱'字为标准"，进而"组织家庭，夫妇间自然爱情浓厚，水乳无间；也自然觉到家庭的神圣了"。③ 颜筠后来也说，作为家庭改造的第一步，"婚姻改造，就是毁灭了旧来的买卖式的制度，创造今后灵肉一致的恋爱结婚。近来本志提倡得很详尽了。根据这灵肉一致的恋爱，互相行人格上结合的两性，从结婚那日起，男女双方都离却了自己本来的家庭，他们俩互去组织一个新的家庭，以实现他们俩灵肉一致的恋爱"。④ 黄肃仪也认为，恋爱为最真挚的感情且为人生之要义，并盛赞这种以爱情为前提的婚姻。她说："苟情人之所欲，虽牺牲一身而不惜，何况其他物质耶？及异日而成眷属，则此爱情更根深而蒂固，互相提携，互相扶助，造成巩固之家庭，而为社会之基础。"⑤ 换言之，儒家建构人伦秩序的一个基本准则是男女有别，而家庭内部强调父子同气、夫妻一体。本来父子与夫妻关系是存在紧张性的。但是，由于重父

---

① 文宙：《恋爱之伦理的意义》，《妇女杂志》第 8 卷第 5 号，1922 年 5 月 1 日，第 25～26 页。倪文宙，辛亥年就读于绍兴府中学堂，后考入绍兴师范学校，1925 年任教于厦门市集美学校。倪文宙：《深情忆念鲁迅师》，《高山仰止：社会名流忆鲁迅》，第 68～73 页。

② 严沁簃：《家庭小论》，《申报》1921 年 11 月 27 日，第 5 张第 18 版。

③ 李光业：《家庭之民本化》，《妇女杂志》第 7 卷第 2 号，1921 年 2 月 5 日，第 2 页。

④ 颜筠：《家庭改造论》，《妇女杂志》第 11 卷第 2 号，1925 年 2 月 1 日，第 317～318 页。该文作者 1924～1925 年投稿《妇女杂志》，关心妇女问题。颜筠早年留学日本，1924 年翻译日本人小仓金之助的《算学教育的根本问题》（商务印书馆，1930），1942 年任绥远省妇女会副理事。

⑤ 黄肃仪：《恋爱结婚之真义》，《妇女杂志》第 8 卷第 7 号，1922 年 7 月 1 日，第 25～26 页。

权和父系，传统社会这一内在紧张性很大程度上被化解或被掩盖了。然近代受各种因素的刺激，对传统秩序不再信任的青年人转而认为夫妻之间的关系更为重要。因此，新式婚姻、恋爱观强调男女平等的那一面，而家庭关系也从强调纵向的父子关系转向强调横向的夫妻关系。

男女恋爱意味着个体摆脱了奴性，而夫妇之间的爱情也让家庭摆脱了"牢狱"的象征。当时的读书人相信恋爱能增进夫妇的感情与家庭的幸福。关桐华深信："以爱为起点的结婚多能形成夫妇间幸福的生活，这是当然的。"而结婚生活能否幸福，在于夫妇之间是否能互相理解。"（若）彼此以前既有很深的爱情，必更能以结婚日为起点，日日增加彼此的爱情，筑成幸福的生活。"① 周建人便畅想："将来的婚姻必须不受一切的外力——一切法律经济以及道德律等等——的束缚，家庭完全是'自由的园'，不是牢狱，而得彼此了解和谐共同合作的生活，这才是恋爱的真的精神。"② 结果，"在青年思想中家庭革命成为社会革命的基石，自由恋爱成为实现人生幸福的先决条件"。③

除了对于个人、夫妇、家庭的意义之外，恋爱结婚的另一重意义在于种族的健康。从子女健康的角度出发，田汉深信："由恋爱所生之儿女，于质的方面，较不由恋爱所生儿女特别优良也。即谓恋爱之当事者，不仅于其自身享受个人的幸福，而其间乃生出实质优良之儿女，举改良人种之实。"④ 李达也曾坦言："我对婚姻一事，别有积极主张，若举最适于我国情的，莫如恋爱自由。家庭中最大的幸福，在夫妇间有真挚的恋爱。夫妇间所守的道德，也只有恋爱。必定先有恋爱，方可结为夫妇，必定彼此永久恋爱，方可为永久的夫妇。这样的结婚，后来生出子女，聪明灵秀，是改良人种的大利益，而且彼此恋爱，个人相互间的幸福愈益增进，可构成社会的真价值。"⑤

① 关桐华：《爱之纯化》，《妇女杂志》第 9 卷第 8 号，1923 年 8 月 1 日，第 15～16 页。关桐华对恋爱婚姻的理解既有激进，也有保守的因子。他的恋爱结婚是建立在男女内外分工的基础上，他理想的婚姻生活是丈夫在外劳作而女子承担家务、保育子女。
② 周建人：《恋爱的意义与价值》，《妇女杂志》第 8 卷第 2 号，1922 年 2 月 1 日，第 6 页。
③ 王政：《家庭新论》，第 22 页。
④ 田汉：《秘密恋爱与公开恋爱》，《少年中国》第 1 卷第 2 期，1919 年 8 月，第 35 页。
⑤ 李达：《女子解放论》，《五四时期妇女问题文选》，第 44 页。

周建人也认为善种的办法就是"恋爱结婚"。盖"许多不良分子的能得到配偶的机会，都因为社会风俗习惯的不良，以致错认了配偶上选择的标准"。因此，"若能都用良好的标准去选择配偶，将来的人类，当能如戈尔登所预言美、智慧、德行、性情、体格都能增进改良的"。①

恋爱结婚不仅有助于个人的幸福和种族的健康，也进一步关乎民族文化的位置。曾有人观察到："我国古代的婚姻都由所谓'父母之命，媒妁之言'而成立；现行的民律草案上虽说兼采允若婚，尚以'聘娶婚'为婚姻的原则，而实际社会却只通行那近于'买卖婚'的'聘娶婚'。恋爱的名词，不但一般人没有听到，并且当作'败坏风俗'的事情看。无怪我国民族被人目为半开化的民族了。"② 随着中国六礼婚制沦为野蛮的象征，恋爱结婚逐渐成为文明开化的象征。盖"这种侧重恋爱、侧重私人结合的意见全是现代的思想，与古昔的意见适成相反"。而人类进化到强调精神的恋爱的婚姻，故"两性结合的要素全在恋爱了"。"文明的国中，离婚的增加与容易是一般的趋势，这因为两性结合的观念随文明增进而改变，以为婚姻不当拘于外的形式，而当以爱的结合为要素，如果不成其为亲属关系了，还要这形式何用呢？这种观念一起，于是把形式渐渐打破。"总之，"人类是高等的生物，精神作用特别进化些，若预先没有相互的恋爱，为父母的事，便没有基础；这种结婚，虽不失生物学的意义，在人间社会里，总是不进化的"。③ 知白则说："现在的文明社会，男女不以恋爱而结合的，差不多只在中国——也许只在东方——是平常的现象罢了。"④

需要特别注意的是，向往恋爱结婚的新青年基本上主张保存家庭和婚姻制度，而并非要彻底废除婚姻和家庭。不过，他们拒绝承认传统意义上的家庭有何价值，而是在现代意义上重新认可家庭存在的价值。徐庆誉就指出：

---

① 周建人：《恋爱结婚与将来的人种问题》，《妇女杂志》第 8 卷第 3 号，1922 年 3 月 1 日，第 4 页。

② 记者：《恋爱结婚成功史——周颂久先生夏韫玉女士结婚的经过》，《妇女杂志》第 8 卷第 3 号，1922 年 3 月 1 日，第 8 页。

③ 健孟：《恋爱的艺术》，《妇女杂志》第 9 卷第 5 号，1923 年 5 月 1 日，第 5～6 页。

④ 知白：《离婚问题与将来的人生》，《妇女杂志》第 8 卷第 4 号，1922 年 4 月 1 日，第 30 页。

"社会的组织是基于家庭，家庭的形式是基于夫妇，夫妇的成立是基于婚姻；婚姻的含义是基于男女两性的爱。男女两性的爱，是社会组织最初的根源；换言之，男女两性的爱，是人群团结唯一的要素。"他从肯定家庭和婚姻的角度肯定了两性之爱。不仅如此，"两性爱"有更广泛的社会意义。它"是一切生物的根源，和一切文化的起点。当两性调和的时候，便是社会平治的时候，古人所谓平治之世，就于指当时的人民，对于饮食男女之欲，有相当的满足"。① 伯度也强调婚姻的重要意义："婚姻之道大则关于种族之盛衰、国家之强弱；小则亦关于个人一生之幸福。"②

对于青年而言，原本无须自己选择配偶，现在突然想要自己选择，如何选择恋爱对象也就成了问题。无竞就观察到，"配偶选择，在中国素来不成为一个问题"，但是新文化运动之后，"恋爱结婚"就成为一般青年的切身问题。③ 为求慎重，邰光典、宝贞曾特别指出："婚姻成立于男女之恋爱，两方面均有自由择配之权。"尽管他们认为父母无禁止之权，不过也允许"以亲长之资格，得从中作正当之规戒"。在他们看来，"所谓恋爱，亦不得滥用其情，女子固当贞洁，而男子亦当遏制其不正当之性欲。若罗马末代之所谓'自由恋爱'（free love）亦悖本旨矣"。④

怎样谈恋爱，恋爱与婚姻是什么关系，这些问题很快就成为当时青年热议的话题。杨贤江说，五四以后青年界充满了享乐的空气，他和男青年相聚谈话"往往忘不了恋爱这一个问题"。⑤ 青年人慢慢喜欢上恋爱，恋爱由被忽视的地位转而成为"高尚""纯洁"的正面象征。恋爱既是新青年文化叛逆的表现，也是他们宣称自我的一种方式。青年本就是人对爱情充满较多期待的人生时期，所以这种新恋爱观尤其符合青年人的口味。有人甚至宣称："男女的恋爱，比较爱国家、爱社会、爱宗教要高远得多。"⑥ 到 1923 年，

① 徐庆誉：《男女两性爱底研究》，《妇女年鉴》第 2 回上册，1923，第 122 ~ 123 页。
② 伯度：《青年对于婚姻之态度》，《申报》1924 年 8 月 12 日，第 17 版。
③ 无竞：《关于配偶选择的几条要件》，《妇女年鉴》第 2 回上册，第 268 ~ 269 页。
④ 邰光典、宝贞：《新家庭》，《妇女杂志》第 7 卷第 1 号，1921 年 1 月 5 日，第 6 页。
⑤ 《十年来的中国与学生》，《杨贤江全集》第 1 卷，第 785 页。
⑥ CN：《离婚的意义与价值》，《妇女杂志》第 8 卷第 4 号，1922 年 4 月 1 日，第 174 页。

恽代英就指出："由于生物学的伦理观输入以后，男女的尊卑，婚姻的意义，在许多受了教育的人心目中，全然改变过了。"① 甚至有"许多青年，有恋爱即是人生、人生即是恋爱的倾向了"。结果，因恋爱而变为"一无作为"。他推测这或许是因为："从来没有经过恋爱训练的人们，一旦受到了这种伟大的爱力，自然要浸在其中而忘怀一切的了。"②

张竞生也观察到类似忘乎所以的恋爱状态。他说："凡恋爱的人对于所爱者觉有一种不可思议的乐趣在心中，好似有无穷的力量要从四面八方射去一样。"③ 张氏进而分析说："凡极端情感的人必能把唯我变成忘我，又能把忘我变成唯我，所以他于心理上其用力少而收效大。今从唯我变成忘我上说，这个即是把小我的情愫一变而为大我的扩张，此中心理上的出息极为巨大。例如孔德把他爱情妇个人的心怀，推广而为人道上全人类的博爱，即是这个意思。凡由爱己而推及爱家，爱国，爱社会，爱宇宙，都是由小我的扩张而成为大我的作用的。"④

在周建人的观念中，恋爱结婚应该分为三阶段，大致是纯洁的友情、恋爱的友情、恋爱的完成这三个阶段。⑤ 黄肃仪也认为两情相悦后应该经历三个阶段，包括浪漫的恋爱时期、批评的恋爱时期、肯定的恋爱时期，然后才可以结婚。在黄氏看来，真正的恋爱结婚是不会有感情破裂或婚姻为爱情的坟墓之说的。她认为，那些以为恋爱会因婚姻而消灭的观念是因为不解恋爱结婚之真义。在她看来，"或由物质诱引，颜厚称爱以求婚；或贪图荣显，假爱媚人以求婚；或因一时感情，未及深省而结婚；或蹈因袭的形式而结婚；或非自由交际，仅凭媒妁之言而结婚"，这些都不是真正的恋爱结婚。理想的恋爱结婚乃"各以个人人格为基础，精神的平等的自由结合之谓"。经历了审慎地选择及相处，最后形成的家庭成为社会安固的基础。⑥

① 恽代英：《妇女解放运动的由来和其影响》，《中国妇女运动历史资料》第 1 卷，第 94 页。
② YC：《批评一件误解恋爱的事情》，《妇女杂志》第 10 卷第 1 号，1924 年 1 月 1 日，第 263、264 页。
③ 《美的人生观》，《张竞生文集》上卷，广州出版社，1998，第 115 ~ 116 页。
④ 《美的人生观》，《张竞生文集》上卷，第 118 ~ 119 页。
⑤ 周建人：《恋爱的意义与价值》，《妇女杂志》第 8 卷第 2 号，1922 年 2 月 1 日，第 3 页。
⑥ 黄肃仪：《恋爱结婚之真义》，《妇女杂志》第 8 卷第 7 号，1922 年 7 月 1 日，第 26 ~ 27 页。

　　然而，了解、性情、习惯、品性、道德、身体、容貌、年龄等诸多因素都影响着现实情形中的恋爱结婚。也有时人尝试进一步规范恋爱婚姻，如署名"绍先"的作者就指出三条折中的标准：其一"为男女间相互的尊敬爱慕，由此相互尊敬爱慕之念，发生真正的恋爱，这个可称为恋爱的精神化"；其二"男女两方面，未结婚前，各具有独立生活的经济能力"；其三"对于自己所产生的子女，授以相当的教育，使成为社会上有用的人物"。绍先认为这样的婚姻才是合乎伦理的和具有正当性的，其标准符合恋爱结婚的新时尚，期待在婚姻中寻找"愉快""神圣""乐趣"，① 但是同时强调婚前各自独立的经济能力以及家庭教育等现实问题。

　　其实，如何表达感情以及表达怎样的感情，是非常复杂的社会文化问题。谈恋爱首先就要打破男女隔绝的社会，这一新要求无异于和整个社会作战。五四后，男女同校和社交公开的言说风靡一时也恰恰满足了新青年的期待。于是，配偶选择、恋爱艺术、恋爱技巧等渐成趋新群体的议题。

　　作为一个双向选择的过程，那时恋爱成功的例子也并非无迹可寻。② 恋爱结婚从一个新的主张慢慢演变为实践。赵元任与杨步伟早先各自解除婚约，经过恋爱结婚就组织了美满的家庭，婚礼由胡适和朱徵两位朋友担任证婚人。③ 罗家伦和张维桢结识于1919年全国学生联合会上海集会。1920年底罗家伦留学欧美，张维桢则先后在湖郡女学、沪江大学读书。1926年罗家伦到上海，而张维桢则准备启程赴美国密歇根大学读书。直到1927年张维桢毕业回国，他们二人才结为夫妇。其间，他们通过书信、互赠礼物、互

---

① 绍先：《伦理的结婚》，《妇女杂志》第8卷第2号，1922年2月1日，第19页。
② 何心冷，1897年生，幼失父母，又无兄弟。受新文化运动的感染从北京到苏州二中表演救国新剧。得母舅刘古愚赏识，聘为教员。1919年就职于上海，后任教于上海环球学生会。1922年经内弟推荐入国闻通讯社，后参与协助《大公报》的筹办，成为该报副刊《小公园》的主编，并兼及《体育》《电影》《儿童》等副刊，1932年新辟专栏《摩登》。他与李镌冰（李微一）女士由友谊而恋爱而结婚的故事为人称道，但是终因生活颓废而病。《十二年的转变》，王瑾、胡玫编《胡政之文集》（下），天津人民出版社，2007，第1135～1136；李微一：《哭心冷》，《大公报·小公园》1933年11月12日；孙玉蓉、王之望主撰《天津文学新论》，大众文艺出版社，2007，第27～32页。
③ 罗斯玛丽·列文森采访《赵元任传》，第143页。

相安慰鼓励维持着恋爱关系。① 在缺乏社交生活的闭塞的 1920 年代，男女青年互相认识是相当困难的。戴景素、方云屏的故事也说明了新式恋爱结婚的困难。他们二人是在家庭已经为他们考察过年龄、性情、学问、身体、家庭状况之后交换照片，二人在公园相见而后订婚的。他们认为这避免了旧式媒妁的弊端。②

传统婚姻制度重视家庭的绵延，但是如今青年男女在婚姻中寻求两性的调和与精神上的愉快。到 1921 年，吴子雍就慨叹："居今日而言嫁娶之道固宜趋重由恋爱之学说。然对于嫁娶之古训，似亦宜相提并论。盖以自由恋爱，失之专攻爱情，势难免乎一失足成千古恨之谈。"③ 那时，持恋爱至上观念的青年强调以个人感情为基础的恋爱，并视之为婚姻合理性的基础。由嫁娶转变为结婚本身就意味着主体的变动。新文化人建构了恋爱结婚的新观念，并深信这一婚姻可以增进夫妇感情、家庭和睦、社会进步和种族健康。到 1926 年，秦邦宪（博古）就指出："'媒妁之言，父母之命'，视为天经地义的婚姻观，现在已经给'无恋爱的婚姻，是有仪式的强奸'——爱伦凯语——之说所破。"④ 换言之，以恋爱为基础的婚姻成为新一代人的理想婚姻。爱情超越一切价值成为婚姻的基础。他们相信恋爱结婚对于个人、家庭、社会、种族的意义与价值，进而将恋爱结婚视为 1920 年代家庭革命的题中之义。像一把双刃剑，爱情既充实了家庭，也让家庭变得更脆弱。新青年试图在恋爱中寻找快乐，结果却因人而异。

## 二　被神圣化的爱情：恋爱至上主义的流行

杨贤江曾观察到："社交与恋爱这两个名词，也都是'五·四'运动以

① 罗久芳：《父亲母亲的恋爱》，《罗家伦与张维桢——我的父亲母亲》，百花文艺出版社，2006，第 62~65 页。
② 戴景素、方云屏：《我们的结婚》，《申报》1922 年 1 月 8 日，第 14 版；1922 年 1 月 15 日，第 14 版。
③ 吴子雍：《婚嫁杂谈》，《申报》1921 年 11 月 6 日，第 18 版。
④ 《世界中国与无锡》（1926 年 7 月 1 日），无锡市史志办公室编《秦邦宪（博古）文集》，中共党史出版社，2007，第 115 页。

后的出产。"① 章锡琛亦指出："'Love'这一个字，在中国不但向来没有这概念，而且也没有这名词。近来虽然勉强把他翻译成'恋爱'，但是概念还是没有，所以许多人只把他和'奸淫'作同一解释；这便是一般人反对谈恋爱的最大原因。"盖"在中国的书籍上、历史上、道德上、习惯上、法律和制度上都没有所谓恋爱"。② 保守派从男女私情、私通的角度来批评恋爱，新派则处处为恋爱正名。有人就观察到，"一般的人也不问'恋爱'真义是什么，一闻'恋爱'二字，就极力的排斥。有的说'恋爱'是儿女的私情，有的说'恋爱'是奸淫的变态，种种谬解"。因此，他想为"恋爱"更名，以助于"恋爱学说"的推行。他主张用"神形一致"替换"灵肉一致"，将偏于"形"的标为"恋爱"，偏于精神的标为"挚爱"。他觉得"挚爱"这个较雅驯的名字可以摆脱很多人的非议，吸引人们去研究。③ 但是，神形与灵肉毕竟不同，如何厘清恋爱与欲望的关系是困扰时人的重要问题。

五四之后，强调以恋爱为婚姻基础的主张，逐渐为更多想改变旧式婚姻的新式青年所推崇。"恋爱"作为一个来自西方、用以诠释人们情感的概念工具，打破了传统用来描述人类情感的体系。对于那些没有机会旅外目睹西方男女交际的国人来说，翻译的外国小说提供了一个想象空间。譬如林纾翻译的《茶花女》中超越生死、阶级的爱情不知打动了多少青年男女的心，而男女之间的书信、表白、日记、眼泪、出游等行为也都构成恋爱的表现与载体。

在西来的众多关于恋爱的学说中，影响最广泛的是瑞典思想家爱伦凯（Ellen Key）的观点。在沈雁冰、章锡琛、吴觉农、周建人等人的共同努力下，爱伦凯渐为时人所熟悉。④ 爱伦凯极力提倡恋爱结婚，同时反对废除家庭和儿童公育，而主张改造作为组成现代家庭的个人。可以说，凭借在恋爱

① 《十年来的中国与学生》，《杨贤江全集》第1卷，第780页。
② 章锡琛：《通信》，《妇女杂志》第8卷第9号，1922年9月1日，第121页。
③ 金素存：《对于恋爱名词的提议》，《妇女杂志》第9卷第2号，1923年2月1日，第125页。
④ 白水纪子：《〈妇女杂志〉所展开的新性道德论——以爱伦凯为中心》，吴俊编译《东洋文论》，浙江人民出版社，1998，第507～528页。

婚姻问题上的权威地位，爱伦凯甚至成为与马克思、克鲁泡特金、罗素、托尔斯泰、易卜生等人齐名的"社会改造之八大思想家之一"。① 瑟庐曾指出："爱伦凯女士是人人所熟知的恋爱神圣论的主唱者；但她的主张以恋爱为结婚的原则，不但重在结婚当事者间个人的幸福，而尤注重在未来人类的进化。"② 李三无就坦言："我是在近代妇女问题学者里面最佩服最景慕爱女士的。"③ 他强调爱伦凯"把个人的幸福之一求之于各个人的爱情要求里面。极力主张爱情的价值，同时又把性的道德的全部根源，摆在爱情的底下，照这样看来，虽把爱女士的思想，叫做一种'爱情教'（love religion）也没有甚么不行的"。吴觉农就观察到："瑞典爱伦凯（Ellen Key）女士思想的真挚、人格的高洁、议论的卓越，与夫对人生态度的正确，是人人所共知的。现在凡是谈妇女问题的，没一个不在这伟大的女思想家思想支配之下。"④

时风之下，趋新青年用尽各式美妙动听的语言赞美爱情，宣传恋爱至上主义。如刘大白强调，"恋爱是理想的艺术，所以是创造的，不是占据的"，而且"人类从野蛮进化到文明，恋爱却也从浅薄进化到伟大"。⑤ 在他看来，恋爱不仅是艺术，更是理想的艺术。陈望道也分享了他关于恋爱是创造的主张。陈氏强调恋爱是两情相悦，并且赋予恋爱道德性，他认为"伟大的人格者才有伟大的恋爱"。⑥ 恋爱之纯真也是时人最珍视的部分。恋爱之人应该是"心纯气洁，烂漫天真"之人，恋爱与私欲、生殖、色欲等都不相协调。"盖真正之恋爱，非为虚荣与财产，非为色貌与家名，实由两性之自觉，欲得自由之生活，脱离奴隶之羁绊，解放自己，主张自由，以小我换大

---

①　生田长江、本间久雄：《社会改造之八大思想家》，李宗武译，商务印书馆，1921。

②　瑟庐：《爱伦凯的儿童两亲选择观》，《妇女杂志》第 9 卷第 11 号，1923 年 11 月 1 日，第 31 页。

③　李三无：《自由离婚论》，《妇女杂志》第 6 卷第 7 号，1920 年 7 月 1 日，第 1 页。

④　吴觉农：《爱伦凯的自由离婚论》，《妇女杂志》第 8 卷第 4 号，1922 年 4 月 1 日，第 51 页。吴觉农与章锡琛订交于 1920 年代。这时吴在日本留学，章锡琛在商务印书馆主编《妇女杂志》，吴不时投稿于《妇女杂志》。与胡愈之同乡的吴觉农归国认识了章锡琛和周建人，曾参与《新女性》以及开明书店的筹办工作。吴觉农：《怀念老友章锡琛》，第 495 ~ 500 页。

⑤　大白：《创造的恋爱》，《民国日报·觉悟》1921 年 7 月 4 日，第 4 张第 1 版。

⑥　晓风：《我底恋爱观》，《民国日报·觉悟》1921 年 7 月 4 日，第 4 张第 1 版。

我，合二心为一体，完全人格之结合，而无身外之计较。"① 署名"CY"的作者也赞美说："爱情是装载人类渡茫茫人世间的海洋的慈航；爱情是沙漠的人世间的绿洲，供倦乏的人生路上旅行的人们憩息的地方；爱情孕育一切，爱情使一切生长，爱情是神圣的。"当爱情"是两个灵魂和肉体构成的异性间相亲相感的作用"，而"灵魂和肉体，即心于身两者之和协，便是爱情的坚固的基石了"。② 当人们盛赞爱情时，爱情也相应承载了将情与性协调起来、成就美满人生的期望。

赞美恋爱意味着恋爱中的欲望有了更多被肯定的可能。杨贤江就赞美"爱情"乃"行为的原动力"，进而"成为社会的构成力""人生幸福的源泉"。爱情"美化"了人间，增加了人生的"幸福感"。③ 吴觉农也认为"恋爱就是人生"，甚至"人是必须为恋爱而生存的"。④ 黄肃仪的诠释则把恋爱与欲望联系起来，将恋爱视为人生一项最基本的需求。"夫人生为欲求之过程。饥而欲食，渴而欲饮，寒而欲衣，孰非欲也。若必求人之无欲，非待灭息之后不可。"同时，她将恋爱之情与父母昆弟之情进行了一番比较，盖"两性相悦，苟达于真正恋爱，则蹈火投汤所不辞，富贵利达不能动，非其人不乐，非其地不恋，闻其声而心跳，观其颜而色怡，虽父母昆弟之情，未必若是其真且挚也"。⑤ 紫瑚虽然没有如此高估恋爱在人生中的意义，但是也认为恋爱是"高尚化"的性欲。在其看来，"我们如果能够把本能高尚化，不但没有遏抑的必要，而且该加以特别的助长。人类的性的本能，不但比他动物的性的本能发达，而且也比人类所有的别种本能发达。人类的优胜于他动物，也完全在此"。⑥

肯定欲望的同时，新青年当然十分珍重恋爱之中的感情成分。无竞就

① 黄肃仪女士：《恋爱结婚之真义》，《妇女杂志》第 8 卷第 7 号，1922 年 7 月 1 日，第 26 页。
② CY：《我所希望于女子者》，《妇女杂志》第 10 卷第 10 号，1924 年 10 月 1 日，第 1531 ~ 1532 页。
③ 《青年的恋爱》，《杨贤江全集》第 1 卷，第 212 页。
④ Y. D.：《恋爱自由与自由恋爱的讨论——读了凤子女士的'答客问'以后》，《妇女杂志》第 9 卷第 2 号，1923 年 2 月 1 日，第 42 页。
⑤ 黄肃仪女士：《恋爱结婚之真义》，《妇女杂志》第 8 卷第 7 号，1922 年 7 月 1 日，第 25 页。
⑥ 紫瑚：《性的本能之高尚化》，《妇女杂志》第 8 卷第 5 号，1922 年 5 月 1 日，第 17 页。

说："最近有所谓新文化运动发生，极力主张发展个性，对于旧来不合理的风气礼教，群相抨击，而所谓恋爱结婚，因此成为一般青年切身的问题。但因为此等青年，素来并不曾受过所谓恋爱的训练和恋爱艺术的培养，往往误以本能的性欲冲动为恋爱，或且从谬误的恋爱行盲目的结婚，以致结果每多不良。"① 性欲的冲动不是恋爱，那么新青年试图划清恋爱与友谊、恩感、尊敬、喜欢、怜悯等其他感情的区别。周建人进一步剖析恋爱中的情感因子。他说："人类的恋爱里，不但含有异性的物理化学上神秘的引力，不但因美的感情，及行为上的相投契，又有智慧上的指导的。"周建人认为，贞操剥离了恋爱中的美、行为和智慧，单独保守贞操实无意义。"人生有理性友情来做恋爱的基础，这是比动物高尚处；想除掉爱的指导，却用一种机械的教训来束缚，人类的两性关系便失了尊严，而且两性间不道德行为的原因，大半也就在这里了。"因而，他极力赞美"真诚的恋爱"乃"人生的花"，"精神的高尚产品"。②

借用当时的流行语，恋爱包含"灵"和"肉"两个部分，所谓"前者所爱大抵是精神，后者所爱大抵是形质"。③ 在周作人看来，爱情不是盲目的感情，自由恋爱也不是"放任情欲"。不过，"恋爱有官能道德的两种关系"，即"一面是性的牵引，一面是人格的牵引"。而他推崇的恋爱是尊重人格的。④ 徐庆誉也说，"两性爱占人生一大部分；两性爱的问题不解决，人生问题也不能解决"，况且，"两性爱与文化有极大的关系，研究文化的人，不得不研究两性爱"，盖"两性爱是神圣的，却不是神秘的，更不是污秽的，如把两性爱看为神秘和污秽那就错了"。⑤ 作为私人情感的"恋爱"被称为"神圣的"，足见恋爱在他们心目中的地位。

恋爱虽是情与欲共存的，但仍是一种"情感"，远非"性"所能包含，

① 无竞：《关于配偶选择的几条要件》，《妇女杂志》第 9 卷第 11 号，1923 年 11 月 1 日，第 7 页。

② 周建人：《恋爱的意义与价值》，《妇女杂志》第 8 卷第 2 号，1922 年 2 月 1 日，第 3 ~ 4 页。

③ 任重：《爱情底两种形相》，《妇女年鉴》第 2 回上册，第 145 页。

④ 《答蓝志先君》，《周作人散文全集》第 2 卷，第 147 ~ 148 页。

⑤ 徐庆誉：《男女两性爱底研究》，《妇女年鉴》第 2 回上册，第 130 ~ 131 页。

尽管性是其中不可或缺的部分。王平陵虽然认为精神的爱是恋爱的根本，但是他也承认"从生理上、心理上看来，恋爱异性这件事却是性欲的发动，断不能与色情，毫无关系"。为了阐明恋爱与性欲的根本不同之处，王氏断言："恋爱是专一的感情，性欲是普遍的冲动。恋爱的最高度，只限于一个人，性欲的最高度，是推而至于无穷大。"他还进一步明确说："性欲是肉体的爱，恋爱是精神的爱。性欲的目的是性交，他的结果以生殖为止的。恋爱是离开生殖，不把性交做目的的，而理解一切含有真意的情节的。"[1] 王平陵主张情感与欲望的调和，在他看来，"若是把一个思慕的人，所有的（容貌）（品格）（学问）不绝地映照在自己心里，一刻也不离却，这便叫做恋爱"。[2] 而他有言："我不赞成绝对的精神恋爱论者，因为他们是专唱高调，不能见之于事实；我也不赞成'绝对的生殖器崇拜者'，因为他们完全是兽性的表现，离却了'人性'太远了。我底意思，是赞成物质与精神的调和。"[3] 换言之，在恋爱观念的光谱上，一直有传统礼教派、精神恋爱论、生殖器崇拜者以及灵肉一致的恋爱观念等诸多表现形式。最保守的礼教派根本反对恋爱，后三者则试图在情感与欲望之间寻找其各自的侧重。像王平陵一样，不少人既要肯定欲望，又要超越欲望。而恋爱中产生的情感与欲望，难免要与当时的礼教产生关涉，趋新青年将情感与礼教视为彼此的对立物，或许暗含着传统的"天理－人欲"对立观念的影响。

如果没有礼教来标志人禽之别，那么什么是区别人与禽兽动物的标志呢？时人给出的答案是"恋爱"。周建人曾指出："人类以下的动物里，实在没有一种动物能发生含有理想的恋爱，能像人类一般。"[4] 在《性的进化》一文中，他接着指出："人和动物的不同点是和共同点一样重要的，到人类成为人之后，两性间复沓的吸引，即我们称为恋爱的，一部分更高化、深化、并且升化了。"[5] 周氏反思说："人不独恋爱，又能知道恋爱。他能思

---

① 平陵：《恋爱和性欲》，《妇女年鉴》第 2 回上册，第 146 页。
② 平陵：《恋爱和性欲》，《妇女年鉴》第 2 回上册，第 146 页。
③ 王平陵：《通信》，《妇女杂志》第 8 卷第 10 号，1922 年 10 月 1 日，第 120 页。
④ 周建人：《恋爱的意义与价值》，《妇女杂志》第 8 卷第 2 号，1922 年 2 月 1 日，第 3 页。
⑤ 高山：《性的进化》，《妇女杂志》第 10 卷第 10 号，1924 年 10 月 1 日，第 1562 页。

想，言说，并且梦到恋爱。"① 杨贤江亦认为，恋爱把人类的性交从与动物性交一样的位置上拯救出来。② 借助生物进化的观念，徐庆誉解释了人类从雌雄同体进化至男女之独立的过程，其中男性朝着与女性相异的方向发展并以讨女性喜欢的角度进化。他说："我们知道男女两性的爱，动植物和人类都是为繁衍种族而发生的；因繁衍种族而发生生殖作用；因生殖而发生交精作用；因交精而两性互相吸引；因互相吸引于是才有所谓'爱'。现在简单些说：男女两性的爱最初为生殖而发生的，以后就慢慢地变了，差不多异性恋爱，就在图肉愿上的娱乐，不是为求后嗣的繁衍。"③

爱情不仅是人生的重要组成部分，也在种族与历史的进化中占有重要的地位。少有人能像黄肃仪一般用历史的眼光来分析恋爱在不同历史时期的地位，她曾引用庐加氏（Emil Lucka）的理论来揭示恋爱的历史进程：第一阶段为"惟以性欲生殖为两性关系之目的"，这正对应了我国守旧之人的主张；第二阶段为"女性崇拜时代，以女性为超人性之女神，彼中世纪之恋爱观"，持"男尊女卑"的中国未尝有此阶段；第三阶段为"灵体一元"恋爱观之时代。④ 文野、进化的主张，都暗示了爱情也成为种族进化的一个标志。恋爱既是种族文明进步的标志，也是不同文化之间文野的区别。对于那些很想进入文明国的近代读书人来说，模仿、效仿西方文明国的恋爱也便成为顺理成章的选择了。

曾有一位名叫卜立中的读者看到《妇女杂志》讨论自由恋爱的问题，便写信批评自由恋爱之说，批评自由恋爱使"人禽莫辨"，即使"新潮流能开新文化，亦未便舍本逐末，蹈用夷变夏之讥，文野之殊，当知慎始"。不过，编辑章锡琛就反驳道，自由恋爱非但不会造成人禽莫辨，反而认为人禽之别根本就在于性交是否伴有感情。他说："惟要使人禽有辨，所以不能不

---

① 高山：《男女理解与性的伦理》，《妇女杂志》第 10 卷第 10 号，1924 年 10 月 1 日，第 1507 页。

② 《青年的恋爱》，《杨贤江全集》第 1 卷，第 215～216 页。

③ 徐庆誉：《男女两性爱底研究》，《妇女年鉴》第 2 回上册，第 122 页。

④ 黄肃仪：《恋爱结婚之真义》，《妇女杂志》第 8 卷第 7 号，1922 年 7 月 1 日，第 24～25 页。

提倡恋爱自由。因为人是有意志的，与无意志的禽兽不同。如果像从前的所谓礼仪那般，强把一对莫不相识的异性，不问其是否愿意，牵合而为夫妇，便是不认这两人的人格，便是把他们当做禽兽看。"章氏宣称，较之动物有肉体上的要求，"人类则更进一步，还有精神上的要求，如所谓性情投契之类。倘使认为夫妇的关系只有'男女媾精'这一点，不但人禽莫辨，简直'人而不如鸟'了"。关于夷夏之别的问题，章锡琛更不以为然。他说："现在已经知道夷并不都是野蛮，夏也未见得全是文明。"① 清末以来，受进化论的冲击，从生物学的视角来理解人类是近代中国出现的新倾向，这又进一步促发了建立在人禽之别基础上的传统儒家伦理秩序的解体。而这些关于爱情的讨论，恰恰表明人禽、夷夏之别的传统价值系统在青年一代人心目中渐次崩解。借着文明和进步的旗号，新青年欣然采纳了西方的恋爱结婚观念。

受西方生物学伦理观的影响，近代中国的恋爱观对欲望有了更多的肯定，这当然也受到了反礼教运动有意识的推动。这种恋爱观不仅在一定程度上使得少男少女的感情冲动得以合理化，也肯定了他们反礼教、反传统、反权威的意义，甚至赋予它个人、家庭、种族乃至人类的重大意义和价值。但与此同时，这种恋爱观又要将人的欲望区别于动物的性欲。在对人的新认识的基础上，恋爱区分了文明与野蛮、真诚与虚伪。爱情造就幸福的浪漫观念也成了新青年反抗旧家庭的信念支撑。

## 三 为情所困的烦闷青年

恋爱结婚的观念吸引了无数青年的目光，其中很多人对旧婚制公开表示质疑和否定，并且主张婚姻自主与恋爱结婚。周建人就观察到："中国自从革命以来的十二年中，政治上虽没有什么进步，思想上却起了不少变动。因了思想上的改变，青年渐认识个人的价值了。大家族制度也就发生动摇，不久大约就将破裂。这种转变在婚姻选择上发生了很大的影响，即男女的结婚，渐由家族与家族的结合变而为个人与个人的结合了，于是配偶的选择标

---

① 《通讯》，《妇女杂志》第10卷第4号，1924年4月1日，第715页。

准，也相随变迁，渐渐注重个人。"①

　　周氏的观察大致不错，家庭制度的动摇的确是从思想和观念的变革开始的。五四前后思想变革最明显的特点是个人观念的凸显，个人的意志、偏好、本能、性格都成为彰显"自我"的一部分。一个明显变化是婚姻中个人自主性的上升，而家庭对婚姻的影响力逐渐下降。以男女爱情为基础的恋爱过程成为确立婚姻不可或缺的步骤，这彻底颠覆了传统婚姻的形式、意义以及成立的步骤，也改变了人们的日常生活。

　　受新思潮影响的青年人基本上有一个共识：强迫没有恋爱的男女继续保持夫妻关系，不但是不道德，而且社会因此所受到的影响也很大，所以不得不加以注意。② 面对新观念的冲击，传统礼制婚姻基本无力应战。到1922年，周建人注意到："在现在的思想界里，结婚只有恋爱可以作根据，已经没有人敢说不是了。换一句话，便是说照现在的眼光看起来，不是恋爱的结婚是不道德了。"③ 结果，新青年一方面想与旧式妻子离婚，另一方面努力寻找恋爱对象而步入婚姻的殿堂。

　　浪漫的爱情俘获了新青年的心，而未受新思潮感染的父母辈便不知不觉成为革命的对象了。后来有人回顾说："近数十年来，文化变迁动摇了传统家庭的基础，接受新文化的青年视爱情为神圣不可侵犯的权利，婚姻为实现爱之理想的不二法门，于是婚姻的目的突然由家族的转为个人的，由满足家族的要求变为满足两性的爱欲。在这种个人主义的与浪漫主义的婚姻观之下，无爱情的婚姻，本身既无存在价值，复足以妨碍当事人之爱欲的满足；所以不幸而被无爱情的旧式婚姻拴住后退的青年要奋斗，要摆脱这副剥夺他们的自由，葬送他们的幸福的镣铐。"④ 具有吊诡意味的是，新的恋爱结婚观念虽然提倡感情，实际上却可能牺牲父子、夫妻之间的感情。

　　就像胡适所言："爱情的代价是痛苦，爱情的方法是要忍得住痛苦。"⑤

---

① 周建人：《配偶选择的进化》，《妇女杂志》第9卷第11号，1923年11月1日，第19页。

② 《发刊旨趣》，《妇女杂志》第8卷第4号，1922年4月1日，第1页。

③ 周建人：《恋爱的意义与价值》，《妇女杂志》第8卷第2号，1922年2月1日，第4页。

④ 王政：《家庭新论》，第34～35页。

⑤ 胡适：《小诗》，欧阳哲生编《胡适文集》第9卷，第142页。

夹在新旧婚姻观念之间的青年正体验着因爱情而产生的痛苦、困惑、无奈、愤懑。对于 1920 年代的新青年来说，最大的烦恼是在家乡有一个已经订婚的未婚妻或者已经结婚的妻子，而他们又在城市新认识了恋人，应该何去何从成为他们的切身问题。苦闷的青年面临着现实的人生抉择：是否要与无感情的未婚妻结婚或是否应该和无感情的妻子离婚。基于推崇恋爱价值的理念，其中一部分人走上了退婚毁约、别居再娶或离婚再婚的道路，甚至有人不要婚姻而仅保持同居关系，这样的例子不胜枚举。1922 年，沉浸在恋爱中的石评梅发现与自己恋爱的吴天放其实是一位已婚已育的男士。① 后来，与她恋爱的高君宇其实也是已婚人士，而后者那时正试图以离婚的方式来结束前一段婚姻。② 不承认包办婚姻的郁达夫自遇到王映霞后便坠入了爱河。③ 庐隐自己解除了曾经允诺的婚约，与有妇之夫郭梦良恋爱结婚。④

李大钊、陈大悲曾指导一出话剧《叶启瑞》，讲的是一个男子在外面和一个女学生恋爱，设法把家里的妻子害死了，与之恋爱的女学生知道后便和他决裂了的故事。有评论说，"现在许多不幸的女子，忍辱而死，含恨而死的，多半是男子的罪过"，而这部剧就再现了"男子对于女子的残忍性"。⑤ 可见，被青年奉为神圣的恋爱，也难掩人性自私的一面。

在婚姻自由、爱情神圣背后也藏着真实世界里的罪恶。有人就观察到："近年以来，恋爱结婚的新说，风靡一世，一般男子，因为想与无爱的旧妻离婚而不易实行，于是往往与新的恋人结合而形成所谓新式的多妻制。"⑥ 当青年赞叹恋爱结婚带来的快乐时，恋爱本身也给他们带来了痛苦——欲恋爱而不得、单相思之苦、无恋爱对象以及三角恋爱带来的困惑与烦恼。

恋爱结婚的言说美妙动听，但在实际生活中还是困难重重。一部分新青

---

① 徐丹：《石评梅传》，中国华侨出版社，2017，第 103~111 页。

② 《高君宇致岳父李存祥的信》，山西省史志研究院编《高君宇文集》，山西古籍出版社，1996，第 225~226 页。

③ 袁庆丰：《郁达夫传：欲将沉醉换悲凉》，中国传媒大学出版社，2010。

④ 肖凤：《庐隐评传》，中国社会出版社，2008，第 3 章。

⑤ 袁晴晖：《对于女高师游艺会所演新剧"叶启瑞"的感想和研究》，《晨报副刊》1922 年 3 月 8 日，第 3 版。

⑥ 章锡琛：《废妾论的浅薄》，《晨报六周年增刊》，第 61 页。

年将现实生活中婚姻之不幸归咎于父母包办，而基本无视包办婚姻之于家庭稳定和群体幸福的正面意义。那时的青年一言及传统家庭就立刻联想起一副凄惨的生活画卷，而恋爱结婚的希望又常常落空，故为这样的苦闷所主宰。情感与欲望、希望与失望不断刺激着过渡时代的新青年。1920 年，署名 PL 的作者就指出，烦闷是因为人类欲望不得满足，性欲为其中之一，而无偶的生活或怨偶的生活都是烦闷的原因。他进而指出："人类异性的要求，不单是要求欲的满足，并要求情的满足。无爱情的夫妇，不独比有爱情的夫妇苦，而且比无偶的生活的苦，还加上几十百倍。"①

\* \* \*

过去的研究强调西方的器物、制度、观念对中国的冲击和影响，而忽视西方的情感与欲望对现代中国的塑造。五四前后，新青年向往爱情便是西欲东渐的一个具体表现。爱情产生幸福的神化塑造了青年一代恋爱结婚的新观念。与传统重视家庭责任的婚姻观念相比，趋新时人更期待从婚姻关系中寻找情感的满足。新青年认为由爱情而成为夫妇是一种社会进步的体现。恋爱结婚的新观念固然试图以感情充实夫妇关系，不过情感的易变性也易造成夫妇关系的解体。这引起的连锁反应是婚姻的稳定性大抵上今不如昔。

如今我们会习以为常地认为恋爱是婚姻成立前的必经阶段，但实际上，无论中西，恋爱结婚都是晚近的新说。中国传统重视婚姻之道，其首要关切始终是家庭的稳定和延续，而非夫妇之间的爱情。在一个以农业为基础、社会变动较慢的乡村社会，婚姻作为一种社会制度，承担了养老育幼、稳定社会、满足性欲等功能。婚姻本身具备伦理意义与情感意义两端，既不完全是个人的事情，也不完全是社会的事情。婚姻既满足了男女之欲，又完成繁殖后代的社会需求。换言之，婚姻与个人、社会密切相关，但又具有独立的意义。婚姻虽然有个人的情爱在其中，但是也有超越个人情爱的部分。传统中

① PL：《社会主义与人生问题》，《东方杂志》第 17 卷第 16 号，1920 年 8 月 25 日，第 44 页。

国偏向伦理意义，继而强调责任；五四后，恋爱结婚的观念强调感情，难免有忽略伦理的倾向。饶上达就观察到，我国自古遗传的观念重视生物学的原则，而抹杀了"个人婚姻的幸福"，然而五四后"看轻恋爱的产物"——儿童——意味着"重历程、轻结果"，是"灭杀人类的理性，使人生有冲动欲望等，而没有有目的行为，那就去禽兽不远了！"①

五四运动后的青年大讲爱情，提高了人们对于爱情重要性的认识，以为爱情为人生无价之宝，并且认为除了互有爱情的结婚外，任何其他主义的结婚都是反常的、可耻的。有人就批评说："现在的青年的爱情看的太重了，所以往往把自己的责任放在一边，却把自己的幸福时时记在心中。我并不是说人不可有爱情，不过有时为情势所限，有使人不忍为的时候，不得不舍去爱情（即自己的幸福），去尽自己更大的责任。"换言之，"爱情并不能包括人生；爱情不过是人生中一个高尚元素"。②

差不多同时有人批评："人之溺于爱情，不知爱情以外，更有何物。"而不考虑对方的家族、教育，"完全以爱情为前题，结果反受其痛苦"。③ 后来亦有人反思这缺乏审慎的恋爱对种族、国家的流弊，况且"人生之黄金时代在青年，而青年又为国家建设改造之唯一宝物。如果青年时代，驰逐肉欲，怠忽于身心之修养，则不啻为国家自戕其命脉，此非仅青年之自杀行为已也。中国旧邦新造，事业正多，需才孔亟。青年国民，负担特重，希望无穷，尤不可执着于人生一部过程之恋爱问题，断送其对个人、对家庭、对国家、对民族之无限责任。吾人以是主张对青年男女婚姻问题，应由中年人多任指导劝告之责"。④

原本以慈、孝、念、情、思、恩等元素构成的情感体系受到了恋爱观有力的冲击。五四时期恰是一个强调个人的时代，试图解答怎样才能确定个人主体性的问题。而感觉到快乐或许就是一种主体性的确认，即便是一场虚幻

① 饶上达：《离婚问题的究竟观》，《妇女杂志》第 8 卷第 4 号，1922 年 4 月 1 日，第 27 页。
② 李相杰：《离婚之标准：爱情和人道》，《妇女杂志》第 8 卷第 4 号，1922 年 4 月 1 日，第 186 页。
③ 《恋爱婚姻之危险》，《大公报》1924 年 10 月 5 日，第 4 版。
④ 《新旧过渡中之婚姻问题》，《大公报》1931 年 3 月 20 日，第 2 版。

的快乐。但就在恋爱的一瞬间，"我"的存在便有了意义。"爱情"之所以能打动当时青年的心，恰恰因为恋爱突破了社会文化赋予个体的超我意义，而舒张了青年的本我。

新青年发现了"我"，却没能在婚姻和家庭的框架内重塑个人。假如爱是利他而非利己，而他们所言的爱情为己的成分居多，其实就演变成欲望的一个表现。进一步强调个人的独立所带来的问题是婚姻、家庭因情感变动而变得不稳固。从现实层面上讲，人的幼年和老年全靠家庭来扶助和照顾，而家庭破碎后又由谁来承担照顾老幼的责任呢？此外，新的婚姻观念主张婚姻成立的前提是男女相爱和各自的经济独立，但是在社会经济领域，若女性相较于男性为低，那么这一新的婚姻观念或许更多满足的是男性的欲望，不管他们口头上多么呼吁男女平等和妇女解放。家庭革命固然让青年一代从传统中解放出来，但是他们得到的可能并不是真正的自由，反而沦为情欲的奴隶，也曾有人观察到新青年不过是"机械结婚之偶像去，而恋爱独占之偶像来矣"。① 当人们被欲望所引导时，很难说他们是自由的。追求自我、彰显个性并能为自私自利正名，那么思索如何在快乐与责任、幸福与安宁之间寻找新的平衡，对现今的社会仍有意义。道德作为一种社会性的约束，本具有超越个人的属性，新青年人却号召从个人情感出发去重塑道德观，亦可窥见近代中国的某些特性。

在近代中国，婚姻经历了由一种社会制度转变为男女之间情感联系的过程。趋新者忽略了传统中国重视培养夫妻一体之义的事实。对于他们而言，旧的恐怖是真切的，而新的希望是热切的，因此，不知不觉中忽略了"新"的流弊和"旧"的合理。受新式教育成长起来的新青年，看重婚姻成立前男女的相识与恋爱。而对比之下，传统的中国人珍视婚姻成立后夫妇的恩与义以及由此带来的家庭的稳定和绵延。两者可谓追求不一，情质不同。钱穆先生就观察到中西文化对此的不同，"西方人虽以恋爱为人生之至上，实际仍是人生一'争夺'面，而非如中国之为一'和合'面"。②

---

① 吴定：《解放之解放》，《东方杂志》第 17 卷第 1 号，1920 年 1 月 10 日，第 93 页。

② 《文化学大义》，《钱宾四先生全集》第 37 册，第 173～174 页。

对于大多数人而言，安宁其实也是一种幸福，但置身家国革命之中，这种安宁恐怕也消失得无影无踪了。随着礼教的打破，欲望被解放出来了。新青年本来追求的不是秩序，而是变革；不是平静的生活，而是热烈的、情感的、丰富的生活。彼时充满谈情说爱的时代氛围，从婚姻观念的变动中便可见一斑，似乎也反映出新文化运动开启了一个不安的、纵欲的、享乐的时代。目的在求快乐的恋爱结婚，实际带来的可能是痛苦。梁启超就曾说："青年为感情冲动，不能节制，任意决破礼防的罗网，其实乃是自投苦恼的罗网，真是可痛，真是可怜！"① 爱情这杯浓浓的酒不知醉了多少青年，借用胡适的诗句："你醉里何尝知酒力？"②

① 《与孩子们书》（1926 年 10 月 4 日），丁文江、赵丰田编《梁启超年谱长编》，第 1094 页。
② 《醉与爱》，欧阳哲生编《胡适文集》第 9 卷，第 170 页。

## 第十章　离婚自由：五四前后婚姻解体的
去道德化及正面化

1922 年夏，《妇女杂志》的一位无锡读者写信给编辑说："现在离婚这两个字，闹得是人人知道了。然而为什么要离婚？什么叫做离婚？离婚的真义怎样？倘使照此下去，岂不要弄成一个夫不夫、妇不妇的糊涂时代么？这也是新文化前途的危机。"① 从中不难看出，这位读者担忧离婚观念的新动向甚至会对整个新文化运动造成出乎意料的负面影响。

其实，在任何一个人类社会，婚姻的解体都是存在的，差别在于婚姻解体的原因、数量以及人们看待它的态度。既有研究多从新派控制的舆论出发，诠释离婚的正面意义，将离婚视为"权力"或"现代性"的一部分，②而忽略其对人生和社会的消极影响。然而值得我们反思的问题是，为何一个让西方人感到头疼的社会问题，在中国却变成了社会发展的动力乃至值得提倡的对象。本章便尝试从中西、新旧、男女、老少等不同视角来解读近代中国的离婚言说及其所展现的时代特色。

## 一　离婚是文明还是罪恶？

西方关于离婚的主张大体有传统与现代两种观念。传统基督教观念认

① 吴末狂：《一段离婚的事实》，《妇女杂志》第 8 卷第 4 号，1922 年 4 月 1 日，第 159 页。
② 艾晶：《离婚的权力与离婚的难局：民国女性离婚状况的探究》，《新疆社会科学》2006 年第 6 期；梁景和：《近代中国陋俗文化嬗变研究》，首都师范大学出版社，2009，第 86 ~ 88 页；余华林：《女性的"重塑"：民国城市妇女婚姻问题研究》，商务印书馆，2009，第 190 ~ 300 页；杨联芬：《浪漫的中国：性别视角下激进主义思潮与文学（1890 ~ 1940）》，第 3 章；王栋亮：《自由的维度：五四时期知识青年离婚问题透视》，《安徽史学》2017 年第 5 期。

为，离婚是一种"罪"，不离婚、不再婚的观念一度是主流。① 旧派极端反对离婚，故在法律上限制离婚，在宗教上禁止离婚。罗素就曾指出，"基督教的伦理是以禁欲为基础的"，在天主教看来，"婚姻是一种圣典，这种教义的实际效能，无非要表明婚姻是不可离异的而已"，而"新教对于婚姻既不加以鼓吹，也不承认是一种圣典，有时并可容许离婚"。② 在基督徒看来，婚姻作为终身的结合是男女二人组成"一个联合的人格"。盖"做基督徒的既须奉行基督的原理，就当有道德的毅力以战胜结婚生活中的一切阻碍"。即便在浪漫的爱情消失后，仍能谋"和谐的合居生活"。也就是说，在基督教的理想国中是没有解散婚姻的情况。"从基督教的眼光看来，离婚是一件极端的事，而且是显出夫妇之间的一种失败。"而且"教会不能承认'仅仅由于同意的离婚'，因为倘使这样，便是使当事者成为自身的法官，结果必致奖励暂时的婚姻，而使蓄妾的事极其流行了"。③ 一位基督徒便说，"离婚是两性迫不得已的事，更是人生最惨酷的事，自此所造的恶果甚多"，包括破坏已成的家庭、破坏双方的贞操、使子女抱终身之憾。因此，"当此离婚狂流汹涌之际，必须得基督教的严格离婚主义，作为中流砥柱，镇此恶潮！"④

概言之，西方人视婚姻为神圣不可侵犯，特别是天主教认为婚姻具有宗教意味，婚姻的解体面临道德上的非议和法律上的严格裁定。传统中国视婚姻为终身大事，强调一与之齐终身不改，虽然有七出之说，但也有"三不去"作为防止婚姻随意解体的约束。⑤ 换言之，中西方传统或多或少都从文化与制度的层面维护婚姻的稳固。

---

① 关于基督教婚姻观念，参见 Ray Sutton, *Second Chance*: *Biblical Blueprints for Divorce and Remarriage*（Ft. Worth: Dominion Press, 1988）, Chapter 1; Raymond Westbrook, *Property and the Family in Biblical Law*（Sheffield: JSOT Press, 1991）, Chapter 7.

② 罗素：《基督教的性道德》，沈秋宾译，《华年》第 2 卷第 38 期，1933 年 9 月，第 749～751 页。

③ P. T. Fosyth（福赛夫）：《基督教的婚姻观》，元道译，《青年进步》第 61 期，1923 年 3 月，第 43～47 页。

④ 毛拔：《基督教的婚姻观》，《青年进步》第 75 期，1924 年 7 月，第 25 页。

⑤ 瞿同祖：《中国法律与中国社会》，中华书局，1981，第 124～130 页。

不过，近代中国所面对的西方同样处于剧烈的社会变动。到五四前后，西方支持离婚的新学说纷纷被介绍至中国的思想界，其中最负盛名的是瑞典的爱伦凯女士。在她看来，允许无恋爱的婚姻继续存在是不道德的。"如果对于恋爱观念和结婚观念都能有一种革新的智识，定能把向来'服从的恋爱'或服从的结婚的意义，完全改变。知道人格与人格相互的接合，对于离婚的自由，自然也认为当然的事情了。"① 虽然自由离婚会造成各种弊害，但是爱伦凯仍认为勉强的婚姻是残忍的，而恋爱乃婚姻之基础的主张早已得到新青年的广泛呼应。李三无就说："无爱情的男女，不能结婚。再从此意推开，就是从前虽有爱情，可以结婚，而且既经结婚，但是现在男女两方面的爱情，却已到了完全消灭的程度。这时天伦的乐趣，一点也没有，还说甚么夫倡妇随，不如分离各便为妙。这就是爱女士主张自由离婚的根本理由。"② 从支持离婚者的立场出发，一切婚姻的悲剧都源自不以恋爱为基础的婚姻，为了挽救现代家庭，只有彻底实行自由恋爱和自由离婚。

其实，爱伦凯恋爱结婚的主张，原本针对的是维多利亚时代一夫一妻制假面具下隐藏的多夫多妻的事实。那时的英国宿娼和拥有情人的情形随处可见。爱氏充分目睹了当时社会充满卑鄙残忍的两性关系。因此，爱氏便开始集中批评基督教所规定的永久的、严格的一夫一妻形式和禁欲主义影响下的婚姻观念。要冲破这种虚伪的社会伦理，她开始提倡自由离婚之说。但是，由于婚姻的缔结与家庭的成立往往伴随子女的出生，其间所涉及者绝非仅是男女的感情。不过爱氏仍相信，即便有子女，夫妻仍可自由离婚，而这丝毫也不能妨碍其共同承担教养孩子的责任。

除了受到西方支持离婚言说的冲击，20 世纪的中国也目睹了西方国家离婚率的上升。多数国家将离婚视为一个复杂的社会问题，牵涉到子女教养、财产分配以及情感安顿等诸多方面。③ 在 19 世纪末，离婚虽然在很多国家大体是被禁止的，但是遗弃、非正式分居并不罕见。19 世纪中叶，英

① 吴觉农：《爱伦凯的自由离婚论》《妇女杂志》第 8 卷第 4 号，1922 年 4 月 1 日，第 52 页。

② 李三无：《自由离婚论》，《妇女杂志》第 6 卷第 7 号，1920 年 7 月 1 日，第 1 页。

③ 关于世俗化的离婚观念，请参考 Stephanie Coontz, "The Origins of Modern Divorce," *Family Process*, Vol. 46, No. 1, 2006, pp. 7 – 18.

国离婚法才将离婚的理由进行扩充。[①] 但英美等国一直不承认协议离婚，而且法律所认可的婚姻解体的原因非常少。但从 1896 年到 1906 年，美国离婚案件为 945625 起，离婚人群则以演艺人员、商人、音乐家排名最高。[②]

一战后，西方社会处在急剧变动之中，离婚的情形也日渐增多。味辛就曾观察到，原本以家庭稳固著称的英国在一战之后出现了家庭动摇的趋势，结婚减少、离婚增加、私生子增多等现象层出不穷。[③] 1919 年，有报道说："英国近来最盛之流行病，无过于离婚。而受病之深，尤以高级社会为最。数周以来，吾人亲见所谓堂堂之爵士贵族及其夫人，平时养尊处优，毛羽自珍者，屡屡不惜弃其尊严，并立于法庭，要求离异。"盖"自开战以来，男子从军，妇女习于独处，自由恋爱，毫无拘束。今故夫忽归，彼此情境，自异曩昔。即使男子不事吹求，能暂相安。而为妇者，已不愿舍新事旧，永续前情"。[④] 德国科隆市的离婚率从 1885 年到 1917 年激增了 35 倍。一战后，丈夫不满意妻子劣迹而提出离婚的情况更多。幼雄就分析说，都市离婚率较之乡村为高的原因，除了人口密度较大之外，还有就是城市男女交际太自由、不健全的娱乐、通奸成了最重要的离婚原因。对离婚人群的分析则表明，早婚的离婚多，儿女多的离婚少，旧教徒离婚少，新教徒离婚多，等等。[⑤]

有人批评美国"以爱情而结婚之习俗"实为造成离婚率升高的原因。[⑥] 周建人就分析说，美国不断攀升的离婚率，其原因主要是背弃和虐待。这一变迁的社会背景则是女子经济的独立以及结婚年龄的推迟。[⑦] 十余年后，陈

---

① Sybil Wolfram, "Divorce in England 1700 – 1857," *Oxford Journal of Legal Studies*, Vol. 5, No. 2 (Summer, 1985), pp. 155 – 186.

② 镜深：《美国离婚谭》，《妇女时报》第 10 期，1913 年 5 月 25 日，第 80 页。

③ 味辛：《战后英国家庭动摇的趋势》，《妇女杂志》第 8 卷第 4 号，1922 年 4 月 1 日，第 136 ~ 137 页。

④ 巴黎通讯社供稿《大战与婚姻》，《东方杂志》第 16 卷第 11 号，1919 年 11 月 5 日，第 183 页。

⑤ 幼雄：《德国最近之离婚调查》，《妇女杂志》第 8 卷第 4 号，1922 年 4 月 1 日，第 132 ~ 136 页。

⑥ 《恋爱婚姻之危险》，《大公报》1924 年 10 月 5 日，第 4 版。

⑦ 高山：《美国近年离婚的增加》，《妇女杂志》第 8 卷第 4 号，1922 年 4 月 1 日，第 132 页。

碧兰则试图从小家庭制度为现代资本主义的产物出发，证明资本主义必将破产。盖"家庭制度已由动摇而更日趋于衰落和破产的境地"，离婚与离弃的增加、结婚率之降低、生育率之低落等便是明证。①

随着西方社会城市化、工业化以及个人主义的弥漫，西方人渐次冲破了一夫一妻的限制。越来越多的人关注个人在婚姻生活中获得的幸福和陪伴，而非对于孩子、家庭乃至社会的责任。饶上达将西方社会离婚率升高的原因归纳为，个人主义之伸张、工业革命、道德观念的改变和择配方法的不良。饶氏认为，前三项是"现代社会普遍之新趋势，世界各国，都同受这种影响的，并且照社会进化上观察，都是进步的社会所欢迎的，不过牵涉到家庭问题，就发生离婚的流弊"。这样一来，处在世界潮流之中的中国不待鼓吹，也有了离婚率升高的情形。②

受趋西大潮的冲击，清末民初的中国社会旧传统已经不足以规范人的行为。民初，媒体对顾维钧的离婚颇有批评的意味。③后来，胡适也曾批评说："中国近年的新进官僚，休了无过犯的妻子，好去娶国务总理的女儿：这种离婚，是该骂的。又如近来的留学生，吸了一点文明空气，回国后第一件事便是离婚，却不想想自己的文明空气是机会送来的，是多少金钱买来的；他的妻子要是有了这种好机会，也会吸点文明空气，不致于受他的奚落了！这种不近人情的离婚，也是该骂的。"④不过，胡适又说："我们观风问俗的人，不可把我们的眼光，胡乱批评别国礼俗。"在他的笔下，美国离婚也就有了玫瑰色的浪漫色彩。他说："美国的离婚，虽然也有些该骂的，但大多数都有可以原谅的理由。"盖夫妇自由结婚之后，"发现从前的错误，方才知道他两人决不能有精神上的爱情。既不能有精神上的爱情，若还依旧同居，不但违背自由结婚的原理，并且必至于堕落各人的人格，决没有良好的结果，更没有家庭幸福可说了。所以离婚案之多，未必全由于风俗的败

---

①　陈碧云（陈碧兰）：《现代家庭制度的各派主张之检讨》，《东方杂志》第33卷第1号，1936年1月1日，第488～489页。

②　饶上达：《离婚问题的究竟观》，《妇女杂志》第8卷第4号，1922年4月1日，第25页。

③　《江苏唐绍仪新婿之薄幸》，《大公报》1913年6月18日，第5版。

④　《美国的妇人》，欧阳哲生编《胡适文集》第2卷，第498页。

坏，也未必不由于个人人格的尊贵"。①

流行的新观念在离婚之难易程度与国家的文明程度之间建立了关联，认为在野蛮国，离婚是男子的权力，女子处于被动的地位，而"社会逐渐的文明化，女子的地位也跟着改善"，以至于女子不堪丈夫的虐待可以请求离婚到相互同意的离婚，这些便是社会进步的表现。② 因此，婚姻的稳固性不再具有头等意义。有人就说："到文明的国中，离婚的增加与容易，是一般的趋势，这因为两性结合的观念随文明增进而改变，以为婚姻不当拘于外的形式，而当以爱的结合为要素，如果不成其为亲属关系了，还要这形式何用呢？这种观念一起，于是把形式渐渐打破。打破固定形式，这不能不说是德谟克拉西化的精神了。"③ 从他的言说可以看出，自由、文明、民主等政治性的观念进入家庭，结果离婚率高就自然成了自由的体现和文明的标志。

此处，需要特别注意区分激进的西方与保守的西方、想象的西方与真实的西方之间的差异。在中国的"西方"与中国想象的"西方"就离婚问题持不同的立场。代表"西方"的在华传教士这一群体就根本反对离婚自由之说。④ 燕京大学的几位传教士在英文报纸上发表文字，攻击北大的新领袖。有一篇题为"三无主义"，说北大提倡的是"无政府、无家庭、无上帝"，其危险等于洪水猛兽。⑤ 彼时的读书人热衷于讨论激进的西方，却在有意无意之间过滤掉了保守的西方。其实，美国社会学家爱尔乌特（Charles A. Ellwood）就认为："离婚增加，能够使家庭生活，发生动摇，害处非常之大，所以他主张用法律去限制离婚。"⑥ 饶上达就注意到："在西方

---

① 《美国的妇人》，欧阳哲生编《胡适文集》第 2 卷，第 498 页。

② 味辛：《离婚的进化》，《妇女杂志》第 8 卷第 4 号，1922 年 4 月 1 日，第 113～114 页。

③ 健孟：《恋爱的艺术》，《妇女杂志》第 9 卷第 5 号，1923 年 5 月 1 日，第 6 页。

④ 例如，已婚的罗素携女友勃拉克到中国讲学，在湖南长沙时，美国某教会单请杜威夫人吃饭，而指名不请勃拉克吃饭。易家钺：《罗素婚姻问题为中国人之观察》，《家庭研究》第 1 卷第 3 号，1921 年 3 月 20 日，第 9 页。

⑤ 胡颂平编著《胡适之先生年谱长编初稿》第 2 册，联经出版公司，1990，第 348 页。

⑥ 紫瑚：《中国目前之离婚难及其救济策》，《妇女杂志》第 8 卷第 4 号，1922 年 4 月 1 日，第 7 页。

各国正在图补救的，我们乃转而趋向鼓吹一方面，急急于使离婚容易为痛快的事。"饶氏进一步批评说："我国近世情形，模仿欧美，实在有太过的地方。譬如离婚这个问题，也是见人家离婚很容易，离婚的事也很多，就也要提倡自由离婚，和科学、'德莫克拉西'一样的承受，此种盲从耳食，实在大可痛惜。"① 然而，在事事都向别国看齐的时代风气里，对于迫切想要使国家摆脱野蛮和蒙昧负面形象的新青年而言，提倡离婚就成了他们的手段。结果，作为西方负面社会问题的离婚，在中国摇身一变成了社会进步的正面助力。

## 二 如何面对旧式妻子："爱情"冲击下的新问题

五四前后，随着宇宙观和人生观的转变，婚姻的意义和目的也发生了翻天覆地的变化，以牢固著称的婚姻制度不再为新一代人所接受。新文化运动的一代人提倡一种全新的恋爱结婚观念，号召青年为了爱情而结婚。对于新青年而言，作为一种社会制度的婚姻已丧失了吸引力，以情感联系为特色的婚姻观念逐渐占据了他们的内心，离婚自由的观念也由此而起。张申府就说："结婚既要自由，离婚自然也要自由。两方有爱情就可以同居，爱情消灭，也就当然可以相别。"② 叶圣陶也宣称："因为男女结合最正当的条件是'恋爱'。两相恋爱便结合起来，倘有一方不复恋爱，那一方虽仍恋爱，也无可奈何，便应当分离开来。"③

婚姻观念的另一个变化是婚姻由两个家庭之间的联系变成了男女两个人之间的契约。钱智修较早就指出："婚姻者个人间之契约，而将借以达或种之目的者也。"④ 有人沿此思路说："照契约法言，解除契约的理由有许多，其中最紧要的一条，是契约的约因消灭时，无论何造，均得解约。"他将婚

---

① 饶上达：《离婚问题的究竟观》，《妇女杂志》第 8 卷第 4 号，1922 年 4 月 1 日，第 23、28 页。
② 《结婚与妇人》，《张申府文集》第 3 卷，第 15 页。
③ 《女子人格问题》，《叶圣陶集》第 5 卷，江苏教育出版社，1988，第 6 页。
④ 钱智修：《世界婚制考》，《东方杂志》第 10 卷第 6 号，1913 年 12 月 1 日，第 24 页。

约与订阅报纸相类比，若"这报纸对他没有偿益，这就是他定阅的原因消灭了，他以后尽可不继续定阅。现在婚姻，上面已经说过，是恋爱的结合，那恋爱就是双方定婚的原因。倘有一造不爱彼造时，尽可随时解婚，不必得彼造的同意。因为一造的约因消灭，已经足够解除婚约了，这本是托源于契约的规定，应当如此"。① 但实际上，婚姻关系乃是人与人之间的亲密关系，恐怕不能简单地等同于契约关系，以订阅报纸类比婚姻关系，亦足见对婚姻的轻视和对情感的淡漠。

恋爱结婚的新观念虽然提升了婚姻中情感的地位，但是也透露出倡导者对情感的肤浅理解。不仅如此，新婚姻观念还把既存的婚姻抛进了问题的旋涡，具体又分为两种情况：其一，新思想的丈夫是否应该与没有爱情的旧式妻子离婚？其二，新式恋爱结婚的夫妇是否因爱情的消失而离婚？这既牵涉男女和新旧，也牵涉代际和城乡的问题，而时人对此给出了从最激进到最保守各式各样的答案。本节侧重前一个问题，下一节则侧重后者。

那时的新青年面对一个实际的人生问题，即如何调和恋爱结婚的新理想与被安排了旧式妻子的现实。不少感染时代风气的新青年认为，旧式婚姻没有爱情为基础，应该以离婚解决。偏温和的蓝公武虽然主张严格的一夫一妻制度，但是也以为"那不自由的结婚，责任不在本人，既无爱情，续娶再嫁，自无所谓制限；即如离婚，亦便如是。自由结婚的不能以爱情转变为理由，不自由结婚的，尽可任意离婚"。② 后来，李季诚女士就注意到："不由自由恋爱而结合的婚姻，应有离婚的自由，已经毫无疑虑了。"③ 在新青年看来，无爱情的包办婚姻是残酷的，是亟须变革的。

然而"社会上对于离婚一事又有其强有力之制裁律"，④ 因此，离婚观念反抗的恰恰就是社会的约束力。盖"个人主义的输入，专为家族的结婚，已经要失却了立足点；各人都希望要满足自己理想上结婚的幸福，对于不满

---

① 炳文：《婚姻自由》，《五四时期妇女问题文选》，第 235 页。
② 《蓝志先答胡适书》，《新青年》第 6 卷第 4 号，1919 年 4 月 15 日，第 403 页。
③ 李季诚女士：《离婚与贞节及子女》，《妇女杂志》第 8 卷第 4 号，1922 年 4 月 1 日，第 168 页。
④ 左学训：《家庭改革论》（二），《时事新报》1919 年 4 月 14 日，第 3 张第 3 版。

意的婚姻，竭力希望解散"。① 章锡琛也指出："在个人主义之下，因婚姻当事者的一方对于他方爱情的消灭，才发生所谓离婚。所以婚姻的离合，完全由个人主动，以爱情存在与否为关键。然而在家族主义，却完全相反。家族主义的结婚，本无所谓爱情；婚姻的成立，完全以所谓'父母之命、媒妁之言'为唯一的条件，双方当事人丝毫不负其责。"②

观念的变动给现实生活造成不少新的问题，盖"'代庖式'的婚姻，没有爱情可言，而女子们又生来质弱，故男子由没爱情而憎，由憎而恨，由恨而打、而骂"，于是渐渐养成了轻看妇人的习惯。③ 陈耀东也认为，包办的婚姻又不能离婚的结果是嫖妓、纳妾、轧姘头。因此，他提议："夫妇间若不能满意的时候，尽可提起离婚；因为两方既不满意，必失却互助的精神，不会发生爱情。甚至互相毁伤，或至无端捣乱，虽有夫妇的偶像，其实老早没有夫妇间的真精神，这类的婚姻直可谓之强奸。"④

当人们期待在婚姻生活中寻找爱情、快乐和幸福时，离婚就成了个人摆脱不幸婚姻的正当手段。臻悟就说："那买卖的婚姻，是产生怨偶的；如果再提倡不许离婚、不许再嫁，那就造成了社会上许多暮气的少年男子，许多含泪吞声的可怜女子，许多凄凄凉凉吵吵闹闹的家庭，社会安得不糟？国家安得不糟？"⑤ 支持离婚的人批评反对者只看到婚姻稳定的好处，却不曾看到旧婚制下发生的悲惨痛苦的事，与离婚自由带来的弊端相比，凌虐、背弃或谋杀则更糟糕。因此，顾绮仲就竭力赞美离婚的价值，"不如意的婚姻而不离婚直等于天天处在荆棘丛中，天天处在黑暗的地窖中，还有什么快乐可说！不如意的婚姻不离婚而再婚，那么，堕落个人的人格，违犯国家的法律！不如意的婚姻不离婚而抱独身主义，那也不是真正觉悟的青年！我们有

---

① 紫瑚：《中国目前之离婚难及其救济策》，《妇女杂志》第 8 卷第 4 号，1922 年 4 月 1 日，第 8 页。

② 瑟庐：《从七出上看来中国妇女的地位》，《妇女杂志》第 8 卷第 4 号，1922 年 4 月 1 日，第 97 页。

③ 李相杰：《离婚之标准——爱情和人道》，《妇女杂志》第 8 卷第 4 号，1922 年 4 月 1 日，第 185 页。

④ 陈耀东：《离婚与结婚》，《妇女杂志》第 8 卷第 4 号，1922 年 4 月 1 日，第 189 页。

⑤ 臻悟：《关于离婚的小调查》，《妇女杂志》第 8 卷第 4 号，1922 年 4 月 1 日，第 151 页。

了不如意的婚姻在身上，要求人生快乐的志趣的，惟有离婚！离婚的价值，既可给人以人生快乐的志趣，又可使人不犯国家法律，不失个人人格"。①

新派提倡离婚时，持保守态度的读书人以为如果婚姻可以自由解散，则"道德必定要堕落，风化必定要败坏，男女必定要棼乱"。② 态度偏温和的人也意识到离婚过于随意的弊端并尝试维护婚姻的稳定性。陈瑞兰就认为，"若忽而自由结合，忽而自由离异，则不必问法律上之认否，而名誉上已大不可问矣"，这会造成近则"父母失望，兄弟揶揄。远则戚族讥评，社会鄙弃"的结果，女性"必不以自由为乐，而以自由为苦矣"。③ 梁漱溟也提出："夫妇失和，也是对自己向上的鞭策。一定要以人格战胜这失和，而创造出和睦关系。人情要合而不要离，生离死离都不好，轻于离异是不合人情的。"④

男女老幼对于离婚态度的差别在现实生活中带来的对峙和冲突是可想而知的。⑤ 一方面，对于传统的"七出"之说，"现在已觉悟的青年，不分男女，都要求解放个人，不再做传统思想的奴隶，礼教的囚徒，对于这种离婚法绝对不能承认，用全力要去推翻他；但是老年却竭力要维持这种不合理的东西"。另一方面，"现在觉悟的青年却竭力主张个人的权利，要求个人生活的快乐，并且感得无爱情的同居生活是可耻的。他们视爱情的有无为离婚最重要的条件，老年思想在这点上刚巧相反"。⑥ 可以想象，对于父辈而言，恋爱已经很危险了，恋爱结婚之后又来提倡"离婚"，简直是"大逆不道"。

---

① 顾绮仲：《自由离婚的价值》，《妇女杂志》第 8 卷第 4 号，1922 年 4 月 1 日，第 176 页。

② 周建人：《离婚问题释疑》，《妇女杂志》第 8 卷第 4 号，1922 年 4 月 1 日，第 2 页。

③ 陈瑞兰：《论女子自由结婚之不可不慎》，《女铎报》第 4 卷第 2 期，第 1～5 页。

④ 《朝话·婚姻问题》，《梁漱溟全集》第 2 卷，第 117 页。

⑤ 谢冰莹曾回忆说："二哥为了要和他那凶恶的、毫没有感情的小脚太太离婚，母亲拍着桌子大声骂道：'你这东西，读了书回来做这种没廉耻、无道德的事，难道真的不顾祖宗的面子吗？你要离婚，先杀了我再说！在我没有死以前，绝对不许有这种丢脸面的事发生！'二哥知道母亲的个性太强，如果离婚，就要牺牲她的性命，因此只好忍着痛苦，一直到吐血死了为止，他还是孤零零地没有和第二个女性结合。"谢冰莹：《一个女兵的自传》，《从军日记》，第 8 页。

⑥ 沈雁冰：《离婚与道德问题》，《妇女杂志》第 8 卷第 4 号，1922 年 4 月 1 日，第 14 页。

新旧观念的冲突很容易给已体验到思想、感情冲突的新青年带来烦闷与痛苦。来自长沙的梦苇就观察到，"中国青年，十分之八九是感受婚姻痛苦的，虽被习俗所限制，礼教所束缚，不敢离婚；而中国的早婚和包办的、买卖的、掠夺的婚姻制度老早已经遍播离婚种子；到了一般青年都觉悟而对于旧礼教失了信仰的一天，已不能忍受婚姻不圆满的痛苦，觉得非离婚不足减少或免掉这种痛苦"。① 新青年将心中的痛苦诉诸笔端，连篇累牍地控诉旧式婚姻，呼吁离婚自由。

离婚的观念裹挟着新青年的情感诉求，代表了新青年（大抵多为男性）对旧式婚姻的不满和失望的情绪。在新旧过渡的时代，青年男女或许以旧习惯而成婚，却以新方式而离婚。结果，容忍旧式婚制的青年少了，反抗的男青年多了，这也是五四后家庭革命引起的实际生活的变迁。变动较多的是能接触到新文化的青年学生。若考虑到接受新教育的机会差异，恐怕是经济实力较好的家庭多于贫苦家庭的子弟，男性多于女性，留学生多于国内的学生，结果"自从新文化运动以后，离婚并不是一件什么特别的事情，他所听见看见的不知道多少。尤其是留学生方面，更是车载斗量"。②

换言之，经历新文化运动之洗礼，婚姻的价值和意义发生了剧烈的、根本性的变化，主张保存婚姻制度的新文化人着力构建以恋爱为基础的新婚姻观念。不过，他们也意识到爱情是最容易变化的，进而支持自由离婚的主张。陈望道就观察到恋爱对青年思想感情的冲击，"有的只认恋爱为男女结合底一部的要素（主张自由结婚的便是）、一时的要素（主张自由结婚而反对自由离婚的便是），有的却认为恋爱为男女结合唯一的要素（主张恋爱自由的便是），永久的要素（主张自由离婚的也可归入此类）"。③

周建人注意到："中国近年来就离婚观念的改变而言，是一种极大的变迁，是家族主义渐次破裂而趋向个人主义的一个运动，这是随思想的潮流而

① 梦苇：《离婚问题》，《妇女杂志》第 8 卷第 4 号，1922 年 4 月 1 日，第 170~171 页。
② 《恋爱之冲突》，《陈铨代表作》，华夏出版社，1999，第 71 页。
③ 《略评中国的婚姻》，《恋爱、婚姻、女权：陈望道妇女问题论集》，复旦大学出版社，2011，第 28~29 页。

来的一定的趋势，势所必至，阻遏无效的。"① 到 1924 年，有人观察到："'自由离婚'，现在一般非恋爱结婚的青年男女，从受了新思潮的洗礼，差不多都有这四个字盘旋于脑际了。并有许多排除万难，终于大胆实行了。"然而，"在十年前这种事实是很少的，纵然婚姻不满意，但是为礼法所拘，风俗所蔽，只有归之命定，委曲求全"。② 或可说，新思潮不仅改变了新青年的思想，也改变了他们的行动。

## 三　离婚是药还是病？

恋爱结婚带来的另一个具体的问题是，恋爱结婚的夫妇是否能够因为爱情的消失而离婚。对此，蓝公武就给出了否定的回答。蓝氏曾规劝青年："夫妇是一种人格的结合，何等重大，有自由权者结婚时应当各负责任，慎重选择，一旦结合以后，便不能随便动摇。"换言之，"夫妇关系一旦成立，非一方破弃道德的制裁，或是生活上有不得已的缘故，这关系断断不能因一时感情的好恶，随便可以动摇"。盖"一旦爱情结合以后，便有一种道德的制裁，不能把对手看作情欲的器具，随便可以动摇的了"。在蓝公武看来，"现代的文明社会，虽以个人为本位，但是家庭生活还是占人类生活中的最重要最大的部分。至于那儿童的教养，更不必说是家庭的专职了。故所以家族在今日的社会，依然是个柱石，因此夫妇关系，自然有社会的重要意义，不能看作个人的事实。夫妇关系既是社会的事实，与社会之安宁幸福，有密切之关系"。③

不过，众多新式青年并不这么想。在他们看来，如果爱情是婚姻缔结的理由，那么爱情的消失就是婚姻解体的原因。沈雁冰就从"恋爱之有无为离婚成立与否的条件"出发，以为"中国现在讲到离婚与道德问题的关系，简直就是要去说明离婚与个人道德无损；在男子方面不为不德，在女子方面

---

① 周建人：《离婚问题释疑》，《妇女杂志》第 8 卷第 4 号，1922 年 4 月 1 日，第 5 页。
② YLF：《离婚后的悲哀》，《妇女杂志》第 10 卷第 5 号，1924 年 5 月 1 日，第 756 页。
③ 《蓝志先致胡适书》，《新青年》第 6 卷第 4 号，1919 年 4 月 15 日，第 400～403 页。

不为不贞"。① 署名明星的作者也说："婚姻成立的惟一条件，便是两性彼此恋爱；那么离婚成立的惟一条件，便是恋爱破坏了。"② 即使"男女原为彼此相爱而结婚，既已不相爱了，自然应当离婚"。③ 虽然"人家都说离婚是不道德事情，这话在中国很有势力"，然而在新青年心目中，婚姻解体进一步去道德化，甚至正面化了。

恋爱结婚的新观念意味着一旦爱情破裂，婚姻便无存在的基础，离婚自然就成为合乎逻辑的选择。盖"恋爱破裂而离婚，既是合于道德的行为，换一句话，也可以说如果恋爱破裂而还保存这结婚的形式，是不道德的行为"。④ 有人便明确说："没有'恋爱'的婚姻，我们就不能说他是婚姻，充其量也不过是一种'性交'罢了。"⑤ 换言之，在支持离婚的人看来，礼教约束离婚反而是不道德的行为。夏梅就号召女性摆脱离婚不道德的旧观念，以为"离婚这件事，决不是不道德的，只有一对毫无爱情的夫妻，社会上用了旧礼教来压迫、束缚、不准他俩离婚，这才是不道德"。⑥ 梦苇也曾明确说："离婚并不是不道德；明知怨偶的苦，却忍心限制他们不离开，使他永久地得不到人生乐趣；甚至于男子嫖娼，女子偷汉子，那才真不道德呀！"⑦

从新婚姻观念出发，婚姻的维持几乎完全仰仗于夫妇间的情感，其他人际社会关系对婚姻的维系都被视为对婚姻关系的妨害。这些并不符合古今中外社会常态的言论，充分展现出那一代人"思想解放"之程度。在新青年看来，"那种无爱情的、强迫的结合都是不自然的、不道德的、更是没有人道的"，⑧ 而自由离婚就是改良婚制的手段。盖"要减少离婚，只有提倡自

---

① 沈雁冰：《离婚与道德问题》，《妇女杂志》第 8 卷第 4 号，1922 年 4 月 1 日，第 15～16 页。

② 明星：《评一个离婚者》，《妇女杂志》第 8 卷第 4 号，1922 年 4 月 1 日，第 152 页。

③ 王思玷：《离婚与男女的经济平等》，《妇女杂志》第 8 卷第 4 号，1922 年 4 月 1 日，第 154 页。

④ 周建人：《恋爱的意义与价值》，《妇女杂志》第 8 卷第 2 号，1922 年 2 月 1 日，第 5 页。

⑤ J. M.：《离婚的我观》，《妇女杂志》第 8 卷第 4 号，1922 年 4 月 1 日，第 178 页。

⑥ 夏梅女士：《自由离婚论》，《妇女杂志》第 8 卷第 4 号，1922 年 4 月 1 日，第 18 页。

⑦ 梦苇：《离婚问题》，《妇女杂志》第 8 卷第 4 号，1922 年 4 月 1 日，第 171 页。

⑧ 夏梅女士：《自由离婚论》，《妇女杂志》第 8 卷第 4 号，1922 年 4 月 1 日，第 21～22 页。

由恋爱的婚姻"。① 在新青年眼中，离婚又是社会改造的手段，即"离婚是改良结婚的要件，是救济不良家庭的应急术，建设理想家庭的急先锋，更说不到什么危及社会的秩序安宁"。② 盖"离婚自由，为今日中国社会所需要之有益之变动。去女子之依赖，使努力求经济独立，因而人格地位得与男子平等"。③

然而，即便是那些同情离婚的人，也意识到离婚本身是一种社会问题。周建人就说："离婚是恋爱的失败，并不是成功，这是不可讳言的事实。"④ 1923 年，董时进也注意到，虽然"道德之意义，因时与地而变迁"，然而"离婚为男女及家庭最重要之问题，影响于社会之安宁至大。离婚虽未必即为背于道德，然在西国，男女自选配偶而自离之，屡见不鲜，实不能不谓为道德上之疵点"。⑤ 盖自由离婚将动摇作为社会基础的家庭。支持离婚自由的沈雁冰也曾犹豫地说："不许离婚固然不对，许人自由离婚毫不加以制裁，也有流弊。在将来社会组织已经变更，人类更进化些的时候，当然可有自由离婚，现在却不能；因为在现社会里，家庭尚是社会的脊骨，若行了绝对自由离婚，于社会组织之固定，很有妨碍。"⑥ 赵济东也意识到离婚对社会的负面影响，盖"社会（人类的组织）是家庭组成的，若家庭时常的破裂，社会必被紊乱；若家庭都破裂，则社会虽依然社会，恐怕已经变了性"。离婚也会带来经济的恐慌和精神上的痛苦。虽然他认为无爱情的夫妇若坚持在一起会带来更多的痛苦，但是"夫妻间没了爱情，就可离婚，但离婚是有害无益的"。⑦ 他们对离婚的纠结态度再现了过渡时代道德标准尚未确立带给人们的困惑。

---

① 臻悟：《关于离婚的小调查》，《妇女杂志》第 8 卷第 4 号，1922 年 4 月 1 日，第 151 页。

② CN：《离婚的意义与价值》，《妇女杂志》第 8 卷第 4 号，1922 年 4 月 1 日，第 174 页。

③ 八二：《从哲理上论我国离婚律的改良》，《妇女杂志》第 14 卷第 7 号，1928 年 7 月 1 日，第 117 页。

④ 高山（周建人）：《男女理解与性的伦理》，《妇女杂志》第 10 卷第 10 号，1924 年 10 月 1 日，第 1510 页。

⑤ 董时进：《中国立国事业之讨论》，《东方杂志》第 20 卷第 23 号，1923 年，第 24 页。

⑥ 沈雁冰：《离婚与道德问题》，《妇女杂志》第 8 卷第 4 号，1922 年 4 月 1 日，第 14 页。

⑦ 赵济东：《离婚问题的研究》，《妇女杂志》第 8 卷第 4 号，1922 年 4 月 1 日，第 47 页。

谢觉哉也曾分析其中的复杂原因，他说："近日青年离婚的事，常有所闻，蕴而未发者不知凡几，大抵皆以知识不平等，能力不平等，因而爱情距离日远，若非离婚几不可终日者。夫爱情之为物，是否与知识能力有不可离的关系，若谓爱情生于知识、能力，无论在心理学上说不通，而所谓知识、能力有何标准，今日认为平等者，而以主观的变易，明日即可认为不平等；况人的知识、能力是进行无止的，因双方之速度攸殊，不能保持平等之概况，即不能维系长久之爱情，是直等于市道也。市道而冒称爱情，吾为爱情危矣！"[①]

简言之，离婚自由的言说意味着新青年从社会和家庭的约束中解放出来，作为家庭革命一部分的离婚被看作解决社会问题的手段，视为人格平等、个体自由的象征，而时至今日，由此形成的一整套关于离婚合理的言说早已为众人所接纳。在离婚观念的光谱上，五四后出现了最保守和最激进的并存与对峙。对于新青年而言，他们提倡离婚针对的多是父母包办的婚姻，然而他们在有意无意之间从渴望夫妇爱情，进而提倡没有爱情就应该离婚，甚至更有进一步激进化的言论主张只要爱情、不要夫妇的废婚论。其结果是，原本是充实夫妇关系的爱情，却有可能带来对夫妇关系的彻底破坏。


## 四　离婚是女权还是男权？

借助男女平等的言说，离婚也被赋予了道德进步主义的色彩。当新青年抛弃传统的"七出"而采用"离婚"后，这意味着妻子也有了提出离婚的权利。[②] 不少新青年对中国传统的礼制所规定的男子可以出妻、纳妾的做法非常不满，认为这是"不平等的习惯"。有人就说："民国以来，虽然改正了些，但仍然不能平等。五四以后，恋爱自由、婚姻自由的声浪高得很，同时自然虽没有明白的鼓吹离婚，然而也包含里边了，可是可恶的法律，对于

---

① 《谢觉哉日记》上册，1921 年 11 月 16 日，第 67 页。
② 瑟庐：《从七出上看来中国妇女的地位》，《妇女杂志》第 8 卷第 4 号，1922 年 4 月 1 日，第 103 页。

我们女子的离婚案，总是刁难，因此自杀的也就日有所闻。"然而，"我们为人类进化计，为被压迫的亲爱的姐妹计，都只有主张绝端的自由离婚。救人类的痛苦，更其〔其更〕是我们已成婚与将成婚的姐妹；谋人类的正义、真理与幸福，是我们的责任啊！"①

在支持离婚的人看来，离婚是女性从不幸福的婚姻制度中解放出来的手段，以为自由离婚有利于妇女解放并可以增加妇女的幸福。夏梅就说，片面的、以男子为中心的旧离婚观念导致女性"简直毫无离婚的主权"，于是她号召女性打破这片面的观念，并建议时人处理离婚问题时不仅应该关照男子的心境，也应该从新式女子的立场出发，讨论怎样处理与已婚的丈夫离婚或与未婚夫解约的问题。②

顾绮仲就曾宣称："当现在世界新潮流奔腾澎湃的时候，男女平权的声浪，一天高似一天，我们要达到平权的目的，在男性方面，要打破多妻制度，在女性方面，要铲除奴隶性，而对于婚姻上的'离''合'，还须自由操纵，不要为旧社会的礼教，剥夺我们自由的权利！"在他看来，自由离婚的首要意义在于改良家庭。盖"要改革婚制，当从自由结婚和自由离婚入手；因为婚姻的目标，完全在一'爱'字上，爱则为夫妇，不爱则不能成夫妇，这是一定的道理；强以不爱而为爱，那家庭中自然要不和而多事了！所以自由结婚，实是改良家庭的第一步。但是自由结婚，不是单独成立的，和自由离婚相对并峙的；因为只有自由结婚而不能自由离婚，那家庭中悲愁惨淡的空气和旧式婚制一样"。③

早在民初，就有女性采取离婚的手段来摆脱不幸的婚姻。就读于上海务本女学和苏州景海女学的杨荫榆由于不满丈夫、翁姑之专制而提出离婚。记者认为，这是"女子不依赖男子而能自立之先声"。④ 24 岁的赵文婤因被丈

---

① BL 女士：《离婚问题的实际和理论》，《妇女杂志》第 8 卷第 4 号，1922 年 4 月 1 日，第 38 页。

② 夏梅女士：《自由离婚论》，《妇女杂志》第 8 卷第 4 号，1922 年 4 月 1 日，第 21 页。

③ 顾绮仲：《自由离婚的价值》，《妇女杂志》第 8 卷第 4 号，1922 年 4 月 1 日，第 175 页。

④ 《离婚创举》，《女子世界》第 2 卷第 3 期，1905 年，第 7 页。亦可参考陈雁《性别与战争：上海 1932 ~ 1945》，社会科学文献出版社，2014，第 259 ~ 265 页。

夫虐待不堪而提出离婚，但是"恶夫不肯轻放，买通律师推事，调庭更讯，仅凭讼师一面之词，不准辩论，欲强判决败诉"，她只好借助女校的力量伸张自己的冤屈。① 四川女生赵某就读于北京女高师附设补习学校，也因对父母代订的婚约不满而提出离婚。她就曾对未婚夫写道："彼此处于专制家庭之下，纵有意见，也不敢发泄。后来北京，略受自由空气的熏陶，始渐渐有了根本觉悟。对于这种强迫或压制的婚姻，自己非常的不满意。"并且教导对方说，我们理想的夫妇"是极自由、极神秘，从不加以外身干涉或压制的，婚姻必要得双方男女的同意"。② 早年感受辛亥革命风潮的问鹃女士原本抱有"不遇同志，终身不字"的志愿，然而失去双亲后她被迫接受了兄长包办的婚姻。她曾感慨身世："我是把〔有〕世界革命思想的一人，如何能和这种官僚式青年说得到一气，于是家庭变成牢狱。"最终，问鹃女士与丈夫离婚，脱离了烦恼的家庭。她悲叹道，"我不幸为女子，更不幸为过渡时代之中国女子"，就希望自己的经历能引起大家的注意，为未来的不幸者设法补救。③ 另一位被丈夫和婆婆毒打的女子，在女权请愿团的帮助下经法院判决离婚，才避免了被胁迫为娼妓的人生悲剧。④ 所有这些例子都从不同的侧面说明，彼时的女性已经可以利用新观念实现自己的诉求、改变自己的命运。然而，这并非故事的全部。

提倡离婚的言说虽然常常以男女平等为理由，但是事实上，离婚很可能演变成变相的弃妻，进一步催生性别的不平等。在一个男权社会，社会交游较频繁、思想感情变动较多、经济实力更强的仍是男性，女性很容易沦为"被离婚"的对象。王栋亮的研究就证明，男青年离异旧式妻子是离婚的主流。⑤ 有人也曾观察到："大约是夫要离妻的居十之九，总因为妻没有新知

---

① 《函诉婚姻之恶劣》，《大公报》1922 年 4 月 20 日，第 10 版。

② 《解除婚约：不满意代办式的婚姻、双方都能澈底的谅解》，《大公报》1922 年 6 月 3 日，第 11 版。

③ 《所适非人：一个自述悲惨婚姻的女子，三年怨耦断送一生》，《大公报》1922 年 12 月 25 日，第 11 版。

④ 黄勖志：《关于天津女权请愿团的回忆》，中共天津市委党史资料征集委员会、天津市妇女联合会编《邓颖超与天津早期妇女运动》，中国妇女出版社，1987，第 570 页。

⑤ 王栋亮：《自由的维度：五四时期知识青年离婚问题透视》，《安徽史学》2017 年第 5 期。

识的原故。"① 也有人注意到："离婚之律，我国利在男子；男子方面对妻有所不满，便可提出离婚；西国利在女子；女子方面对夫有所不满，便可提出离婚；良人终身之望，女子遇人不淑，自不得不求离异，所以西国离婚之律，纯系保障女权，自较我国为平允。"②

现实的问题是妻子在被迫离婚后生活无着。因此，张竞生就主张从性别的角度提出具体的办法。他建议，处于旧式婚姻下的夫妻，假如妻不喜欢夫的，"女子尽可即时离婚，不必去管男子如何"。然而，若"夫不喜欢妻的"，而那些可怜的女子"于智识上、生活上老实不能自存"。若勉强相安则"为夫的终是貌合神离"，男女双方生活都不愉快，而且"将来有了子女，更恐成为恶果的遗传"。张竞生以为"救济上最好之法，莫如离居，使妇人去读书兼习实业。在此学习期内，为夫的应当完全负一切的供给及指导的义务。俟妇人有独立的学识与生活之后，那时为夫的，如不能守长久的独居主义，又另不喜欢与他的妇人同生活，那么，尽当明明白白地请他妻原谅，与她离婚。于旧妻上应当保存一种极好的朋友爱情，使她在社会上有相当的名誉与应尽的责任。如此离婚，于情理上想无大背"。③

还有不少时人从经济的角度思考如何让离婚变得容易。陈友琴指出，之所以男性有提出离婚的权利，盖女子"经济上不能独立，生活不能维持"，故陈氏积极主张社会职业向女性开放。④ 徐学文也指出，之所以女子没有离婚权正是因为社会不容许女子再嫁、儿童公育尚未实现、女子没有独立生活的能力。⑤ 周建人考察了当时女子离婚的条件，指出"离婚自由在解放妇女固然极重要，但如要谋他的实现，仍非女子有地位改善和养成能够自立的实质不可"。⑥ 陈顾远就认为对待旧式妻子，"一方面帮助她经济独立，离开男子可以生活"。这样男女的结合才能"完全发于爱情，生活上底依赖，简直

① 陆秋心：《婚姻问题的三个时期》，《五四时期妇女问题文选》，第239页。
② 毛拔：《基督教的婚姻观》，《青年进步》第75期，1924年7月，第25页。
③ 《"行为论"的学理与方法》，《张竞生文集》上卷，第272页。
④ 陈友琴，《经济上的离婚观》，《妇女杂志》第8卷第4号，1922年4月1日，第44页。
⑤ 徐学文：《女子的离婚权》，《妇女杂志》第8卷第4号，1922年4月1日，第179页。
⑥ 高山：《离婚自由与中国女子》，《妇女杂志》第10卷第9号，1924年9月，第1366页。

是不成问题，自然没有离婚底困难"。①　换言之，只有赋予女子经济能力才可能让婚姻关系的解体变得更加容易。

除了经济方面的考虑，思想观念的革新也是能够实行离婚的前提。趋新时人意识到，若要进行离婚就首先必须打破传统的贞操观念，使得女子可以通过再嫁获得正常的婚姻生活。老师辈的胡适、鲁迅、周作人等人都曾不遗余力地批评贞操观念。备受年轻人推崇的爱伦凯就认为，"贞操既然靠感情保持，所以不论外界怎样的权威势力，不能加以侵害；同时因感情的变异，贞操的方向也难免不发生变化"，而"所谓某人的贞操，全以他自己的力，自己的气节，自己的精神为集中点。而且这一种集中的气节，精神和力，是预防外界偶然的侵害的；所以这一种的贞操，是人生的一种态度，使恋爱能够伟大的工具"。②

新贞节观念以爱情为基础，这意味着爱情的存在与否决定了是不是守贞。本质上说，新贞节观念强调的是感情，而传统贞节观念强调的是名分。李季诚女士就认为，"离婚自离婚，贞节自贞节"，盖"真正的自由恋爱而结合成为夫妇的男女，在恋爱的心理未断或已断而未将婚姻正式解除之时，不再与第三的男女因恋爱而发生性的行为"。③　新贞节观念是男女相互恪守的，而非传统强调女方的。紫瑚认为，要摆脱离婚带来的痛苦，就要纠正根深蒂固的贞操观念。"寡妇或离婚后妇人的再嫁，无论怎样正当，总称为失节，和犯奸淫的一般看待。在社会上，这种失节的女子，完全丧失人格，人家看作非常卑鄙，自己也觉着非常的耻辱。"所以，只有"确定正确的贞操观念，使人人都明了解除婚约的女子，和未曾婚嫁的女子，完全一样，人格上丝毫没有亏损。那时做男子的，都肯娶离婚的女子，社会上也绝对尊重她的人格，女子当然不至于像今日的畏惧离婚了"。④

①　陈顾远：《罗素婚姻问题与旧式结婚》，《家庭研究》第1卷第3号，1921年3月20日，第19页。

②　吴觉农：《爱伦凯的自由离婚论》《妇女杂志》第8卷第4号，1922年4月1日，第53页。

③　李季诚：《离婚与贞节及子女》，《妇女杂志》第8卷第4号，1922年4月1日，第167页。

④　紫瑚：《中国目前之离婚难及其救济策》，《妇女杂志》第8卷第4号，1922年4月1日，第11~12页。

在新旧婚姻观念嬗变的过渡时代，部分女性的命运可谓处于风雨飘摇之中。这一点蓝公武较早就预感到，盖"爱情纯是感情的作用，带着盲目性而且极容易变化。相爱的时候，无理由的相爱，相恶的时候，无理由的相恶，今日胶漆，明日怨仇"。"现代专讲恋爱神圣的人，还不是结婚离婚忙一个不了么？"① 结果，"半新不旧的男女，不满父母包办的婚姻，自求解放，苦于'木已成舟'，找不到离婚的正当理由，于是故意虐待遗弃，更添赘了捏造的事实，以便离婚，同时他方因深受'名节'的毒，以离婚为奇耻，每有婚未离而生命已送。这种矛盾，固然不应使对方负责，但道德上总说不过去"。反之，"奋斗勇气较弱的，就堕落为纳妾嫖娼，甚至颓废不堪"。至于"摩登的男女，在肉欲和物质享乐满足的早晨结婚，在肉欲与物质享乐衰退，或比较更美满的对象找到的晚上离婚，来去自由，大有'潇洒风流'、'走马章台'的风度"。② 换言之，女子本无知识、能力，甚至没有过错，却在这样一个宣称进步的新时代遇到失去丈夫和家庭的风险。在平等和自由的新时代，旧式女性的命运可能要比她们的母亲那一代人更糟糕。③

虽然有不少人同情旧式女子被抛弃的不幸遭遇，但是也有人斩钉截铁地说："中国现在情形底下的离婚，虽常常逼死女子，尚且只死一个，另一个还能去找人生的乐趣和幸福。已是比未离婚以前，两人同过那怨恨、疑忌、悲苦、烦闷的同床异梦的生活，两个都如死了一样要好得多多了。"④ 一个人的死与两个人的痛苦，究竟哪种选择更符合道德原则，或许是一个难解的困境。在新旧过渡的社会中，作为时代的牺牲者，旧式女性所经历的痛苦却较少为人注意。假如整个社会仍是一个男权的世界，离婚自由恐怕仍是一个男权概念。纳妾也好，离婚也罢，女性的声音几乎是微乎其微的。自由听上

---

① 《蓝志先答胡适书》，《新青年》第6卷第4号，1919年4月，第399页。

② 洪锡恒：《婚姻的法律与习俗（续完）》，《东方杂志》第30卷第23号，1933年12月1日，第15～16页。

③ 关于离婚给女性造成的痛苦，可参考王栋亮《自由的维度：五四时期知识青年离婚问题透视》，《安徽史学》2017年第5期。

④ 梦苇：《离婚问题》，《妇女杂志》第8卷第4号，1922年4月1日，第172页。

去美妙动听，不过那时的女性是否有能力享受自由，却是值得进一步考察的问题。同时需要追问的是：集体性的妇女是否存在？她们的诉求是一样的吗？家庭背景、教育程度、思想观念、个性能力的差异可能让她们的诉求千差万别。一些女性可能是离婚观念的受益者，在婚姻生活中享受着甜蜜的爱情；但是另一些女性可能是它的受害者，过着无依无靠的生活。对于部分旧式妇女而言，先是经历了家庭的破碎，又经历了战火的摧残，这种家国破碎的人生经历给她们造成怎样的影响，或许同样值得我们关注。

＊　＊　＊

　　如罗志田先生所指出，晚清人心目中"西方"及其体制的美好，部分建立在其虚悬的成分上。到一战后，西方分裂了，从"拿英美作榜样"转向"以俄为师"。"新俄"及其附载的意识形态对中国人的吸引力是多重的，其中就包括自由主义者或者看到革命后的建设和"改造社会"的措施。① 可以说，榜样虽然变了，但是没有改变向别国学习的弟子心态，而学习的范围既包括国家的建设，也包括与芸芸众生皆生出交涉的家庭生活。

　　虽然理想的家庭生活从欧化转向了俄化，但就离婚的态度而言，欧化与俄化基本是相像的，只是苏俄的立场更彻底。人们注意到，离婚在苏俄"比从前更觉容易"，而且不是"一桩花钱的事仅仅贵人做得到"，已经是劳动阶级的妇女可以实现的。② 自 1917 年 12 月 18 日，国民委员会大会颁发离婚布告之后，"在苏维埃的俄罗斯，离婚的事情，比从前更觉容易"，这使得劳动妇女得以摆脱痛苦的婚姻，"脱离他们的凶蛮和闹酒的丈夫，终日里骂他打他的冤家"。③

---

① 罗志田：《西方的分裂：国际风云与五四前后中国思想的演变》，《中国社会科学》1999 年第 3 期。
② Alexandra Kollontay：《未来社会之家庭》，雁冰译，《东方杂志》第 17 卷第 9 号，1920 年 5 月 10 日，第 63 页。
③ 震瀛译《家庭和雇佣的女工》，《新青年》第 8 卷第 5 号，1921 年 1 月 1 日，第 3 页。

胡愈之曾介绍苏俄新社会各个方面的改变，其中便包括"凡从前一切婚姻障碍，如信仰之分别、宗教之戒律等，悉行革除。男女在法律上完全平等。遗产法舍在过渡时代一部分有效外，余均取销。离婚全以男女之志愿为定，不必有他种法律上之条件"。① 《东方杂志》的记者也注意到，"劳农政府之婚姻法，乃以男女绝对平等之恋爱婚姻为基础之法典也"。② 杨端六就意识到："照劳农俄国的婚姻律讲起来，人人可以不经法律手续，自由结婚，自由离婚，则自古以来的家庭制度可以说是根本的打消。"③ 离婚单方面提出亦可，而且无须理由，可以说是很自由的离婚法。结果，1918～1922年苏俄离婚人数骤增。④ 到1925年，樊仲云也注意到，"本来结婚既属男女自由，离婚也应自由，不受他人的干涉"，苏俄不过是实现了这种自由而已。⑤

到1933年就有作者观察到，"离婚在目前已失去他的新奇成分了"。只要"把目前世界各国的离婚法放在一起，作一比较，则可构成一非常的奇观。从最保守的一端到最自由的一端，有一经结合，至死不能分离，像美国南加路里那州的离婚法的；有只要单方想到离婚，一经通知官厅的登记处，就算完事，像苏联的离婚法的；也有定下种种条例，虽然夫妇同意于分离了，仍须造作一种合于条例的理由，才能正式分离，像美国的许多州和其它大部分国家的"。⑥ 这些不同的离婚法展现出的是不同国家宗教观念、社会制度和政治体制的差别。然而，试图模仿他人生活的中国又该何去何从呢？

平心而论，婚姻的解体对于种族、国家、社会而言或多或少都是问题。对个体而言，它会引起痛苦、争端、诉讼等一系列冲突和对立。经历者心力交瘁，并非什么愉悦的经历。可以说，离婚是一个悲剧、一个创伤和一段痛

---

① 罗罗：《劳农俄罗斯之改造状况》，《东方杂志》第17卷第14号，1920年7月25日，第36页。
② 《劳农俄国之婚姻法》，《东方杂志》第17卷第15号，1920年8月10日，第29页。
③ 杨端六：《社会组织的研究（下）》，《东方杂志》第17卷第24号，1920年12月25日，第10～11页。
④ 孟如：《世界离婚法概观》，《东方杂志》第30卷第1号，1933年1月1日，第10页。
⑤ 樊仲云：《苏俄近状》，《东方杂志》第22卷第24号，1925年12月25日，第38～39页。
⑥ 孟如：《世界离婚法概观》，《东方杂志》第30卷第1号，1933年1月1日，第7页。

苦的记忆。曾经离婚的人也认为，"离婚是人生最大的痛苦、最大的不幸"。① 无论如何，离婚不应该是自由的、轻率的。它虽然是终止一段不快婚姻的手段，却同时制造了新的问题。谁来教养这段婚姻所遗留的子女便成了最大的现实问题。但是，思想激进的青年对离婚造成的社会问题多不言及，反多针对压抑离婚的传统猛烈开火，这可以说是与整个社会作战。他们试图证明离婚合理的行动本身也说明在心理上他们仍需要合理化自己的言行，传统道德的约束或许仍若隐若现地存于心底。

那又是一个推崇青年的时代，然而青年既可能是道德的楷模，也可能是堕落的天使。或是欲离婚而不得，或是被迫离婚，种种经历导致不少青年从烦闷、痛苦而走向癫狂、出走，甚至演出自杀等悲剧。缪金源就观察到："五四运动早过去了！青年讨论问题的精神早锐减了！他们现在高兴讨论的，只有关于情欲的'婚姻问题'！据北京各报的记载，差不多每天总有关于婚姻的新闻。"② 后来，张东荪也批评当时新的知识阶级的堕落，"终日萦其心曲者无非恋爱与出锋头。近来离婚、拒婚、逃婚等事之多，足使人大惊。若进一步而言，此种现象实为个人自利主义之一表现，换言之，即个人享乐主义之一表现。其弃妻不顾，足证同情心之薄。但求自己另得良偶，遂对于他人幸福毫不顾虑。有时不得两全，则但求自己满足便即了事"。③

与张东荪思路相似，周守一也批评士气堕落的种种表现，其中之一便是颓放，即"反背社会往消极的路去"，结果，"这一个因为妻子不如意，离婚不得，认为此生已无生趣，便不再为社会奋斗。那一个因为自由恋爱不成功，生活趣味全失，亦不愿再去进取"。造成这类社会现象的原因则在于新思潮的传播，社会制裁力的根本动摇，"拿自由的旗帜反抗一切社会制限，拿平等的旗帜反对旧有制度及一切权威"。刻意模仿外来的政治、经济、社会制度对中国社会的贻害不少，"社会上以离婚制度及自由结婚制度为最重要。在离婚制度保护下，自私的可以企图牺牲妻子的幸福，图谋个人的快

---

① 王祥徽：《不堪回首：我离婚的自白》，《南流潮》第 19 期，1929 年 11 月，第 58 页。

② 缪金源：《闺阁的平民教育与离婚》，《妇女杂志》第 8 卷第 4 号，1922 年 4 月 1 日，第 182 页。

③ 张东荪：《谁能救中国》，《东方杂志》第 20 卷第 12 号，1923 年 6 月 25 日，第 24 页。

乐；在自由结婚制度下，无道德的可以故意欺蒙女子，停妻再娶，坐犯法律不常处分的重婚罪"。①

从离婚问题的讨论可以看出那是一个个人欲望被肯定的时代。从西方输入的爱情，作为一种新感情、新欲望在男女关系中扮演重要的角色。无条件的合意离婚，有条件的单意离婚都是对于个人意愿的极度尊重。那又是一个冲动的时代，而抑制人冲动的儒家思想、基督教先后演变为家庭革命的批评对象。青年人无所收束的身心裹挟着欲望迈入了革命的新时代！

闹离婚与随后而起的闹革命的相通之处就是"闹"，这意味着二者都是极活泼、极深刻的社会问题。当更多人期待在婚姻中寻找个人快乐，而不愿意承担赡养父母和教养子女的责任时，则遗留了不少无助的孩子和孤独的老人。这类新变动对种族、国家悄无声息地产生了莫大的危险。世界各民族对于婚姻的意义和目的的看法各不相同，但是社会要求自我再生产以及种族的绵延这一点是共通的。从全球范围来看，除苏俄外，大都采取结婚易、离婚难的法律，② 盖结婚难、离婚易无异于种族的自杀。杨效春就意识到"离婚到底是不得已的事"，而"离婚多实在是社会不幸的现象"。③ 如今，究竟应该鼓吹离婚，还是应该预图补救？对我们而言这恐怕仍是一个相当重要的问题。

---

① 周守一：《士气与国运》，《东方杂志》第 21 卷第 12 号，1924 年 6 月 25 日，第 21～23 页。
② 金石音：《论各国现行法上之离婚原因》，《东方杂志》第 33 卷第 5 号，1936 年 3 月 1 日，第 99 页。
③ 杨效春：《非儿童公育》，《东方杂志》第 17 卷第 5 号，1920 年 3 月 10 日，第 132 页。

# 第四部分　个人与互助：家庭革命的社会脉络

# 第十一章　烦闷的"我"：家国秩序解体后的个人

## 一　从天下看家庭：争做无家庭的世界民

在西潮的冲击之下，过去认知的"天下"转化成了"世界"与"中国"。[①] 因此，一些读书人以国家为单位思考问题，进而提倡为国破家的家庭革命。他们期待青年打破家庭，个人直接效忠于国家。然而，受天下士遗风熏染的民初读书人往往带有几分先天的世界眼光，而西强中弱的格局又使不少人也曾向往成为无国家认同的"世界民"。[②] 谭嗣同就宣称："以言乎大一统之义，天地间不当有国也。"[③] 读书人进一步注意到家庭与国家都是"私"的象征，故多言及民族主义与家族主义的共通性。刘师培批评，近世以来，欧美各国行帝国主义于弱小民族，故"强族对于弱族，立于绝对之不平等"。[④] 他目睹了国与国竞争造成的恶果，故对国家背后的民族主义有所保留。这种眼光延伸到家庭，以提倡排满革命著称的章太炎就特别批评民族主义的偏狭，与家族观念无大差别，家族与国家均是私心使然，不过范围有大小之别，盖"国家者所以利一群，则与利一族也何异？"[⑤] 在批评民族主义和帝国主义的同时，家庭连带附上了些许负面的色彩。换言之，家庭既要迎接民族主义挑战，但有时又和民族主义属同一战壕，面临世界主义的冲击。

---

① 罗志田：《近代读书人的思想世界与治学取向》，北京大学出版社，2009，30~54页。
② 罗志田：《近代读书人的思想世界与治学取向》，第55~103页。
③ 《仁学》，蔡尚思、方行编《谭嗣同全集》下册，中华书局，1981，第356页。
④ 刘师培：《无政府主义之平等观》，《无政府主义思想资料选》（上），第82页。
⑤ 《五无论》，《章太炎全集》第4卷，第430页。

儒家的社会理想是通过礼来实现天下的长治久安。父慈子孝、兄友弟恭、夫义妇顺的家庭关系以及由此而生的社会关系给个人提供基本的保护，也是社会秩序和国家安定的基础。然而自晚清以来，礼的崩溃从国家开始，转而进入家庭内部，自此礼便丧失了作为社会教化和道德秩序工具的基本地位。张灏先生曾引用宋育仁的感受来说明西方人的平等自由观念使得中国传统"人伦无处立根"，而这带来了传统的基本社会价值取向的失落。① 与之伴随，儒家人格理想和社会理想在家庭革命的冲击下彻底崩散。

传统强调齐家对治国、平天下的正面意义，所谓"家齐而后国治、国治而后天下平"。② 但是，这一先后次第的链条在近代中国断裂了。谭嗣同认为修齐治平是适合于"封建世"，而自秦以来，"封建久湮，宗法荡尽，国与家渺不相涉"，结果造成"家虽至齐，而国仍不治；家虽不齐，而国未尝不可治；而国之不治，则反能牵制其家，使不得齐"，因此，"言治国者，转欲先平天下；言齐家者，亦必先治国矣"。③ 其实，康有为也意识到"家庭/家族越发展到极致，人们似乎越不能超越私爱，《大学》所彰显的先齐家，再治国、平天下的路，也许根本走不通"。④ 这意味着在西力冲击之下，修齐治平的先后次第解体了，国的重心地位逐渐凸显。一方面平天下、治国为先、为要，另一方面齐家、修身也转向了竞争。

家庭一方面被认为妨碍了世界大同，一方面被视为个人自我实现的障碍。蔡元培就曾说，人类应该联合起来战胜自然，像"国"和"家"这样的单位同时存在并互相竞争，不过是在靡费人力。⑤ 刘师培所说以无政府的方法改造世界就是为了"合全世界之民为一大群，以谋人类完全之幸福"。⑥ 到五四时期，青年傅斯年就曾历数家庭之罪恶，宣称："我只承认大的方面

---

① 张灏：《幽暗意识与民主传统》，第141页。
② 朱熹：《四书章句集注》，中华书局，1983，第4页。
③ 《仁学》，《谭嗣同全集》下册，368页。
④ 范广欣：《康有为〈大同书〉论家与孝：对"毁灭家族"说的重估》，《中国哲学史》2019年第1期。
⑤ 罗志田：《近代读书人的思想世界与治学取向》，第36页。
⑥ 刘师培：《无政府主义之平等观》，《无政府主义思想资料选》（上），第85页。

有人类,小的方面有'我'是真实的,'我'和人类中间的一切阶级,若家族、地方、国家等等,都是偶像。"① 他甚至在宿舍的墙上挂着一幅字:"四海无家,六亲不认。"② 后来,傅斯年指出修身与齐家的对立性。他说:"在古时宗法社会,或者这样。若到现在,修身的人,必不能齐家。齐家的人,必不能修身。修身必要'率性',齐家必要'枉己',两件是根本不相容的。"③ 换言之,传统的修齐治平似演变为修身、去家、去国、平天下。于是,那时"齐家"不但不是修身的自然延展,反而成了发展自我的一副枷锁镣铐。为了个人的尊严和自由,"家"不但不必"齐",而且必须"反",必须"破"。④ 当家庭成了个人自我实现的障碍和痛苦的源头时,为了人生幸福也必须打破家庭。

傅斯年的老师李大钊也曾痛苦地指出:"现代的生活,还都是牢狱的生活啊!像这样的世界、国家、社会、家庭,那一样不是我们的一层一层的牢狱,一扣一扣的铁锁!"李大钊进一步指出,"中国现在的社会,万恶之原,都在家族制度",然而要想实现"解放自由的我,和一个人人相爱的世界",那么,"介在我与世界中间的家国、阶级、族界,都是进化的阻碍、生活的烦累,应该逐渐废除"。⑤ 五四后,陈独秀也说:"中国古代的学者和现代心地忠厚坦白的老百姓,都只有'世界'或'天下'底观念,不懂得什么国家不国家。"⑥ 若综合考虑家庭曾面对民族主义、个人主义、世界主义的冲击,可以说家庭几乎就成了近代中国最不喜欢的社会建制。

概言之,这些废家的言说和思考可以看作近代中国读书人对西方现代文明的一种反思、一个反抗。读书人对生存竞争、优胜劣败的西方世界并不满

---

① 《〈新潮〉之回顾与前瞻》,欧阳哲生主编《傅斯年全集》第1卷,第297页。

② 王汎森:《傅斯年:中国近代历史与政治中的个体生命》,王晓冰译,三联书店,2012,第44页。

③ 《万恶之原》,欧阳哲生主编《傅斯年全集》第1卷,第106页。

④ 周质平:《超越不了传统的"现代"——从家书看近代中国知识分子的父子情》,《胡适与中国现代思潮》,南京大学出版社,2002,第347页。

⑤ 守常:《牢狱的生活》,《李大钊全集》第2卷,第348页;《万恶之原》,《李大钊全集》第2卷,第365页;《我与世界》,《李大钊全集》第2卷,第360页。

⑥ 《随感录·学生界应该排斥底日货》,任建树编《陈独秀著作选》第2卷,第73页。

意，面对凶恶霸道的现实，他们不愿同流合污，不愿加入这浊世。对中国和西方现实都不满意的他们，将种族、国家、阶级、性别、家庭都看成是人类自私自利的表现，转而设想一个与现存世界都不同的未来世界，能真正实现自由、平等、互助、博爱。这一象征着光明的完美世界以进化论和性善论为基础，以人群幸福为目标，强调个人的无我与利他。

经历五四运动之洗礼，家庭革命也从思想、观念、态度改变，引起了集体性的"烦闷"，并进一步走向了具体的行动。青年一面以此为基础构建一个全新的社会模式，另一面尝试废除家庭的共同生活。他们构建的"未来"既不同于中国传统，也不同于现代西方。因此，废家其实兼具反传统与反西化两个面向，过去的研究多看到其反传统的一面，而对其反西化的那一面观照不多。

## 二  思想解放后的烦闷青年

五四给当时的青年带来了一种解放的感觉。蒋梦麟很快就意识到："这回五四运动就是这解放的起点，改变你做人的态度，造成中国的文运复兴；解放感情，解放思想，要求人类本性的权利。"① 1919 年年末，张东荪也指出："现在的青年确实是有了一种新人生观。这种人生观就是旧人生观的解放。"② 王汎森的研究也表明，"当时青年处在两代知识分子的运动之间，新文化运动要他们解放，从旧家庭、旧婚姻等解放出来"。③

解放意味着新的希望，但它带来的也可能是无序和混乱。常乃惪曾说，虽然"《新青年》在消极上对于家族主义制度和理想的攻击，使这障碍国家发展的最后残垒倒了下去"，但是新青年派没有提供可以代替的东西，结果"中国的思想界在五四以后就变成了一片白地，许多走头无路的青年在这块白地上凭个人的直觉幻想建造出许多空中楼阁来，空中楼阁是靠不住的，是

① 蒋梦麟：《改变人生的态度》，《新教育》第 1 卷第 5 期，1919 年 6 月，第 453~454 页。
② 东荪：《青年之烦闷》，《时事新报》1919 年 12 月 2 日，第 1 张第 1 版。
③ 王汎森：《"烦闷"的本质是什么——近代中国的私人领域与"主义"的崛起》，《思想是生活的一种方式：中国近代思想史的再思考》，联经出版公司，2017，第 151 页。

经不住现实的试验的"，于是"怀疑、烦闷、混乱"相继产生出来。换言之，"对传统文化的冷嘲，对于新理想的彷徨，构成了一个历史上的虚无时代"，是"一个旧社会将要全体蜕变的预兆"。[①] 吴宓后来也说："若论今世思想淆乱、精神迷惘、信仰丧失、行事无所依据之苦，吾本身即为感受最深之一人。"[②] 这些即时的观察和个体的感受，再现了旧价值系统崩散留给新青年那不知所措的空虚感。

而这种空虚感很快发酵为时代性的、集体性的青年的"烦闷"。1919年年底，张东荪说那是"青年的烦闷时代"，盖"自从新思潮发生以后，一班青年由昏沉的生活而到了烦闷的生活。所以有自杀的，有逃走的，那不自杀不逃走的也都在烦闷中"。[③] 1920年年初，黄炎培就分析说，辛亥革命时候"大家认定病根在乎政治，所以拼着命去革政治。到了近几年，知道病根不在政治，倒在社会哩。但是这种感想，在前几年，一般青年和他直接的关系还少。到了民国八年五四以后种种活动，完全由青年身当其冲。于外交问题，牵到内政问题、家庭问题、个人生活问题以及一切环境种种问题"。总而言之，"没有一件满足青年的希望"，结果全国青年恐怕要公认"全社会有病"的论断。[④]

具体而言，青年的烦闷既有物质的也有精神的原因，既有因经济压迫也有"新理想无从实现与知识饥荒"而产生的不满足，归根到底是"大家对于现状不满足，一时又无法促现状改善"。不过这"社会的烦闷"并不是"个人的问题"，而是"社会的问题"。社会的烦闷过了限度便会带来社会生活的变化。从静的方面看虽然要忍受痛苦，但是烦闷会引起"旧习惯的铲除"；从动的方面观察，由于"多数人对于现状不满足而求满足的方法，致有社会生活的变化，却是社会进步的过程"。[⑤]

---

① 常乃惪：《二十年来中国思想运动的总检讨与我们最后的觉悟》，常燕生等：《生物史观研究》，第43~45页。

② 吴宓：《我之人生观》，《学衡》第16期，1923年4月，第5页。

③ 东荪：《青年之烦闷》，《时事新报》1919年12月2日，第1张第1版。

④ 黄炎培：《觉悟后的青年啊！》，《时事新报》1920年1月1日，增刊第3张第3版。

⑤ 澹：《怎样对付社会的烦闷问题？》《时事新报》1920年1月6日，第2张第1版。

杨东莼曾回顾说："自'五四'以后，一般青年的意特沃罗儿起了剧变，觉醒了自己应做一个独立的社会的人，而不是家庭的附属品，这样一来，家庭问题便日益紧迫起来了。易家钺等所组织的家庭问题研究会，就是这种觉醒的产物。"① 常乃惪注意到《新青年》出版以后，有易家钺、罗敦伟等组织研究家族问题的团体并实行对家庭的奋斗。结果，"潮流一开，青年男女对旧家庭的反抗，就几乎遍了全国，主要的问题自然是在本身的婚姻问题"。②

他们所说的社团是 1920 年 2 月初成立于北京大学的家庭研究社。该社的刊物《家庭研究》大受青年欢迎，几乎每期都再版。该社社员、北大学生罗敦伟就曾公开呼吁："我们第一步就是要实行'社会测量'——关于家庭的。把我国家庭的丑态，一件一件给他合盘托出，等他丑态百出，名誉破产以后，他们虽然想替家庭保持尊严，谅也没有什么保驾的能力，也许他们一旦知道了，还要加入我们的同盟。"因此，他希望该社社员以及家庭革命者能"多多调查，多多宣布，把本社的'旧家庭写真'一栏，扩充到大半本那就好了"。③

这类的"写真"恐怕是有目的的"写坏"。社员谢楚桢就曾详细规划了旧家庭写真这个栏目。④ 编辑认为："现在中国的合居式的专制大家庭里面，不知埋藏着多少黑幕！"他们唯一的希望是"凡自身受着家庭痛苦的青年男女以及他所见所闻的关于家庭黑暗的一类的实际情形，抽点功夫写寄我们，登在本志，作大家共同研究家庭问题的资料"。⑤ 该刊"家庭写真"和"通讯"两个栏目成为编辑特意为读者、作者营造的交流空间。这很可能是受了易卜生主义的影响。胡适曾说："易卜生把家庭社会的实在情形都写了出来，叫人看了动心，叫人看了觉得我们的家庭社会原来是如此黑暗腐败，叫

---

① 《中国学术史讲话》，周洪宇编《杨东莼文集》专著卷（上），华中师范大学出版社，2014，第 515 页。
② 常乃惪：《中国思想小史》，上海古籍出版社，2009，第 128 页。
③ 罗敦伟：《家庭改造运动的第一步》，《家庭研究》第 1 卷第 2 期，出版时间不详，第 75 页。
④ 谢楚桢：《家庭研究月刊体例解释》，《家庭研究》第 1 卷第 2 期，出版时间不详，第 92～93 页。
⑤ 《编辑室及社务室》，《家庭研究》第 2 卷第 1 期，1922 年 5 月 10 日，第 159 页。

人看了晓得家庭社会真正不得不维新革命：——这就是'易卜生主义'。"①

　　编辑的苦心得到了读者的积极回应。有位读者来信说："我看到你们的简章缘起，给我们直接感受家庭痛苦的朋友们，力谋补救的方法，能使我们脱离苦海，我真是快活了不得！"② 另一位读者坦言自己毕业于恒丰纱厂附设纺织学校，想去南通纺织专门学校学习，但是家庭不同意。他的家庭是一个有叔父母、父母、兄弟姐妹六人的大家庭。而他既面临着升学不得的问题，也面临着履行婚约的问题。他说："我要他们送我的未婚妻读书，他们不独不允许，而且大骂我，说些极不堪的话。"这促使他写信给编辑并希望借此来让大家"晓得中国家庭之坏"。③ 投稿刊登自己的家庭痛苦，这类举动本身就显示出家庭革命对个体心灵和行动的冲击。传统中国社会讲究家丑不可外扬，过去对家庭的不满或是对家庭制度的反思很快会被正统社会打压下去。但是五四前后，正统衰落，几乎无力维护家庭价值。杂志、报纸为青年"诉苦"提供了新管道，成为对私人生活进行公共讨论的平台。借助这些公共空间，读者、作者、编辑将青年对旧家庭的痛恨之情汇聚成了家庭革命的洪流。

　　署名 L. S. P. 的读者就坦言，自幼定亲，父母未经他的同意便帮他娶亲过门了，而一个完全旧式的妻子让他感到痛苦无比。④ 另一位已婚的青年受新思潮的冲击，知道了"夫妇的关系，全以恋爱为基础"，因此对已婚的旧式妻子心生不满，却也只好无奈地说："我日夜筹思，思前想后；离婚则万难，再婚又为法律所不许；还是独身以终，我又没有这样的毅力；还是糊涂了事，精神上觉得非常的痛苦。"⑤ 还有一位读者看到《家庭研究》征集家庭痛苦的广告，主动向该社报告家庭痛苦。他 12 岁时家庭给他定了一门亲事。前年秋天父母要给他娶亲时，他的观念已经改变了，因此和家人大闹一场。他父亲说："家中倒是你当家，是我当家？"他说："家中一切的事，都

① 《易卜生主义》，欧阳哲生编《胡适文集》第 2 卷，第 485 页。
② 《通讯》，《家庭研究》第 1 卷第 5 期，1921 年 12 月 5 日，第 118 页。
③ 《通讯》，《家庭研究》第 1 卷第 5 期，1921 年 12 月 5 日，第 120 页。
④ 《通讯》，《家庭研究》第 1 卷第 5 期，1921 年 12 月 5 日，第 117 页。
⑤ 《通讯》，《家庭研究》第 1 卷第 5 期，1921 年 12 月 5 日，第 119 页。

是你作主，惟有娶亲这事，要由我作主。"他愤懑地说："要脱离家庭关系，经济上很困难。再者，受社会的攻击，于前途有很大妨碍。"① 这些例子表明青年很可能是先受到新思潮的影响而有了新观念，当自己遇到类似的问题时，新观念的种子就迅速成长为现实中和家人大闹一场的结果。

然而，家庭又是个人亲密关系的重要场所，因家庭而产生的痛苦很可能是爱恨交织的。师范学生瑞华便来信说自己早年丧父，母亲对其精心照顾，在结婚问题上也尊重他的意思。就在母亲主张他与未婚妻完婚的这一刻，他感受到内心的挣扎，并坦言："我自幼小以到现在，都没受过家庭压制。所以头脑中没有'脱离家庭'四个字，平日只知改造。"要是脱离家庭，觉得"良心上实在有点过不去"。况且，对于没有生活能力的他而言，脱离家庭到社会上也不过是一个游民。他若脱离家庭，未婚妻恐怕也只有死路一条。② 从母亲、自己和未婚妻的不同立场上思前想后的犹疑，再现了传统价值观和人生观解体对家庭内部代际和性别关系的冲击。在报刊上控诉家庭很可能是他们负面情绪的一种宣泄，现实生活中这类情绪却可能会被压抑。

社会的烦闷与个人的烦闷交织的一个表现正是青年因家庭和婚姻问题而感受到的实际痛苦。那时，家庭最明显的一个约束就是为子女订婚，这方面的冲突和对峙也最广泛而且持续时间相当长。憧憬爱情的青年常常表现出对家庭约束的不满与控诉。正是这样的"激战"，使得不少青年因为父母代定的婚姻"内感精神的痛苦，外受环境的压迫"，而深处烦闷之中。③ 盖"他们底思想变了！人生观变了！一切行为动作，也都改变了！"而新青年和旧家庭的冲突就是"新旧思想底激战"。④

除了读书、就业和婚姻带来的痛苦，烦闷可能也源自经济因素。留学归来的瞿秋白曾对胡适坦言："自从回国之后，东奔西走，'家里'捉不住我，直到最近回到'故乡'，就不了了。一'家'伯叔姑姊兄弟姊妹都引领而望，好像巢中雏燕似的，殊不知道衔泥结草来去飞翔的辛苦。'大家'看着

---

① 《离奇的婚姻痛苦》，《家庭研究》第 1 卷第 4 期，出版时间不详，第 65 ~ 66 页。
② 《通讯》，《家庭研究》第 1 卷第 5 期，出版时间不详，第 116 页。
③ 《蒋行三致张东荪》，《时事新报》1920 年 6 月 7 日，第 4 张第 2 版。
④ 蒋石渊：《怎么去做新青年》，《时事新报》1920 年 10 月 8 日，第 4 张第 1 版。

这种'外国回来的人'，不知道当作什么，——宗法社会的旧观念和大家庭真叫我苦死。"[1] 吴觉农也曾抱怨父母、兄嫂、养妹、侄女、妻子组成的家庭每年花费在五百金，每年都有二三百元的亏空。而在父母眼中吴觉农"是一个读书人，一定有富贵的一日"，这使他"怕极了"。[2] 由害怕而躲避，进而烦闷的倾向说明离家远行、出国留学的新一代在观念和认同上越来越疏离家庭。而他们二人感受到的经济压力背后可能彰显了在新式学堂的学生毕业后并没有能力满足家庭的期望，此时父兄亲友的责望自然而然演变为"负担"了。这也再次折射出社会大转轨时代的人生履迹与家庭兴衰。

《家庭研究》的另一位青年读者倾诉说自己虽然没有经历什么物质的痛苦，但是父亲在精神上十分专制霸道。因此，作为儿子，他的言语、动作、读书、社交等"自由权"被父亲"剥夺净尽"，唯有过那"奴隶的、器械的生活"，"还要天天受些无谓底谩骂和谴责"。他要寻找个性和自我，但是父亲阻止他求学，命其经商，又阻止他接触新报纸杂志，还要给他安排婚事。被这些烦恼所困的他发出呐喊和求助的呼声："我是一个受父亲专制最苦的人；是一个想学一技能以谋生的人；是一个好学而不得的人；你们社员和社外先生们，如有具体办法决定；在甚么时候？甚么地方试行？"[3] 他的经历说明新思潮通过新式报刊进入家庭，引起父子冲突和对峙，而思想和态度幡然改变的青年，则渴望通过新组织来脱离旧有的生活轨迹。1920 年春成立的工读互助团以及后来革命政党组织都兼具这方面的实际功能。

青年的烦闷、痛苦根源于父母与子女在思想和生活方面的对立。陆秋心就曾说："新文化运动这样蓬蓬勃勃，我们的人生观已经统统改变过了，我们父母还要用全力来拥护那几千年来不合理的、害人的礼教风俗，来强迫干涉我们的婚姻，我们难道还是甘心做旧势力的奴隶么？"[4] 熊谷似也斩钉截铁地说："要有不识时务的人拿旧式婚姻来要挟我、强迫我，我就不能不用

---

① 《瞿秋白致胡适》（1923 年 7 月 30 日），《胡适来往书信选》上册，第 154 页。

② Y. D.（吴觉农）：《从大家庭生活到个人生活》，《妇女杂志》第 9 卷第 4 号，1923 年 4 月，第 72 页。

③ 《制我死命的东西》，《家庭研究》第 1 卷第 3 期，1921 年 3 月 20 日，第 104～106 页。

④ 陆秋心：《婚姻问题的三个时期》，《五四时期妇女问题文选》，第 236 页。

我全副精力去和他奋斗，去极力破除这种无意识的婚制。"① 张慰慈就乐观地认为："如果说女子一定要在家长的权力之下，那是不能的，因为家长的权力已经变了历史上的事实。"②

在苦闷的时代氛围中，家庭成了新青年痛苦的源泉和诅咒的对象。在个人与社会、利己与利他的多重冲击下，家庭既妨碍实现博爱利他的大同世界，也妨碍实现个人独立自主之人格。自然，家庭革命就成了解决烦闷的手段。在那个积极追求平等、自由的时代，郭妙然曾控诉说："中国式的家庭，是阶级的、束缚的、消极的。"③ 季让曾呼应说："旧式的家庭，从实际上去观察，不是一个家，简直是一个黑暗的地狱。"④ 章锡琛也曾宣称："今后我们如果要谋中国的进步，只是从事政治的革命，决不能达到目的；必须大家努力，从根本上向这腐败的旧家庭革命，才有效果可说。"⑤

在思想解放的大语境下，从旧礼教中解放出来的新青年再也不愿按照父辈的样子展开自己的人生。阅读传播新思潮的报纸杂志不仅改变了他们的思想，也改变了他们的行动。作为言论的载体，报纸杂志为作者、读者提供了互动的空间。在新青年的掌握下，这种特定的思想交流吸引着、震撼着更多的读者去"发现"自己或身边人的家庭痛苦，引起青年之间思想感情的交流和共鸣，并迅速转变为集体性的烦闷。在家庭形象负面化的进程中，新式媒体起到了推波助澜的作用。一位《妇女杂志》的读者曾说："家庭革命，在现今新思潮澎湃时代，是免不了的。"⑥ 作为思想与感情的汇集区，报刊还起到某种组织的作用，将分散的个人情愫汇集为集体诉求，甚至演变为集体行动。

家庭革命真可谓一场没有硝烟的战争，呈现出父子、夫妻在思想与生活方式方面的冲突，其中的协调、抗拒、失望与痛苦也只有经历者方能知晓。

---

① 熊谷似：《我对于旧式婚制不满意的理由》，《家庭研究》第 1 卷第 5 期，1921 年 12 月 1 日，第 25 页。
② 张慰慈：《女子解放与家庭改组》，《五四时期妇女问题文选》，第 22 页。
③ 郭妙然：《新妇女与旧家庭》，《五四时期妇女问题文选》，第 230 页。
④ 季让：《旧家庭的改革》，《妇女杂志》第 10 卷第 1 号，1924 年 1 月 1 日，第 139 页。
⑤ 瑟庐：《家庭革新论》，《妇女杂志》第 9 卷第 9 号，1923 年 9 月 1 日，第 3 页。
⑥ 孙均侯：《读前号》，《妇女杂志》第 9 卷第 6 号，1923 年 6 月 1 日，第 122 页。

在思想遽变的青年心目中，家庭已经不是人生的慰藉，变成了人生的桎梏和牢狱。沈泽民曾观察到，"当此新旧交替的时代，最苦是觉悟了的人。思想和事实处处冲决"，因此"思想上根本觉悟的愈深，这世界的黑暗痛苦的程度也因之感受的愈深"。可以说，那时的新青年面对两套完全不同的价值观念，"新的观念，只管想向前猛进，旧的信条偏牢牢的把他束缚"。换言之，"旧的人生观已经打破而新的人生观一时无从建立"，结果因烦闷、痛苦而自杀。① 觉悟而没有自杀的青年也走上了一条自我否定的革命道路，将自我融入改造社会和改造世界的探索。②

　　思想解放后的青年宣泄着被压抑的感情，而情感左右着他们的心境，因此新青年常常出现涕泪横流、痛苦彷徨的状态。犹疑、烦闷就是"思想"和"情感"所转变的个人"行动"。李树庭曾观察到："自新文化运动发生以来，数千年来视为不可侵犯的旧礼教、风俗、习惯等都现破裂之像，尤以婚姻问题为最甚。现在的青年都觉悟到婚姻是人生的大问题，于是都主自由恋爱，已经结婚的也提出离婚。"③ 屯民也注意到报章上、杂志上见到的婚姻纠纷非常多，其中"青年男女对于旧式机械婚的反抗占其最大部分乃至全部分"。④

　　作为文化个体（cultural body），新青年一方面要面对恪守传统的现实家庭生活，一方面又认同新思潮所展现的理想社会，其间的冲突、痛苦可想而知。之所以读书、就业、结婚常常与旧家庭产生冲突是因为在垂直认同（vertical identity）方面，他们与父兄疏离。这种因认同感的疏离所产生的痛苦一旦形成，便占据一种霸权地位，进一步传染、弥漫、发酵，通过文学传递给本来没有旧家庭生活经验的人。笔者想说的是家庭痛苦作为过渡时代的集体想象（collective imagination）并不是虚构的，而是真切的，但也是历史

① 沈泽民：《论自杀》，《时事新报》1920 年 1 月 25 日，第 4 张第 1 版。
② 例如，江西青年袁玉冰将日常生活中的问题和苦闷转化为社会制度的问题，并诉诸社会改造。于海兵注意到"烦闷"不仅能让人沉沦，也能使人激进。参考于海兵《革命青年的修身与自治——以〈袁玉冰日记〉为中心》，《学术月刊》2018 年第 5 期。
③ 李树庭：《离婚问题商榷》，《妇女杂志》第 8 卷第 4 号，1922 年 4 月 1 日，第 189 页。
④ 屯民：《机械婚的反动与家族制度的破裂》，《妇女杂志》第 9 卷第 9 号，1923 年 9 月 1 日，第 24 页。

的。如今我们对传统中国家庭极为消极和负面的观感就说明家庭革命成功地塑造了历史记忆。新文学中的家庭形象就不以温暖和家人之间的关爱为特色，例如巴金的《家》就试图呈现家庭中的"仇恨和斗争"。[①]

当旧秩序业已崩塌，新秩序却迄未建立之时，感受家庭痛苦的青年人多因无所适从而产生烦闷。这种思想和感情的变动又受到整个世界思潮的冲击。"自欧洲大战争终息以后，世界上各种社会制度，都起了一番空前的大变动，其中最称重要而不容忽视的，是家庭制度的根本动摇。"盖"旧威权和旧信仰，像摧枯拉朽般，纷纷扫地以尽；理想的新秩序，一时还不能建设起来；而各种纠葛问题，飚兴浪涌，纷纭扰攘，无所依归。其结果便是混乱、烦闷、恐怖、争夺、痛苦、破裂、个人的自杀，和民族的创伤"。[②]

从更大的时代背景来看，那时的国人又处在急迫与焦虑的心态中，"根本解决""彻底解决"的口号，在五四之后几乎成为一种群体共识和时代诉求。[③] 人元就注意到，新青年受了旧家庭精神上和物质上的痛苦之后，渐渐地不满意起来，而"痛苦受得越深，那怨恨的程度也越高。直到今天大家愤到极点，认这打破事业是刻不容缓的了"。[④] 彬彬也宣称青年受了旧家庭的痛苦而"预备与旧家庭宣战，来打破旧家庭"，结果，"现在凡有智识的人，都认打破旧家庭为一件急不可缓的事"。[⑤]

因家庭而生的痛苦，或许也夹杂着因国运不济而产生的焦虑。青年试图借着家庭革命来解决人生、社会和政治的整体问题，但这也使得所有对人生、社会和政治问题的不满将反噬他们对家庭的认知和感受。功铨就观察到："因为没有钱，耽搁了他们不能升学，不能买书，婚姻问题迟延着不能解决。满腔的向上的热望，都被铜墙铁壁似的金钱阻搁着了。"故而，他劝慰青年："在黑暗的中国内，已竟不能使我们得着完美

---

① 《家》，《巴金全集》第 1 卷，人民文学出版社，1986，第 77 页。

② 谢扶雅：《结婚离婚的我见：敬陈于中国现代的青年》，《青年进步》第 61 册，1923 年 3 月，第 49 页。

③ 王奇生：《急迫、急切与急进：中国人的百年焦虑与应变》，《北华大学学报（社会科学版）》2017 年第 1 期。

④ 人元：《旧家庭的打破》，《时事新报》1920 年 1 月 7 日，第 4 张第 2 版。

⑤ 彬彬：《改造家庭的我见》，《时事新报》1920 年 6 月 13 日，第 4 张第 1 版。

的婚姻; 我们亦正不妨打掉恋爱的迷梦、痴想, 还觉得精神爽快。我们只要可以糊口不至于饿死, 我们还是要挣扎, 还是要团结一切同样被压迫的人, 为我们自己的利益而奋斗。我们只有靠自己的奋斗, 为自己杀开一条血路来。"①

家庭形象的负面化以及家庭带来的痛苦和烦闷, 进一步催生了国民革命时代的家庭革命。就像李志毓所言, 1920 年代投身国民革命的知识青年"是五四新文化运动的产物, 旧式家族制度与礼教的叛徒。他们自幼脱离乡村社会, 在城市中又找不到出路, 其精神苦闷与革命冲动, 既来自于现实生活的压迫, 也来自于个人主义思想的困境"。② 而当"奋斗"取代"烦闷"成为新时代的座右铭, 那些因家庭痛苦而脱离家庭的青年便走上了一条真正的革命道路。

\* \* \*

多年后, 易家钺曾回忆说《家庭研究》是一份"革命性的刊物。它的内容, 几乎是每期大胆的抨击大家庭制度, 反对父权家长制, 主张恋爱结婚离婚的自由, 实行男女社交绝对公开, 提倡儿童公育, 指摘中国家庭一切不合理的现象"。其主张激烈的程度甚至要"根本废除家庭制度, 认为家庭这个东西与国家发展和个人生存不相容的"。③ 为痛苦所困的新青年很难对家庭进行冷静分析, 明晰家庭对于个体、社会、种族的重要意义。

控诉家庭既是一种社会现象, 也是一种可以流通的"货币"。读者消费家庭革命观念, 反而为家庭革命的号召者带来了供养家庭的能力。易家钺——这位曾经大唱家庭革命的新青年, 却是一个孝顺母亲的好儿子。他曾不无骄傲地回忆说, 自己撰写的有关家庭革命的议题呼应了新思潮, 因此可

---

① 功铨:《告受经济压迫者》,《中国青年》第 61 期, 1925 年 1 月,《中国青年》影印版, 第 3 卷, 人民出版社, 1966, 166 页。

② 李志毓:《情感史视野与二十世纪中国革命史研究》,《史学月刊》2018 年第 4 期, 第 16 页。

③ 易君左(易家钺):《火烧赵家楼》, 三民书局, 1969, 第 40 页。

以拿到不菲的稿费，以供养母亲、兄弟姐妹和妻子的生活。① 罗敦伟也曾言及自己除了偶尔得到舅父的支持外，也能过得很舒适。易家钺、罗敦伟因从事文化运动，从无名之辈被追捧为"相当著名的名人"，获得各种社会资本。②

时过境迁，易家钺含泪追忆父亲时，对自己的言行不无后悔。易氏就曾反思道，老师把"这些东西喊作'吃人的礼教'。这一来，刺激了当时广大的青年群，从思想上酝酿着一个根本的转变，好像什么都要革命一下"，而"青年人的头脑是经不起刺激的，一经刺激，热情就冲荡起来，理智不能控制情感，迷恋自由扰乱了真理"，结果"思想和行为都有一部分失正常，象征'旧道德已动摇、新道德未建立'的一个过渡时期的混乱"。③

这些人的反思，一方面固然说明个人的成长与成熟，另一方面或许也是因为已经脱离了当初那种"理智不能控制情感"的社会氛围。那么，家庭革命折射出来的那个时代"失常"的一面，或仍需要进一步的重建。之所以能形成五四后失常、重情的社会氛围，很可能与老师辈的新文化人对人与人、人与自然等基本问题的浪漫认知密切关联，而这些浪漫的认识进而成为新青年构建理想社会的基础。

---

① 易君左：《火烧赵家楼》，第 58 页。易氏鼓吹家庭革命或与父亲宠姜虐子的实际遭遇有关，参见谢楚桢《一个黑暗家庭的略史》，《家庭研究》第 1 卷第 3 期，1921 年 3 月 20 日，第 92～94 页。

② 罗敦伟：《五十年回忆录》，中国文化供应社印行，1952，第 25～31 页。感谢吕文浩老师提示笔者注意这条材料并赠予该书。

③ 易君左：《火烧赵家楼》，第 34 页。

# 第十二章　试验新生活：五四后北京工读
　　　　　互助团的家庭革命

　　少年中国学会的王光祈曾注意到，欧战后的中国青年"对于旧社会、旧家庭、旧信仰、旧组织以及一切旧制度，处处皆在怀疑，时时皆思改造，万口同声的要求一个'新生活'"。[①] 老师辈的沈兼士更主张趁此机会完全打破家庭制度，以为彻底解决妇女问题的根本方法在于儿童公育。他鼓吹儿童公育"对于新世界一切问题"，有着"锁钥之价值"，并且"深信欲立democracy稳健完密之基础，破除旧世界之种种恶业，舍此别无根本的良法"。[②] 乐观的情绪和对新生活的向往共同塑造了五四前后家庭革命的风貌。受此时风的影响，思想激进的青年甚至主张废姓、废除婚姻，梦想着在未来能过上无家庭的共同生活。其中一些青年大胆将这一梦想从"未来"带到了"现在"。1920 年春，在北京成立的工读互助团便是一次家庭革命的尝试。[③]

## 一　走向实践的家庭革命：工读互助团的组建

　　老师辈提倡打破孝道迷信、革新旧家庭得到了青年的呼应。脱离家庭，

---

① 《工读互助团》，《王光祈文集》第 4 辑，第 81 页。
② 沈兼士：《儿童公育》，《新青年》第 6 卷第 6 期，1919 年 11 月，第 566 页。
③ 亦可参考彭明《五四运动史》，人民出版社，1984，第 16 章；清水贤一郎《革命与恋爱的乌托邦——胡适的"易卜生主义"和工读互助团》，《东洋文论——日本现代中国文学论》；邓野《五四时期的工读互助主义及其实践》，《文史哲》1982 年第 6 期；Wen-hsin Yeh, *Provincial Passages: Culture, Space, and the Origins of Chinese Communism* (Berkeley: University California Press, 1996)；石川祯浩：《青年时期的施存统——"日本小组"与中共建党的过程》，王士花译，《中共党史研究》1995 年第 3 期。

甚至根本废除家庭成了萦绕在青年心头的重要问题。① 这些思想和情感的力量共同塑造了家庭革命在后五四时代的新走向。王光祈曾提倡"养成一般人'嫉恶如仇'的心理，对于腐败社会、黑暗家庭完全立于宣战地位"。② 娜拉成为家庭革命者崇拜的新偶像，脱离家庭似乎成了做"人"的第一步，进而个人与家庭、社会多呈现对立的面向。结果造成青年人思想与实际生活处处相冲突，特别是父兄与子弟、求学与失学、青年与学生的对立。③

不过，对于那些受新思潮感染的青年而言，与家庭宣战谈何容易。有位青年就坦言，一方面担心按照父母的安排结婚后要"感极大的苦痛！成一个社会上不堪设想的家庭！"因此，视结婚为宣布死刑。另一方面，若要"同她脱离婚姻关系，旧社会上，亲族、家长又是旧脑筋，是势所不容我说的"。他想介绍未婚妻去读书，但是又没有相当的学校。他悲观地认为："我结婚后之幸福已被旧社会夺去；我是没有力量去和他奋斗了！"④ 类似的力不从心的无助感呼唤一种新的可能，即通过组织来解决个人无力独自应对的现实问题。

工读互助团发起人王光祈就曾感同身受地说："现在青年男女受家庭种种压迫，欲脱离家庭另谋独立生活。但是一个少年人初离家庭，四顾茫茫，社会黑暗又胜过家庭百倍，大有穷途之叹。"⑤ 工读互助团团员何孟雄也观察到思想自由但生活不能独立的青年的无奈，"无我们的大本营，怎样跳，怎样舞，仍不能出现在的万恶社会，脱现在万恶不赦的家庭，将来的改造事业，又何能实现呢？"⑥ 于是，为了帮助那些想跳出现存社会，又想脱离家庭的他们，工读互助团便应运而生，但是其意义远远不止于此。

以上这些引文均来自当时的报纸、杂志。可以说，新式报刊媒体对家庭

---

① 五四前后，社团讨论家庭问题的不在少数，例如健学会、少年中国学会、新潮社、北京大学平民教育演讲团、觉悟社、少年学会等。参考张允侯等编《五四时期的社团》，第1册，第299页；第2册，第100、143、220、321页；第3册，第79页。
② 《少年中国学会之精神及其进行计划》，《王光祈文集》第4辑，第76页。
③ 季陶：《我对于工读互助团的一考察》，《星期评论》第42号，1920年3月21日，第1版。
④ 《怎样渡过破船》，《家庭研究》第2卷第1期，1922年5月10日，第153~154页。
⑤ 《工读互助团》，《王光祈文集》第4辑，第82页。
⑥ 《致张东荪》，《何孟雄文集》，人民出版社，1986，第4页。

革命起到了推波助澜的作用。通过媒体，新青年感受到的"家庭痛苦"得以汇集壮大，引发更多的共鸣，甚至媒体本身也在主动推动家庭的"问题化"，引导青年去"发现"旧家庭的问题。此外，媒体还是一个"组织起来"的渠道。新青年可以借助媒体互通声气、组织起来集体行动，工读互助团就是组织化的一个例子。

1919 年年末，王光祈在报刊登出工读互助团的广告，迅速引起提倡新文化的师生的关注。报名参加工读互助团有数百人。① 陈独秀就注意到，第一组里有几位团员"的确是厌恶家庭寄生生活和社会上工银制度"才来参加工读互助团的。② 鲁彦就因为家里强迫他与一个不相识的女子结婚而非离开家庭不可。③ 浙江青年周白棣在五四前后经历了剧烈的思想变动，加入工读互助团一方面想受高等教育，另一方面想避免婚姻的痛苦。④

北大学生吴康就曾反思，"文化运动""社会生活的改造"要从自身生活的改造做起，而半工半读就是方法。否则，无论"怎样激烈的去讲文化运动，改革思想，然而一谈到自己的家庭关系，便渐渐的隐忍依违，没法设施"，"'盖生活独立之议，不能实行；则家庭革命之言，终为虚说'"。⑤ 沈定一则称赞工读互助团，因其可以改变"承袭财产"的寄生生活，免去子弟"精神上的痛苦"，也减轻了父兄"经济的重累"。⑥

梁空就很赞成王光祈的工读互助计划。他主张把男女生活互助的范围从

---

① 王光祈：《为什么不能实行工读互助主义》，《新青年》第 7 卷第 5 号，1920 年 4 月 1 日，第 14 页。

② 独秀：《工读互助团失败底原因在那里?》，《新青年》第 7 卷第 5 号，1920 年 4 月 1 日，第 16 页。

③ 同参与工读互助团的章铁民就认为，工读是解决恋爱问题的方法。清水贤一郎：《革命与恋爱的乌托邦——胡适的"易卜生主义"和工读互助团》，《东洋文论——日本现代中国文学论》，第 210～211 页。

④ 白棣：《我的工读经过谈》，《学生杂志》第 8 卷第 8 号，1921 年 8 月 5 日，第 85～86 页。

⑤ 吴康：《介绍"工读互助团"》，《北京大学学生周刊》1920 年第 2 期，第 7 版。

⑥ 《介绍"工读互助团"》，陶水木编《沈定一集》上册，国家图书馆出版社，2010，第 199 页。

城市中的苦学生扩大至商店里的学徒、印刷所的小工以及有志求学的人，视工读互助团为"征服环境"的手段。① 方豪也曾号召设立脱离家庭关系的男女的谋生机关及佣工介绍所。这种机关专为脱离家庭关系、一时没有栖身之所的男女而设，"好像工读互助团啦、勤工俭学会啦、公共寄宿舍啦、公共食堂啦，这都是必不可少的机关"。② 为家庭革命者提供庇护确实是当时的一个实际问题，其他地方也有不少类似的组织来帮助脱离家庭的青年。女学生郭隆真曾提议天津组织"青年互助社"，为逃出家庭的青年提供援助。③ 武汉的利群书社就曾帮助李求实"脱离了他那腐败的家庭"。④ 概言之，工读互助团便是家庭革命观念在五四后的一次尝试。

对工读互助团，新文化人除了在精神上予以指导，经济上也曾给予支持。⑤ 蔡元培就观察到："化孤独的生活为共同的生活，实是五四以后学生界的一个新觉悟。"⑥ 因此他盛赞工读互助团，乐观地认为："要是本着这个宗旨推行起来，不但中国青年求学问题有法解决，就是全中国最重大问题，全世界最重大问题，也不难解决，这真是有大希望的。"⑦ "共同生活"是一个中心思想，其突破就在于类似公社似的生活取代以家庭为基础的生活方式。

那时，欧战胜利的乐观情绪感染了家庭革命的号召者和追随者。学生相信可以通过自身的努力打造一个完全不同于传统的新生活。王光祈曾这样描述那时中国青年的心路："自从欧战停后，世界潮流排山倒海直向东方而来，中国青年受此深刻刺激，顿成一种不安之象，对于旧社会、旧家庭、旧信仰、旧组织以及一切旧制度，处处皆在怀疑，时时皆思改造，万口同声的要求一个'新生活'。"那时的青年男女不愿意过依赖家庭的"寄生的生活"。而这个以废除家庭为特色的新生活满足了青年对人类、对世界的关

---

① 梁空：《城市中的新生活之商榷》，《时事新报》1919 年 12 月 16 日，第 3 张第 3 版。梁空即梁绍文，广东顺德人，恽代英同学，曾组织武汉工学互助团。
② 方豪：《一个社会问题》，《时事新报》1920 年 10 月 10 日，增刊第 7 张。
③ 《提议及余兴》，《五四时期的社团》（2），第 342 页。
④ 廖焕星：《武昌利群书社始末》，《五四时期的社团》（1），第 205 页。
⑤ 《工读互助团消息》，《新青年》第 7 卷第 3 号，1920 年 2 月 1 日，第 185 页。
⑥ 《对于学生的希望》（1921 年 2 月 5 日），《蔡元培全集》第 4 卷，第 38 页。
⑦ 《工学互助团的大希望》（1920 年 1 月 15 日），《蔡元培全集》第 3 卷，第 377～378 页。

怀，王光祈称之为"新社会的胎儿"。①

北京工读互助团可谓一蹴而就，立刻从理想变成了现实。最先开团的是第一组和第二组。② 第一组在北京大学附近（骑河楼斗鸡坑七号），团员 13人；第二组设在北京工业专门学校、法文专修馆、北京师范学校三校附近（西城翠花街狗尾巴胡同五号），团员 11 人；第三组安东门北河沿十七号，十余人的女子组；第四组 1920 年 2 月 4 日成立，由法文专修馆的一些学生组成，地址在东城松公府夹道八号，设立时有十人。③

值得注意的是，除了青年男子活跃其间，工读互助团也有女生来参加。有人就观察到，在新思潮的冲击下，"一班有觉悟的女子，也就一天天多。大家都以为牢狱似的家庭，黑暗圈套似的社会制度和习惯，非根本推翻不可"。于是，在新旧短兵相接的关键点，青年女子与老年人大起冲突，结果不外逃亡、屈服和自杀。④ 受新思潮的启发，青年女子纷纷走出家门，跑到社会上去了。湖南女子李欣淑就成了离家出走的女英雄。⑤ 满 16 岁的青年李韵兰也想逃离"黑漆似"的家庭，向父亲要求出外求学，希望过精神上愉快的生活。父亲指责她不该"要读洋书"，"在这个时候，觉得精神上的一线希望已经断绝了，真是日暮穷途了，再没有生存的余地了，便于夜间投河自尽了"。⑥ 女子工读互助团的发起人相信工读互助团是解救那些处于"黑暗之家庭，受种种的束缚"的姐妹的手段，也是女子"求独立的机会，改革旧家庭的初步"。⑦

---

① 《工读互助团》，《王光祈文集》第 4 辑，第 81 页。

② 《北京工读互助团消息》，《新青年》第 7 卷第 3 号，1920 年 2 月 1 日，第 152 页。

③ 彭明：《五四运动史》，第 515～516 页。

④ 罗敦伟：《介绍"女子工学互助团"》，《时事新报》1920 年 1 月 24 日，第 4 张第 2 版。

⑤ 李欣淑的故事大致是：她自由订婚，订给官员孙道仁做媳妇，后来未婚夫死了。父母本来想让她守望门寡，可是又考虑到经济原因，将其许配给一户有钱人家。她的父亲极力反对其求学。1920 年，李欣淑阅读了不少《新青年》《新潮》等杂志，并写信给《大公报》求救。后来，她果真离家出走了。参见清水贤一郎《革命与恋爱的乌托邦——胡适的"易卜生主义"和工读互助团》，《东洋文论——日本现代中国文学论》，第 200～222 页。

⑥ 无方：《通信：一个惨死的青年》（副标题为编辑邵力子所加），《民国日报·觉悟》1921年 3 月 1 日，第 4 张第 4 版。

⑦ 《吾亲爱的姐妹们曷兴乎来!》（1920 年 1 月 21 日），《五四时期的社团》（2），第 388 页。

团员施存统的目光更宏大。他指出，工读互助团解决的六个问题是脱离家庭关系、脱离婚姻关系、脱离学校关系、绝对实行共产、男女共同生活和暂时重工轻读。他们不仅主张脱离家庭关系，而且要根本废除家庭。他说：

> 一、家庭制度是万恶之源，非打破不可，脱离是打破之先声；
>
> 二、名分主义是自由平等的大敌，家庭是名分主义的根据地，我们要打破名分主义，所以先要脱离他的根据地；
>
> 三、我们既然实行共产，当然没有金钱供给家庭，而家庭的供给，我们当然也不再领受，所以经济上已经和家庭无发生关系的必要；
>
> 四、我们的改造社会，并不以家庭为起点，我们终身的努力，都要以社会全体为目标，断不能专顾一个家庭。①

从他的言说可以看出，废除家庭包括名、实两方面。从实际层面说，哲民也指出："团员必须脱离家庭，没有父兄妻子的牵制，于经济问题上脱却关系，才能够算一个独立的人，实行这种半工半读的生活。"② 名义上，北京工读互助团第一组的成员铁民、名世、孟雄、焕业、树荣统统不冠姓，皆为废姓之举。

施存统宣称要用社会的眼光去看家庭，不再以家庭的眼光去看家庭。这是非常重要的转变。家庭是社会的基础，但是家庭不是社会。以血缘为基础的家庭是人类最自然的共同体，而以社会的眼光看家庭也就是陌生化家庭关系。其实，家庭生活本身也是一种以血缘为纽带的共同生活。团员设想的是从家庭中独立的个人再次有意识地加入陌生人组织的团体生活。因为，家庭的团体生活强调互助与差等，而新的团体生活则是平等的。可以说，两者是两种不同性质的组织。

他们对于婚姻亦采取了非常激烈的处置方法，"从前已婚的或订约未婚

① （施）存统：《"工读互助团"底实验和教训》，《五四时期的社团》（2），第 433 页。
② 《投向资本家底下的生产机关去：哲民致存统》，《五四时期的社团》（2），第 419 页。

的，一概主张和对方脱离关系，离婚的离婚，解约的解约"。不过，他们的互助团并没有排斥女性的态度，反而欢迎女子进团生活，实行男女共同生活，以为"无政府、去强权、无法律、无宗教、无家庭、无婚姻的理想社会"终于在团里实现了。因此，就像团员施存统指出的："工读互助团实在是一个新团体，是一个试验新生活的新团体。"①

老师胡适本来希望"用组织来帮助那极平常的工读主义，并不希望用这种组织来'另外产生一种新生活新组织'"。②而北京工读互助团既有几分目的是帮助脱离家庭的青年，也有几分目的是一次社会理想的尝试，是团员想造一个"工读互助的社会"的初步努力。因此，他们不只在实行工读，而且是为了改造社会、人的生活方式以及人类社会组织的一种尝试。工读互助团就曾经尝试"把团员的衣服都集中起来，分类放置，只要谁爱穿，谁就可以自由检来穿。这是我们对所憧憬的'各尽所能，各取所需'的美好理想的尝试"。③可以说，这是对人类生活方式的一次大胆尝试，以集体生活取代家庭生活为目的。而理想的工读互助团是"人人作工，人人读书，各尽所能，各取所需"，未来则有"小团体大联合"的计划。④

## 二　一场恋爱风波

在玫瑰色理想之光的照耀之下，工读互助团的日常生活又是怎样呢？陌生人的共同生活究竟怎样呢？考虑有限的材料，或许不能全部给出答案，但是，本节尝试从一桩由易群先引起的多角恋爱来再现团员日常生活的一个侧影。

对家庭不满的女学生易群先来到了工读互助团第一组，陈述自己与家庭

---

①　施存统：《"工读互助团"底实验与教训》，《五四时期的社团》（2），第 423~439 页。
②　胡适：《工读主义试行的观察》，《新青年》第 7 卷第 5 号，1920 年 4 月 1 日，第 2 页。
③　傅彬然：《忆北京工读互助团》，《五四时期的社团》（2），第 494~495 页。
④　王光祈：《工读互助团》，《五四时期的社团》（2），第 379~380 页。

的种种冲突。① 据当时第一组的团员施存统回忆："伊在第一组演说伊脱离家庭的情形，慷慨而谈，一点没有羞涩的态度。"② 演讲之后，易群先便要求加入第一组，施存统"极力赞成，拍手欢迎"，认为"又达了一种男女共同生活的目的"。不久，章铁民和施存统去第三组看望易群先，那时她和何孟雄在替三组看守房子，这时易群先以陈公培"侮辱伊底人格"为理由，要求退出工读互助团，同时要求退团的还有何孟雄。但是，施存统竭力挽留他们。当晚，"四人同宿在第三组——还有一个女朋友——这就是外面谣传的男女同睡的故事"。

第二天，何孟雄和易群先便对施存统宣布他们已经"自由恋爱"了。施存统虽然对易群先有特别的感情，但是也只好送上祝福。第三天，陈公培、章铁民跑到第三组，得知何孟雄和易群先自由恋爱的事，章铁民很高兴，陈公培的反应是"不算什么一回事！不算什么一回事！"傅彬然听说后以为他们已经发生了性关系，批评"孟雄为了兽欲的冲动去诱惑群先"。于是连夜召开会议讨论此事。这时，施存统与傅彬然立场对立，因此施"心中大怒，以为他们污蔑孟雄、群先二人底人格，而且违背了'工读互助团'的精神"，因此要联合章铁民与傅彬然、俞秀松"拼命一战"，后在张树荣的调和下才作罢。

易群先经历了这场风波之后，精神上"感受着很大的苦痛"。施存统在第一组的处境也不妙。杭州来的团员，骂他的、劝他的、笑他的都有。由于这件事情，施存统"愤然回到第三组，没事决不到第一组去！"易群先曾对

① 耿云志：《近代中国文化转型研究导论》，四川人民出版社，2008，第 320～321 页；岳庆平：《家庭变迁》，民主与建设出版社，1997，第 90 页；易家钺、罗敦伟：《中国家庭问题》，第 62 页。易群先和家庭究竟产生了什么冲突并不十分清晰。根据周邦式致张东荪的信件，大致有以下几点：第一，易群先受女子解放声浪的冲击，就读于北京女子高等师范学校附属中学时阅读各种传播新思潮的杂志，因其看《解放与改造》而遭到父亲的批评；第二，易群先积极参加了某个学生联合会，其父得知后将其训斥一通，还用大棍打了她一顿，其长兄甚至建议毒死她；第三，父亲约法三章以后不准自由行动，要整日坐在闺房中，立刻与代定的未婚夫结婚，如不屈服，便将其弃之不顾。《周邦式致张东荪》，《时事新报》1920 年 1 月 10 日，第 4 张第 1 版。

② 以下参考存统《回头看二十二年来的我（续）》，《民国日报·觉悟》1920 年 9 月 24 日，第 4 张第 1～4 版。

施存统坦言自己的痛苦，"差不多到一处就有一处的人爱伊，北京爱伊的人已有二十几个"。于是，施存统劝她暂时抱独身主义。易群先也要求与何孟雄不要太亲热。这自然引起了何孟雄的怀疑，认为施存统离间他与易群先的感情。

不久，施存统、易群先、陈公培、章铁民以及北京女子高等师范学校的两个朋友同到中央公园去游玩。只有施存统闷闷不乐，又对陈公培恨之入骨。当晚，易群先私下对施存统说："自由恋爱的事，我已经对你说过，我现在一切人都不能答应！你是不是为这件事？你如果不为自由恋爱这件事情，只希望和我做一个精神上的好朋友……那是很容易的事情，而且也是我所很愿意的！"

当天，施存统在第一组和第三组徘徊，自忖"人生趣味既然一点没有了，生在世上作什么呢？我这时不自杀还等何时呢？我怎么样自杀呢？"施存统试图自杀引起的后果是易群先的彻底消失。随后，他面对工读互助团外的攻击和团内的驱逐。第二组、第四组要在联席会议上驱逐施存统、何孟雄、陈公培和易群先四人。虽然施存统在回忆中为自己辩解，但是驱逐他的理由便是干涉了何孟雄、易群先的自由恋爱。

简言之，易群先来团演讲、加入工读互助团、与何孟雄的恋爱并引起退团的风波、中央公园的游园以及当夜施存统的自杀，这一连串的危机把那共同生活的迷梦击得粉碎。可以想象青年男女之间的情感纠葛，这也折射出从礼教解放出来的青年无所适从的状态。

因自杀事件而引起的大风波之后，易群先失踪了。之后她去了哪里呢？按照知情人黎锦晖的说法："她在工学互助团第一组的时候，她的态度、行为，多不留心检点，太随意，太放纵，所以闹出这回的小小风潮，又被一班富于感情的青年，替她传布、扩张，当做一种极重大的事闹起来，闹得她手足无措，心绪不宁，跑到我的寓所来（汉花园同升公寓。）当晚回第三组去，不料他们以'闭门羹相饷'，便只好在俭洁食堂内坐了一宵。第二天早上她又跑到同升来，已经疲惫不支，我让铺给她睡了半天，恰好赵世炎来了。我便劝她上赵宅去躲避几天。第二天，是第二组合集一、三、四组的人开会，他们教我列席。我极力主张大家不退团，群先转入第三组。田维说：

'她入第三组，我不能作主，须要与发起人商酌。'后来我觉得她不能入团，便主张进孔德。李实说：'孔德决不会收这样的学生。'我又主张她仍回津校。张纯说：'天津已经有许多人知道这件事了。'"① 李实、张纯是工读互助团第二组的团员，田维是第三组的团员。② 从这一记载可以看出，团员嘲笑、讽刺、拒绝接纳易群先。此时的她可以说是到了无家可归、无团可入的地步！

1920 年 2 月 24 日，胡适日记写道："工读互助团员章铁民、施存统、傅——来谈甚久。"③ 胡适可能了解此事，介入了易群先归家的事情。1920 年 2 月 26 日晚上，易群先姐妹与赵世炎同访胡适。④ 虽然赵世炎不是工读互助团成员，却深深介入此事。⑤

陆鼎恒在致胡适的信中透露了易群先与赵世炎的暧昧关系。他控诉赵世炎"非让群先和他一同到南洋或旁的地方去不可"，并且认为易群先的回家不过是"给赵世炎洗刷（对于你）嫌疑，以后还要再走"；他认为，面对易群先的举棋不定，而"赵世炎嘴很能说，手段亦狠辣，并且和她们天天在一处，所以得以用他诱惑的手段，她们亦就惟命是从了！"其中一个细节更引人联想，当赵、易决定去南洋之后，赵曾写一纸宣称"自某月某日起，和群先作为有血统上的关系，和兄妹一样……并且还盖了手印"，赵世炎甚至说自己是孟雄第二。⑥

2 月 27 日，赵世炎在给胡适的信中写道："群先投降家庭，我没有意见。"赵世炎一方面觉得自己处"嫌疑的地位"，另一方面"又对于归家有

---

① 《黎锦晖致胡适》（1920 年 3 月 10 日），《胡适遗稿及秘藏书信》第 39 册，第 550 页。
② 1920 年 1 月 21 日，缪伯英在《晨报》上发表了女子工读互助团简章和宣言。北京女子工读互助团最初的成员有十几名，除缪外，还有致殊、冰如、张人瑞、田维、钱初雅、何琛媛、韩德诰等。1899 年出生于湖南的缪伯英，其父缪芸是晚清的秀才，一生致力于"教育救国"。1919 年秋缪伯英从湖南以优异的成绩考到北京，进入北京女子高等师范学校。后来与同学共同组成了工读互助团第三组，又称为北京女子工读互助团，租了东安门北河沿十七号为小组活动地点。
③ 《胡适日记全编》（3），第 101 页。
④ 《胡适日记全编》（3），第 103 页。
⑤ 赵世兰：《回忆五弟赵世炎》，《深切缅怀赵世炎》下册，第 237 页。
⑥ 《惟一致胡适》，《胡适遗稿及秘藏书信》第 39 册，第 556～559 页。

点怀疑"。当时的易群先很痛苦，也不敢向他征求意见。"原来是不能归，所以不归；现在既能归，何必不归。"他解释道："南洋的计画是一不得已的计划，是一个未完的计划。"向胡适解释完了之后，他有点释然，说道："我想家庭方面，经先生们去说，没有不行，并且很好。"此处的"家庭"是指易群先家。最后，他坦言："我很害怕先生爱说我们是理想家，先生不想法子医我们吗？——其实我向来以稳健派著名。"①

　　两天后，易群先在给胡适的信中说："我不愿意回团（已经写信□他们），也不愿意回家。"那时，她决定一周后去天津。② 同一天，赵世炎给党家斌的信中说："群先已离开我家了（昨日下午一时），她走的时候，我再三追问，她只说一个'上医院'。我等她到今天还没回来。我不知道她又有什么主见，我已写信通知儆非和她的姐姐逸侠，我此后不问了。我自信没有力量帮助她。"③ 易群先的痛苦和彷徨可想而知，"什么是家？为什么有家？我的家在那里？"这些问题困扰着她。④ 1920 年 3 月 1 日，胡适在日记中写道："为易女士事，访其父。其父母皆出见，谈甚久。结果很满意。她可归。"⑤ 同日，胡适又访问了赵世炎。⑥ 同日，易群先在致胡适的信中又说："我打算病好了回家，决不失言！"⑦

　　易群先为何不能归家？其实此时她家人的态度非常冷漠。"她的家里的人，无论恨她的、爱她的、怜惜她的，也都不愿意让她在家里住。"她父亲甚至宣称："我对于她，等于她已经死了一般的看待。一切学膳费，让她的母亲去筹措。不过我是间接的供给。她若是离开京津，我便决不供给她的钱了。"家人的态度之决绝可以想象，"群先在家里住了三天，始终没有和她的父亲见面，她临吃饭的时候，都不肯出来，忍着饿到我家去补吃。并且她在家里，异常烦闷。一般亲戚、女友的家里，都不愿意去。——她这不愿

---

①　《赵世炎致胡适》，《胡适遗稿及秘藏书信》第 38 册，第 462 ~ 464 页。

②　《易群先致胡适》，《胡适遗稿及秘藏书信》第 38 册，第 468 页。

③　《赵世炎致胡适》，《胡适遗稿及秘藏书信》第 38 册，第 466 页。

④　《赵世炎致胡适》，《胡适遗稿及秘藏书信》第 38 册，第 467 页

⑤　《胡适日记全编》（3），第 107 页。

⑥　《胡适日记全编》（3），第 108 页。

⑦　《易群先致胡适》（1920 年 3 月 2 日），《胡适遗稿及秘藏书信》第 38 册，第 469 页。

意、烦闷的原因，是因为一种无意识的谣言使她愤恨不安。……（谣言说群先与罗汉通奸，已经怀孕。临走的时候，她的家里的人，都觉得她病容满面。她到天津去，恰好一个月便回京。这可以证明是在天津产褥的。并且她由天津寄回家的像片，用手按住腹部，尤为铁证）"。据黎锦晖的解释，谣言造自朱宅，又被她的同学石君加以烘染。① 可以想象，青年女子因言行失去轨辙而遭到家人和社会的攻击，甚至到了无家可归的地步！

　　3月5日，易宗夔在致胡适信中说，易群先并未归家。② 黎锦晖在给胡适的信中说道，3月7日，"她时哭时笑，好像得了神经病似的。我宛劝了两点钟之久，毫无结果"。3月8日，黎锦晖"又跑到赵世炎的家里会看她，一面警醒她，一面劝慰她"。③ 她从赵世炎家出来，去了医院，然后又回到赵世炎家里。最后，1920年3月12日，黎锦晖在致胡适的信中说："群先已经回京，现在决定学英文，习艺，到北大旁听。我预备星期日搬家，她的父母也赞成她在我家住。目前的经济问题还不甚困难。——这一件事算是告了一段小小的结束了。"④

　　易群先离开家庭、参加工读互助团、恋爱纠纷、离团归家一连串的危机折射出受新思潮冲击的男女青年那躁动不安的心境以及他们经历的苦痛和烦闷。北京工读互助团里的这桩多角恋爱也告诉我们，那真是一个高唱自由恋爱的新时代！青年男女自由的程度可能远远超过人类社会大多数的伦理规范。在造新社会的美好理想中，个体的言行也染上了浪漫的色彩。这再现了在礼教崩溃之后，情感与欲望都无所收束的时代问题。

## 三　工读互助团的解散及其引起的反思

　　1920年8月，易群先写信给胡适，坦言自己的困惑与绝望。她说："我脱离家庭，不是争人格，谋精神的娱快么？要是得不着好结果，倒不如去做

---

① 《黎锦晖致胡适》（1920年3月10日），《胡适遗稿及秘藏书信》第39册，第549页。
② 《易宗夔致胡适》（1920年3月5日），《胡适遗稿及秘藏书信》第29册，第392页。
③ 《黎锦晖致胡适》（1920年3月10日），《胡适遗稿及秘藏书信》第39册，第546页。
④ 《傲非致胡适》（1920年3月12日），《胡适遗稿及秘藏书信》第39册，第555页。

小姐、少奶奶的好，先生，对不对？"那时她已经离开家庭七个月了，"虽是得了些教训，却是学问方面毫无长进，一想到这上面，着急得很。我现在经济还不能独立，所以不能安心读书"。① 受新思潮感染的她脱离家庭参加工读互助团，当她的朋友留学美国或者法国时，② 她却一无所获。

早在 1920 年 3 月 23 日，工读互助团第一组解散。对于他们的人生旅程而言，工读互助团不过是其中一个小小的插曲，却不同程度地影响了他们政治与生活的轨迹。1920 年 5 月 1 日，施存统已经回到上海，与陈独秀参加上海澄衷中学的"五一"国际劳动节大会。5 月，施存统、陈公培、俞秀松、赵世炎等人与陈独秀一起发起成立了上海"马克思主义研究会"。5 月 9 日，赵世炎赴法，行前与陈独秀"详细交谈了建党意见"。③ 曹聚仁曾回忆，"施存统还是以那个吓人的题目为陈独秀先生所契重，由陈先生的帮助，到日本去研究社会科学，在大杉荣家中住了一年多，直到日本政府下令驱逐，才回上海"，而俞秀松"从北京回到上海，干社会运动，由共党派往俄京留学，未知下落"。④ 张伯根则在 1920 年加入北京共产党小组。⑤ 周白棣离开工读互助团后求学无门，只好在银行寻得职位，后来在出版和翻译界工作。⑥ 他曾与胡适保持多年通信。⑦

女子工读互助团大约在 1920 年 4 月才宣告成立。北京的工读互助团第一组、第二组、第四组纷纷解散后，女子工读互助团也不了了之。胡适曾介绍女子工读互助团的团员罗敦健、何觉余、胡淑琼三位女士到北京大学文科哲学系旁听。由于英文程度不够，一学期后她们都离开了。罗敦健、何觉余

① 《易群先致胡适》（1920 年 8 月 15 日），胡适档案，档案号：1430~003，中国社会科学院近代史研究所档案馆藏。

② 从她后来的诗词，可以看出焦虑的心态，她的朋友罗家伦、赵世炎、施存统等前后都出国了。易群先：《"上学校去"》，《民国日报·觉悟》1920 年 8 月 2 日，第 4 张第 3 版；易群先：《送罗志希等五人出洋》，《民国日报·觉悟》1920 年 8 月 4 日，第 3~4 版。

③ 唐宝林、林茂盛：《陈独秀年谱》，上海人民出版社，1988，第 117~129 页。

④ 曹聚仁：《笔端》，上海书店，1988，第 341 页。

⑤ 中共北方区委历史编写组：《中共北方区委历史》，中共党史出版社，2013，第 53 页。

⑥ 白棣：《我的工读经过谈》，《学生杂志》第 8 卷第 8 号，1921 年 8 月 5 日，第 86~87 页。

⑦ 《胡适日记全编》（3），第 186 页。

去了北京女子高等师范学校附属的补习学校读书。① 缪伯英则因为参加社会改革活动，在女高师的学习延长到 1924 年秋才毕业。不过，她在 1920 年结识了左派青年，走上了革命道路。②

在绝对自由、平等的光环之下，工读互助团的实际生活其实并不像人们想象得美妙动听，而是无序与无效。例如，不赞成施存统主张的团员就很受迫，傅彬然曾骂施存统为"专制魔王"。而那时他们思想倾向日趋激烈。例如，无论给何人写信都直呼其名，遭到老师的批评，说他们"太骄傲，小孩子胡闹"。不仅团员之间常有冲突，而且团体本身也常遭到社会的攻击。③当思想变成妄想，彻底的言行也就变成了超出常规的举动。

曾经参观过工读互助团的人就描述道，"有一两个学生，成天的躲在女子组里头，说说笑笑，吹吹唱唱，烧烧吃吃，到了夜里一两点钟，还是闹得沸反盈天，有时竟一老一实在彼过夜了"，"食堂组里头，烧饭煮菜，跑堂管账，都是另外请人，都不是学生自己动手，所以非蚀本不可"。也有一个团"弄得几文捐款，手头宽展些，便大家逍遥自在。等到钱没有了，又急急忙忙，想法募捐，对于工作，却全不注意"，"有许多团员，说是暑假全要回去，大家都到东安市场买些玩意儿，预备送人"。某组开办一个月后"床铺被褥，非常肮脏，垃圾满地"，据说"自从开办以来，痰盂从来没有换过清水。午饭往往到晚上三四点钟，睡觉往往到夜里三四点钟，起居饮食，没有一定的时间"。④

第一组的团员周白棣曾反思他们"对于'工读'进行的计划，则不甚为精密的预算。讲到我们工艺的手段，本来不如平常的劳动者，而用费仍如平常的学生，于是才过了三个月，食堂就被经济迫着闭门了！可怜！我们的

---

① 罗敦伟：《工读主义者罗敦健女士传》，《现代妇女》第 16 期，1923 年 2 月 6 日，第 2~3版。

② 北京师范校史资料室：《五四运动与北京高师》，北京师范大学出版社，1984，第 225~229页。

③ 存统：《回头看二十二年来的我（续）》，《民国日报·觉悟》1920 年 9 月 24 日，第 4 张第1~2 版。

④ 老骥：《工读互助团失败底原因在那里？为什么不能实行工读主义？》，《时事新报》1920 年4 月 26 日，第 4 张第 2 版。

大本营倒了！从此我们觉悟的青年，也渐渐觉悟到无以为生，于是也就渐渐的另找事做，也就渐渐的东西分散了！"[①] 当人们赞美青年的创造力、进取心的时候，青年展现出来的也许还有盲目乐观与躁动不安。

当思想变成妄想，彻底的言行也就变成了超出常规的举动。易群先便是迷惑于女子解放而莽撞行事的"娜拉"。早先，黎锦晖曾质疑她所谓的脱离家庭，"她跑出门，仅仅两个月，已经耗去七十块钱。脱离家庭的女子，应该是这样的吗？"[②] 1920 年 8 月，易群先写信给胡适请求助款。易群先写道："我现在最紧的是生活问题，总以能够把最少的时间，学习一门谋生的技能，能够自给了，那时才真能求学，真能自由了。精神不爽快，是很难用脑的，所以我只要能自谋生活，虽然肉体不大舒服，总比吃别人的好一点。"[③] 女子总要自由，经济不能独立何谈自由，而独立是相当的困难。难怪鲁迅宣称："为娜拉计，钱，——高雅的说罢，就是经济，是最要紧的了。"[④]

1921 年，曾参加过北京工读互助团的罗敦健女士在日记中写道，"余固欲牺牲一切而得自由者，然于妇女解放，窃抱悲观，因解放一途，非由教育普及不可……求教育普及，不言而知其难，于是往往将解放之根本搁起"，而将"自由看作恋爱和婚姻的狭义自由，学问知识和人生应有之道德，置之于九霄云外……致弄得一塌糊涂，皂白不分，人格尽丧，心身日趋于堕落，犹自谓真解放真自由，人格高尚，不亦耻而可悲乎"。[⑤] 她的批评就再现了那时青年对自由和平等的误解，而他们的诠释常常流于放任、放纵。

参加第一团的周白棣也曾对工读经验，特别是对从发起人到经历者都提到的脱离旧家庭一项进行反思。他曾回顾，老师周作人在工读互助团的一次演讲中说："我们要宣传我们最好的理想主义，与人的关系，只怕他不多；

---

① 白棣：《我的工读经过谈》，《学生杂志》第 8 卷第 8 号，1921 年 8 月 5 日，第 86 页。
② 《黎锦晖致胡适》（1920 年 3 月 10 日），《胡适遗稿及秘藏书信》第 39 册，第 549 页。
③ 《易群先致胡适》（1920 年 8 月 15 日），胡适档案，档案号：1430～003，中国社会科学院近代史研究所档案馆藏。
④ 《娜拉走后怎样》，《鲁迅全集》第 1 卷，第 168 页。
⑤ 罗敦伟：《工读主义者罗敦健女士传》，《现代妇女》第 18 期，1923 年 3 月 6 日，第 4 版。

怎么把关系最亲切的家庭，反而脱离呢？"就此，他反思道："感情的东西，是脱离不掉的；旧家庭虽不好，可是我脱离了他，感情之关系，终使心中万分难过；"[①]

其实，北京工读互助团解散之后，除了团员的反思，老师也曾认真讨论工读互助团失败的原因。胡适就首先批评了工读互助团工作时间过长，而做的都是苦工。他说："现在互助团的团员打起'试验新生活'的旗号，觉得'挨役'是新人物的一部分，故还能有点兴致。但是我预料这种兴致是不能持久的。兴致减少了，'挨役'更成了苦工了，假的新旗号也要倒了！"进一步说，胡适根本上反对北京工读互助团背离工读的宗旨。他批评说："发起人之中，有几个人的目的并不注重工读，他们的眼光射在'新生活'和'新组织'上。"他质疑北京工读互助团"对于家庭，婚姻，男女，财产，等等绝大问题都早已有了武断的解决，都早已定了成文的戒约了！"[②] 换言之，在发起人胡适看来，北京工读互助团已经完全背离了"工读"的本意。这一点团员施存统也曾明确说，发起人对工读互助团的期待本就不同，或是"试验新生活"或是"实行工读"。

戴季陶也注意到，"发起工读互助团的人，或许意思还不专注重在解决思想上物质上的烦闷苦痛"，但是"进工读互助团的人，的确有许多是为了思想与生活的不一致，要想用这工读互助，来做解决的方法的"，因此，那些团员"第一步便着手去解决'婚姻问题'、'财产问题'，把'自由恋爱'和'协作共享'拿来作一个理想的标帜"。不过，戴季陶反对胡适的看法，认为不能在他们的理想上面，便去加上武断两个字。戴季陶认为不是新生活的理想不对，而是客观上生产以及社会制度情况导致工读互助团的失败。他认为，在机器生产的时代，工读互助团采用手工业的设备，效率自然不能与资本家的工厂相提并论，再加上要读书，因此需要减少做工时间，所以困难是自然的。因此，他宣称："要想用工读互助团这一个方法，来达到改造社会的目的，固然做不到；就是要想只拿来达半工半读的目的，也不是容易做

---

① 白棣：《我的工读经过谈》，《学生杂志》第 8 卷第 8 号，1921 年 8 月 5 日，第 87~88 页。

② 胡适：《工读主义试行的观察》，《新青年》第 7 卷第 5 号，1920 年 4 月 1 日，第 2 页。

到的。"①

李大钊虽然婉转地说自己部分同意胡适的看法，但他其实也是支持新生活，只是认为新生活的地点出了问题。他认为："在都市上的工读团，取共同生产的组织，是我们根本的错误。"李大钊并不是认为共同生活这样的新生活有问题，而是认为都市地皮、房租都昂贵，很难维持半工半读的生活，因此建议"一部分欲实行一种新生活的人，可以在乡下购点价廉的地皮，先从农作入手"。②

如果说戴季陶、李大钊在时间和空间的客观方面寻找工读互助团失败的原因，陈独秀、王光祈则从主观方面探讨其解散的缘由。陈独秀就根本反对胡适、戴季陶、李大钊等人的观点。陈氏认为，问题不在资本时代手工业难以生存，也不在于都市不能有这样的新组织。他单刀直入地指出："我相信他们这回失败，完全是因为缺乏坚强的意志、劳动习惯和生产技能三件事；这都是人的问题，不是组织的问题。"他反驳胡适对工读互助团的批评，指出："既有上面三件缺点，就是纯粹的工读主义，保得住不失败吗？"而他认为："挂起新生活的招牌，总只有益无损。"③

有一位团员曾对发起人王光祈说，"有许多团员是很了解工读互助主义的，但是不肯实行工作"，结果，"一小部分人不肯努力作工，经济上当然要生危险了"，王光祈也注意到另一部分人只知工作，而不知道"深厚远大"的意义，因此久而久之，觉得生活"干燥无味"了。"工读互助团的根本要义就是大家作工来维持大家的理想生活。"王光祈才主张工读互助团要想进行顺利，需要"既能了解，又能实行"的人。

令王光祈不解的是，"工读互助团的内部，虽是一种共有财产的组织，而对外仍是一种营业竞争"，因此他也怀疑为何"合伙营业之事，在中国社会上随处皆是，岂有别人的皆能存在而我们的独不能存在吗？"他又满心疑

① 季陶：《工读互助团与资本家的生产制》，《新青年》第 7 卷第 5 号，1920 年 4 月 1 日，第6～12 页。

② 李守常：《都市上工读团底缺点》，《新青年》第 7 卷第 5 号，1920 年 4 月 1 日，第12～13 页。

③ 独秀：《工读互助团失败底原因在那里？》，《新青年》第 7 卷第 5 号，1920 年 4 月 1 日，第16 页。

问地说："他人合伙营业时资本，是有利息的，我们的不必要利息。他人合伙营业，是希望发大财，我们的营业，只希望糊口而已。"不过，他曾宣称："北京工读互助团，虽有不好的消息，但是我对于此种组织，仍是十分信仰，仍有十分希望。"① 换言之，这也提示出一个基本问题，即为了一个"工读互助主义的精神"而生活在一起的陌生人如何维持那种凝聚力。

极端赞成工读主义的"遯生"也有类似的观察。他认为失败的原因在于人"不明了工读互助的真正意义"。他曾在工读互助团的俭洁食堂吃饭，就观察到"举动的钝蠢，管理的不善"，不具备工作的知识。而且，他们"没有做工的兴味，做工太久，一定觉得太苦，必至无兴味。而团体的解散，多由于此"，最关键的恐怕在于团员"缺乏团体心和勇往心"，看到"有些不愿意做工的，自己即起怀疑观望，弃而不为"。② 其实，筹办之初季融五曾提醒说："自由去来，工作懒惰，倘使有几个不长进的青年，发生这种事实，可以使团员心理，一齐解体，可以使团体名誉，日渐堕落；万一更有其他不道德之行为，更不消说了。"③

不过，季融五注意到王光祈"理想极高，对于我的意见，觉得太不'澈底'"。如今实验失败，季融五完全不同意陈独秀和王光祈的分析，认为他们"凭空武断"，而指出工读互助团失败的主要原因完全是"迷信新偶像的罪恶"，固然是"人的问题"，却也是"组织的问题"。所谓"新偶像"就是"极端迷信的'自由平等的新生活新组织'"。④ 他语重心长地对陈独秀和王光祈说："你们错认了青年学生个个都是纯洁高尚，坚苦刻励的，个个都是不必借助他律，自然会向上的；所以毅然决然，教他们来实行自由恋爱、共产主义，实在不能不佩服你们的大胆。"他进一步指出："硬捉天南地北面不相识的人，团在一起。又是绝对自由，又是绝对平等，谁也不能管

---

① 王光祈：《为什么不能实行工读互助主义》，《新青年》第 7 卷第 5 号，1920 年 4 月 1 日，第 15 页。

② 遯生：《工读互助团失败的我见》，《时事新报》1920 年 5 月 8 日，第 4 张第 2 版。

③ 《季融五君致王光祈君讨论"工读互助团"书》，《时事新报》1919 年 12 月 11 日，第 3 张第 3 版。

④ 老骥：《工读互助团失败底原因在那里？为什么不能实行工读主义？》，《时事新报》1920 年 4 月 26 日，第 4 张第 1 版。

谁。"他一方面批评"陈义太高"的新偶像，另一方面批评"拼命把学生捧得像天使一样"，结果"一般青年，庞然自大，虚忝之气，一天一天膨胀起来"。①

除了胡适怀疑所谓的新生活本身之外，陈独秀、李大钊、戴季陶都未曾怀疑这样的新生活是否可行，是否能够持久。虽说他们希望人具有钢铁般的意志，但其实人是软弱的，人的能力也是有限的。不少人认为是人的问题，其实更准确地说是他们对人的看法出了问题。张东荪曾告诉施存统，"自由恋爱和无治主义是同一的根源发生的"，其"人性观是人性绝对是善的，用不着他律的支配。我对于这一点是怀疑"。② 这种理想化的"青年"也是老师辈支持工读互助团的重要原因。把"未来"带到"现在"不仅把未来的理想"组织"带到现在，也是把未来的理想"人"带到现在。这深刻地体现了五四时代师生两代人对人性的乐观估计。而所谓无家庭的共同生活本身是否挑战人类心理的极限是值得进一步探讨的问题。

后五四时代，家庭革命从个人的家庭革命走向了社会改造，兼具宏阔的社会政治目标。施存统曾说，"把家庭制度根本推翻，然后从而建设一个新社会"，尽管后来"造新社会"的手段已经转移了，从"孝道"转移到"经济问题"。③ 从巩固团体的基础、扩张团体到联络各处同志结成一个大团体，实行世界革命。换言之，"用工读互助团去改造社会，改造社会的结果，就是一个顶大的工读互助团——工读互助的社会"。④

\* \* \*

这一次共同生活的试验虽然失败了，但是打造新生活、新社会的努力并

---

① 老骥：《工读互助团失败底原因在那里？为什么不能实行工读主义？》，《时事新报》1920 年 4 月 26 日，第 4 张第 1～2 版。

② 《东荪致存统》，《时事新报》1920 年 1 月 22 号，第 4 张第 2 版。

③ 存统：《回头看二十二年来的我（续）》，《民国日报·觉悟》1920 年 9 月 23 日，第 4 张第 3 版。

④ 施存统：《"工读互助团"底实验和教训》，《五四时期的社团》（2），第 425 页。

未停止。1920 年 2 月 27 日，陈独秀参加上海工读互助团筹备会，发起人有王光祈、汪孟邹、张国焘、刘清扬、戴季陶、沈玄庐、彭璜等 20 余人。① 1920 年，罗亦农也组织沪滨工读互助团，参加者有吴芳、卜式奇、袁笃实等。他们也曾获得陈独秀、史量才、邵力子、黄警顽等人的资助。② 袁笃实那时梦想着将来"必定要有些建设，扩充工读团，使社会上的人都要知道工读的必要，那就可以由工读团达到很大的新村，由新村达到大同的世界"。③ 署名"益"的作者宣称："我们生在这个污浊的社会中，受种种伪道德的诱惑，恶制度的束缚，若没有坚固的团结，急谋自救救人，这个社会怎能够有改造的希望？"因此，他一面期待"各个体的互相扶助"，另一面要"超越平日小部分的互助，更谋人类全体的团结"。④

胡适多研究问题、少谈些主义的提醒在新青年那儿转手成为一方面研究问题、一方面实行主义，真可谓走向了行动的时代！魏如就曾说："实行主义的好处很多。顶显明的，如就是把自身做一个主义的试验品，那末对于主义的优点和缺点，可以把试验的结果下一个精确的判断；而且他对于这个主义既经得了一种很好的试验结果，或是从试验结果推测将来，必定可以有圆满的解决，或是理想上难以说定的疑问，经了几次经验，就能够增进我们的自信力和确实的佐证。"⑤

如果人是"主义"的试验品，那么人的主体性何在？其实，施存统在反思中也曾提到这个问题。他说："团员不是机器。发起人要怎样试验，就怎样试验。我们这回的试验新生活，是我们自己欢喜去试验的，不是发起人强迫我们去试验的。强迫的试验，就是一副机器，完全丧失了人格，便不配去试验新生活。"⑥ 那么，团员和"试验新生活"谁是目的，谁又是手段呢？换言之，是发起人还是团员自己决定他们的生活方式，这些问题牵涉较多，

---

① 唐宝林、林茂生：《陈独秀年谱》，上海人民出版社，1988，第 115 页。

② 《袁同畴先生访问纪录》，中研院近代史研究所，1988，第 8 页。

③ 袁笃实：《沪滨工读团进行计划的个人主张》，《五四时期的社团》（2），第 461 页。

④ 益：《介绍新文化中的有力大组织》，《时事新报》1920 年 3 月 22 日，第 4 张第 1 版。

⑤ 魏如：《"研究问题""实行主义"》，《时事新报》1920 年 1 月 10 日，第 4 张第 1 版。

⑥ 施存统：《"工读互助团"底实验和教训》，《五四时期的社团》（2），第 424 页。

只能俟诸他文。

　　那是一个行动的年代，思想解放后的青年少了前思后想的踌躇，有着一往直前的力量。杨溥瞻也认为自己的文章"不是研究工义（按：工学）的理论，是研究工学主义的实行的方法"。① 青年罗章龙曾乐观地说："神圣的工读主义，在今日中国已成一派巨大的潮流。国内如北京、上海，国外如巴黎，均已次第实行。足见时势所趋，自然的要求，工读主义已渐进了可以普遍实行的境界。"②

　　借助团体和组织来解决家庭问题意味着家庭革命从思想言说走向了行动的时代，并进一步激烈化、政治化了。青年欲脱离家庭而独立生活，革命既给他们提供了一条出路，也赋予家庭革命以深远的政治和社会意义。从思想革命走向了风起云涌的国民革命时代，家庭革命融入了更广阔的社会革命和政治革命。而各尽所能、各取所需的理想一直萦绕在后人心中。③ 多年后，试图取代家庭职能的人民公社化运动或许就是一个更大范围内废除家庭的试验。④ 然而，每个个体的生命都有尊严和意义，若拿着整个社会来实验废除家庭，我们却不知不觉中忽略了家庭革命的代价。

---

① 杨溥瞻：《工学主义学校从何实行？》，《时事新报》1920年2月5日，第4张第2版。

② 罗章龙：《世界工读运动的详谈》，《时事新报》1920年4月4日，第4张第1版。

③ 索非就梦想着一个"各尽所能，各取所需"的自由社会。《八十年前的中国梦：一九三三年〈东方杂志〉中国梦主题征文选》，人民出版社，2014，第64页。

④ 罗平汉：《天堂实验：人民公社化运动始末》，中共中央党校出版社，2006；刘华清：《人民公社化运动纪实》，东方出版社，2014。

# 第五部分　比较视野中的家庭革命

## 第十三章　以礼服定文野：婚礼标识所见之中西与城乡的互动

1930 年代，有人观察到："民国以来，一般知识份子受新思潮的激荡，对于切身的婚姻问题首先革命，反对家庭包办，主张自由恋爱，鄙视旧式结婚仪式，力倡文明结婚，时至今日，知识份子对于结婚的观念益形简单，有的在饭庄子宴会亲友，有的在大饭店里举行跳舞会，当作结婚仪式，亦有在社会局办理结婚手续者，更有登报声明者，甚至有率性儿自行同居而不宣布者，然上述种种，均限于少数知识份子，北平多数的居民，还是因袭旧习。"①许地山也曾批评说："这所谓'文明结婚礼服'，无形中表示我们已做了西洋的文化奴隶。一个没有优越文化底民族，于礼仪上才会处处模仿人，现在所谓上流人物到处都要仿欧美，真是可叹！"②

价值观念的变动也极易造成家庭内部亲属之间行事的冲突。齐邦媛在《巨流河》中记述了父亲在成婚问题上与家庭的抗争与妥协。她写道："就在（父亲）十九岁那年暑假，家中召他回去娶媳妇——祖母生病，家中需人持家。父亲不肯回去，祖父请一位堂叔专程去日本说服他回家，或者是把他捉回家。我父亲一直到老了还跟我们讲，那时若要他结婚，他有几个条件，第一，不要跪拜、不穿红衣、脸不盖红布，他要骑马，不坐轿。第二，他要把娶了的媳妇带到外国，跟他一起读书。如果答应，他就回来；如果不答应，他就不回来，家里都答应了。等他回家，除了让他骑马之外，其他全按老传统办。他一个月后就又去日本。"③

原本有意识守礼的读书人在西潮冲击下转而攻击礼教，在意识层面疏离

---

① 菁如：《北平婚嫁习俗之一斑》，《大公报》1933 年 11 月 22 日，第 13 版。
② 许地山：《近三百年来底中国女装（续 2）》，《大公报》1935 年 5 月 25 日，第 11 版。
③ 齐邦媛：《巨流河》，天下远见出版股份有限公司，2009，第 27～28 页。

传统，有目的地批评和攻击传统婚礼，宣扬一种恋爱结婚的新观念。婚姻的意义也因此由"事宗庙""继后世"的手段转变为对夫妇之间爱情的强调。就婚礼而言，在什么场所、举行怎样的仪式、身穿什么衣服、说什么话、邀请谁做嘉宾、吃什么样的食物、使用什么样的背景音乐等问题，都曾引起热烈的讨论。不同的主张透露出个人的偏好、价值观念乃至整个时代变迁的信息。本章并不能——讨论以上所有问题，仅集中于欧化的文明结婚礼所呈现的古今、中西、男女、城乡之间的紧张。既存研究多言及文明结婚礼所带来的"进步"和"现代"的意义，[1] 而较少言及这一变化所呈现的历史复杂性。

## 一 从中西到文野：文明结婚礼的兴起

中外竞争的挫败感冲击了士人的文化自信心，趋新读书人顺着西方人的思路将中西差异渐变为中国的不足。冯友兰曾洞见："在近代维新时期中，主要倾向是从中国传统文化的观点看西方文化，用中国传统文化的模式去套西方文化。在现代革命时期中，主要倾向是从西方文化的观点看中国传统文化，用西方文化的模式去套中国传统文化。"[2] 在这一大转轨的语境下，以西方价值为标准来衡量中国的婚姻制度，其结果是传统婚制变得"一无是处"，而中国的婚姻观念也进入了急剧动荡的时期。

"文明结婚"一词似乎就意味着旧式六礼成婚乃"野蛮"之象征。清末，陈王就痛斥中国的婚姻制度，包括男女不相见、父母专婚、媒妁之弊、

---

① 行龙：《清末民初婚姻生活中的新潮》，《近代史研究》1991 年第 3 期；林吉玲：《清末民初社会习俗的变异》，《东岳论丛》1995 年增刊；罗检秋：《民国初年的婚俗变革》，《妇女研究论丛》1996 年第 1 期；梁景时：《清末民初婚俗的演变述论》，《山西师大学报》1999 年第 1 期；左玉河：《由"文明结婚"到"集团婚礼"——从婚姻仪式看民国婚俗的变化》，薛君度，刘志琴主编《近代中国社会生活与观念变迁》，中国社会科学出版社，2001；杨秋：《清末民初广州的"文明结婚"习俗探析》，《广西社会科学》2004 年第 8 期；徐华博：《近代上海西人婚礼及其影响》，《史林》2014 年第 6 期；蔚建鹏：《论民国时期"文明结婚"的兴起》，《广州广播电视大学学报》2015 年第 3 期。

② 冯友兰：《中国哲学史新编》，《三松堂全集》第 10 卷，河南人民出版社，2000，第 405 页。

聘仪叠增之弊、早聘早婚之弊、繁文缛节之弊。他批评说，中国婚俗之弊端不仅是西方"文明"国所无，就连印度、埃及等已亡之国都没有，故而感叹婚礼"文野之殊，自由与专制之别耳"，"世界皆入于文明，人类悉至于自由，独我中国犹坚持其野蛮主义，墨守其腐败风俗，以自表异于诸文明国之外"。① 在少年陈独秀和胡适看来，婚姻制度变成了"野蛮""专制""迷信"的象征。②

清末的趋新读书人已经率先弃旧从新，效仿西方的仪式结婚。③ 蔡元培的婚礼就颇具革新意味，以演说代替闹洞房，另有九位友人演讲，因此蔡氏的成婚场所极像演说厅。④ 1905～1906 年，廉隅与姚女士、张鞠存与王忍之、吴晋与顾璧、刘千里、吴权等人都选择了新式的婚礼。1906 年，柳亚子与父母选定的对象郑佩宜结婚时就采取"文明结婚"的形式，废除了跪拜，而行鞠躬。⑤ 同年，松江的一对新人就采取文明结婚仪式，除了摒弃旧日礼俗之外。男女又发誓，男不纳妾、不吸鸦片，女不缠足、不迷信鬼神。⑥ 荫昌娶德国女性为妻，行文明结婚礼。⑦ 上海南市商团公会书记武进人陶书言与东吴朱振坤女士于 1911 年 6 月 4 日下午在西园举行结婚礼。⑧ 文明结婚的礼仪去除了花轿、闹洞房等旧仪式，而采取了证婚人、主婚人、贺仪和款待亲友的方式，通常有介绍人、证婚人、来宾演讲等程式。⑨

零散的变革之举在新文化运动的鼓荡下变成一股潮流。1920 年 9 月 16 日，任鸿隽与陈衡哲结婚。胡适曾在日记中写道："行礼，子丈证婚，婚礼

---

① 陈王：《论婚俗之弊》，《〈觉民〉月刊整理重排本》，第 30 页。

② 陈独秀和胡适早年对婚姻制度有类似的负面观感，而这可能影响了他们在五四时期对传统婚姻家庭制度的批评。《恶俗篇》，任建树主编《陈独秀著作选编》第 1 卷，上海人民出版社，2009；《婚姻篇》，欧阳哲生编《胡适文集》第 9 卷。

③ 徐华博：《近代上海西人婚礼及其影响》，《史林》2014 年第 6 期。

④ 崔志海：《蔡元培传》，红旗出版社，2009，第 40 页。

⑤ 夏晓虹：《晚清女性与近代中国》，北京大学出版社，2004，第 41～45 页。

⑥ 《结婚新式》，《申报》1906 年 2 月 12 日，第 9 版。

⑦ 《东京通信》，《申报》1910 年 10 月 14 日，第 5 版。

⑧ 《文明结婚》，《申报》1911 年 6 月 4 日，第 19 版。

⑨ 《城内》，《申报》1909 年 1 月 7 日，第 18 版；《城内》，《申报》1909 年 3 月 2 日，第 20 版；《文明结婚》，《申报》1909 年 3 月 26 日，第 19 版；《文明结婚》，《申报》1910 年 11 月 15 日，第 20 版；徐珂：《清稗类钞》，中华书局，1986，第 1987～1988 页。

甚简单，最可采用。"① 1921 年，赵元任"办他退婚的事，办了十几年，至此始成功，费了两千块钱"。② 1921 年 5 月 31 日，胡适在日记中写道，赵元任与杨步伟"今晚邀我吃饭。他们相爱已久，自今日起，同移居小雅宝胡同 49 号，成为终身伴侣，邀我与朱徵女士来作证人"。胡适字字抄录了他们俩的婚书。胡适在日记中写道："这个世界——不但是中国——的一种最简单又最近理的结婚式，故记于此。"③ 胡适赞赏地说道："近来上海各地，有些男女志士，或是学问相长，或是道德相敬，有父母的，便由父母主婚，无父母的，便由师长或朋友介绍，结为婚姻。行礼的时候，何等郑重，何等威仪，这便是一种文明结婚，也是参合中外的婚礼而成的。"④

其实，由男女关系转变为夫妇关系，进而经过一定的仪式，即表示女子离家、新妇入家、婚姻公诸社会以及庆祝祈求之等多层意义。⑤ 新式婚礼，也即所谓文明结婚礼彰显了新婚姻观念对于个人行动的改变。那么文明结婚礼的程序和步骤究竟该是怎样呢？1920 年，《广益杂志》的编辑就刊登了文明结婚的仪式、男女礼服图以及文明结婚证书式。文明结婚礼分为三部分：行结婚礼、行见亲族礼、行受贺礼。⑥ 稍晚，有人就观察到："我国自革新以来，文明结婚风行一时，究其所谓文明之点，亦甚简单。若结婚须用证书也，证书须盖印章也，新娘不用帕首也，赞礼须请来宾也，媒妁改称介绍人也，证婚人有训辞也，来宾有演说也。自此而外绝少变更，则所谓文明者亦仅一二粗迹而已。"⑦

1924 年 4 月 20 日，清华学校毕业生徐维明在上海的婚礼就是典型。记者这样描述当时的婚礼情形：

是日礼堂由陈君长桐（一九一九）及陈君恭藩（一九一九）布置

---

① 《胡适日记全编》（3），第 221 页。
② 《胡适日记全编》（3），第 275 页。
③ 《胡适日记全编》（3），第 286 ~ 287 页。
④ 《婚姻篇》，欧阳哲生编《胡适文集》第 9 卷，第 482 ~ 483 页。
⑤ 参考陈让湖《结婚之仪式》，《社会科学论丛》第 3 卷第 8、9 号合刊，1931 年 9 月。
⑥ 《文明结婚礼式》，《广益杂志》1920 年第 9 期，第 12 ~ 13 页。
⑦ 元健：《文明结婚之释义》，《申报》1925 年 3 月 24 日，第 12 版。

一切。双喜中悬，五色国旗左右飞扬。气象巍峨，远胜大总统就职典礼万倍。钟鸣四下，由北京经济讨论处吴泽湘君（一九二〇）为大礼官，宣布举行婚礼。男家主婚人为现任山西高等审判厅厅长徐维震先生。女家主婚人为前任淞沪警察厅厅长穆纾斋先生。介绍人为现任南洋大学小学校校长沈叔达先生及前任财政次长章伯初先生。章先生临时因要公未到，由孔雀电影公司程树仁君代表出席。证婚人为前任南洋公学提调李一琴先生。五时礼毕。由上海最完备之照相馆南京路 P 字三七七号中华照相馆郭承志（清华一九一三级同学）亲自撮摄丽影。①

新郎徐维明 1919 年毕业于清华留美预备学校，后赴美国深造，获得银行学硕士学位，1923 回国后任上海工商银行放款部主任；② 新娘穆南柔为上海大同大学高材生。这份婚礼报道因刊登在《清华周刊》上，特别强调了出席者的清华背景，但是从仪式、礼节来看，也凸显了时代变迁的痕迹。

大体而言，教育程度高、受西方影响较深而且交游比较广泛的读书人，属于社会上最先尝试改变婚礼形式的人群。他们批评中国婚制的野蛮，竞相仿照西俗、西礼行所谓"文明结婚"。从期刊、画报刊载出来的结婚照以及对新人的介绍，可以看出外交官、教师、新闻记者、摄影师、电影明星、新式公司职员、商人、绅士、学生等群体热衷于采取文明结婚式。③

---

① 仁：《徐维明婚礼志盛》，《清华周刊》第 312 期，1924 年 5 月 2 日，第 69 页。

② 《中国银行上海分行史（1912~1949）》，经济科学出版社，1991，第 243 页。

③ 仁：《徐维明婚礼志盛》，《清华周刊》第 312 期，1924 年 5 月 2 日，第 68~70 页；《新家庭》，《时报图画周刊》第 199 期，1924 年 5 月 4 日，第 2 页；《冯检阅使婚礼志盛》，《兴华》第 21 卷第 7 期，1924 年 2 月，第 20~21 页；《何泰之婚礼》《黄赵之婚礼》《周康之婚礼》《陈李之婚礼》，《图画时报》第 306 期，1926 年 6 月 20 日，第 6 页；《段合肥女公子之婚礼》，《图画时报》第 310 期，1926 年 7 月 18 日，第 1 页；《婚礼志盛》，《无锡旅刊》第 118 期，1926 年 11 月，第 12 页；《荣宅婚礼志盛》，《无锡旅刊》第 121 期，1927 年 2 月，第 5~6 页；《婚礼志盛》，《无锡旅刊》第 123 期，1927 年 4/5 月，第 3~4 页；《订婚与结婚》，《良友》第 18 期，1927 年 8 月 30 日，第 31 页；《时报记者摄影家郎静山与雷佩芝女士在大华饭店举行婚礼》，《良友》第 48 期，1930 年 6 月，第 26 页；《体育家唐宝森君与孙和鸣女士行结婚礼后摄影》，《中华画报》第 1 卷第 24 期，1931 年 6 月 26 日，第 1 页；《本刊主干林泽苍君于国庆日与梁爱保女士行婚礼于慕尔堂》，《摄影画报》第 8 卷第 379 期，1932 年 10 月 17 日，第 78 页；《蒋光鼐公子婚礼》，《时代》第 5 卷第 2

当然，最著名的新式婚礼要属蒋介石与宋美龄的婚礼。①

在这个重要的时刻，新人的穿着和举动既体现个人的观念和品味，也彰显了时代的变迁。礼堂、教堂、花园、酒店、花车、乐队、礼服、饰物、迎娶、典礼都与旧式婚礼不同，摄影与演说更是新增的项目。新郎、新娘穿着的礼服也有不小的变化。② "从前妇女穿大礼服，一生只有两次。一次是出嫁做新娘。凤冠霞帔，大衣方巾。"③ 然而到了民初，不少年轻女性结婚时就身穿白色的婚纱。④ 与传统婚礼作为喜事应该身穿红色相比，⑤ 白色婚纱可谓一大挑战。五四后，恋爱结婚的新式夫妇就解释道，之所以穿白色，

期，1933 年 11 月，第 2 页；《培成女学本届毕业生黄金素女士与钱时清君行结婚礼时与女傧相合影》，《图画时报》第 928 期，1933 年 5 月 18 日，第 1 页；《抗日英雄之婚礼》，《良友》第 74 期，1933 年 2 月 28 日，第 8 页；《黎陆婚礼中之主角黎明晖与配角侯相胡萍合影》，《玲珑》第 4 卷第 13 期，1934 年 4 月，封面四页；《陆黎婚讯》，《青青电影》第 2 期，1934 年 5 月，第 1 页；《社员张翰珺在该分社举行结婚礼》，《励志》第 3 卷第 17 期，1935 年 4 月 28 日，第 16 页；《陈天喆同志在社内举行婚礼》，《励志》第 3 卷第 23 期，1935 年 6 月 9 日，第 15 页；《社员谢斌行婚礼》，《励志》第 3 卷第 42 期，1935 年 10 月 20 日，第 14 页；《胡蝶与潘有声在上海九江路大礼拜堂举行结婚礼时摄影》，《时代》第 8 卷第 12 期，1935 年 12 月 5 日，第 1 页；《上海闻人杜月笙公子之婚礼》，《实报半月刊》第 7 期，1936 年 1 月 16 日，插图；《八十七师刘旅长在本社举行婚礼》，《励志》第 4 卷第 11 期，1936 年 3 月 15 日，第 22 页；《刘郑婚礼纪略》，《海王》第 8 卷第 21 期，1936 年 4 月 10 日，第 359 页；《杨台长与黄女士在社行结婚礼》，《励志》第 4 卷第 19 期，1936 年 5 月 12 日，第 16 页；《宋贾婚礼记》，《皖事汇报》第 19、20 期合刊，1936 年 7 月 31 日，第 12 页；《胡志龙、周微士在社举行结婚礼》，《励志》第 4 卷第 31 期，1936 年 8 月 2 日，第 16 页；《戴季陶公子安国君与唐镜元先生女公子美珍小姐举行婚礼时之影》，《图画时报》第 1131 期，1936 年 12 月 20 日；《记杨余婚礼》，《语美画刊》第 20 期，1937 年 1 月，第 2 页；友云：《郭何婚礼志盛》，《商业新闻》第 1 卷第 2 期，1938 年 5 月 23 日，第 15 页；《李博民理事婚礼志》，《重正堂周刊》第 93 期，1941 年 12 月，第 2 页；王植波：《郎毓秀女士之婚》，《万象》第 6 期，1942 年 6 月，第 9 页。

① 《新郎新娘宣誓》，《中国大观：图画年鉴》，良友图书印刷有限公司，1930，第 254 页。

② 《新妇服装之变迁》《新娘在婚礼前整装小影》，《大众画报》第 6 期，1934 年 4 月，第 13～14 页。

③ 曹聚仁：《上海春秋》，三联书店，2007，第 241 页。关于旧式婚礼着装，参考《农村中的新婚夫妇》，《中国旧影录：中国早期摄影作品选（1840～1919）》，中国摄影出版社，1999，第 114 页。

④ 《陈非君与冯世俊女士结婚摄影》，《妇女时报》第 9 期，1913 年 2 月 25 日。该杂志刊登结婚照片 35 张，只有两例新娘未着婚纱。

⑤ 武田昌雄：《满汉礼俗》，上海文艺出版社，1989，第 1 页。

"一层是不赞成旧社会上的以红为喜；一层是时令正当穿白色服装的缘故"。① 到 1930 年代，新郎有的身着长衫，有的西装领带，新娘则手捧花篮、身着洁白的婚纱。②

清代婚礼中音乐亦是不可或缺的部分。音乐不仅渲染了婚礼的热烈气氛，满足了人们的虚荣，也维持了社会风俗的稳定。③ 民初婚礼乐曲形式可谓五花八门，传统婚礼乐器是唢呐，而清末民初婚礼流行用军乐。有人就观察到："今则无论婚礼丧礼无不用军乐。"④ 大体上，身穿西装的西洋乐队和古乐队并存。"平民嫁娶多用花轿，轿前锣鼓为导。稍裕之家，且佐以音乐队。音乐队分二种：古乐与西乐。西乐队衣西装，或作外国官长服。古乐队分大人与童子二种。大人穿长衫，童子却穿明朝制服。冠冕堂皇，煞是好看。结婚地点多数假座酒楼或旅馆。"⑤ 到 1935 年，礼俗改良委员会作词、推行音乐教育委员会作曲的《婚礼歌》也刊登在报刊上，以期推广。⑥

演讲也是婚礼中必不可少的环节，多数情况为证婚人⑦、介绍人的演讲，但是也有新娘、新郎自己登台演说的情形。例如，中学毕业的王先生与同乡焦女士结婚，婚礼极为简单，不过主张婚姻自由、男女解放的新人却相继演说，"痛陈婚姻乃男女切身之问题，不可随随便便，以致后悔不及。须知有良夫妇，然后有良子弟、良家庭、良社会、良国家。其关系何等重大"。⑧

概言之，在中西礼俗竞争的大语境中，传统中国婚礼制度沦为"野蛮"的象征，而效仿西洋婚礼成为"文明结婚"。这"不只是习尚制度上的变

---

① 顾绮仲、张勉寅：《我们的结婚》，《妇女杂志》第 8 卷第 1 期，1922 年 1 月 1 日，第 41 页。
② 《结婚礼服：薛曼珠女士》，《健康家庭》第 2 期，1937 年 4 月 1 日，第 24 页。
③ 姜晨：《音乐在婚姻礼俗中的功能——以清代山东地方志为例》，《东岳论丛》2009 年第 4 期。
④ 隋：《军乐》，《申报》1923 年 11 月 23 日，第 11 版。
⑤ 上海信托公司采编《上海风土杂记》，东方文化书局，1930，第 27 页。
⑥ 《婚礼歌》，《新生活运动促进委员会会刊》第 32 期，1936 年，第 9 页。
⑦ 关于证婚制度的确立，可参考徐天娜《不证不明：民国时期"证婚"研究》，《民国研究》2018 年第 2 期。
⑧ 公：《文明结婚：新郎新娘相继演说》，《大公报》1922 年 10 月 30 日，第 11 版。

革，就文化思想上，它其实已包含个人解放的依归，也就是个人得以从家庭伦理网络所定义的社会位置中松绑，展现一种个人自我的社会主体"。①

## 二　从文明结婚礼看城乡与礼俗的缠结

西式文明结婚礼的传播，大体经历了由南到北、由口岸城市到省会城市、由城市到乡村的过程。② 署名"周人"的作者就说："古有迎亲之礼，晚近不用者多。比年以来，盛行文明结婚仪式，倡于都会商埠，而内地亦浸行之。"③ 也有人曾回顾清末时期："某书店出有一种通俗教育书，采入上海之文明结婚礼仪，固今日所通行而视为适当之礼仪也。当时，北方人见其书者竟至大哗，有股东投书总理，大诋编辑者之不谨。"④ 就像曾经留学中国的日本研究者所言："早先的婚礼，只有旗汉的不同、南北的不同，并没有新旧之说。虽有基督教徒，做行西洋的结婚礼，但是人数不多，社会上也不重视，所以西式的结婚礼并未流行。赶到近三十年来，一般的青年人，多半感受西方文化了，以为西洋的结婚礼，简便易行，己国的结婚礼，太麻烦，太腐败，遂仿行西洋的结婚礼，叫作文明结婚礼。这是新式婚礼的起始，又加上自由结婚之说，日盛一日，这新式婚礼，就大兴其时了。"⑤

随着时代的变迁，文明结婚礼在北方也渐次兴起。1910 年在天津，徐佛苏与黄剑秋由英敛之介绍成婚，举行文明结婚礼。⑥ 也有军人效法文明结婚，例如冯国璋与周砥的婚礼。⑦ 到1940 年代，有人就指出，受欧西

① 柯惠铃：《隳礼之教：清末画报的妇女图像——以 1900 年后出版的画报为主的讨论》，《南开学报》2013 年第 3 期。
② 亦可参考郭夏云《近代华北妇女婚姻心理的发展演变——以地方志民俗资料为中心的研究》，《中国地方志》2015 年第 12 期。
③ 周人：《婚仪略说》，《广益杂志》第 9 期，1920 年，第 16 页。
④ 觉：《新旧之递嬗》，《申报》1927 年 1 月 22 日，第 14 版。
⑤ 武田昌雄：《满汉礼俗》，第 161 页。
⑥ 《文明结婚》，《大公报》1910 年 10 月 17 日，第 3 版。
⑦ 彭秀良：《冯国璋传》，中华书局，2015。

文明熏染，"近十数年以来，在都市里已经很少见到抬大轿、打红旗……的仪典和戴凤冠的新娘了吧，差不多新郎们都穿上了黑礼服，新娘们都戴上了长得拖地的头纱，穿着银白色的礼服，携着手儿走进礼堂举行文明结婚礼了"。①

　　一位尚未订婚的少年就曾梦想自己的婚礼："婚礼宜尚简单，浮文繁礼一概废除。"他目睹奢侈程度日高、婚嫁一事虚掷千金的现象，而向往"双方纯粹务精神上之结合，将来甘苦相共，家庭幸福无穷，原可不必借重繁琐之礼节与虚伪之场面而求圆满也"。② 提倡文明结婚者的初衷本是寻求简单化的婚礼，③ 但是实际的结果可能南辕北辙。有人曾抱怨送一个花篮要费银十四五两。④ 文明结婚的各种饰品与过去大不相同，便有商家打出广告售卖自家商品。⑤ 盛振声就曾说："今日之所谓文明结婚者犹恐文明其名，而野蛮其实耳。"⑥ 金一就曾提议："文明结婚，当初倡之时，原寓戒奢示俭之意，故当必以俭约为原则，乃今如沪地及其他繁盛地方，则多趋重于仪仗，计其所费较从前之旧式结婚，实有过之无不及。"⑦ 虽然倡导婚嫁节俭的声音持续存在，但是婚嫁的实际费用可能越来越高。人们呼吁婚礼从简，但是新派的西式婚礼实际花费更大，可谓崇俭实奢，结果不免造成以奢为荣、以俭为辱的社会风气。在城市中，婚礼就更为奢华和隆重。胡朴安就观察到："晚近社会，日趋侈靡。婚丧喜庆，动辄千金。"因此，俭德储蓄会发起了婚丧节制社。⑧ 也有人批评："现行制度比着旧制不过掌礼换了司仪、拜跪换了鞠躬，其余一概不变。"因此，就提议对当时不中不西、不新

---

① 石城：《文明结婚礼的典故》，北京《妇女杂志》第6卷第7号，1945年7月，第19页。
② 梦鹃：《我也来谈谈婚姻问题》，《申报》1923年12月29日，第11版。
③ 也有研究表明在清末民初的广州文明结婚礼表现出的特点是删繁就简、崇尚节俭。参考杨秋《清末民初广州的"文明结婚"习俗探析》，《广西社会科学》2004年第8期。
④ 生生稿：《劝花园业》，《申报》1909年8月11日，第26版。
⑤ 《文明结婚各种饰品》，《申报》1918年2月22日，第4版；《申报》1920年1月8日，第1版；《文明结婚证书》，《申报》1921年10月21日，第20版，
⑥ 盛振声：《节省结婚时靡费并以礼金作教育金》，《申报》1920年12月11日，第16版。
⑦ 金一：《文明结婚应改良之点》，《申报》1923年1月18日，第20版。
⑧ 《会务纪要：发起婚丧节制社》，《新俭德》第1卷第1期，1927年4月，第1页。

不旧的婚礼进行改革。①

　　时人既要效仿西方人结婚，同时潜移默化地照搬了西方的男权特色。叶圣陶就批评所谓文明结婚亦是"男权"的象征，盖男子说"吾愿保护我妻"，而女子说"吾愿敬事我夫"。而"'保护'两字，原是成人对稚子、强者对弱者一种侵夺主权的名词。女子的主权，为什么要给男子侵夺？女子又为什么有这天赋的敬事男子的义务？"② 更荒唐的是，纳妾这一传统在文明结婚礼的掩盖下得以延续。例如，高际堂与蒋文斌虽然以文明结婚礼成婚，但是妻子以丈夫宠妾虐妻为由请求离婚。③ 又如革命党人胡瑛在北京万牲园结婚，娶二位女性。报刊便质问说："试问西俗有一夫而同日娶两妻者乎？有两女而同日嫁一夫者乎？在西人方谓之野蛮，而犹欲饰以文明二字，无怪女界之愤然不平也。"④ 1915 年张謇也曾批评说："自欧风渐于中国，一切趋于简易，径遂徇彼所谓文明者而文明之。一影百声，以为破自来男女之防，即可以湔人世夫妇之苦，而因此自佚于防而适得苦者，乃已往往见。"⑤

　　有人就观察到："民国以后，六礼仅存其名。结婚仪式，虽尚有遵行奇零破碎的亲迎礼节，然各种礼式，已不复如前之严格与繁杂。"⑥ 例如，"云南的婚仪，真是一个乱七八糟，有许多地方我真是莫名其妙"。⑦ 之所以"乱七八糟"，恐怕恰恰是形容旧式婚仪解体而新因素慢慢嵌入的过程。不过，"风俗之为物，决非短时间可以尽易"，⑧ 盖"凡是社会上的一种仪式，都有很长久的经历，它每经过一个时期，即挟着这时期的质块随以俱流。经

---

① 枫江：《我对于改革婚制的意见》，《申报》1923 年 6 月 4 日，第 21 版。

② 《女子人格问题》，叶至善编《叶圣陶集》第 5 卷，江苏教育出版社，1988，第 8 页。

③ 《妇人供诉请求离婚之原因》，《申报》1921 年 2 月 20 日，第 11 版。

④ 梦幻：《闲评二》，《大公报》1912 年 10 月 31 日，第 5 版。

⑤ 《为儿子举行冠婚礼请观礼启》，李明勋、尤世玮主编《张謇全集》第 5 卷，上海辞书出版社，2012，第 154 页。

⑥ 陈让湖：《结婚之仪式》，《社会科学论丛》第 3 卷第 8、9 号合刊，1931 年 9 月，第 180 页。

⑦ 孙少仙：《云南旧式婚仪之一斑》，《歌谣》1924 年 6 月 8 日，第 4 版。

⑧ 《亲迎婚俗之研究》，《费孝通文集》第 1 卷，内蒙古人民出版社，2009，第 172 页。

历愈久，糅杂的质块也愈多"。① 在多数情况下，婚礼的仪式是新旧共存的状态。若放宽视野，婚礼裹挟了民国政治与社会变迁的痕迹，是考察家庭革命从思想观念走向现实生活的连接点。通过关于婚礼的讨论，我们便可以看出与芸芸众生休戚相关的礼与俗是如何解体与重组的。

若观察风俗在不同区域之间的异同以及往昔风俗对于彼时之影响，我们会意识到时空因素的交错恰恰是研究近代中国过渡性的焦点。冯友兰后来观察到，近代中国是这样一个过渡时代，"不同底行为标准，同时存在"。例如，"现在有人结婚，他随意用什么方式都可。他可以叫他的新娘坐花轿，坐汽车，或坐马车；他可以请客，可以不请客；他可以行礼，可以不行礼；他可以登报，可以不登报"。冯氏继续分析社会之所以能对多样化的行为容忍的原因。他说："若不是在我们这个过渡时代，这是很奇怪底。"② 如今我们之所以"见怪不怪"，可能一方面由于我们对近代中国的过渡性缺乏体认，另一方面或许我们仍处于正在进行的过渡状态。

胡适后来也曾分析这种过渡性。他特别注意到两种文化融合时期的非理性状态。"在各种文化接触的时期，有许多部分的抗拒与接收确然是不合理性的。最明显的例子是今日的新式结婚仪节中的许多盲目的模仿，如新妇披面纱，如新郎穿大礼服；如来宾在行礼之前用色纸片，色纸条，碎米等等掷击新郎新妇，把他们的盛装都毁坏了；有时候，我看见新郎进门手拿一个铜盘遮住面部，以防碎米细沙抛入眼睛里去！在这些方面，理智的作用似乎很少。"③ 李安宅也曾说："所以一切'上海式'的新风气，传到乡间，它的去取，应以对于乡间生活是否有利为衡。"④ 不过，李氏强调的乡间生活的主体性却多不为时人所关注。

在城乡分裂的大语境下，城市或接近城市的地方采取所谓的文明结婚，⑤

---

① 顾颉刚：《一个光绪十五年的"夜目"》，《歌谣周刊》第 58 号，1924 年 6 月 8 日，第 4 版。
② 冯友兰：《说家国》，《三松堂全集》第 4 卷，河南人民出版社，2000，第 240 页。
③ 《答陈序经先生》，欧阳哲生编《胡适文集》（11），第 607 页。
④ 李安宅：《乡村生活的"社会化"与"城市化"》，《燕大月刊》第 4 卷第 2 期，1929 年 4 月，第 38 页。
⑤ 宋立中：《清末民初江南婚姻礼俗嬗变探因》，《浙江社会科学》2004 年第 2 期。

而广大的乡村则保留了传统的婚礼。① "一般老百姓，却不求甚解，不问所以然只知跟着大众遵行祖先传统的俗习。所以古人又有一句成语说，'礼不下庶人'。这句话若拿今代的头脑来解释，就是说，群众只知有'不知其所以然而然'的俗，而不知有'知其所以然而然'的礼。然而，正惟乡下老'不知其所以然而然'地履行着祖传的礼和俗，所以礼俗在乡村社会的民众间，就保守性强，不像在知识阶级里那么容易更变。"② 费孝通亦指出："风俗之别于礼教，在其无伦理教义之附会，人民奉行风俗之性一理由为：'我祖行之，我父行之，我邻里亲戚皆行之，我岂可不行？'是为社会之习惯。礼教乃伦理化之风俗，奉行之理由，为维持个人之道德及执行社会之义务。故非只为习惯，而为社会之行为规范，善恶之标准矣。"③

《礼记·礼运》有言曰："夫礼先王以承天之道，以治人之情，故失之者死，得之者生。"《左传》也有言："夫礼，天之经也，地之义也，民之行也，天地之经而民实则之，则天之明，因地之性。"后来，儒家对于礼的认识进一步发展。如《二程集》中讲道："礼之本，出于民之情，圣人因而道之耳。礼之器，出于民之俗，圣人因而节文之耳。"无论礼源于天还是源于圣人，礼顺人情是一个基本原则。研究者常言及礼教的崩溃，而较少关注其背后所谓道的根本性转化。④ 罗志田先生曾指出，礼是以制度、条文的形式出现的，是一种理想地面对未来的设计，而俗则是实际生活的情形，是社会现实。⑤ 其实"'礼'和'俗'只是程度之差，不是种类之别。俗者习也，礼者理也"。换言之，"俗就是一般人的习惯，礼就是俗的理性化"。⑥ 之所以能成为"俗"，是由于一些行为习惯为社会共同的、传统因袭的，其实

---

① 近来研究者注意到乡村中文明结婚礼的流行并分析宗教信仰对文明结婚礼的塑造。参考冉琰杰《乡村"文明结婚"：民国时期广东台山婚礼的变化》，《五邑大学学报（社会科学版）》2017 年第 1 期。

② 黄华节：《礼失而求诸野》，天津《大公报》1935 年 6 月 23 日，第 9 版。

③ 《亲迎婚俗之研究》，《费孝通文集》第 1 卷，第 191 页。

④ 罗志田先生对此问题做了深入的讨论。参考罗志田《近代中国"道"的转化》，《近代史研究》2014 年第 6 期。

⑤ 罗志田：《俗与制：历史上基层设置与记载的"大率"特性》，《民俗研究》2015 年第 4期。

⑥ 黄华节：《礼失而求诸野》，《大公报》1935 年 6 月 23 日，第 9 版。

这个意思便是同时代不同群体，以及今人与古人共同分享的社会经验便是"俗"。而五四时期恰恰反对因袭的旧习惯、旧礼教、旧道德。受新教育成长起来的读书人继承了士大夫反省与审查的功夫，但又抛弃了士大夫尊礼的传统。在礼崩溃的进程中，包括婚俗在内的民俗究竟经历了哪些点滴的变化，这方面的问题尚有待进一步的研究。

假若城市象征文明的话，而读书人集聚在城市，[①] 这带来了两个结果：其一，城市与"礼"的脱节，而"俗"却同时被居于城市的读书人进一步去合理化了；其二，城市的兴起也导致社会制裁力的下降。缺乏了礼的指导，乡间的俗似乎也仅徒具形式，而丧失其精神意义。传统礼与俗洽合的那一面（传统礼与俗也有冲突的面向）在城乡分裂背景中逐渐消失了。结果，城市的多元标准与行动的奇异驳杂，与乡间流动较少、尊崇传统、行为要求保守形成鲜明对比。在某种程度上，这说明了人口流动多、读书能力强、喜欢西化的上层有意识地疏离传统。城市生活意味着脱离乡村的新青年可以特立独行。在那里，舆论被新派所控制，而乡村多处于失语的状态，成为被打倒的对象。虽然古传的成规与大众共守的成法依然对随俗的乡村百姓有力量，但是流动的社会生活意味着社会制裁力的降低。当人们随心所欲而社会无力约束时，国家重整礼俗的行动便呼之欲出了。

\* \* \*

婚礼应该采取怎样的形式，甚至是否保存婚礼，成为问题本身就体现出过渡时代权威的失坠。在婚姻观念的光谱上，最极端的激进青年主张干脆废除夫妇而实行男女之间性的极端自由，例如有摩登青年在报纸刊登一广告便可同居。[②] 盖"我国一般青年，结婚每无礼节仪型，且因经济上时间上之关

① 余子明：《从乡村到都市：晚清绅士群体的城市化》，《史学月刊》2002 年第 8 期。
② 关于广告征婚可参考陈湘涵《寻觅良伴》，国史馆，2011。

系，视礼节仪型为繁文缛节，仅登启事于报端，或仅通函于亲友"。① 相对
温和的、主张欧化的青年认为现代社会需要简便易行的婚礼，宣扬采用西式
的所谓文明结婚礼；而最保守的村民仍恪守传统的六礼婚姻。如雷洁琼所
言："从近年来国人举行婚礼的种种不同仪式，可以表现社会对于家庭观念
之纷乱。"② 一场小小的结婚仪式便展现了中国人思想、行动、价值观念的
分裂！结婚固然是人生大事，但也与国家、社会和种族息息相关，体现了家
庭、社会、国家各种力量的竞争与妥协。婚礼所具有的公共性和社会性不容
忽视，因此国家从未放弃对它的规范和约束。③

1931 年就有人说，虽然中国国事不振，然终有泱泱大国之风，盖"中
国自来重视婚仪，崇尚礼教，以淫乱不贞为悖德秽行者，更有民族蕃殖公众
健康之作用，寓于其中"，而"人口众多便是中国唯一强点"。盖"文明各
国，风俗淫乱，遂致人口减少者"，而中国"男女关系，不能如他国之自由
放纵，故种族蕃殖易耳"。④ 抚今追昔，当人们试图以效仿西洋自强时，所
得却是"自弱"的结果，不求种族之繁衍而但求一时之快乐的恋爱结婚恰
恰是各纵其欲的表现。

稍后，上海市市长吴铁城就对过渡时代的混乱深感不满。他说："我国
从前关于冠婚丧祭，都有一定的礼节，而且无论什么人都是一体尊重。这种
旧礼节，固然是很繁琐，且不合近时代的精神，可是废除了旧礼节以后，我
们现在还没有新礼节定出来。现在社会上所流行的，都是不中不西、不古不
今，一个人有一个人的样子，今天与明天不同，明天又与后天不同，使社会
几几乎成为一个没有规则的社会，大家各自为政，如此凌乱无序的社会，我

---

① 陈让湖：《结婚之仪式》《社会科学论丛》第 3 卷第 8、9 期合刊，1931 年 9 月，第 184 页。
② 《中国家庭问题研究讨论》，民进中央宣传部编《雷洁琼文集》（上），开明出版社，1994，
第 23 页。
③ 政府对于婚姻礼俗的干预和规范从未停止。1907 年，清学部颁布了《札饬各省提学司严禁
自由结婚文》；1915 年春，政事堂礼制馆刊行婚礼规程（《礼制馆议决婚礼之案》，《新民
报》第 2 卷第 4 期，1915 年 4 月）；1928 年，南京国民政在全国范围内颁布《婚礼草案》，
提倡新式婚礼；1929 年 4 月 16 日又颁布了《中华民国服制条例》；1943 年，国民政府考试
院院长戴季陶在重庆北碚召集内政、教育、外交等专家讨论礼仪问题，并刊发了《北泉礼
仪录》一书，其中也包括婚礼。
④ 《新旧过渡中之婚姻问题》，《大公报》1931 年 3 月 20 日，第 2 版。

们还有什么方法来团结他呢?"① 石英也感慨道:"中国近百年来,正是新旧思想混战的时代,立国的根本精神,在这混战中,是渐渐的消沉了,一方面受了满清腐败政治的遗留,一方面是受了东西各国潮流的激荡,人心陷溺的结果,致风俗败坏到不堪。"他以各朝各代亡国的历史警醒时人。他倡议:"在这十分堕落而腐败的重围中,认起我们立国立身的大道,将以前引导我们走入灭亡的不良习惯,痛痛快快的斩除,同时,去创造我们的适宜的生活方式,形成一种有道理、有朝气的良好风俗。"② 由于民间生活丧失准绳,1930 年代国民政府试图将日常生活重新整合在新生活运动的框架之内,但是这种努力所取得的实际成效恐怕有限。从小小的婚礼亦可见国民政府的困境:一面是激进的青年,一面是保守的乡民,由此而来的社会失序与对峙恐怕不可避免了。

---

① 《社会建设中婚丧礼节问题——吴市长在市府纪念周报告》,《申报》1935 年 2 月 12 日,第 12 版。

② 《石英在国民党中央党部总理纪念周上谈改良风俗重要性的讲演词》(1935 年 10 月 5 日),《中华民国史档案资料汇编》第 5 编第 1 辑文化 (一),江苏古籍出版社,2000,第 449 ~ 452 页。

# 第十四章　从家庭在西方思想中的地位反思近代中国的家庭革命

　　就像托克维尔在《旧制度与大革命》中所言"谁要是只研究和考察法国，谁就永远无法理解法国革命",[①] 若不与西方政治、社会思想进行比较，我们也无法完全理解近代中国的家庭革命。考虑到西方家庭由传统到现代发生了很多重要的转变，包括家庭规模的变化、工作与家庭的分离以及越来越强调家庭和婚姻中的情感因素等,[②] 因此，要想厘清家庭在西方政治思想和社会生活中的实际地位以及家庭在不同政治话语中的不同样态，恐怕非一节可以完成。

　　不过，在西方实际社会政治生活中，家庭大体被视为社会的基石，基本没有出现大规模毁弃家庭的行动。最近就有作者指出，不能想象人们不应该在家庭中生活。对他而言，尝试废除家庭的言行是不可容忍的。[③] 不过，西方确实存在一个废家的思想脉络。本章尝试把握几个关键时期、有重要影响力的思想家来鸟瞰式地呈现家庭在西方政治思想中的地位，借此呈现近代中国家庭革命的一些特色。

## 一　废家思想的系谱

　　若放宽视野，西方思想从柏拉图经卢梭到马克思有一个将家庭视为社

---

① 托克维尔:《旧制度与大革命》，冯棠译，商务印书馆，1997,"序言"，第 vii 页。

② Lawrence Stone, *The Family, Sex and Marriage in England 1500 – 1800* (New York: Harper & Row, Publishers, 1977). 中译本参考《英国的家庭、性与婚姻，1500～1800》，商务印书馆，2011。

③ David Archard, *The Family: A Liberal Defence* (London: Palgrave Macmillan, 2010), pp. x - xx.

会走向美德、正义及平等之障碍的传统。在《理想国》中，为了理想的城邦，每位公民都要放弃个人的观念，而为城邦公共事务服务，所有的公民都是一个大家庭的成员。柏拉图认为，妇女和家庭是破坏社会一致（society's unity）的力量。因此，书中提出了子女归公育、妻子归公有、财产归公管的设想。苏格拉底说："这些女人应该归这些男人共有，任何人都不得与任何人组成一夫一妻的小家庭。同样地，儿童也都公有，父母不知道谁是自己的子女，子女也不知道谁是自己的父母。"假设这样的法律是有益的，苏格拉底就设想如何能实现废家的设想。"最好的男人必须与最好的女人尽多结合在一起，反之，最坏的与最坏的要尽少结合在一起"，而"生下来的孩子将由管理这些事情的官员去抚养。这些官员或男或女，或男女都有"，"优秀的孩子，我想他们会带到托儿所去，交给保姆抚养。保姆住在城中另一区"。不过，"在母亲们有奶的时候，他们引导母亲们到托儿所喂奶，但竭力不让她们认清自己的孩子"。结婚也有很强的政治意味，因战胜而获得荣耀的人可以得到更多的机会与妇女结合。但是废除家庭的同时，又保留了婚礼。"按照法律须有假期，新妇新郎欢聚宴饮，祭享神明，诗人作赞美诗，祝贺嘉礼。结婚人数的多寡，要考虑到战争、疾病以及其它因素，由治理者斟酌决定；要保持适当的公民人口，尽量使城邦不至于过大或过小。"婚礼除了由法律和治理者决定外，结婚并不是一男一女，而是数男数女。①

值得注意的是，柏拉图提议废除家庭父权制度时，这些权利都让渡给了国家。在理想国中，妇女虽然和男子接受同等的教育，可是她们并没有现代意义上的自由和权利。她们和男性一样都只是为国家生育健康儿童的工具。国家决定她与谁、在什么情况下生育，女性自己并没有参与选择结合的对象。可以说，她们是国家的财产。在理想国里，人们追求的不是个人的幸福而是公共的幸福。妇女虽然走出了象征私领域的家庭，然而在公有的（communal-owned）空间里仍旧生活在父权家庭制度

---

① 柏拉图：《理想国》第5卷，郭斌和、张竹明译，商务印书馆，1986，第457D～460B页。

的结构里。①

卢梭怎么理解家庭和父权制度是一个相当复杂的问题。对于当时流行的所谓政治和整个社会的专制都是由父权派生出来的观点，卢梭持明确的反对立场。他指出："世界上没有比父权的温和与专制政治的残暴更相径庭的了。"由于"父权的行使与其说是为了命令者的利益，毋宁说是为了服从者的利益"，换言之，"父亲只是在他的子女还需要他的扶助的时候，他才是子女的主人。过了这个时期，他们便处于同等的地位了"。② 而家庭的出现是"人类情感最初的发展"，"把丈夫、妻子、父母、子女结合在一个共同住所里。共同生活的习惯，使人产生了人类所有情感中最温柔的情感：夫妇的爱和父母的爱，每个家庭变成了一个结合得更好的小社会，因为相互依恋和自由是联系这一小社会的唯一的纽带"。③

可是，卢梭也曾批评彼时利用父权侮辱人道的情形，并站在儿女立场控诉父亲的压制和约束。他说："由于父亲粗暴的压制，埋没了多少天才，使多少儿女的意志不得自由！有多少人如果处在一种适宜的境况中是可能出人头地的，但他们竟在与自己的兴趣大相径庭的另一种境况中悲惨而屈辱地度过了一生！在那种永远与自然秩序相违背的社会条件下，有多少幸福的婚姻因为男女双方地位悬殊而终被拆散或遭到干涉，有多少贞洁的妇人丧失了贞操！有多少因利害关系而结成、却被理性与真正爱情所否定的离奇婚姻！甚至有多少忠实而有品德的夫妇，只因错配了姻缘而双方都感到痛苦！有多少因为父母的贪婪而受害的不幸的青年，耽溺于放荡的生活，或者在流泪中过着悲惨的日子，呻吟在他们内心所拒绝、却被金钱所促成的、不能离异的结合之中！"④

卢梭对于家庭的负面观感或许首先来自他自幼便失去了家庭关爱的成长经历。出生时他便失去了母亲，后来其父也因为一场纠纷而离开了他。

---

① Catherine Gardner, "The Remnants of the Family: The Role of Women and Eugenics in *Republic* V", *History of Philosophy Quarterly*, Vol. 17, No. 3 (July, 2000), pp. 222 – 235.
② 卢梭：《论人类不平等的起源和基础》，李常山译，商务印书馆，1962，第 134 页。
③ 卢梭：《论人类不平等的起源和基础》，第 116 页。
④ 卢梭：《论人类不平等的起源和基础》，第 163 页。

他曾回忆说，自己的父亲再婚之后，"成立了另一个家庭，生活在另一种环境，过另一种日子"。虽说自己每逢见到父亲便能受到"父亲的抚爱"，但是其父没有坚持把卢梭留下来。后来，卢梭几乎过着流浪的生活而无家可归，与放荡不羁的已婚妇女同居，与女仆同居并将五个孩子送到孤儿院。①

其次，卢梭的反家庭倾向可能与他对自然状态的假设不无关联。他眼中的"自然"带有剥离一切社会属性的意味，类似近代中国"冲决网罗"的含义。他的"自然状态"与霍布斯假设的"大家互相残杀的战争"的状态恰恰相反。他认为，自然人是人们可能设想的最和平的人。他认为，孩子可以不需要父母照顾而独自完成社会化。卢梭想象了一个除了自己不需要任何人的原始时代，毁灭了社会、取消"你的""我的"这样的观念。② 他认为，在人的最原始时代，"孩子本身，一旦能够离开母亲独立生存，也就与她毫无关系了"。没有"我见"的原始时代经历了人类历史上的第一次变革的时代。"这一变革促进了家庭的形成和家庭的区分，从此便出现了某种形式的私有制，许多的争执和战斗也就从而产生了。"而"私有制"的出现意味着"平等就消失了"，"劳动就成为必要的了"。换言之，"由于私有制和法律的确立，不平等终于变得根深蒂固而成为合法的了"。③ 最终，卢梭把不平等的根源归咎为私有财产的占有。

到了 19 世纪，马克思构建的共产主义社会不仅要消灭私有制，而且要消灭家庭。马克思批判当时资产阶级的家庭生活腐化，表面道貌岸然，实际上却是卖淫、诱奸充斥了社会。他预言资产阶级的家庭会消亡。马克思的"解放"是彻底的，不仅包括经济、政治和法律，也包括宗教、道德和家庭。④ 恩格斯在《共产主义原理》中是这样诠释共产主义制度与家庭的关系的。

① 卢梭：《忏悔录》，黎星译，商务印书馆，1986，第 1 ~ 3 章。
② 卢梭：《论人类不平等的起源和基础》，第 103 页。
③ 卢梭：《论人类不平等的起源和基础》，第 112、115 ~ 149 页。
④ 马克思：《共产党宣言》，中共中央马克思恩格斯列宁斯大林著作编译局编《马克思恩格斯全集》第 4 卷，人民出版社，1968，第 469、482、486、487 页。

两性间的关系将成为仅仅和当事人有关而社会勿需干涉的私事。这一点之所以能实现，是由于废除私有制和社会负责教育儿童的结果，因此，由私有制所产生的现代婚姻的两种基础，即妻子依赖丈夫、孩子依赖父母，也会消灭。这也是对道貌岸然的市侩关于共产主义公妻制的悲鸣的回答。公妻制完全是资产阶级社会特有的现象，现在的卖淫就是这种公妻制的充分表现。卖淫是以私有制为基础的，它将随着私有制的消失而消失。因此，共产主义组织并不实行公妻制，正好相反，它要消灭公妻制。①

恩格斯批评了建立在私人发财、资本基础上的家庭以及它的补充现象，即无产阶级被迫独居和公娼现象。②

后来，德国社会主义者倍倍尔也预测梦想的"黄金时代"终将到来，"几千年来，人类社会经历了各个发展阶段，终于达到了能够起步走向共产主义所有制、完全的平等和博爱的境界，不过，这一切已不再仅仅是为了上等人，而是为了整个人类"。在未来的理想社会中，男女自由恋爱、废除私有制。"今天的婚姻形式也将会消失，同时，继承权问题也将随之解决：社会主义甚至没有必要去废除继承权，因为私有制已不复存在。"③

检索西方政治思想史不难发现，从柏拉图、卢梭到马克思等思想家都曾有相似质疑家庭或者废除家庭的思想倾向。④ 1970 年代，罗尔斯的《正义论》对家庭产生了巨大的冲击。他特别审视了通过家庭传递的不平等，认为家庭是妨碍人与人平等的基本因素。家庭收入、父母教育程度、环境影响了孩子禀赋的发展和机会的均等。因此，他说："公平机会的原则只能不完全地实行，至少在家庭制度存在的情况下是这样。"⑤ 不过，罗尔斯对家庭

① 恩格斯：《共产主义原理》，《马克思恩格斯全集》第 4 卷，第 371 页。
② 恩格斯：《英国工人阶级的状况》，《马克思恩格斯全集》第 2 卷，人民出版社，1957，第 313、414 页。
③ 倍倍尔：《妇女与社会主义》，第 469~472 页。
④ Joseph Grcic, *Ethics and Political Theory* (Lanham, Maryland: University Press of America, 2002), pp. 227–242.
⑤ 罗尔斯：《正义论》，何怀宏译，中国社会科学出版社，1988，第 69 页。

存废的态度还是相当模糊的。他充分认可家庭在培养儿童道德、公民观念等方面的地位，认为家庭应免受外部的干扰。不过，20 世纪六七十年代的欧美社会，毁家的观念得到了激进的女权主义者的支持。[1] 激进的女权主义者认为，一夫一妻的婚姻家庭是对女性的压抑，女性被看作男性的所有物和财产，被局限在家庭之内而不具有公民权利。有些激进主义者也曾宣称要废除家庭。[2] 但是与之相抗衡，西方还存在一个重家或者至少主张保存家庭的传统。

## 二 重家的传统

或许由于各种因素，西方废除家庭的学说为我国学界所熟悉，而西方保护家庭的言说却不大为我们所了解。这一传统由亚里士多德经洛克、黑格尔、托克维尔一脉相传，强调家庭是社会秩序的基石。[3] 亚里士多德公开反对柏拉图废除家庭、儿童公育的设想。他首先指出，建立公妻的社会自然要发生许多纠纷；其次，"全体的人们对同一事物说'这是我的'"并不符合实际情况。同时，这未必能导致整个城邦的治和，实际上会引起损害。最后，《理想国》中倡议的这种制度产生的效果一定相反于他原先所企求的目的。换言之，"在柏拉图的宪法下，你就一无所有，而那些说是都属于你的，你又毫不珍惜"。他进而指出，苏格拉底的政治前提是"整个城邦的一切应该尽可能地求其划一，愈一致愈好"。但是，亚里士多德指出，"一个尽量趋向整体化（划一）的城邦最后一定不成其为一个城邦"，因为城邦的本质就是"许多分子的集合"，而"划一化"就是"城邦本质的消亡"。[4]

在亚里士多德看来，家庭是人类为了满足日常生活需要而建立的社会的

---

① 参考 Susan Okin, *Justice, Gender and the Family* ( New York: Basic Book, Inc, Publishers, 1987), Chapter 2。

② Germaine Greer, *The Female Eunuch* ( New York: Harper Collins Publishers, 2009), pp. 246 – 268.

③ 柏格:《现代化与家庭制度》，萧新煌译，巨流图书公司，第 195 页。

④ 亚里士多德:《政治学》卷 1，第 1261a9 ~ 1261b15 页。

基本形式，进而由家庭联合组成另一种形式的团体村坊。等到若干村坊组合而为"城市"，社会就进化到高级而完备的境界。在这种社会团体内，人类的生活可以获得完全的自给自足。① 家庭、村落的生活虽然是较高的发展阶段，但是最高的国家生活才使快乐与光荣的生活成为可能，而国家的生活是人的本性的完成。

城邦包含许多家庭，亚里士多德首先讨论家务管理。家庭基本的要素是主和奴、夫和妇、父和子，获得财产是家务的一部分。② 在另一处，他宣称："丈夫对于妻子，父亲对于子女的治理虽然同样为对于自由人的统治，但也有所不同，父子关系好像君王的统治，夫妇关系则好像共和政体。"③ 具体地说："男女在家庭间地位虽属平等，可是类似民众对轮流担任的执政的崇敬，丈夫就终身受到妻子的尊重。另一方面，父权对于子女就是类似王权对于臣民的性质，父亲和他的子女之间不仅由于慈孝而有尊卑，也因年龄的长幼而分高下，于是他在家庭中不期而成为严君了。"④ 他进一步指出："每一家庭是城邦的一个部分，而夫妇和父子的组合则为家庭的各个部分。各个部分的善德必须同整体的善德相符。"⑤ 妇孺的善良与否的确有关城邦的优劣，家庭是城邦存在的条件，但不是城邦的一个组成部分。

亚里士多德对公、私领域的划分影响深远。公领域意味着男性、政治、不道德，而私领域的家庭则是女性、非政治、道德的象征，清晰地表明了公私领域的边界和意义，多数女性所在的家庭便排斥了从政治的角度来定义家庭。⑥

罗马家庭由血缘、婚姻、收养以及奴隶构成，婚姻多是包办的。在雅典，政治被视为男人的事务。通过家庭，个人才能成为城邦的一员。在古代和中古的思想世界里，强调对父亲的服从和恭敬也是由来已久的。雅典的法

---

① 亚里士多德：《政治学》卷1，第1252b10～1252b30页。
② 亚里士多德：《政治学》卷1，第1253b～1254a17页。
③ 亚里士多德：《政治学》卷1，第1259a39～1259b1页。
④ 亚里士多德：《政治学》卷1，第1259b8～1259b13页。
⑤ 亚里士多德：《政治学》卷1，第1260b12～1260b15页。
⑥ Jean Bethke Elshtain, "Aristotle, the Public-Private Split, and the Case of the Suffragists," *The Family in Political Thought* (Amherst: University of Massachusetts Press, 1982), pp. 51–65.

律认为，人们应该尊重父母是因为父母将他们带到人世间，并且养育、教育了他们。到 2 世纪时，家庭和婚姻趋于更加中心的地位，秩序井然的家庭中孩子学会了基本的美德，能够以此美德来运行这个城邦。尽管妇女的生活、主奴的关系并不在公共检视之下，家庭是经济生产的单元、社会秩序的典范、政治美德的学校以及城邦之基的事实使得家庭成为确保城邦延续的社会制度。①

《新约》中没有系统讨论婚姻和家庭，但是需要特别注意的是在上帝旨意之下，核心问题不是宣称人的意志，而是将整个存在服从于上帝的意志。耶稣作为上帝之子，首要的问题是保持单身以便全身心地奉献给上帝，血缘关系无助于服从上帝的福音。因此，为了变成上帝的信徒，早期追随者便必须抛弃家庭关系。这当然不能理解为耶稣主张废除家庭。没有任何记录显示耶稣禁止家庭、摒弃家庭关系。相反，他禁止离婚，坚持认为两性合二为一、必须保持终身的贞节。换言之，婚姻和家庭并非信仰耶稣的障碍，只有在家庭禁止其成员信仰基督教时，它才成为耶稣诅咒的对象。使徒保罗对家庭相当漠视。他之所以如此漠视家庭是他相信耶稣即将重现，婚姻与家庭的时代很快将终结。② 无论其特殊处境为何，基督徒应该全身心地服务上帝。随着信仰基督的已婚人士的增加以及基督徒结婚成立家庭，逐渐形成了基督教家庭的伦理。在家庭中，丈夫是妻子、孩子、奴隶的权威。虽然在上帝面前家庭成员是平等的，但在政治面前仍是等级化的。一个有序的家庭是传道事业的见证者。③

在新信仰的语境中，家庭被重新想象，而沉默的多数基督徒仍生活在家庭之中，尽管更高的要求是服务上帝而拒绝家庭生活。有神学家便赞扬禁欲为精神纯洁，但是多指向年老的寡妇，而非适婚的少女。少数神学家认为婚

① Brent Waters, *The Family in Christian Social and Political Thought* (New York: Oxford University Press, 2007), p. 5.

② Brent Waters, *The Family in Christian Social and Political Thought*, p. 11.

③ 参考 James Douglas Grant Dunn, "The Household Rules in the New Testament," in Stephen C. Barton, ed., *The Family in Theological Perspective* (Edinburgh: T&T Clarks Publishers, 1996), pp. 48 - 52。

姻、家庭是社会罪恶与腐败的基础，但是多数仍支持传统家庭模式。① 已婚的基督徒是教会以及市民群体的支柱，良好的基督教家庭是基督教社群的保卫者。不过在早期基督教时代，相较于单身，那时个人的时间和精力全部贡献给社会，家庭一直是一种次好的生活方式。在信仰世界里，单身与成婚的竞争一直存在，特别是对于教会领袖而言，单身当然是更好的选择。这也是禁欲主义思想在教会内部的体现。②

奥古斯丁并未挑战上帝展现出的禁欲所具有的崇高地位。他赞美贞节的同时，反对异教徒过度纵欲和禁欲的规定。他的策略是把婚姻、单身都当成是善，只不过婚姻是次善，但也是善的。其基本的善是后代、信仰、神圣。基于友谊与和睦而成立的人类团体是上帝的命令，反过来也为基督王国的到来提供了社会与政治的坚实基础。婚姻是善，婚姻也见证了上帝对造物之爱。虽然如此，这也保留了堕落世界中的妥协关系。③

在奥古斯丁看来，生儿育女不是被情欲所激动，是一种对上帝的服从。对于离婚而言，奥古斯丁坚持夫妻已不再是两个人，而是一体的观念。不过，"身体是一种低于灵魂的存在，身体应当服从灵魂"，而"非理性的运动服从心灵和理性，而理性本身则是服从上帝"。④ 根据上帝的教导，人有三样要爱的对象：上帝、自己和他的邻人。只要有可能，"他会同样对待他的妻子、孩子、奴仆，以及其他所有人"。这种和谐秩序首先要求"不能伤害任何人，其次只要有可能，就应当对所有人行善"。因此，"第一位的事情是他必须照料他自己的家庭，人类社会的天然秩序本身给他提供了做到这一点的

---

① 例如 John Chrysostom 便认为家庭是即将逝去时代的、毫无希望的建制。参考 Jacobus de Voragine, *The Golden Legend*: *Readings on the Saints*, translated by William Granger Ryan (Princeton and Oxford: Princeton University Press, 1993), pp. 559 – 567。

② 参考 Eva Maria Lassen, "The Roman Family: Ideal and Metaphor," in Halvor Moxnes, ed., *Constructing Early Christian Families*: *Family as Social Reality and Metaphor* (London and New York: 1997), pp. 103 – 120。

③ "Marriage and Sexuality in Augustine's Anti-Manichean Writings," in Clark Elizabeth, *St Augustine on Marriage and Sexuality* (Washington, D. C.: The Catholic University of America Press, 1996), pp. 32 – 41.

④ 奥古斯丁：《上帝之城》，王晓朝译，人民出版社，2006，第 623 页。

进路和照料家人的机会"。① 从家庭发展为城镇，最后是世界，也就是人类社会。就居住在一起的人而言，"家庭的和平是一种有序的涉及命令与服从的协调"。② 最后，奥古斯丁写道："家庭的和平与城市的和平是相关的，也就是说，家庭事务中的治理与服从的有序和谐与城市的治理与服从的有序和谐有关。"③

中世纪的神学家在奥古斯丁的框架中理解和诠释家庭。婚姻是自然的结合，受自然法的约束。经双方一致同意，因此它也受民法之约束。婚姻也是神圣的，因此也接受宗教法规的约束。与奥古斯丁相呼应，婚姻的意义被视为陪伴、拯救欲望、在信仰层面教养子女、服务于上帝。忠贞的婚姻拥有后代、忠诚以及神圣的祝福。后来，托马斯·阿奎那也认为教育是父母的自然权利。④ 在教会控制婚姻倾向越来越强的时候，家庭便从古典时代双方家长的约定变成了个人的约定。和平与和谐的市民社会通过婚姻家庭关系来推动，婚姻家庭纽带让无联系的个人与团体形成联系。于是家庭向外延伸至更广阔的人类领域，而非转向内部的家族与宗族的团体。⑤

1950 年代以来，欧美史家已经注意到了宗教改革对婚姻、家庭观念的影响。例如，马丁·路德拒绝了婚姻是神圣的传统观念，拒绝了单身作为更高等的职业。⑥ 路德一方面坚持日耳曼的传统看法，认为妇女除了生孩子、下厨房及祷告，最好不要过问别的；另一方面，他认为丈夫也应给予妻子适当的尊重，对妻子在家务上所做的贡献要给予适当的肯定。这既是一种爱慕，也是一种关怀，更是一种尊重。宗教改革让教会控制的婚姻转移到了地方官手中，教会的力量大大下降了。⑦

---

① 奥古斯丁：《上帝之城》，927 页。

② 奥古斯丁：《上帝之城》，924 页。

③ 奥古斯丁：《上帝之城》，930 页。

④ 参考 Francis Schrag，"The Right to Education," *School Review*，Vol. 79. No. 3 （May, 1971），pp. 359 – 378.

⑤ Brent Waters，*The Family in Christian Social and Political Thought*，pp. 23 – 26.

⑥ John Whitte Jr.，*From Sacrament to Contract*：*Marriage, Religion and Law in the Western Tradition* （Louisville, KY：Westminster John Knox Press，1997），Chapter 5.

⑦ Merry E. Wiesner，" Beyond Women and the Family towards a Gender Analysis of the Reformation," *Sixteenth Century Journal*，XVIII，No. 3，1987，pp. 311 – 321；Carter Lindberg，"Martin Luther on Marriage and the Family," *Perichoresis*，pp. 27 – 46.

不过，加尔文就不认为婚姻是两个人私自的约定，而认为是公共的、市民社会中各类约定的组成部分。① 已婚的夫妇可以实现婚姻的三重目的：互助互爱、生养子女以及远离罪恶。② 加尔文也认为："独身与禁欲是天主教为了垄断其统治而给予教众的无理的规定，这一举动不但否定了上帝的旨意，并且还是反正义的。"③

清教徒的家庭观念大致有以下几方面：家庭是一个社会，其所有者和统治者是上帝。换言之，家庭是上帝的工具，以期实现公共和普世的善。基督教的家庭也是上帝准许之团体。④ 在宗教改革抨击教会权威的时期，政治与非政治领域逐渐区别开来，权威是理性与法律的视角，而非以传统作为基础。伴随着宗教改革和清教徒运动，家庭逐渐被视为一个私领域，而不是一个联系其成员与其他广阔社会团体之制度。自由主义的一系列信条与原则让个人可以追求自由和自治。早期现代的代表人物阿尔特胡修斯视家庭为政治的而非经济的。在他看来，若没有家庭，其他任何公私团体都不能实现秩序井然。秩序良好的家庭是社会政治秩序的基础。⑤

在 17 世纪英国人的思想世界里，父权制占据着主导地位。这样的思想规范着国王与臣民、父与子、主与仆的关系。父权制与绝对王权互为表里。在支持父权和王权的人们看来，父权制家庭是普遍的、个人生活的中心、符合上帝意志的。费尔墨（Robert Filmer）的观点就代表了那个时代人们的世界观和人生观。⑥

---

① John Whitte Jr., *From Sacrament to Contract：Marriage, Religion and Law in the Western Tradition*, Chapter 6.

② Jane Dempsey Douglass, "Christian Freedom：What Calvin Learned at the School of Women," *Church History*, Vol. 52, No. 2, 1984, pp. 155 – 173.

③ 参考李喜蕊《英国家庭法历史研究》，知识产权出版社，2009，第 183 页。

④ 对清教徒家庭观念的整体分析，见 Brent Waters, *The Family in Christian Social and Political Thought*, pp. 32 – 59。

⑤ Brent Waters, *The Family in Christian Social and Political Thought*, pp. 64 – 65。

⑥ 17 世纪欧洲的社会理论给予父亲和丈夫在孩子、妻子身上绝对的权威，他们认为父亲是家长，应该拥有孩子的服从是自然的神圣法，是上帝的意志。持这一观点的费尔默尤其认为国家（the state）就像一个家庭，国王就是父亲。这一派主要是为了反对君主权力来自臣民的同意以及国王是可以被抵抗的观念。但与此同时，思想家诸如 Bellarmine，Suarez，

对人性和人类社会的重新认识大大地冲击了西方人对家庭的认识。随着外部社会变迁、政治的革新、经济的发展，人们尝试在新的契约而非自然的政治哲学框架内重新理解和诠释家庭。霍布斯和洛克便是两种思想脉络的代表。现代政治思想的奠基人霍布斯从性恶论出发，指出人性中的自然欲望与理性共存，人贪婪成性，因此自然状态是每个人对每个人的战争状态。为了摆脱那样悲惨而可怕的状态，人们只能订立契约，放弃自己对万物的权利。就此世的生命而言，公民可以享受不受外敌侵扰、内部和平的维持、获得与公共安全尽可能一致的财富、充分享受合法的自由。

霍布斯认为，由于"自然的平等，所有成年人都被看成是相互平等的。在那里，凭借自然的权利，胜利者就是被征服者的主人；因而，凭借自然的权利，对于婴儿的支配权首先属于最早以其权力拥有他的人。显然，一个新生儿先在他母亲而非别人的权利中"，而对婴儿的支配权以不同的方式转移到别人那里，包括养父母、战胜者、国家、父亲那里，而"尊重父母的法则就是符合自然法的，其基础不仅仅是感恩而且也是同意"。① 在《利维坦》中他进一步诠释了父母对子女的宗法管辖权。②

霍布斯从习俗（convention）和同意（consent）来诠释家庭成员的义务和权利。这样的理解和同时代人比起来已经很新（相比非个人主义或父权制的诠释），但是他仍旧支持父权制家庭和一夫一妇的婚姻制度。他认为，家庭是社会的基本单位，但个人是政治的基本单位。他假设自然状态中男女可能类似平等的关系，但是代际关系也不可能平等。在他看来，适当的政治组织保证家庭的稳定，尤其是儿女对父母的服从。③

在《论公民》中，霍布斯特别指出，"在男人和女人之间关于共同生活的合法契约（即民法应允的契约）当然就是合法的婚姻，无论这婚姻是否

---

George Buchanan, Jean Bodin 反对父权和君权的不可区分性，认为国家和家庭是两种不同的社会制度。参见 Filmer, *Patriarcha and Other Writings*, ed. , Johann P. Sommerville（Cambridge：Cambridge University Press, 1991），pp. ix-xxiv.

① 霍布斯：《论公民》，应星、冯克利译，贵州人民出版社，2002，第94~97页。
② 霍布斯：《利维坦》，黎思复、黎廷弼译，商务印书馆，1986，第154~156页。
③ John Zvesper, "Hobbes's Individualistic Analysis of the Family," *Politics*, Vol. 5, No. 2（Oct. , 2007），pp. 28-33.

誓言"。而"主持在教堂进行的婚礼，为新人祝福，或给他们祝圣"完全是"牧师的义务"，一切关于与谁、何时以及缔结什么样的婚姻都是"国家的法律来规定"。① 为了延续市民社会，生育与养育是社会政治秩序不能忽视的一面。考虑到父母是教养子女最佳人员，因此，保存家庭便是自然状态的一个必要遗迹。但是，霍布斯和洛克都认为这样的家庭生活不应该有什么政治、社会的意涵。市民社会要从自然状态中摆脱出来。家庭与市民社会的价值是完全不同的：前者是自然的亲权，后者是自由与理性的统一。

相较于霍布斯，洛克关于家庭的论说更有说服力，影响也更广泛。洛克仔细区别了政治关系和非政治关系，他反对费尔默关于家庭与国家的类比，认为家与国在性质上根本不同。更重要的是，洛克把市民社会与家庭区分开来。他相信人类天性自然纯美，家庭是自然的人类组织，而国家是契约的。② 就像路德、霍布斯的观点象征着与传统断裂，洛克则代表着延续。他的思想资源很可能是托马斯·阿奎那和亚里士多德。③ 借用古特曼（Amy Gutmann）教授的概念，家庭国家（family state）就像柏拉图提议的以国家来承担教养儿童的责任，而家庭组成的国家（state of families）则是国家将教养子女的责任授权给家庭，后者为洛克所推崇，而他称得上是家庭自治的维护者。④

洛克指出，人们孝顺父母因为父母养育、抚爱和照顾了自己。⑤ 盖"所有父母根据自然法具有保护、养育和教育他们所生的儿女的责任"。⑥ 洛克明确说："自由却并不使儿子免除他根据上帝的和自然的法则对他父母应尽的尊礼。"上帝一方面"使父母承担养育、保护和教育他们儿女的义

---

① 霍布斯：《论公民》，第75页注释6。

② Mary Lyndon Shanley, "Marriage Contract and Social Contract in Seventeenth Century English Political Thought," *The Western Political Quarterly*, Vol. 32, No. 1 (Mar. , 1979), pp. 79 – 91.

③ Gordon J. Schochet, *The Authoritarian Family and Political Attitudes in 17th-Century England: Patriarchalism in Political Thought* (New Jersey: Transaction Inc, 1988), pp. xxi-xxvii.

④ Amy Gutmann, *Democratic Education* (Princeton: Princeton University Press, 1999), pp. 19 – 32.

⑤ 洛克：《政府论》（上），瞿菊农、叶启芳译，商务印书馆，1982，第83~84页。

⑥ 洛克：《政府论》（下），第35页。

务，同时他又要儿女承担永久尊礼他们父母的义务，其中包括用一切形诸于外的表情来表达内心的尊崇和敬爱"。① 对于父母的权威而言，洛克曾说，"应该在儿童极小的时候早早加以管教，应该使子女绝对服从父母的意志"，这样长大后才能成为父母"亲媚的朋友"。他特别反对幼小时期父母的自由和放纵，认为父母之管教有如"绝对权利的统治者"。② 树立父母的威信以及子女对父母的尊重是洛克思考的核心问题，这也意味着家庭在儿童教养中的核心地位。休谟从反面指出："在人类可能犯的一切罪恶中，最骇人、最悖逆的是忘恩负义，特别是当这种罪恶犯在父母的身上。"③

面对资本主义、工业化、社会分化和个人主义的冲击，黑格尔重新思考家庭与财产、爱情、妇女地位的关系。在他看来，家庭是国家伦理的根基，也是共存的、多重伦理生活的一部分。他强调家庭必须与利己主义的个人主义、财产和阶级的分化以及个人意识等社会后果共处。他认为，只有那些能在各个领域（家庭、社会和国家）之间角色柔和转化的个人才是真正的个人（authentic individual）。伦理国家（ethical state）并不是一个孤立的制度，而是建立在家庭以及各种社会组织的基础上。④ 易言之，他积极认可家庭对建构现代国家积极的一面。

黑格尔似能看到人禽之别而强调家庭和政治领域的权利与所谓抽象的个人权利之间的差别，进而认为家庭本身就有权利。⑤ 保护家庭的倾向也表现在他不认为所有人类关系都是契约关系。黑格尔从异化的市民社会（alienation of civil society）中拯救家庭关系的努力还表现在他肯定了父权在家庭生活中的存在。尽管此时的家庭已经不是与农业社会伴随的父权制家庭而是强调夫妻感情的一夫一妻小家庭。然而，父亲仍旧是处置家庭财产的决定者，也是外部社会联络员，妻子、女儿和幼子则在家庭内部展开生活。黑

① 洛克：《政府论》（下），第41页。
② 洛克：《教育漫话》，傅任敢译，教育科学出版社，2011，第29～30页。
③ 休谟：《人性论》，关文运译，商务印书馆，1996，第506页。
④ Joan Landes, "Hegel's Conception of the Family," *Polity*, Vol. 14, No. 1 (Autumn, 1981), pp. 1 – 7.
⑤ G. W. F. Hegel, *Philosophy of Right*, translated by S. W Dyde(Ontario: Batoche Books, 2005), pp. 138 – 153.

格尔肯定了家庭与社会、公私划分以及男女分工等基本原则，因而他反对妇女进入象征公领域的社会。家庭的权利是对抗自然、社会和国家客观化的权利，也是对抗消解家庭之统一的存在。黑格尔保护家庭表明他在和腐蚀家庭的个人主义、康德式的契约观念对抗。他反对家庭和国家的无差别类比，尽管他同意家庭伦理是国家伦理的基础。①

19世纪，维多利亚时代的人们似乎剥离了家庭作为国家缩影的意义，也不认为从家庭习得的服从应该转移到公民与国家的关系。人们认为，理想的家庭构成了一个独立的社会空间，乃黑暗社会之避风港。② 家庭是责任、道德的象征。在家庭中，孩子渐渐成长为具有自治能力的公民。与无情的社会相比，资产阶级的家庭也是人们生理上和心理上摆脱丑陋社会的温馨之所，充满了爱和感情的家庭是人们栖息的港湾。③

托克维尔则特别强调家庭对民主政治的重要意义。④ 他首先指出，美国人的家庭与罗马人、贵族对"家庭"的理解不同。他继而说道："美国人只是在出生后的最初几年才具有家庭意识。在孩子的童年时期，父亲实行家庭专政，子女不得抗拒。子女的年幼无知，使这种专政成为必要；而子女们的利益，以及父亲无可争辩的优势，又使这种专政成为合理合法。"而子女成年之后，"便自己闯天下，开始走其自己的人生道路"。他也明确指出，这不是一种家庭内部的争斗，因为"做父亲的早已看到他的权威总有一天期满，这个期限一旦到来，他便自愿放权；而做儿子的也已事先知道，他自主的日子必将到来，可以十拿九稳地获得自由"。父子之爱与手足之情在民主与贵族制度的社会中表现不同，但是"民主制度松弛了社会联系，但紧密了天然联系"。在托克维尔眼中，美国人一方面提倡"父权应予削弱，夫权应被否认"；另一方面"妇女在生活中循规蹈矩是民情

---

① Joan Landes, "Hegel's Conception of the Family," *Polity*, Vol. 14, No. 1 (Autumn, 1981), pp. 8 – 28.

② Christopher Lasch, *Haven in the Heartless World* (New York: W. W. Norton & Company, 1995), Chapter 1.

③ Alan Macfarlane, *The Culture of Capitalism* (Oxford: Basil Blackwell, 1987), Chapter 6.

④ 托克维尔：《论美国的民主》，董果良译，商务印书馆，1991，第337~338、626~627页。

纯朴的最好保证和最明显的标志",而严肃的婚姻观念"是家庭安定和繁荣的最可靠的保障"。[①]

后来家庭作为私领域免受国家的入侵,父母有选择教育子女方式的自由,这一自由是免受国家的约束,是个人的隐私权。以赛亚·柏林就明确说,我们必须划定"私人生活的领域与公共权威的领域间的界限"。因为,他注意到霍布斯和洛克都认为"人类生活的某些部分必须独立,不受社会控制",否则便是"专制"。不过他有些犹疑,公与私"这条界限应当划在哪里,是一个有争议甚至是讨价还价的问题"。[②] 1970 年代以来,公与私的边界是欧美政治哲学领域争论的问题。[③]

即便私领域的家庭受到各种外部力量的冲击,仍有不少思想家起而维护家庭的价值。查尔斯·泰勒说,在家庭中成长是人自然的一部分。那些为了获得人人公平的社会而打破家庭之说的荒谬之点在于他们破坏家庭而实现正义时,个人已非完整的人而是被切割的人。[④] 列奥·施特劳斯也反对为了公平而以牺牲家庭为代价,认为没有稳定的私领域也不会有健康的公领域,家庭就是一个重要制度。[⑤] 也有作者反对柏拉图毁家的主张。他们不能接受婚姻被废除后,由统治者安排配合对象,认为这样的主张不仅不可能实现,而且是违反人性的。[⑥] 也有研究者批评说,废家是一种自我否定(self-denial),

---

① 托克维尔:《论美国的民主》,第 732 ~ 733、738、740、742 页。

② 以赛亚·柏林:《两种自由概念》,《自由论》,胡传胜译,译林出版社,2003,第 191 ~ 194 页。

③ 公私之别在洛克时代大体确立,是家庭与国家关系的基础,但是 20 世纪六七十年代女权主义者对此发起挑战,认为这对女性不公正。Carole Pateman, "Feminist Critiques of the Public/ Private Dichotomy," *The Disorder of Women: Democracy, Feminism, and the Political Theory* (Stanford, CA: Stanford University Press, 1989), pp. 118 – 140; Ruth Gavison, "Feminism and the Public/ Private Distinction," *Stanford Law Review*, 45, No. 1 (1992), pp. 1 – 45; Sandra Berns, "Liberalism and the Privatized Family: The Legacy of Rousseau," *Res Publica*, Vol. 11, No. 2 (2005), pp. 125 – 155.

④ Charles Taylor, *Philosophy and the Human Sciences* (Cambridge: Cambridge University Press, 1985), p. 295.

⑤ Leo Strauss, *The City and Man* (Chicago& London: The University of Chicago Press, 1978), pp. 115 – 120.

⑥ Susan Moller Okin, "Philosopher Queens and Private Wives: Plato on Women and the Family," *Philosophy & Public Affairs*, Vol. 6, No. 4 (Summer, 1977), p. 353.

以为那些试图实践《理想国》中所描述的任何一点制度都无疑会失败，因为这样的制度是无法忍受的。①

事实上，从社会公平的角度出发，西方不少思想家意识到家庭传递了社会不平等，出身贫寒的子弟很难与出身上层的人们获取一样的社会资源。家庭成为妨碍社会公平的制度。可是，西方自由主义的核心理念是每个自治的个人都有自由去组织他所喜欢的家庭，只要不妨碍其他公民和社会规范，这就让那些主张废除家庭、尝试公社生活的主张得不到多数人的认可。换言之，西方社会追求的平等绝不以牺牲自由为代价。

进一步说，尽管政治力量深刻地塑造了家庭生活，特别是保护那些在家庭中受到不公正待遇的妇女和儿童，但是，政治不能干预人们组织家庭的自由。即便家庭造成了儿童机会的不平等，废除家庭的主张也被视为荒谬的，因为亲密的亲子关系对于父母和子女都具有不可替代的意义。家庭对于儿童的认知、道德、情感的发展以及他们成年时的健康有着巨大的价值。对于成年人而言，抚育孩子意味着快乐、自我实现，是成熟的源泉。② 对个人而言，家庭内在、正面的价值被广泛认可，而试图以国家管理个人生活的言说不仅会失败，而且会导致权力的滥用、腐败以及溢出范围的权力。③

面对个人主义、国家观念、社会力量的崛起，特别晚近又颇受平等、社会正义的冲击，家庭引起了西方政治哲学家的关注。各种论说、组织机构起而捍卫家庭的价值，④ 保守者捍卫一夫一妻及其子女组成的传统家庭形式，自由主义者则支持人们组合成各式各样的家庭。社群主义者尤其捍卫家庭，重建以孩子为中心的婚姻和公共政策，强调感情和关系对人类的重要

---

① A. E. Taylor, *Plato*: *The Man and His Work* (London: Methuen & Co. Ltd, 1960), p. 270.

② Harry Brighouse and Adam Swift, *Family Values*: *The Ethics of Parent-Child Relationships* (Princeton & Oxford: Princeton University Press, 2014), p. 33.

③ David Archard, *The Family*: *A Liberal Defence* (London: Palgrave Macmillan, 2010), pp. xxi.

④ 在美国，为了对抗女权主义运动反家庭的倾向，支持家庭的运动，包括新传统主义和专业性的阵营在1970年代，一方面试图通过政治力量保护家庭，另一方面专业技术团体大幅扩张，通过立法来保护家庭。参考柏格《现代化与家庭制度》，第46～53页。

性，社会有责任建构家庭友好的环境。① 美国文化所认为的家庭不只是描述性的而且充满了正面的价值。美国联邦政府、立法者等象征"公"的群体都认可并支持这一象征"私"的家庭，并且在政策制定时往往特别考量家庭这一维度。② 英国的工党和保守党则竞言只有本党才能代表家庭。③

当然，在西方政治、社会中，家庭也面临着各式各样的挑战而并非安然无恙，但是家庭在主流思想与日常生活中仍是温暖的象征。《家庭价值：亲子关系伦理》一书的作者在开头写道，本书讨论为何家庭是珍贵的这一问题。他们预料到，一些人会认为此书是毫无意义的，甚至问这么一个根本性的问题似乎不仅泄露了对进化论生物学的无知，而且表现了对情感的盲目，对人类关系的麻木，对爱的视而不见。④ 另一位社会学家在书的结尾处写道："家庭是社会最基本的制度，如果我们能从近数十年来环绕家庭的种种现象中汲取教训的话，我们就会知道，没有任何可能的选择可以替代家庭，不管这些可能的选择看来是多么立意良好且引人注目。"⑤

在欧洲工业革命和资本主义兴起并发生广泛深刻社会变革与思想裂变的同时，家庭本身并未遭到犹如在近代中国这样根本性的质疑和挑战。西方社会尤其强调家庭的作用和本身的价值。一个可能的解释是在挑战权威的宗教改革时期，来自亚里士多德的"家庭不是国家"（A family is not a state）的观念被广泛接受，并通过洛克在 18 世纪最终确定下来。在家、国分离的基础上，洛克发展出了影响深远的独立于家庭的市民社会（civil society）理论。他强调家庭中自然秩序的优越性，并力主将家庭与市民社会分离，而这

---

① 社群主义者对家庭价值的维护和立场，参考 https：//communitariannetwork. org/marriage - and - family。这些社群主义者包括 William Galston，Mary Ann Glendon，Jean Bethke Elshtain，Enola Aird，Amitai Etzioni，Martha Minow，and Alice Rossi。

② Patricia Strach, *All in the Family*：*The Private Roots of American Public Policy*（Stanford，CA：Stanford University Press，2007）.

③ Jean Coussins and Anna Coote, *The Family in the Firing Line*：*A Discussion Document on Family Policy*（Child Poverty Action Group：London，1981）.

④ Harry Brighouse and Adam Swift, *Family Values*：*The Ethics of Parent - Child Relationships*, p. 1

⑤ 柏格：《现代化与家庭制度》，第 224 页。

一分离使得家庭消失在政治论说之中。①晚近虽然受激进女权主义以及正义论的冲击，家庭作为私领域备受挑战，但是家庭生活本身仍在法律与政治的干涉之外。②

## 三 向往集体生活

学界一般同意近代冲击中国的西潮是家庭革命说的主要思想资源，既存研究也常常从废家言说中看到这一点。有学者肯定共产党人把家庭改制问题融入废除私有制、消灭剥削阶级的社会革命，视为改革封建家庭制度的真正途径；③ 同时沿用马克思主义者对无政府主义的批判，④ 否定废婚毁家的主张，甚或斥为"幼稚"的表现。⑤ 这些研究中提到的，不论是社会主义还是无政府主义，都是西来的思想。

问题是，西方本身有一个强大的重家的传统。在这一系谱中，上有亚里士多德的政治学说，中有经院派神学家的支持，晚近又有自由主义者的重新建构。⑥ 为什么西方重视家庭的传统没有影响中国，而从柏拉图、卢梭到无政府主义这一反家庭脉络在近代中国大行其道？这是近代中国读书人对西方思想资源的主动选择，还是因时势的驱动无意中倾向于这一派的言说，仍需进一步探讨。

之所以西方相对边缘的废家思想在近代中国却大行其道，其中的原因相

---

① 1970 年代以来，伴随着育儿的社会化、离婚率的升高、传统性别限制的松弛以及堕胎的合法化、同性恋群体对合法婚姻组织家庭的诉求等，什么是家庭以及怎样保护家庭引起了欧美社会的广泛讨论。因此近年来从宗教、自由主义、社群主义等视角重新理解家庭、诠释家庭意义的研究也越来越多。

② David Archard, *The Family: A Liberal Defence*, introduction.

③ 梁景和：《论五四时期的家庭改制观》，《辽宁师范大学学报》1991 年第 4 期。

④ 参见 G. D. H. Cole, *A History of Socialist Thought* Ⅱ: *Marxism and Anarchism, 1850 - 1890* (London: Macmillan Co. Ltd., 1954), pp. 172 - 212。

⑤ 吕美颐：《二十世纪初中国资产阶级的婚姻家庭观》，《史学月刊》1987 年第 6 期；梁景和：《论清末的"家庭革命"》，《史学月刊》1994 年第 1 期；梁景和：《五四时期的"废婚主义"》，《二十一世纪》1999 年第 6 期；曹世铉：《清末民初无政府派的文化思想》，社会科学文献出版社，2003，第二、第三章。

⑥ Brent Waters, *The Family in Christian Social and Political Thought*, Chapter 1 - 3.

当复杂。不过，虽然政治走向和社会变动显而易见，但是对家庭之态度与价值认识的转变恐怕也是持久的推动力。近代中国思想激进的读书人援引西方公领域之伦理进入中国之私领域，呼吁家庭革命。大公、无私、无我的思想倾向进一步导致家庭丧失内在价值，其中部分读书人甚至尝试以国家政治力量来取代家庭，其影响深远而且持久。与废除私有财产像孪生姐妹一样的废婚毁家遭到了西方人的批评。他们担心这样的政策会导致暴政和专制。十月革命之后，苏俄一度出现相关的政策、法律和社会风气以取代象征私有制的家庭，而号召人们投入公共的集体生活。有革命者坚信在无产阶级的世界里，婚姻的经济功能将解体，随后家庭也会消亡。

后五四时代的中国，当部分新青年试图建立欧化的一夫一妻小家庭时，俄化的家庭生活又闯入了中国人的思想世界。另一部分青年本向往废除家庭和婚姻的家庭革命，这一理想似乎在苏俄实现了。已经实现的事实强化了家庭革命的正当性。家庭革命迅速由欧化转向了俄化与欧化共存、竞争的状态。

《新青年》上介绍苏俄革命后婚姻家庭的文章中，描绘了这个理想的新社会，"俄国子女，无论其母在社会上的地位如何，都是归国家负担教养，直至十六岁才止"。国家承担了产妇保护、教育的责任，并设立了新儿童村来教养无产阶级的小朋友。[①] 在苏维埃政权建立之后，妇女重新参与社会和政治生活，因此，养儿理家的责任就转交给了国家。劳农俄国成立了公共孕妇院、产妇院、育婴院、儿童村、病房院、休息区、学校园、公共食堂、茶室、医院、老人院、幼稚园、图书馆、宣传区来承担原本由家庭承担的责任。[②]

在苏俄废除家庭当然意味着改变了女性与社会的关系，盖"要女子独立自由，像男子一样，就不应该为个人的伴侣，要为社会的侣伴，由社会供给儿童"。十月革命发生后，"社会上的女工不独完全摆脱家庭上和经济上

---

① Lincoln Eyre：《苏维埃共和国底产妇和婴儿及科学家》，汉俊译，《新青年》第 8 卷第 2 号，1920 年 10 月 1 日，第 1~5 页。

② 波夏莲：《俄国"布尔塞维克主义"和劳动的女子》，震瀛译，《新青年》第 8 卷第 5 号，1921 年 1 月 1 日，第 6 页。

的陈腐制度，并且大有助于社会主义的发展"。她们试图"推翻老式的家庭，抛弃一切奴役，因为这些事情都是能够阻碍女工为共产主义奋斗。一方面废弃旧制度，一方面创造新经济制度。女工也很明白新制度，如社会支配，公共养育，公共食堂，非常活动，旧家庭完全消灭了"。① 由于女性与社会直接发生了关系，因此男女两性之间的关系也发生了变动。在苏俄，"最有趣的事，结婚离婚都与吃一杯茶一样，并无别的道理"，盖"男女关系纯粹是个人间的私事，是不许国家干涉的问题，这是许多社会主义者所主张的。在俄国漫说女子国有，就是制定婚姻法一事，也有一部分的人士反对国家侵越权限的。这些人的主张，说恋爱超乎法律之外，若用法律规定，这是社会主义国家所不应有的拘束"。②

但是，家庭责任交给了国家意味着原本多承担家务劳动的女性承担的公共责任更多了。有的从军的女性"把家庭的事情抛弃了，来担当保护国家的责任"。③ 在苏俄，儿童为国家管理，男子不必完全负担家庭的责任，女子也要做工谋生。不过，"家庭对于最幼的儿女还要自己保养。将来这一件事是不是应该由国家养育也要讨论过。现在女子对于家庭不是一件重要的责任；对于公共的幸福才是紧要的"。④ 苏俄"将来产业发达，社会化愈益进步，个人间之抚养义务，都要移归社会保护了"，"子女而有双亲者，在丁年前虽受双亲保护，而无双亲之子女，则以国家为后见人"。⑤

更理想的状况是，国家直接负责儿童的教养，而妇女则嫁给社会，这样的社会模式取代了以家庭为基础的社会模式。列宁就认为，"社会若不曾达到全体依据社会主义的家政组织的基础而组织完成的时候，纯粹的妇人解放，纯粹的共产主义，不能实现的"，而且"公共食堂和幼稚园等"就是共产主义的柔嫩萌芽，即使"离成熟固然还远得很，但是在社会的生产与社

① 《俄国女工的状况》，震瀛译，《新青年》第 8 卷第 5 号，1921 年 1 月 1 日，第 11～12 页。
② 山川菊荣：《劳农俄国底结婚制度》，李达译，《新青年》第 8 卷第 6 号，1921 年 4 月 1 日，第 12～13 页。
③ 震瀛译《俄罗斯赤军中的女子》，《新青年》第 8 卷第 5 号，1921 年 1 月 1 日，第 10 页。
④ 震瀛译《家庭和雇佣的女工》，《新青年》第 8 卷第 5 号，1921 年 1 月 1 日，第 4～5 页。
⑤ 山川菊荣：《劳农俄国底结婚制度》，李达译，《新青年》第 8 卷第 6 号，1921 年 4 月 1 日，第 20 页。

会生活之中，依了男女渐趋平等的事实，或者还算是妇女实际的解放的导线"，这样才能"使妇人从家庭的奴隶变为自由人之类"。①

来自苏联女革命者的"一杯水主义"也支持了只要恋爱不要婚姻的主张，其代表人是苏联女革命者柯伦泰。② 茅盾翻译了她的文章《未来社会之家庭》。该文称："从前个人式的家庭生活，已到了盛极而衰的地位。现在是公同式的家庭生活一天一天的代兴。"她认为共产主义社会中没有家庭，提议建设公共饭店、公厨、公共洗涤所和儿童养育院来取代家庭的责任，以便"替妇女们破除家庭内的桎梏，使妇女们的生活更富更完全更幸福更自由"。这意味着妻子不再依赖丈夫的供养，因此"将来的婚姻要变式做两个相爱相信托的灵魂的高尚结合"，这种新型的两性关系使夫妇关系为"自由结合"所代替，这男女关系以"'自由恋爱'的幸福给与人类，更益以真正社会平等的幸福"。③ 对此文回应最多的是有志于加入共产党的女性，达到了最佳宣传效果。④

对于柯伦泰而言，未来家庭组合的基础可能在于心灵的亲密关系，也可以是短暂或一时的，是受激情所驱或肉体吸引而结合。⑤ 其作品《赤恋》《伟大的爱》《三代之爱》等都先后被介绍到中国。她主张两性问题就像喝水一样，称之为"一杯水"的自由恋爱。胡也频的小说《到 M 城去》就有

---

① 李达转译《列宁底妇人解放论》，《新青年》第 9 卷第 2 号，1921 年 6 月 1 日，第 1~2 页。
② 柯伦泰（1872~1952），生于圣彼得堡的一个将军家庭。尽管没有受过学校教育，但是以创造小说走上左派道路。她尤其心妇女问题，站在马克思主义的立场，致力于妇女解放运动。十月革命成功以后，柯伦泰就职于国家保护人民委员会，制定了关于夫妻平等、废除非婚生子女差别、产前产后休假等一系列政策。1922 年，沈兹九翻译了她的《新妇女论》。1928 年，夏衍翻译了她的《恋爱之路》。温生民、杨骚则先后翻译了《赤恋》。沈端先和汪馥泉翻译的《恋爱与新道德》也相继出版。1932 年，《伟大的恋爱》有周扬和李兰两个译本。同年，方纪生翻译了《妇人与家族制度》。其后任首位女大使。参见飞鸟《柯伦泰——全世界唯一的女大使》，《东方杂志》第 27 卷第 24 号，第 91~93 页。
③ Alexandra Kollontay：《未来社会之家庭》，雁冰译，《东方杂志》第 17 卷第 9 号，1920 年 5 月 10 日，第 69~74 页。
④ 陈相因：《论〈家庭与共产政府〉一文的生成、翻译与传播》，《近代中国妇女史研究》第 19 期，2011 年 12 月。
⑤ 陈相因：《论〈家庭与共产政府〉一文的生成、翻译与传播》，《近代中国妇女史研究》第 19 期，2011 年 12 月，第 15 页。

读书人讨论《三代之爱》这样的情节，足见其当时已经成为青年中流行的话题。①

那时，中国的革命者试图引导青年走出恋爱神圣的枯井，陈独秀就否定了五四时代甚嚣尘上的恋爱神圣论。他说："更可怜的是一种半醒觉的男女青年，妄以个人的零碎奋斗可以解决他生活和恋爱问题之困难，此路不通，便由烦闷而自杀或堕落的亦往往有之。真正醒觉挺身出来努力于社会全般改造的只有少数青年。"② 稍晚，杨鞭回忆说，那时青年正拿"游击"恋爱这方式代笔了"杯水"的理论，这是革命与战争的恐慌时期一种男女关系的过渡。③

到1926年，季忻观察到："近年来自由结婚之习风行各处，所用仪式各有不同，极端者只凭男女双方当事人之口头合意，以信片通知戚族亲友，可于报上登一广告，即为完事。既未得父母主婚，又无婚书财礼。"④ 女革命者曾志是这样忆大革命时期与夏明震的婚礼："婚礼是那样的简单，没有仪式，没有酒宴，也没有鞭炮。当时正处在'四一二'反革命政变前夕，衡阳的斗争形势相当紧张。夏明震在组织部机关住，那是一个很秘密的地方，能到组织部去的大概也只有几个人。订好一个日子，我就悄悄地搬到他那儿去住了。那天晚上，我们买了一些喜糖、花生、瓜子、糕点放在小桌上，大家聚在一起热闹热闹，就算是结婚了。"对于年轻的革命者来说，革命工作的不稳定性、隐秘性以及经济的限制或许迫使他们采取极简单的形式宣布婚姻关系的成立。在湘西第三次工农兵代表大会上，宣布婚姻法令甚至宣布男女自由结婚，并无仪式及证人，只需向"苏维埃"签字登记。因此，就有人谣传苏维埃"性交极滥、伪党部工作人员以及一般红军尤为横行，任意

---

① 秋山洋子：《柯伦泰的恋爱观及其影响——丁玲早期创作的一个背景》，《新气象、新开拓——第十次丁玲国际学术讨论会论文集》，同济大学出版社，2009，第75～84页。该文认为，丁玲的创作受了柯伦泰恋爱观的影响，后来丁选择革命作为小说创作的主题也是受此影响。

② 实庵（陈独秀）：《青年们应该怎样做！》，《陈独秀著作选》第2卷，第541页。

③ 杨鞭：《游击恋爱一杯水恋爱与自由恋爱》，《上海妇女》第2卷第3期，1938年11月20日，第12页。

④ 季忻：《婚姻成立之要件》，《申报》1926年1月26日，第11版。

奸占，莫可谁何。以致礼教沦亡，廉耻道丧"。[1]

　　大体1923年以后，团体倾向的"国家""民族"等显然彻底压倒了"个人"。[2] 而因国民革命的风起云涌，家庭革命呈现出了不同于五四时代的风貌，五四时强调个人幸福的观念逐渐淡出，恋爱神圣论慢慢走向边缘。对于革命者而言，恋爱不是神圣的，恋爱是次要的，革命才是神圣的。以改造世界为目的的激进青年多认为在资产阶级的社会里不可能实现自由恋爱。革命是解决一切问题的钥匙。当他们的理想变成了消灭私有制时，空谈恋爱与人生的问题便逐渐淡出。换言之，无产阶级革命家的两性观念进一步颠覆了恋爱结婚的新传统。对于青年革命者而言，革命与恋爱究竟是怎样的关系值得进一步探讨。[3]

---

[1]　《剿赤收复各区视察记》，《申报》1932年12月25日，第9版。

[2]　罗志田：《历史记忆与五四新文化运动》，《近代中国史学十论》，第146页。

[3]　就恋爱与革命的问题，具有启发性的开拓研究参考刘剑梅《革命与情爱：二十世纪中国小说史中的女性身体与主题重述》，上海三联书店，2009。

# 结　论


在以巨变著称的近代中国，甲午战败之后，历经清末新政、辛亥革命、五四运动、北伐，几十年中政治和思想都有过急剧的改变，而集文化革命与社会革命于一身的家庭革命却成为不同时代的持续关怀，其意义不可低估。

作为社会基石，家庭本为人种绵延、道德教化以及社会制度的一个基本单位。然而在近代中国，伴随着传统天下秩序的坍塌，个人、家庭、国家、天下都在激烈的变动之中。时人可以毫无顾虑地从各种不同的角度批评家庭，而无视其对人类过去、现在以及未来的意义。① 任何一个社会，私下抱怨家庭生活之苦为一常见的现象。近代中国家庭革命的特殊性在于不少读书人在抽象层面反思作为社会制度的家庭的存废问题。家庭革命是近代中国思想激进的读书人在中西竞争的语境下，重置个人与家庭、国家与天下之关系的一种尝试。其中各式各样玄想的废家论表明，自幼浸润在儒家经典中、本应视家庭为正面建制的士人转而攻击家庭伦理，视家庭为桎梏，期望建设无婚姻、无家庭的社会。这种对儒家伦理的自我否定是中国文化危机的重要表现，而那些改组或取消家庭的设想则代表了危机中的读书人不断追寻人生意义和秩序的一种努力。② 与儒家传统相较，读书人尝试构建那无家庭的未来可以说是"三千年未有之大变局"，是中国政治文化的根本改变。而这一翻天覆地的变化不仅与传统中国断裂，也与西方常态社会分道扬镳。

那么，什么样的西方、怎样冲击中国则值得进一步讨论。西方冲击动摇了或彻底改变了中国的自我认知（包括对中国的评价和对中国在世界中位

---

① 从世界范围来看，家庭一直是最受关注和维护的社会建制，是保护隐私、安全之所，对增进儿童福利、培养好公民起着重要的作用。参考 William Galston, *Liberal Purposes: Goods, Virtues and Diversity in Liberal State* (Cambridge: Cambridge University Press, 1991), Chapters 1 - 7; Brent Waters, *The Family in Christian Social and Political Thought*.

② 张灏：《幽暗意识与民主传统》，第 140～142 页。

置的认识）。① 在两个层面上，西方重塑了中国读书人的思想：一方面是读书人了解到西方秩序的存在，另一方面则是西方的冲击像催化剂一样促成了中国传统思想内部既存危机的转变，让一个普遍主义（universalism）的伦理无法与整个秩序的特殊性（particularism）协调。② 在西潮的冲击下，不仅伦理观念转换，而且人情心态大变，家庭革命便显示了中国士人对传统宇宙秩序的新思考。中国士人选择了西方的某些思想观念，③ 并通过与中国彼时较有影响力的观念（佛家思想和诸子学）相激荡，才生发出这一非常出位的思想。

就家庭革命观念来看，西方人（特别是传教士）最成功之处是改变了中国人的自我认识（self-image）。传教士说服了中国读书人，使他们相信中国的家庭生活不会将中国带入文明的状态。传教士对中国家庭的批评集中在纳妾、缠足、溺婴、祖先崇拜等几个方面。这些产生了要求改变家庭生活方式的主张，并宣称要向西方学习、建立小家庭。由于不少中国读书人被西人改变了思想方式，半带想象的西方家庭方式成为被羡慕的"新家庭"，而中国的家庭则背上了"旧家庭"的象征。自甲午战败后，家庭变成亟待冲破的"网罗之一"。在随后的革命洪流中，家庭由温暖的港湾变成冰冷的牢狱，反映出既存的家庭制度和家庭生活与充满颠覆和根本变革的时代之间的龃龉。到五四前后，因个人主义的洗礼，家庭成为受新思潮感染的青年急于逃离的桎梏。在后来反封建的呼声中，"专制家庭"又获得"封建"的新标签，演变为"封建专制旧家庭"。④

---

① Denis Twitchett & John King Fairbank, *The Cambridge History of China*, Vol. 10, Part 1 (Cambridge：Cambridge University Press, 1978）, p. 3.

② Hao Chang, *Chinese Intellectuals in Crisis：Search for Order and Meaning, 1890 - 1911* (Berkeley：University of California Press, 1987), pp. 186 - 189.

③ Wang Gungwu, *Anglo-Chinese Encounters Since 1800：War, Trade, Science, and Governance* (Cambridge：Cambridge University Press, 2003), pp. 86 - 87.

④ "封建专制旧家庭"的刻板印象在一定意义上妨碍了我们对传统中国家庭的研究。王玉波就提出，传统中国家庭因阶层、地域、族群、职业均有不小的差异，不能简单化。尤其他注意到"家庭永远是个情感世界"，而家庭在怎样的意义上慰藉了人的情感是家庭史研究中所缺乏的。参见王玉波《中国家庭史研究刍议》，《历史研究》2000 年第 3 期。这个问题待另文讨论。

在中西文明中，五伦与自由、平等分别被视为普遍价值。西来的自由和平等成为正面价值而被尊奉，就动摇了强调差等和秩序的纲常伦理，导致五伦从普遍价值退守为中国传统的象征。自清末打破三纲之说开始，以前支撑家庭的礼教、孝道从家庭中不断撤退，家庭也先后失去了伦理与法律的支撑，成为革命的对象。

与此同时，自由、平等在中国超越政治范畴，进入家庭伦理的领域。在西方，自由平等是政治伦理，旨在规范由陌生人组成的国家，而一般的伦理观念视家庭是特殊关系组成的团体，父子、夫妇不能以自由、平等为基础。①与西方社会在国之范围内讲自由平等不同，②中国读书人的出发点并不局限在国与国的平等或一国范围内人与人的政治平等，而是从天下到家内人人自由、人人平等。自由、平等从政治的公领域进入家庭的私领域，少了几分西方所强调的公民政治权利的意涵（公民要求政府），更多成为国家要求国民应具备的素质（政府要求国民）。在西方本是"权利"象征的自由平等，到中国却多了"义务"的含义。

具有吊诡意味的是，被中国效仿的近代西方，其主流却是维护家庭的价值。③清末，冲击中国的西方正处在以家庭为重的维多利亚时代，而在中国代表西方的传教士更是以保守著称。以财产私有和个人隐私为特点的资本主义社会建构在坚固的一夫一妇婚姻制度之上。中产阶级的家庭则以父亲在外、母亲在内为典范。家庭被视为人们逃避无情市场和残酷社会的港湾。西方民主社会虽然建立在个人的基础上，但是家庭是培养个人、造就合格公民的地方。那首名为《家、甜蜜的家》（*Home Sweet Home*）的歌曲在英语世界

---

① Stephen G. Post，"Justice，Redistribution，and the Family，"*Journal of Social Philosophy*，Vol. 21，Issues 2 – 3（1990），pp. 91 – 97；Michael Walzer，*Spheres of Justice：A Defense of Pluralism and Equality*（New York：Basic Book，1983），Chapters 8，9.

② Quentin Skinner，"State and the Freedom of Citizens，" in *States and Citizens：History，Theory and Prospects*（Cambridge：Cambridge University Press，2003），pp. 1 – 28.

③ 也有少数中国人注意到这一点，但影响不广。杨效春在 1920 年指出："西洋人看家庭如天堂，提起家庭，便觉得快乐欢喜。"杨效春：《非"儿童公育"》，《时事新报》1920 年 3 月 1 日，第 4 张第 1 版。到 1934 年，师石观察到："欧美各国亦颂赞美满家庭为人生幸福真谛。"师石：《三谈托儿所与儿童公育》，《申报》1934 年 7 月 13 日，第 19 版。

流行了差不多 150 年，并被多次改编，其中一句歌词就是："家，家，甜蜜、甜蜜的家！天下没有比家更好的地方。"① 当很多西方人痛感社会之冷酷而视家庭为天堂时，② 向西方学习的部分中国读书人反视家庭如"牢狱"，或在冷酷的社会中寻找天堂，或期待在人间建立天堂。③ 这其中的微妙曲折，非常值得反思。

近代中国的家庭革命处处可见西潮冲击的影子。但在西方少数人提倡而影响有限的主张，在中国却不胫而走，获得了广泛的呼应。这样一种异地两歧的现象，④ 本身就值得反思。从清末开始，我们认知中的"西方"充满了想象意味，往往是一个"进步"甚或激进的西方。而同时存在一个"保守"的西方，我们则了解得很太少。如果跳出激进与保守的视角，还有一个相对常态的"西方"，更是我们一向忽视的。⑤ 这样一种并非源于学术研究而又相对固定的"西方"认知，实际上一直影响着我们的中国近代史学言说。

"西潮冲击"作为家庭革命兴起的大背景，其本身也是一个多元的变量而非一元的常量。19 世纪以来的西方家庭本身也在演变之中，⑥ 且不同时空之中人们对家庭的认识也存在不小的差异，西方也有一些人认为要改变家庭制度才能适应新的社会制度。⑦ 不过，除俄国外，在西方关于家庭改革的讨

---

① 词作者是美国诗人约翰·潘恩 (John Howard Payne)，创作于 1822 年，在英语世界非常流行。Nicholas E. Tawa, *Sweet Songs for Gentle Americans*：*The Parlor Song in America*，*1790 - 1860* (Bowling Green：Popular Press, 1980)，pp. 101 - 153.

② 参见 Christopher Lasch, *Haven in a Heatless World*：*The Family Besieged* (New York：Basic Book, Inc. , 1977)，pp. 6 - 21.

③ 陈致：《余英时访谈录》，中华书局，2012，第 216 页。

④ 参见罗志田《裂变中的传承：20 世纪前期的中国文化与学术》，第 164 ~ 165 页。

⑤ 例如，19 世纪英国的维多利亚时代是西方史学界一个深受重视的领域，1956 年创刊的 *Victorian Studies* 是该领域的重要期刊。近年来，关于这一时段较好的研究有：Den Otter, *British Idealism and Social Explanation*：*A Study in Late Victorian Thought* (New York：Clarendon Press, 1996)；Gareth Stedman Jones and Gregory Claeys, eds. , *The Cambridge History of Nineteenth-Century Political Thought* (Cambridge：Cambridge University Press, 2011) . 这方面的学术成果，至少我们中国近代史学界还较少触及。

⑥ 关于西方家庭的变迁，可参考 Ernest W. Burgess, Harvey J Locke, Mary Margaret Thomes, *The Family*：*From Institution to Companionship* (New York：American Book Company, 1963)，part I, pp. 7 - 140。

⑦ 参考邓伟志《近代中国家庭的变革》，上海人民出版社，1994，第 107 ~ 109 页。

论中，很少见因政治原因想要以国家（state）取代家庭功能的主张。后者正是中国相关思想言说的特点。① 也有研究者注意到有的国家并未试图废除家庭。十月革命之后短暂实行的婚姻自由政策很快就被取消，斯大林也在尽力维护家庭的稳定。② 极右派的纳粹德国则利用忠于家庭与效忠国家之互相支撑的关系，鼓励妇女在家庭中尽妻子和母亲的责任。③ 在亚洲，日本既保存了传统家庭的价值，又实现了社会现代化。④ 这也意味着中国近代读书人重新构建家庭与国家关系的思想倾向，不是已经"题无剩义"，仍需进一步的探索。

新青年所谓西方幸福快乐之小家庭恐怕多半也是迷思。且不论西方家庭本身也处在剧烈变动之中，无论东西，任何形式的家庭都是苦乐共存的。中国旧家庭固然有种种问题，但是在几千年的时间里，家庭是人们日常生活的中心，是人们出生、成长、结婚生子、养老送终的地方。家族对族人也有着积极正面的意义，尤其是其为阖族的孤寡老幼提供基本的扶助。

家庭革命固然是由西潮引起，然近代中国缺乏西方社会中稳定性的力量。盖西方尚有保守力量与激进思潮对抗。胡适在力图证明中国人能接受新思想时就被女友反驳。后者认为："西方人之不轻受新思想也，未必即其短处；东方人之轻受之也，亦未必是其长处也。"⑤ 然而，在新即是善、旧即是恶的近代中国，未经理性和经验考察的"新"不知带来多少不安和困惑。

在中西文野互异的语境下，自居野蛮的国人疏离传统而玄想造出一个新

---

① 民初也有人意识到这一点，指出："家庭之性质与政府迥然不同。家庭者，系血统之亲，不得借口于政治革命而遂演成家庭革命之惨剧也。"质言：《斥主张家庭革命之非》，《国民公报》1913 年 1 月 31 日，第 2 版。

② Wendy Z. Goldman, *Women, the State and Revolution: Soviet Family Policy and Social Life, 1917 – 1936* (Cambridge: Cambridge University Press, 1995).

③ Michelle Mounton, *From Nurturing the Nation to Purifying the Volk: Weimar and Nazi Family Policy, 1918 – 1945* (Cambridge: Cambridge University Press, 2007), pp. 34 – 68.

④ Fumie Kumagai, "Modernization and the Family in Japan," *Journal of Family History* (December 1, 1986), pp. 371 – 382.

⑤ 《藏晖室札记节录》，欧阳哲生编《胡适文集》第 9 卷，第 701 页。

中国。他们一面想效仿西方，一面又反对西方。家庭革命，尤其是废婚毁家的主张是在读书人感觉天崩地裂，而且相信可以通过自己的意志来改变社会，建立他们期待的完美社会。这是读书人思想激化的表现之一。而过激主义自清末开始到新文化运动后期都有比较广泛的散布。五四前后各种形态的社会学说纷纷流行。读书人一步一步把"家庭"推向理想社会的对立面，进而构建一个无家庭的社会。这是建立在对人、人性以及人类社会的突破性认知基础上。可以说，废婚毁家是感性、怪诞、脱出常规的思想，经受不住理性和经验的审视。

对于感情上痛恨家庭的青年来说，主动设计一种新的生活方式和社会模式成为一种可能，这也意味着家庭革命对近代中国的影响从思想、观念逐渐转向了社会、政治领域。就像帕斯卡尔曾洞见想象所具有的不可比拟的力量，盖"想象力才具有伟大的、能说服人的本领。理性尽管在呼吁，却不能规定事物的价值"，而且想象"这位理性的敌人，是喜欢驾驭理性并统治理性的"。① 对于清末的家庭革命者而言，面向未来的构想尚待历史的演进，但是从甲午到五四，积极型的乌托邦思想日趋重要。人们认为应该用积极的政治行动推动历史，尽快地促其实现。伴随着家庭革命的风靡，中国也步入了浪漫革命的激情时代，一个激情宰制理性的时代。

五四后，以整体改造来实现社会革命、废除家庭的思想体现了家庭革命者对人能力的乐观估计。家庭革命想象了一个未来的、无家庭的理想社会并吸引着青年为之奋斗。人有能力过一种无家庭的生活和人应该过无家庭的生活是问题的两个方面。废除家庭后，个体生活本身会遇到各式各样的问题。老幼本是人生的必经阶段，没有家庭的抚养和照顾，谁来承担这部分责任便是必须解决的问题。以公立机构取代家庭再现了"建设"的那一面。不过从常态社会来看，没有父母的孩子是苦孩子，为什么要设计人人脱离父母而组成的痛苦社会呢？1930年代，雷洁琼就观察到："近年以来讨论家庭问题的文字，见于报章杂志的甚多，惟多数为不注重家庭实况，只凭理想或主观

---

① 帕斯卡尔：《思想录》，何兆武译，商务印书馆，1986，第41页。

偏见的言论。"① 激进的家庭革命者相信人们愿意脱离家庭而追寻无家庭的快乐。然而，若家庭生活可能的痛苦是获得家庭快乐而不得不付出的代价，那么无家庭所带来的痛苦也许远远超过它本身所能带来的快乐。

关于养老、育幼等公立机构的讨论也反映了近代中国一个根本的改变，即在朝廷天下格局消失后，随着国家一词同时指代政府和民众共同体，社会一词也呈现出两种不同的面向，既是民众全体，也是国家（政府）管理的场域，结果国家和社会变成一种管理与被管理的行政关系。② 所谓公立机构的设立又很可能要由政府来完成，结果原本那个尚属家庭的空间被国家取代了。

家庭革命者背后的假设是人可以脱离家庭在社会中成长。这是对人的本性的大挑战。对人人平等的追求恐怕恰恰以牺牲人性为基础。所谓的完美社会则以无私与忘我为前提，包括忘掉父母、子女。这是对人有能力忘记家庭和父母的坚信，而这与人性是否冲突值得讨论。追求空疏、绝对的自由与平等的社会性后果不容乐观。规范、秩序迭经自由、平等观念的冲击，而家庭形象一落千丈的同时，其社会功能一再缩变。

无我有时可以是利他主义的基础，但也可能演变为极端利己主义的伙伴。构建完美社会时所谓的无我首先剥离了一切社会属性，而这里所谓的"我"又很可能在现实中体现为偏狭的、内倾的为己主义。就像黑格尔定义的个人并不是孤立的，而强调家庭必须与利己主义的个人主义、财产和阶级分化以及个人意识等社会后果共处。他试图强调只有那些能在各个领域（家庭、社会和国家）之间角色柔和转化的个人才是真正的个人。伦理国家并不是一个孤立的制度，而是建立在家庭以及各种社会组织的基础上。③

认为人有能力打造废除家庭的社会则进入了更深层次的政治哲学问题，这更多地关涉人的意志与社会制度之间的关系。在近代中国，人本的转化意识使人们一方面相信在现代世界中人可取神而代之，主观上人有无限力量，

---

① 《中国家庭问题研究讨论》，《雷洁琼文集》下册，第 26 页。

② 薛刚：《从朝廷天下到国家社会——辛亥革命前后的思想转折》，《清华大学学报》2016 年第 6 期。

③ Joan Landes, "Hegel's Conception of the Family," *Polity*, Vol. 14, No. 1（Autumn, 1981）, pp. 1 – 7.

不但可以控制改造自然世界，也可以控制改造社会世界。而革命就是代表人发挥自己无限的主宰力与转化力。例如，有时人就曾宣称："我们生在这个污浊的社会中，受种种伪道德的诱惑，恶制度的束缚，若没有坚固的团结，急谋自救救人，这个社会怎能够有改造的希望？"因此，他一面期待"各个体的互相扶助"，同时要"超越平日小部分的互助，更谋人类全体的团结"。①

　　废家不仅可欲而且可行的判断就是基于对人的能力的乐观估计。呼吁家庭革命者相信并且使人相信：在未来世界里，进步不仅是寻求物质的满足，也是道德的日臻"完美"，甚至趋于无我、忘我的境界；平等不仅意味着在一个政治团体内人与人的平等，而且指人类众生的平等；自由并不是以不侵害别人之自由为限度，而是无穷无尽、不负责任的逸乐；自我的认同是以打破个人与祖先、家庭、土地、国家、种族的关联，使人直接认同人类全体。这本身就存有消除个人主体性的危险。

　　废婚毁家的观念更多的是着眼于未来世界的一种乌托邦式的构想。在这个乌托邦里，人类的物欲和性欲似乎得到了充分的满足，但是如何安顿人类的感情是被他们忽略的问题。骨肉分离作为常态是对人类心理的根本性挑战。他们提倡废除婚姻而提倡两性关系的极端解放，但其解放的不是感情而是欲望。以解放感情为起点的废婚论很可能造成人的无情以及人类的动物化，是人类道德的极大退化。

　　在多数人没有选择未来的权力和能力之时，人们更无法预知无家庭的社会可能的混乱和罪恶。家庭革命的号召者和支持者本来希望通过家庭革命来解决个人、社会和国家所面临的问题，进入绝对自由、平等的美丽新世界。其结果却可能适得其反，进入一个完全丧失自由和严格等级化的社会。而动摇了的家庭制度也随即丧失了培养子女权威和不受外部力量干涉的主体性。这一方面造成有教养、有道德、有自制能力和责任感的个人无由而出；另一方面也使得一些父母渐渐忘记了培养子女的责任，而轻率地将之推诿给国家和社会。人际关系的自由以及人与团体之间的自由是两个不同的概念。如果

_____

① 益：《介绍新文化中的有力大组织》，《时事新报》1920 年 3 月 22 日，第 4 张第 1 版。

人际关系方面走向夫妇自由离合、父子形同陌路，基本上主动将个人责任推诿给国家、社会，结果很可能是个人自主性的丧失。假如个人将自由主动让给国家，那么专制政治恐怕也是水到渠成的了。徐六几就曾观察到：一般人把"自由分作两种意义：一种是个人和个人关系的自由；一种是个人和国家关系的自由。他们以为若使各个人离开绝对的自由和无约束，结果便不是自由而是专制"。①

在家庭革命的洪流中，夫妇自由离合、父子平等的言说取代了父慈子孝、夫义妇顺的理想。承诺照顾每一个个体意味着国家站在了道德制高点上，而这一道德化的目的也将残酷的手段合理化了。虽然名义上家庭尚存，但实际上在政治意识形态中家庭是被革命的对象，并进一步催生了家庭生活的政治化。国家可以更直接地冲击家庭，干预父母与子女的关系。而父母也反过来将教养责任拱手让予国家和社会。

初衷是为了反抗专制、寻求自由平等而倡言的家庭革命，结果却可能是政治的进一步专制以及政治对个人家庭生活的宰制，而所谓的平等也不过是个体丧失了自由的平等。这带来的恐怕是社会的溃散和文化的中断。那么，曾经以自由和平等为号召的家庭革命究竟是通往奴役之路，还是自由之路就值得我们进一步反思。当我们把整个社会当成一个实验室，而每个个体自然丧失了主体性而沦为试验品。尝试废除家庭的实践便浮现出了对自我和他人生命与感情的轻率和不尊重，其余波之一便是如今重欲望而轻感情的世风。如果说家庭是普遍的、持久的、亲密的社会制度，那么废家后社会却可能是一个特殊的、难以持久的、冰冷的社会，这恐怕是家庭革命的号召者所始料未及的。

从个人成长的角度来看，家庭本是培养道德、规范和权威的基本载体。清末民初，对以君、父、师为代表的道德权威的冲击颠覆了道德规范的基础。如果传统与家庭不是道德的来源，那么时人便不得不重新思考基本的是非对错的问题。在那前后，西方激进主义者所谓本能即道德的主张影响了时

---

① 六几：《基尔特社会主义原理》，《东方杂志》第 18 卷第 22 号，1921 年 11 月 25 日，第 16 页。

人对道德的重新建构。本能冲击了传统的道德对欲望的束缚，权威的衰落、道德的困惑造成的直接后果恐怕就是社会的失序和文化的断裂。周天放就曾批评与家庭革命相关的现象为"反社会的表征"。①

实际生活中的家庭呈现出破裂之像。雷洁琼就观察到："家庭分子往往因各人的教育与经验不同，态度与兴趣差异，致不能调适，家庭分子之间的失睦，事见于报章或闻于亲友，无日无之。父母子女间冲突、婆媳冲突、兄弟冲突、妯娌冲突、姑嫂冲突、夫妇冲突，而致离婚、分居、遗弃种种家庭破裂现象，日见增加，问题日趋严重。"而家庭成员之间的冲突在城市比乡村多。② 家庭的实际变迁也呈现了农村和城市的断裂。因此，批评旧家庭的声音很快集中为针对农村的大家庭。

受家庭革命思想的影响，许多文学作品将中国传统的家庭描述成黑暗、冰冷、罪恶、不健康与痛苦的象征，而这一家庭形象成为现代的我们对于传统中国一个负面的刻板印象的一部分。不仅如此，家庭革命观念也深刻地塑造了外国人（包括学术界和大众）以何种眼光看待中国的传统家庭生活。巴金的《家》被翻译为英文并多次再版，至今仍是美国高校广泛采用了解中国家庭的读本。他们关于中国传统私人生活的课程也往往以缠足、大家庭、纳妾和狎妓为主题，学术研究也多半暗中带有帝国主义的文化优越感。这方面的原因恐怕也要部分归咎于家庭革命的塑造。③

家庭形象的负面化以及在家庭革命的进程中女性成为家庭（包括父权和夫权）受害者的形象，经过几代人的建构似乎越来越丰满。当家庭对于女性成为"牢狱"的象征，那么女性走出家庭、走向社会便是寻求解放的逻辑选择。女性的形象（无论被视为传统的受害者、文明的阻碍者，甚或中国进化的承担者）与家庭革命时时处于动态互动。家庭革命与妇女解放思潮息息相关。在新的社会秩序和政治秩序中，女性的穿着、教育、道德、

---

① 周守一：《士气与国运》，《东方杂志》第 21 卷第 12 号，1924 年 6 月 25 日，第 21 页。
② 《中国家庭问题研究讨论》，《雷洁琼文集》下册，第 31 页。
③ 直到抗日战争全面爆发，国难成为压倒性的主题，家庭革命才逐渐淡化。但巴金以家庭为桎梏象征的小说《家》继续流行，后来又译为外文，影响了广大中外读者。直到今天，英文本的《家》仍是美国很多大学里"中国近现代史"课程的指定参考书。

职业等问题都重新得到讨论和定位。如果说真正的解放是从欲望和冲动中解放出来，过上一种理性的生活，那么近代中国妇女解放恐怕不过是男性在国族观念的框架下对女性的再塑造。

进一步说，家庭革命仍可能是一个男权概念。在一定意义上，家庭革命解放了女性，但是它以自己的方式再次宰制了女性。有些女性或许是家庭革命的受益者。她们从家庭中解放出来，或许能够施展自己的才华。但是，若考虑年龄因素，家庭革命的受益者多为城市的年轻女性。由于女性作为媳妇的责任大大减少了，这意味着农村的、老年女性地位相较于传统而言大大下降了。① 由于婚姻的意义改变了，婚姻解体的情形要比传统容易得多，离婚成为趋新时人纷纷追逐的潮流。这便意味着女性失去了家庭的保护，与男性一样在冰冷的社会中求生存。

从中西、老幼、城乡、男女的视角重新看家庭革命，我们会意识到这是中国文化溃散的标志，是西方战胜了中国、城市战胜了乡村、青年战胜了老年的表现。家庭革命为近代中国政治激进化铺平了道路。家庭革命成功地吸引了青年男女走出家庭的范畴，成为职业的革命家。而这些革命家又以毁灭家庭为手段，试图重建整个社会。没有家庭保护的个体也在暴风骤雨般的革命洪流中丧失了基本的尊严。

家庭革命的影响波及了从政治到社会、从文化到艺术的方方面面，也如涓涓细流潜移默化地影响了人们的日常生活。或许由于我们仍生活在家庭革命所开辟的道路中而不能明辨其微妙的力量。家庭革命的成功之处不仅在于家庭实际上发生了哪些翻天覆地的变化，而且在于人们看待家庭的眼光改变了。随着一整套分析工具的进入，封建专制、一夫一妻、私有制等西来的新概念变成了我们分析家庭的词。特别是人们将家庭制度与私有制度联系起来，似乎也暗示家庭革命的新方向。

回过头来看，家庭一面联系着个人和社会，一面关联着国家和世界。以

---

① 参见白凯《中国的妇女与财产：960~1949》，上海书店出版社，2007。她就区别讨论了民国《继承法》对寡妇、寡媳和女儿财产继承权的改变，打破了将妇女当作一个整体的习惯。

政治力量来推行家庭革命是一种统治方式的变革——究竟是直接统治个体还是通过家庭统治个体。对于社会生活所需的责任、道德、自治、自律等精神，家庭起到了重要的培育作用。家庭革命成功后的结果可能是个人的自私自利和不负责任。梁漱溟曾指出，原本以对方为重、伦理本位的社会为西洋风气所熏染，一变为以个人为本位、权利观念为特色的社会秩序所取代。"以自己为重，以伦理关系为轻；权利心重，义务念轻。从让变为争，从情谊的连锁变为各自离立，谦敬变为打倒，对于亲族不再讲什么和厚，敬长尊师的意味完全变了，父子、兄弟、朋友之间，都处不合适；"① 原本重家庭的习尚被抛弃，恐怕造成了轻家庭亦轻国家的结果。家庭革命不仅引起了政治文化的根本性变迁，而且进一步引发了社会的解体。或许今人应该反思的是，我们是否应该或是否有能力构建一个没有家庭的社会，无家庭的社会值得向往吗，国家与家庭的边界在哪里？这些问题时时困扰着笔者，恐怕也困扰着清末民初的读书人。

---

① 《乡村建设理论讲演录》，《梁漱溟全集》第 2 卷，第 204 页。

# 参考文献

## 档 案

胡适档案，中国社会科学院近代史研究所档案馆藏。

## 已出版史料

敖昌群主编《王光祈文集》第 4 辑，巴蜀书社，2009。

《巴金全集》第 1 卷，人民文学出版社，1986。

北京师范校史资料室编《五四运动与北京高师》，北京师范大学出版社，1984。

蔡尚思、方行编《谭嗣同全集（增订本）》，中华书局，1981。

曹伯言整理《胡适日记全编》，安徽教育出版社，2001。

曹聚仁：《笔端》，上海书店出版社，1988。

曹聚仁：《上海春秋》，三联书店，2007。

陈碧兰：《我的回忆：一个中国革命者的回顾》，香港十月书屋，1994。

陈果夫：《小意思集》，中正书局，1947。

陈鹤琴：《家庭教育》，华华书店，1946。

陈鹤琴：《写给青年》，立达图书服务社，出版时间不详。

陈汝惠：《父母与子女》，商务印书馆，1947。

陈望道：《恋爱、婚姻、女权：陈望道妇女问题论集》，复旦大学出版社，2010。

陈秀云、陈一飞编《陈鹤琴文集》，江苏教育出版社，2007。

丁文江、赵丰田编《梁启超年谱长编》，上海人民出版社，2009。

方钧编《中华女子修身教授书》，中华书局，1915。

《费孝通全集》第1卷，内蒙古人民出版社，2009。

冯沅君：《沅君三十前选集》，女子书店，1933。

冯亦代：《悔余日录》，李辉整理，河南人民出版社，2000。

冯友兰：《三松堂自序》，三联书店，2009。

冯友兰：《三松堂全集》，河南人民出版社，2000。

冯自由：《革命逸史》，新星出版社，2009。

复旦大学语言研究室编《陈望道文集》，上海人民出版社，1979～1990。

高平叔编《蔡元培全集》，中华书局，1984～1989。

高铦、谷文娟整理《〈党民〉月刊整理重排本》，社会科学文献出版社，1996。

葛懋春等编《无政府主义思想资料选》，北京大学出版社，1984。

耿云志编《胡适遗稿及秘藏书信》，黄山书社，1994。

顾颉刚、刘禹华编《苏粤的婚丧》，民俗学会，1928。

《管际安文集》，贵州民族出版社，2009。

韩石山编《徐志摩全集》，天津人民出版社，2005。

阚和庆编《八十年前的中国梦：一九三三年〈东方杂志〉中国梦主题征文选》，人民出版社，2014。

《何孟雄文集》，人民出版社，1986。

何勤华等编《民国法学论文精粹》（第三卷），法律出版社，2004。

洪瑞钊：《革命的人生观》，民智书局，1929。

《胡汉民先生文集》，国民党中央委员会党史委员会，1978。

《胡兰畦回忆录（1901～1936）》，四川人民出版社，1985。

胡朴安编《中华全国风俗志》，大达图书供应社，1935。

胡颂平编著《胡适之先生年谱长编初稿》，联经出版公司，1984。

黄远庸：《远生遗著》，商务印书馆，1984。

贾伸：《中华妇女缠足考》，香山慈幼院，1925。

剑群：《青年生活顾问》，通俗文化社，1937。

江亢虎：《社会问题讲演录》，高维昌编记，上海商务印书馆，1925。

江亢虎：《江亢虎文存初编》，江亢虎博士丛书编印委员会，1944。

姜义华、张荣华编《康有为全集》第7集，人民大学出版社，2007。

蒋廷黻英文口述《蒋廷黻回忆录》，谢钟琏译，传记文学出版社，1979。

金天翮：《女界钟》，陈雁编校，上海古籍出版社，2003。

金仲华：《妇女问题的各方面》，开明书店，1934。

《经亨颐日记》，浙江古籍出版社，1984。

李达文集编辑组编《李达文集》，人民出版社，1980～1988。

《李大钊全集》编委会编《李大钊全集》，人民出版社，2006。

黎红雷编《朱谦之文集》，福建教育出版社，2002。

李璜：《学钝室回忆录》，传记文学出版社，1973。

李明勋、尤世玮主编《张謇全集》，上海辞书出版社，2012。

黎蒙：《家庭问题》，泰东图书局，1929。

李石岑：《人生哲学》，商务印书馆，1926。

《李石曾先生文集》，国民党党史委员会，1980。

李镛：《警告中学生》，经纬书局，出版时间不详。

李兆民：《中国过渡时代的家庭》，广学会，1925。

栗生武夫：《婚姻法之近代化》，胡长清译，法律评论社，1931。

梁启超：《饮冰室合集》，中华书局，1989。

梁启超：《清代学术概论》，上海古籍出版社，1998。

梁绍文：《家庭问题新论》，佛子书屋，1931。

《梁漱溟全集》，山东人民出版社，1989～1994。

林乐知：《全地五大洲女俗通考》，香港中文大学手稿本。

凌霄编《一个烦闷青年的日记》，自力出版社，出版时间不详。

刘大鹏：《退想斋日记》，山西人民出版社，1990。

刘晴波主编《杨度集》，湖南人民出版社，1986。

刘师培：《刘申叔全集》，中共中央党校出版社，1997。

刘王立明：《快乐家庭》，商务印书馆，1931。

柳衡：《青年问题讲话》，潮锋出版社，1948。

《柳亚子文集 自传·年谱·日记》，上海人民出版社，1986。

柳亚子等：《高山仰止——社会名流忆鲁迅》，河北教育出版社，2000。

卢寿笺：《婚姻训》，中华书局，1917。

《鲁迅全集》，人民文学出版社，2005。

陆思红：《新中国的婚姻问题》，新声通信社出版部，1931。

罗鼎：《亲属法纲要》，大东书局，1946。

罗敦伟：《中国之婚姻问题》，大东书局，1931。

罗敦伟：《五十年回忆录》，中国文化供应社印行，1952。

麦惠庭：《中国家庭改造问题》，商务印书馆，1930。

茅盾：《我走过的道路》，人民出版社，1981~1988。

《茅盾全集》第36卷，人民文学出版社，1997。

梅生编辑《妇女年鉴》第2回，新文化书社，1925。

梅生编辑《中国妇女问题讨论集》，新文化书社，1929。

《民国时期总书目》，书目文献出版社，1995。

民进中央宣传部编《雷洁琼文集》，开明出版社，1994。

《民商事习惯调查报告录》，司法行政部，1930。

欧阳哲生主编《傅斯年全集》，湖南教育出版社，2003。

欧阳哲生编《胡适文集》，北京大学出版社，1998。

《潘光旦文集》第1卷，北京大学出版社，1993。

潘光旦：《逆流而上的鱼》，吕文浩编，商务印书馆，2013。

裴鲁等编《十月革命与中国妇女》，妇女文萃出版社，1940。

彭国兴、刘晴波编《秦力山集》，中华书局，1987。

蒲良柱等编《风俗改革丛刊》，广州特别市党部宣传部印，1930。

钱永宝编《钱玄同五四时期言论集》，东方出版中心，1998。

丘哲：《青年与革命》，中山文化教育馆，1940。

全国基督教化家庭委员会编《基督教化的家庭》，中华全国基督教协进会，1948。

全国基督教化家庭委员会编《基督教化家庭与民主的中国》，中华全国基督教协进会，1947。

任建树主编《陈独秀著作选》，上海人民出版社，1993。

山西省史志研究院编《高君宇文集》，山西古籍出版社，1996。

上海信托公司采编《上海风土杂记》，东方文化书局，1930。

沈钧儒：《家庭新论》，商务印书馆，1923。

生活书店编译所编《恋爱与贞操》，生活书店，1933。

生田长江、本间久雄：《社会改造之八大思想家》，李宗武译，商务印书馆，1921。

《师复文存》，革新书局，1928。

史尚宽：《民法总则释义》，上海法学编译出版社，出版时间不详。

舒新城：《近代中国教育史料》第4册，上海中华书局，1928。

司法行政部民法研究修正委员会编《中华民国民法制定史料汇编》，司法行政部总务司，1976。

孙本文：《社会问题》，世界书局，1927。

孙本文：《现代中国社会问题》，商务印书馆，1943。

孙五川：《天津出版史料》，百花文艺出版社，1988。

孙应祥编《严复年谱》，福建人民出版社，2003。

孙倬章：《中国改造论》，民力日报社，1927。

唐宝林、林茂生：《陈独秀年谱》，上海人民出版社，1988。

唐润明编《中国战时首都档案文献·战时动员》，重庆出版社，2014。

唐文权、桑兵编《戴季陶集》，华中师范大学出版社，1990。

唐振常：《章太炎、吴虞论集》，四川人民出版社，1981。

陶汇曾：《亲属法大纲》，商务印书馆，1928。

陶希圣：《中国社会之史的分析》，新生命书局，1929。

陶希圣：《中国问题之回顾与展望》，新生命书局，1930。

陶希圣：《婚姻与家族》，商务印书馆，1934。

天心：《敬告中国青年》，民钟社，1927。

天矞、剑波：《妇女解放与性爱》，泰东图书局，1928。

田苗苗整理《吴虞集》，中华书局，2013。

万仕国、刘禾校注《天义·衡报》，中国人民大学出版社，2016。

汪励吾：《中国青年最近之病态》，人生书局，1930。

汪兆镛：《微尚斋杂文》，文海出版社，1981。

王光祈：《德国人之婚姻问题》，中华书局，1924。

《王光祈旅德存稿》，上海书店，1936。

王瑾、胡玫编《胡政之文集》，天津人民出版社，2007。

王晶垚等编《柳亚子选集》，人民出版社，1989。

王平陵：《中国妇女的恋爱观》，光华书局，1926。

王栻编《严复集》，中华书局，1986。

《王映霞自传》，传记文学出版社，1990。

王政：《家庭新论》，中华文化服务社，1944。

温儒敏、丁晓萍编《时代之波：战国策派文化论著辑要》，中国广播电视出版社，1995。

无名氏：《家庭讲话》，上海美华书馆，1914。

无锡市史志办公室编《秦邦宪（博古）文集》，中共党史出版社，2007。

《吴虞日记》，四川人民出版社，1984～1986。

吴玉章：《吴玉章回忆录》，中国青年出版社，1978。

吴稚晖：《吴稚晖先生选集》，国民党党史委员会，1964。

武剑虹：《模范青年》，大达图书供应社，1935。

《现代史料》，海天出版社，1935。

谢彬：《家庭经济新论》，太平洋书局，1929。

谢冰莹：《从军日记》，凤凰出版传媒集团，2010。

谢冰莹：《谢冰莹散文》，中国广播电视出版社，1993。

谢觉哉：《谢觉哉日记》，人民出版社，1984。

熊十力：《熊十力全集》，湖北教育出版社，2001。

熊月之主编《上海名人名事名物大观》，上海人民出版社，2005。

严恩椿：《家庭进化论》，商务印书馆，1917。

杨天石主编《钱玄同日记》，北京大学出版社，2014。

《杨贤江全集》，河南教育出版社，1995。

杨荫杭：《老圃遗文辑》，杨绛整理，长江文艺出版社，1993。

叶至善、叶至美、叶至诚编《叶圣陶集》第5卷，江苏教育出版社，1988。

一波等：《妇女问题杂论》，出版合作社，1927。

易家钺、罗敦伟：《中国家庭问题》，商务印书馆，1920。

易家钺：《妇女职业问题》，泰东图书局，1922。

易君左：《火烧赵家楼》，三民书局，1969。

于润琦编选、中国现代文学馆编《陈铨代表作》，华夏出版社，1999。

于毅夫：《革命形势发展与青年思想改造问题》，读者书店，出版时间不详。

《袁同畴先生访问纪录》，访问者张朋园、马天纲、陈三井，记录者陈三井，中研院近代史研究所，1988。

袁振英编《易卜生社会哲学》，泰东书局，1927。

苑书义等主编《张之洞全集》，河北人民出版社，1998。

《恽代英日记》，中共中央党校出版社，1981。

《恽代英全集》，人民出版社，2014。

曾志：《一个革命的幸存者——曾志回忆实录》，广东人民出版社，1999。

张鸿来：《婚丧礼杂说》，文化学社，1928。

张静庐：《中国近代出版史料》，中华书局，1954。

《张竞生文集》，广州出版社，1998。

张君俊：《东方民族改造论》，国学社出版部，1921。

张枏、王忍之编《辛亥革命前十年间时论选集》，三联书店，1960～1977。

《张申府文集》，河北人民出版社，2005。

张闻天选集传记组等编《张闻天早期文集（1919.7～1925.6）》，中共党史出版社，1999。

张允侯等编《五四时期的社团》，三联书店，1979。

章念驰编《章太炎演讲集》，上海人民出版社，2011。

《章太炎全集》，上海人民出版社，1982。

章锡琛编《新性道德讨论集》，梁溪图书馆，1925。

章衣萍：《青年集》，光华书局，1932。

赵凤喈：《中国妇女在法律上之地位》，商务印书馆，1928。

赵锦华：《一个前进青年的日记》，国光书店，1946。

赵景深编《青年日记》，北新书局，1937。

赵启霖：《赵瀞园集》，湖南出版社，1992。

中共北方区委历史编写组编《中共北方区委历史》，中共党史出版社，2013。

中共天津市委党史资料征集委员会、天津妇市妇女联合会编《邓颖超与天津早期妇女运动》，中国妇女出版社，1987。

中国第二历史档案馆编《中华民国史档案资料汇编》第5辑第2编，江苏古籍出版社，1998。

中国革命博物馆、湖南省博物馆编《新民学会资料》，人民出版社，1980。

中国人民大学中共党史系中国近现代政治思想史研究室编《中国无政府主义资料选编》，中国人民大学出版社，1982。

中国社会科学院近代史研究所编《五四运动回忆录》，中国社会科学出版社，1979。

中华基督教女青年会全国协会编《家庭问题讨论集》，1927。

中华基督教女青年会全国协会编《家庭问题讨论续集》，中华基督教女青年会全国协会，1935。

中华全国妇女联合会妇女运动历史研究室编《五四时期妇女问题文选》，中国妇女出版社，1981。

中华全国妇女联合会妇女运动历史研究室编《中国妇女运动历史资料（1921～1927）》，人民出版社，1986

中华全国妇女联合会妇女运动历史研究室编《中国妇女运动历史资料（1937～1945）》，中国妇女出版社，1991。

中华书局上海编辑所编《秋瑾集》，中华书局，1960。

钟叔河编订《周作人散文全集》第2卷，广西师范大学出版社，2009。

周洪宇主编《杨东莼文集》，华中师范大学出版社，2014。

周作人：《知堂回想录》，安徽教育出版社，2008。

朱联保：《近现代上海出版业印象记》，学林出版社，1993。

朱谦之：《现代思潮批评》，新中国杂志社，1920。

朱维铮主编《马相伯集》，复旦大学出版社，1996。

朱自清等：《青年论》，开明书店，出版时间不详。

邹韬奋：《韬奋全集》第1卷，上海人民出版社，1995。

# 报纸杂志

《北京大学学生周刊》《北平晨报》《砭群丛报》《昌明孔教经世报》《朝阳月刊》《晨报副刊》《成达文荟》《大公报》《大江报》《大中华》《大众画报》《当代法学》《东方杂志》《东吴法声》《独立评论》《法令周刊》《法律评论》《法学丛刊》《法学季刊》《法学论丛》《法学院季刊》《妇女共鸣》《妇女青年》《妇女时报》《妇女杂志》《妇女杂志（北京）》《歌谣周刊》《工余》《国民》《国民报》《国民公报》《国民日日报汇编》《国闻周报》《广益杂志》《海潮音》《汉声》《河南》《河南大学学报（民国时期）》《衡报》《华年》《家庭研究》《甲寅》《健康家庭》《江苏》《讲演汇编》《教育世界》《解放与改造》《孔教会杂志》《良心》《良友》《离声》《玲珑》《留美学生季报》《每周评论》《民铎杂志》《民声》《民族杂志》《南风》《南园》《女青年月刊》《女师大学术季刊》《女学报》《女子世界》《女子月刊》《钱江评论》《青年进步》《清华周刊》《清议报》《人道》《山东民政公报》《上海妇女》《少年》《少年中国》《少年世界》《申报》《师大月刊》《时报图画周刊》《时代》《时事新报》《时务报》《社会科学丛刊》《社会科学论丛》《社会论丛》《社会世界》《社会学界》《社会学刊》《社会学杂志》《社会月刊》《社会运动》《摄影画报》《思想与时代》《思益副刊》《天义报》《万国公报》《文哲季刊》《无锡旅刊》《湘报》《现代法学》《学

生文艺丛刊》《学生杂志》《现代社会》《现代评论》《现代妇女》《新民丛报》《新教育》《新月》《新世界》《新潮》《新思潮》《新民丛报》《新青年》《新女性》《新社会科学》《新世纪》《新中国杂志》《新中国》《兴华》《心声》《星火》《星期评论》《小说月报》《学衡》《学汇》《扬善半月刊》《益闻录》《吟啸月刊》《语丝》《云南》《战国策》《浙江潮》《正风半月刊》《政治月刊》《中国青年》《中国社会》《中国新女界杂志》《中华画报》《中华新报》《中华周刊》《中山大学文化教育馆季刊》《中央周报》《中西教会报》

# 著 作

奥古斯丁:《上帝之城》,王晓朝译,人民出版社,2006。

奥古斯特·倍倍尔:《妇女与社会主义》,葛斯、朱霞译,中央编译出版社,1995。

白凯:《中国的妇女与财产:960～1949》,上海书店出版社,2007。

柏格:《现代化与家庭制度》,萧新煌译,巨流图书公司,1990。

柏拉图:《理想国》,郭斌和、张竹明译,商务印书馆,1986。

伯特兰·罗素:《婚姻革命》,野庐译,世界学会,1930。

伯特兰·罗素:《罗素自传》第2卷,陈启伟译,商务印书馆,2003。

陈达:《现代中国人口》,廖宝昀译,天津人民出版社,1981。

陈晋主编《毛泽东读书笔记精讲》,广西人民出版社,2017。

陈鹏:《中国婚姻史稿》,中华书局,1990。

陈雁:《性别与战争:上海1932～1945》,社会科学文献出版社,2014。

《陈寅恪集·诗集》,三联书店,2001。

陈正炎、林其锬:《中国古代大同思想研究》,上海人民出版社,1986。

陈子善:《不日记》第二集,山东画报出版社,2015。

程郁:《清至民国蓄妾习俗之变迁》,上海古籍出版社,2006。

程郁:《蓄妾习俗及法规之变迁》,上海人民出版社,2013。

曹世铉:《清末民初无政府派的文化思想》,社会科学文献出版社,2003。

常乃惠：《中国思想小史》，上海古籍出版社，2009。

常燕生等：《生物史观研究》，大光书局，1936。

陈东原：《中国妇女生活史》，商务印书馆，1928。

陈顾远：《中国古代婚姻史》，商务印书馆，1925。

崔志海：《蔡元培传》，红旗出版社，2009。

邓尔麟：《钱穆与七房桥世界》，社会科学文献出版社，1995。

邓伟志：《近代中国家庭的变革》，上海人民出版社，1994。

费成康：《中国的家法族规》，上海社会科学院出版社，1998。

格里德：《胡适与中国的文艺复兴——中国革命中的自由主义（1917～1937）》，鲁奇译，江苏人民出版社，1996。

戈公振：《中国报学史》，上海古籍出版社，2003。

耿云志：《近代中国文化转型研究导论：文化转型》，四川人民出版社，2008。

黄新民编译《结婚制度》，光华书局，1927。

霍布斯：《利维坦》，黎思复、黎廷弼译，商务印书馆，1986。

霍布斯：《论公民》，应星、冯克利译，贵州人民出版社，2002。

姜纬堂、刘宁元主编《北京妇女报刊考（1905～1949）》，光明日报出版社，1990。

蒋梦麟：《西潮·新潮》，岳麓书社，2000。

科大卫：《皇帝和祖宗：华南的国家与宗族》，卜永坚译，江苏人民出版社，2010。

劳伦斯·斯通：《英国的家庭、性与婚姻（1500～1800）》，刁筱华译，商务印书馆，2011。

雷海宗：《中国文化与中国的兵》，商务印书馆，2001。

李安宅：《社会学论集：一种人生观》，出版社不详，1938。

李安宅：《〈仪礼〉与〈礼记〉之社会学的研究》，上海人民出版社，2005。

李景汉：《北平郊外之乡村家庭》，北平社会调查所，1929。

李喜蕊：《英国家庭法历史研究》，知识产权出版社，2009。

梁景和：《近代中国陋俗文化嬗变研究》，首都师范大学出版社，2009。

廖其发：《中国幼儿教育史》，山西教育出版社，2006。

林毓生：《中国意识的危机："五四"时期激烈的反传统主义》，穆善培译，贵州人民出版社，1989。

刘华清：《人民公社化运动纪实》，东方出版社，2014。

刘剑梅：《革命与情爱——二十世纪中国小说史中的女性身体与主题重述》，上海三联书店，2009。

刘文丽：《激变时代的选择：戴季陶政治思想研究》，首都师范大学出版社，2015。

柳诒徵编著《中国文化史》，钟山书局，1932。

卢梭：《论人类不平等的起源和基础》，李常山译，商务印书馆，1962。

卢梭：《忏悔录》，黎星译，商务印书馆，1986。

罗尔斯：《正义论》，何怀宏译，中国社会科学出版社，1988。

罗检秋：《文化新潮中的人伦礼俗（1895—1923）》，中国社会科学出版社，2013。

罗久芳：《罗家伦与张维桢——我的父亲母亲》，百花文艺出版社，2006。

罗纳德·W.克拉克：《罗素传》，天津编译中心组译，世界知识出版社，1998。

罗平汉：《天堂实验：人民公社化运动始末》，中共中央党校出版社，2006。

罗斯玛丽·列文森采访《赵元任传》，焦立为译，河北教育出版社，2010。

罗伟虹主编《中国基督教（新教）史》，上海人民出版社，2014。

罗香林：《傅秉常与近代中国》，传记文学出版社，1975。

《罗运炎文集》第1卷，卿云图书公司，1931。

罗志田：《近代中国史学十论》，复旦大学出版社，2003。

罗志田：《再造文明的尝试：胡适传（1891~1929）》，中华书局，2006。

罗志田：《近代读书人的思想世界与治学取向》，北京大学出版社，2009。

罗志田：《权势转移：近代中国的思想与社会（修订版）》，北京师范大学出版社，2014。

罗志田：《道出于二：过渡时代的新旧之争》，北京师范大学出版社，2014。

洛克：《政府论》，瞿菊农、叶启芳译，商务印书馆，1982。

吕诚之：《中国婚姻制度小史》，中山书店，1929。

吕芳上：《从学生运动到运动学生（民国八年至十八年）》，中研院近代史研究所，1994。

吕芳上主编《无声之声Ⅰ：近代中国的妇女与国家（1600～1950）》，中研院近代史研究所，2003。

吕妙芬：《孝治天下：〈孝经〉与近世中国的政治与文化》，联经出版公司，2011。

吕思勉：《中国制度史》，上海教育出版社，1985。

《蒙文通文集：古学甄微》，巴蜀书社，1999。

帕斯卡尔：《思想录》，何兆武译，商务印书馆，1986。

彭秀良、公孙訇：《冯国璋传》，中华书局，2015。

齐邦媛：《巨流河》，天下远见出版股份有限公司，2009。

钱穆：《中国学术通义》，台湾学生书局，1975。

钱穆：《中国近三百年学术史》，商务印书馆，1997。

钱穆：《钱宾四先生全集》第41册，联经出版公司，1998。

瞿同祖：《中国法律与中国社会》，中华书局，1981。

史华慈：《寻求富强：严复与西方》，叶凤美译，江苏人民出版社，1990。

苏雪林：《浮生九四：雪林回忆录》，三民书店，1991。

孙希旦：《礼记集解》，沈啸寰、王星贤点校，中华书局，1989。

孙玉蓉、王之望主撰《天津文学新论》，大众文艺出版社，2007。

谭纫就：《中国离婚的研究》，中华基督教女青年会全国协会，1932。

托克维尔：《论美国的民主》，董果良译，商务印书馆，1991。

托克维尔：《旧制度与大革命》，冯棠译，商务印书馆，1997。

王栋亮：《自由的维度：近代中国婚姻文化的嬗变（1860～1930）》，社会科学文献出版社，2016。

王汎森：《中国近代思想与学术的系谱》，吉林出版集团，2011。

王汎森：《近代中国的史家与史学》，复旦大学出版社，2010。

王汎森：《章太炎的思想——兼论其对儒学思想的冲击》，上海人民出版社，2012。

王汎森：《傅斯年：中国近代历史与政治中的个体生命》，王晓冰译，三联书店，2012。

王汎森：《思想是生活的一种方式：中国近代思想史的再思考》，联经出版公司，2017。

王书奴：《中国娼妓史》，生活书店，1934。

王新宇：《民国时期婚姻法近代化研究》，中国法制出版社，2006。

魏定熙：《权力源自地位：北京大学、知识分子与中国政治文化，1898～1929》，张蒙译，江苏人民出版社，2015。

武田昌雄：《满汉礼俗》，上海文艺出版社，1989。

夏晓虹：《晚清女性与近代中国》，北京大学出版社，2004。

向仁富：《近代广东妇女权利研究：以 20 世纪 20—30 年代中期的情形为例》，知识产权出版社，2013。

肖凤：《庐隐评传》，中国社会出版社，2008。

萧公权：《问学谏往录——萧公权治学漫忆》，学林出版社，1997

萧公权：《康有为思想研究》，汪荣祖译，新星出版社，2005。

肖索未：《欲望与尊严：转型期中国的阶层、性别与亲密关系》，社会科学文献出版社，2018。

休谟：《人性论》，关文运译，商务印书馆，1996。

徐彻、徐悦：《张作霖传》，百花文艺出版社，2004。

徐朝阳：《中国亲属法溯源》，商务印书馆，1933。

徐丹：《石评梅传》，中国华侨出版社，2017。

许慧琦：《"娜拉"在中国：新女性形象的塑造及其演变（1900～1930）》，政治大学历史学系，2003。

许烺光：《祖荫下：中国乡村的亲属、人情与社会流动》，王芃、徐隆德合译，南天书局，2001。

亚里士多德：《政治学》，吴寿彭译，商务印书馆，1983。

燕树棠：《公道、自由与法》，清华大学出版社，2006。

杨伯峻：《孟子译注》，中华书局，1960。

杨联芬：《浪漫的中国：性别视角下激进主义思潮与文学（1890～1940)》，人民文学出版社，2016。

杨念群：《皇帝的影子有多长》，广西师范大学出版社，2016。

杨兴梅：《身体之争：近代中国反缠足的历程》，社会科学文献出版社，2012，

以赛亚·柏林：《自由论》，胡传胜译，译林出版社，2003。

易慧清：《中国近现代学前教育史》，东北师范大学出版社，1994。

余华林：《女性的"重塑"：民国城市妇女婚姻问题研究》，商务印书馆，2009。

余英时：《现代儒学的回顾与展望》，三联书店，2004。

余英时：《余英时访谈录》，陈致访问，中华书局，2012。

袁庆丰：《郁达夫传：欲将沉醉换悲凉》，中国传媒大学出版社，2010。

约翰·洛克：《教育漫话》，傅任敢译，教育科学出版社，2014。

曾杰：《中国民法亲属论》，世界书局，1933。

曾友豪：《婚姻法》，商务印书馆，1935。

张春田：《女性解放与现代想象：思想史视野中的"娜拉"》，华东师范大学出版社，2014。

张灏：《幽暗意识与民主传统》，新星出版社，2006。

章清：《胡适评传》，百花洲文艺出版社，2015。

赵晓恩：《六十年出版风云散记》，中国书籍出版社，1994。

中共中央马克思恩格斯列宁斯大林著作编译局编《马克思恩格斯全集》第1卷、第4卷，人民出版社，1968、1972。

中研院近代史研究所编《近世家族与政治比较历史论文集》，中研院近代史研究所，1992。

周策纵：《五四运动史》，陈永明等译，岳麓书社，1999。

周锡瑞：《叶：百年动荡中的一个中国家庭》，史金金等译，山西人民出版社，2014。

周质平：《胡适与中国现代思潮》，南京大学出版社，2002。

滋贺秀三：《中国家族法原理》，张建国、李力译，法律出版社，2003。

Bebel, August. translated by Meta L. Stern. *Women and Socialism*. New York: Socialist Literature Co. , 1910.

Brighouse, Harry and Swift, Adam. *Family Values: The Ethics of Parent - Child Relationships*. Princeton & Oxford: Princeton University Press, 2014.

Buxbaum, David C. ed. *Chinese Family Law and Social Change in Historical and Comparative Perspective*. Seattle and London: University of Washington Press, 1968.

Chang, Hao. *Chinese Intellectuals in Crisis: Search for Order and Meaning , 1890 - 1911*. Berkeley: University of California Press, 1987.

Chang, Pang - mei Natasha. *Bound Feet and Western Dress*. New York: Doubleday, 1996.

Coontz, Stephanie. *Marriage: A History*. New York: Viking Penguin, 2005.

Cott, Nancy, ed. *The Bonds of Womanhood*. New Haven: Yale University Press, 1977.

Coussins, Jean and Coote, Anna. *The Family in the Firing Line: A Discussion Document on Family Policy*. Child Poverty Action Group: London, 1981.

Dewey, John & Dewey Alice Chipman. *Letters from China and Japan*. New York: E. P. Dutton & Company, 1920.

Diamant, Neil J. *Revolutionizing the Family: Politics, Love and Divorce in Urban and Rural China, 1949 - 1968*. Berkeley: University of California Press, 2000.

Ellis, Sarah. *Women of England, Their Social Duties, and Domestic Habits*. London: Fisher, Son, & Co. , 1839.

Elman, Benjamin A. *Classicism, Politics, and Kinship: The Ch'ang - Chou School of New Text Confucianism in Late Imperial China*. Berkeley: University of California Press, 1990.

Feng, Hanyi. *Chinese Kinship System.* Philadelphia： • University of Pennsylvania, 1937.

Filmer, Robert. *Patriarcha and Other Writings.* Johann P. Sommerville ed. . Cambridge： Cambridge University Press, 1991.

Galston, William. *Liberal Purposes： Goods, Virtues and Diversity in Liberal State.* Cambridge： Cambridge University Press, 1991.

Ghosh, Durba. *Sex and Family in Colonial India： The Making of Empire.* Cambridge： Cambridge University Press, 2008.

Goldmanm, Wendy Z. *Women, the State and Revolution： Soviet Family Policy and Social Life, 1917 – 1936 .* Cambridge： Cambridge University Press, 1995.

Gordon, J. Schochet. *The Authoritarian Family and Political Attitudes in 17th Century England： Patriarchalism in Political Thought.* New Jersey： Transaction Inc, 1988.

Grcic, Joseph. *Ethics and Political Theory.* Lanham, Maryland： University Press of America, 2002.

Greer, Germaine. *The Female Eunuch.* New York： Harper Collins Publishers, 2009.

Gutmann, Amy. *Democratic Education.* Princeton： Princeton University Press, 1999.

Headland, Isaac Taylor. *Chinese Mother Goose Rhymes.* New York： Flemming H. Revell Company, 1900.

Hegel, G. W. F. *Philosophy of Right.* Ontario： Batoche Books, 2001.

Hung, William, ed. *As It Looks to Young China.* New York： Friendship Press, 1932.

Jones, Gareth Stedman and Claeys, Gregory ed. . *The Cambridge History of Nineteenth – Century Political Thought.* Cambridge： Cambridge University Press, 2011.

King – Salmon, Frances. *House of a Thousand Babies： Experiences of an American Woman Physician in China , 1922 – 1940.* New York： Exposition Press, 1968.

Lang, Olga. *Chinese Family and Society.* New Haven: Yale University Press, 1946.

——. *Pa Chin and His Writing: Chinese Youth between the Two Revolutionaries.* Cambridge, MA: Harvard University Press, 1967.

Lasch, Christopher. *Haven in the Heartless World.* New York: W. W. Norton & Company, 1995.

Liu, Hui – Chen Wang. *The Traditional Chinese Clan Rules.* New York: J. J. Augustine Incorporated Publisher, 1959.

Mackerras, Colin. *Western Images of China.* Hong Kong: Oxford University Press, 1989.

Mann, Susan. *The Talented Women of the Zhang Family.* Berkeley: University of California Press, 2007.

Milne, William Charles. *Life in China.* London: G. Routledge & Co. , 1857.

Mitchell, Sally. *Daily life in Victorian England.* Westport: Greenwood, 2009.

Moule, Arthur E. *Chinese Stories for Boys and Girls.* London: Seeley, Jackson & Halliday, 1880.

Mounton, Michelle. *From Nurturing the Nation to Purifying the Volk: Weimar and Nazi Family Policy, 1918 – 1945.* Cambridge: Cambridge University Press, 2007.

Moxnes, Halvor ed. *Constructing Early Christian Families: Family as Social Reality and Metaphor.* London and New York: 1997.

Okin, Susan. *Justice, Gender and the Family.* New York: Basic Book, Inc, Publishers, 1987.

Otter, Den. *British Idealism and Social Explanation: A Study in Late Victorian Thought.* New York: Clarendon Press, 1996.

Patmore, Coventry Kersey Dighton. *Angel in the House .* Boston: Ticknor and Fields, 1854.

Phegley, Jennifer. *Courtship and Marriage in Victorian England.* Santa Barbara:

Praeger, 2011.

Schochet, G. J. *The Authoritarian Family and Political Attitudes in Seventeenth – Century England: Patriarchalism in Political Thought.* New Brunswick: Transaction Books, 1988.

Shumway, David R. . *Modern Love: Romance, Intimacy and Marriage Crisis.* New York & London: New York University Press, 2003.

Sidenvall, Erik. *The Meaning of Manhood among Swedish Missionaries in China and Mongolia, 1890 – 1914.* Leiden& London: Brill, 2009.

Simon, Rita J. and Altstein, Howard. *Global Perspectives on Social issues: Marriage and Divorce.* Lanham: Lexington Books, 2003.

Skinner, Quentin and Stråth, Bo eds. *States and Citizens: History, Theory and Prospects.* Cambridge: Cambridge University Press, 2003.

Smith, Arthur Henderson. *Chinese Characteristic.* New York: Flemming H. Revell Company, 1894.

——. *Uplift of China.* New York: The American Baptist Publication Society, 1907.

Stephen C. Barton, ed. *The Family in Theological Perspective.* Edinburgh: T&T Clarks Publishers, 1996.

Stone, Lawrence. *Road to Divorce: England 1530 – 1987.* Oxford: Oxford University Press, 1990.

Strach, Patricia. *All in the Family: The Private Roots of American Public Policy.* Stanford, Stanford University Press, 2007.

Strauss, Leo. *The City and Man.* Chicago & London: The University of Chicago Press, 1978.

Sutton, Ray. *Second Chance: Biblical Blueprints for Divorce and Remarriage.* Ft. Worth: Dominion Press, 1988. Westbrook, Raymond. *Property and Family in Biblical Law.* Sheffield: JSOT Press, 1991.

Tawa, Nicholas E. *Sweet Songs for Gentle Americans: The Parlor Song in America, 1790 – 1860.* Bowling Green: Popular Press, 1980.

Taylor, A. E. *Plato: The Man and His Work*. London: Methuen & Co. Ltd, 1960.

Taylor, Charles. *Philosophy and the Human Sciences*. Cambridge: Cambridge University Press, 1985.

Thornwell, Emily. *Lady's Guide to Perfect Gentility*. New York: Derby & Jackson, 1856.

Thurin, Susan Schoenbauer. *Victorian Travelers and the Opening of China, 1842 – 1907*. Athens: Ohio University Press, 1999.

Trotsky, Leon. *The Revolution Betrayed: What Is the Soviet Union and Where Is It Going?* translated by Max Eastman. New York: Dover Publications, 2004.

Twitchett, Denis and Fairbank, John King. *The Cambridge History of China*, Vol. 10. Cambridge: Cambridge University Press, 1978.

Valk, Marc Van Der. *An Outline of Modern Chinese Family*. Peking: Ileri Vetch, 1939.

Vicinus, Martha, ed. *Suffer and Be Still: Women in the Victorian Age*. Bloomington & London: Indiana University Press, 1973.

Voragine, Jacobus de. *The Golden Legend: Readings on the Saints*, translated by William Granger Ryan. Princeton and Oxford: Princeton University Press, 1993.

Waldron, Arthur. *From War to Nationalism: China's Turning Point, 1924 – 1925*. Cambridge: Cambridge University Press, 1995.

Walzer, Michael. *Spheres of Justice: A Defense of Pluralism and Equality*. New York: Basic Book, 1983.

Wang, Gungwu. *Anglo – Chinese Encounters Since 1800: War, Trade, Science, and Governance*. Cambridge: Cambridge University Press, 2003.

Waters, Brent. *The Family in Christian Social and Political Thought*. New York: Oxford University Press, 2007.

Whitte Jr, John. *From Sacrament to Contract: Marriage, Religion and Law in the Western Tradition*. Louisville, KY: Westminster Hohn Knox Press, 2012.

Wilkinson, H. P. *The Family in Classical China*. Shanghai: Kelly & Walsh,

Ltd. , 1926.

Ye, Wen – hsin. *Provincial Passage*：*Culture*，*Space*，*and the Origins of Chinese Communism.* Berkeley & Los Angles，University of California Press，1996.

Clark，Alizabeth A. , ed. *St Augustine on Marriage and Sexuality.* Washington，D. C.：The Catholic University of America Press，1996.

Pateman，Carole. *The Disorder of Women*：*Democracy*，*Feminism*，*and the Political Theory.* Stanford：Stanford University Press，1989.

# 论 文

艾晶：《离婚的权力与离婚的难局：民国女性离婚状况的探究》，《新疆社会科学》2006 年第 6 期。

巴斯蒂：《中国近代国家观念溯源——关于伯伦知理〈国家论〉的翻译》，《近代史研究》1997 年第 4 期。

曹元羹：《中国家庭亲子关系之研究》，学士学位论文，燕京大学，1937。

陈慧文：《二十世纪前期中国的毁家废婚论（1900s—1930s 年）》，博士学位论文，新竹清华大学，2015。

陈慧文：《二十世纪初中国毁家废婚的思想初探》，《立德学报》2007 年第 1 期。

陈千里：《凝视"背影"——论 20 世纪中国文学中父亲形象的文学塑造与文化想象》，《天津社会科学》2003 年第 3 期。

陈相因：《论"家庭与共产政府"一文的生成、翻译与传播——1924 年以前柯伦泰在新俄罗斯、苏联与中国》，《近代中国妇女史研究》第 19 期，2011 年 12 月。

陈蕴茜、叶青：《论民国时期城市婚姻的变迁》，《近代史研究》1998 年第 6 期。

程郁：《民国时期妾的法律地位及其变迁》，《史林》2002 年第 2 期。

春杨：《略评胡汉民之立法主持活动》，《法学评论》2000 年第 6 期。

戴潍娜：《霭理士译介史》，《新文学史料》2016 年第 3 期。

范国富：《"父亲"的觉醒与"青年"的自觉：鲁迅与"新青年"的"潜对话"》，《鲁迅研究月刊》2015 年第 10 期

冯鸽：《新文学中"孝"与"非孝"悖论话语的解析》，《江苏大学学报》2006 年第 2 期。

傅建成：《论民国时期华北农村的早婚现象》，《社会学研究》1994 年第 4 期。

管萃贞：《北京中等家庭之生活》，学士学位论文，燕京大学，时间不详。

郭夏云：《近代华北妇女婚姻心理的发展演变——以地方志民俗资料为中心的研究》，《中国地方志》2015 年第 12 期。

海青：《从朱谦之的"自杀"看其自我哲学的演进》，《广东社会科学》2009 年第 9 期。

洪峻峰：《鲁迅与近代中国启蒙思潮的嬗变》，《文史哲》2006 年第 5 期。

洪喜美：《五四前后废除家族制与废姓的讨论》，《国史馆学术集刊》第 3 期，2003 年 8 月。

黄燕仪：《留学生与中国社会变迁》，硕士学位论文，燕京大学，1939。

黄振球：《性别研究》，学士学位论文，燕京大学，1928。

江倩：《对"家"的控诉与传统文化的解构——民族国家建构与中国现代家族小说的文化取向（一）》，《陕西教育学院学报》2008 年第 1 期。

姜晨：《音乐在婚姻礼俗中的功能——以清代山东地方志为例》，《东岳论丛》2009 年第 4 期

姜瑀：《谁是 Y. D.：作为妇女解放运动参与者的"新青年"吴觉农》，《妇女研究论丛》2018 年第 1 期。

蒋俊：《略论〈极乐地〉的政治思想和社会意义》，《近代史研究》1991 年第 1 期。

蒋美华：《辛亥革命前夕婚姻家庭新观念》，《山西大学学报》1995 年第 4 期。

柯惠铃：《隳礼之教：清末画报的妇女图像——以 1900 年后出版的画报为主的讨论》，《南开学报》2013 年第 3 期。

蓝承菊：《五四新思潮冲击下的婚姻观，1915—1923》，硕士学位论文，台湾师范大学，1993。

雷家琼：《民国时期婚姻自主权怎样发生变迁——以代际冲突为焦点的考察》，《民国研究》第 29 辑，社会科学文献出版社，2016。

雷家琼：《"五四"后 10 年间女性逃婚与婚姻自主权的争取》，李长莉、左玉河主编《近代中国社会与民间文化》，社会科学文献出版社，2007。

李净昉：《性别视野中的女学生之死——以五四时期李超为中心》，《妇女研究论丛》2007 年第 5 期。

李憨：《近十年来的中国社会解放运动》，学士学位论文，燕京大学，1937。

李伟博：《浅议清末民初时期的儿童公育思潮》，《知识经济》2009 年第 16 期。

李文海、刘仰东：《近代中国"孝"的观念的变化》，《中华文化的过去现在和未来——中华书局成立八十周年纪念论文集》，中华书局，1992。

李小鹰、李定开：《中国近代儿童公育与非儿童公育思潮对婴幼儿教育社会化的推进》，《西南师范大学学报》2001 年第 2 期。

李志毓：《情感史视野与二十世纪中国革命史研究》，《史学月刊》2018 年第 4 期。

梁惠锦：《北伐期间国民党领导下的妇女运动（1926—1928）》，北伐统一六十周年学术讨论集编辑委员会编《北伐统一六十周年学术讨论集》，"中央"文物供应社，1988。

梁景和：《论五四时期的家庭改制观》，《辽宁师范大学学报》1991 年第 4 期。

梁景和：《五四时期的"废婚主义"》，《二十一世纪》第 53 期，1999 年 6 月。

梁景时：《清末民初婚俗的演变述论》，《山西师范大学学报》1999 年第 1 期。

林吉玲：《清末民初社会习俗的变异》，《东岳论丛》1995 年增刊。

林美庆：《从巴金的家看中国家庭问题》，学士学位论文，燕京大学，

1949。

凌云岚：《"婚姻自由"与"教育平等"——以"袁舜英自杀"和"彭襄弃妻"为例》，《佛山科学技术学院学报（社会科学版）》2006年第6期。

刘保刚：《试论近代中国的非孝与拥孝》，《晋阳学刊》2009年第4期。

刘纪华：《中国贞洁观念的历史演变》，学士学位论文，燕京大学，1926。

刘增光：《章太炎"新四书"体系中的〈孝经〉学》，《中国哲学史》2015年第4期。

罗检秋：《民国初年的婚俗变革》，《妇女研究论丛》1996年第1期。

罗志田：《失去重心的近代中国：清末民初思想权势与社会权势的转移及其互动关系》，葛兆光主编《清华汉学研究》第2辑，清华大学出版社，1997。

罗志田：《西方的分裂：国际风云与五四前后中国思想的演变》，《中国社会科学》1999年第3期。

罗志田：《中国传统的负面整体化：清季民初反传统倾向的演化》，《中华文史论丛》总第72辑，上海古籍出版社，2003。

罗志田：《对共和体制的失望：梁济之死》，《近代史研究》2006年第5期。

罗志田：《天下与世界：清末士人关于人类社会认知的转变——侧重梁启超的观念》，《中国社会科学》2007年第5期。

罗志田：《士变——二十世纪上半叶中国读书人的革命情怀》，台北《新史学》第18卷第4期，2007年12月。

罗志田：《近代中国"道"的转化》，《近代史研究》2014年第6期。

罗志田：《俗与制：历史上基层设置与记载的"大率"特性》，《民俗研究》2015年第4期。

罗志田：《体相和个性：以五四为标识的新文化运动再认识》，《近代史研究》2017年第3期。

鲁萍：《"德先生"和"赛先生"之外的关怀——从"穆姑娘"的提出看新文化运动时期道德革命的走向》，《历史研究》2006年第1期。

吕芳上：《法理与私情：五四时期罗素、勃拉克相偕来华引发婚姻问题的讨论（1920～1921）》，《近代中国妇女史研究》第 9 期，2001 年 8 月。

吕美颐：《二十世纪初中国资产阶级的婚姻家庭观》，《史学月刊》1987年第 6 期。

吕文浩：《中国近代婚龄话语的分析：从清末至 1930 年代》，中国社会科学院近代史研究所编《中国社会科学院近代史研究所青年学术论坛（2005 年卷）》，社会科学文献出版社，2006。

马楠：《"道学先生"门下出"新青年"：五四时施存统激进转向背后单不庵的影响》，《南京政治学院学报》2016 年第 5 期。

马楠：《"道学先生"一变而为"新青年"？——"五四"时期单不庵门生施存统的精神世界与〈非孝〉的制造》，杨国荣主编《思想与文化》第18 辑，华东师范大学出版社，2016。

马文辉：《中国妇女社会地位的历史演变》，学士学位论文，燕京大学，1927。

孟宪范：《家庭：百年来的三次冲击及我们的选择》，《清华大学学报》2008 年第 3 期。

倪婷婷：《"非孝"与"五四"作家道德情感的困境》，《文学评论》2004 年第 5 期。

倪新兵、刘永祥：《权力与礼俗：近代官方的孝道政策变迁》，《中华文化论坛》2016 年第 5 期。

潘国琪、张继昌：《恽代英的教育思想简论》，《杭州大学学报》1996年第 4 期。

钱理群：《试论五四时期"人的觉醒"》，《文学评论》1989 年第 3 期。

钱善刚：《无恩与有爱——五四启蒙者"父子伦"思想刍议》，《学术界》2012 年第 5 期。

清水贤一郎：《革命与恋爱的乌托邦——胡适的"易卜生主义"和工读互助团》，吴俊编译《东洋文论——日本现代中国文学论》，浙江人民出版社，1998。

冉琰杰：《乡村"文明结婚"：民国时期广东台山婚礼的变化》，《五邑大学学报》2017 年第 1 期。

尚庆飞：《短暂的启蒙与深刻的印痕：近代中国无政府主义思潮与毛泽东的心路历程》，《现代哲学》2008 年第 2 期。

深町英夫：《谁该教养孩子？女性、托儿所、新生活运动》，《第三届近代中国与世界国际学术研讨会论文集》，社会科学文献出版社，2015。

沈松侨：《国权与民权：晚清的"国民"论述，1895—1911》，《中央研究院历史语言研究所集刊》第 73 本第 4 分册，2002 年 12 月。

石川祯浩、王士花：《青年时期的施存统——"日本小组"与中共建党的过程》，《中共党史研究》1995 年第 3 期。

谭志云：《民国南京政府时期妾的权利及其保护——以江苏高等法院民事案例为中心》，《妇女研究论丛》2009 年第 5 期。

王栋亮：《自由的维度：五四时期知识青年离婚问题透视》，《安徽史学》2017 年第 5 期。

王汎森：《傅斯年早期的"造社会"论——从两份未刊残稿谈起》，《中国文化》第 14 期，1996 年 12 月。

王汎森：《"烦闷"的本质是什么——主义与中国近代私人领域的政治化》，思想史编委会《思想史》第 1 辑，联经出版公司，2013。

王汎森：《中国近代思想中的"未来"》，《探索与争鸣》2015 年第 9 期。

王莉：《"破家立人"：鲁迅与中国现代文学的家庭叙事》，《文艺争鸣》2014 年第 1 期。

王娜：《管窥二十世纪二十年代儿童公育问题——以恽代英、杨效春辩论为例》，《安徽文学》2007 年第 7 期。

王奇生：《急迫、急切与急进：中国人的百年焦虑与应变》，《北华大学学报》2017 年第 1 期。

王玉波：《中国家庭史研究刍议》，《历史研究》2000 年第 3 期。

王远义：《宇宙革命论：试论章太炎、毛泽东、朱谦之和马克思四人的历史与政治思想》，许纪霖编《现代中国思想的核心观念》，上海人民出版社，2011。

王跃生：《民国年间冀南农村家庭形态研究》，《中国社会经济史研究》

2003 年第 3 期。

王跃生：《民国时期婚姻行为研究——以"五普"长表数据库为基础的分析》，《近代史研究》2006 年第 2 期。

王跃生：《近代之前初婚年龄的制度类型及功能考察》，《晋阳学刊》2013 年第 6 期。

韦正通：《中国孝道思想的演变及其问题》，《现代学苑》1969 年第 5 期。

蔚建鹏：《论民国时期"文明结婚"的兴起》，《广州广播电视大学学报》2015 年第 3 期。

行龙：《清末民初婚姻生活中的新潮》，《近代史研究》1991 年第 3 期。

徐华博：《近代上海西人婚礼及其影响》，《史林》2014 年第 6 期。

徐建生：《近代中国婚姻家庭变革思潮述论》，《近代史研究》1991 年第 3 期。

徐天娜：《不证不明：民国时期的"证婚"研究》，《民国研究》2018 年第 2 期。

徐秀丽：《中国近代史研究中的"范式"问题》，《清华大学学报》2015 年第 1 期。

许纪霖：《现代中国的家国天下与自我认同》，《复旦学报》2015 年第 5 期。

薛刚：《从朝廷天下到国家社会——辛亥革命前后的思想转折》，《清华大学学报》2016 年第 6 期。

杨念群：《"社会"是一个关键词："五四阐释学"反思》，《开放时代》2009 年第 4 期。

杨秋：《清末民初广州的"文明结婚"习俗探析》，《广西社会科学》2004 年第 8 期。

杨淑英：《近二十年来研究中国家族制度的趋势》，学士学位论文，燕京大学，1936。

于海兵：《革命青年的修身与自治——以〈袁玉冰日记〉为中心》，《学术月刊》2018 年第 5 期。

余英时：《我对中国文化与历史的追索——在 2006 年克鲁格奖颁奖仪式上的演讲》，《中国文化》2007 年第 1 期。

余英时：《五四运动与中国传统》，汪荣祖编《五四研究论文集》，联经出版公司，1979。

余子明：《从乡村到都市：晚清绅士群体的城市化》，《史学月刊》2002年第8期。

张玉法：《新文化运动时期对中国家庭问题的讨论，1915—1923》，《近世家族与政治比较历史论文集》，中研院近代史研究所，1992。

赵娴：《五四时期儿童公育的思想渊源》，《传承》2008年第20期。

邹小站：《清末修律中的国家主义与家族主义之争》，《中国文化研究》2017年夏之卷。

左玉河：《由"文明结婚"到"集团婚礼"——从婚姻仪式看民国婚俗的变化》，薛君度、刘志琴主编《近代中国社会生活与观念变迁》，中国社会科学出版社，2001。

Chen, Janet. *Guilty of Indigence: The Urban Poor in China, 1900 – 1949*. Ph. D Thesis, Yale University, 2005.

Coontz, Stephanie. "The Origins of Modern Divorce," *Family Process*, Vol. 46, No. 1 ( Feb. , 2007), pp. 7 – 16.

Davis, Natalie Zimon. "On the Lame," *The American Historical Review*, Vol. 93, No. 3 (June, 1988), pp. 572 – 603.

Sybil Wolfram, "Divorce in England 1700 – 1857," *Oxford Journal of Legal Studies*, Vol. 5, Issue 2 (Summer, 1985), pp. 156 – 186.

Berns, S andra. "Liberalism and the Privatized Family: The Legacy of Rousseau," *Res Publica*, Vol. 11, No. 2 (Spring 2005), pp. 125 – 155.

Chi, Wen – shun. "The Ideological Source of the People's Communes in Communist China," *Pacific Coast Philosophy* (April 1967), pp. 62 – 78.

Gavison, Ruth. "Feminism and the Public/ Private Distinction," *Stanford Law Review*, Vol. 45, No. 1 (November 1992), pp. 1 – 45.

Kumagai, Fumie. "Modernization and the Family in Japan," *Journal of Family History* (December 1, 1986), pp. 371 – 382.

Ebrey, Patricia. "The Women in Liu Kezhuang's Family," *Modern China*,

Vol. 10, No. 4 (October 1984), pp. 415 – 440.

Gardner, Catherine. "The Remnants of the Family: The Role of Women and Eugenics in *Republic* V," *History of Philosophy Quarterly*, Vol. 17, No. 3 (July, 2000), pp. 217 – 235.

Landes, Joan. "Hegel's Conception of the Family," *Polity*, Vol. 14, No. 1 (Autumn, 1981), pp. 5 – 28.

Liang, Shangao. *The Reconstruction of the Country Life.* BA Thesis, Yenching University, 1923.

Jane, Dempsey Douglass. "Christian Freedom: What Calvin Learned at the School of Women," *Church History*, Vol. 52, No. 2 (June, 1984), pp. 155 – 173.

Koselleck, Reinhart. "The Temporalisation of Concepts," *Redescriptions: Political Thought, Conceptual History and Feminist Theory*, Vol. 1, No. 1 (January, 1997), pp. 16 – 24.

Kleinberg, Ethan. "Haunting History: Deconstruction and the Spirit of Revision," *History and Theory*, Vol. 46, No. 4 (Dec. , 2007), pp. 113 – 143.

Leary, Charles Leland. *Sexual Modernism in China: Zhang Jingsheng and 1920s Urban Culture.* Ph. D Thesis, Cornell University, 1994.

Lee, Shu – ching. "China's Traditional Family: Its Characteristics and Disintegration," *American Sociological Review*, Vol. 18, No. 3 (Jun. , 1953), pp. 272 – 280.

Okin, Susan Moller. "Philosopher Queens and Private Wives: Plato on Women and the Family," *Philosophy & Public Affairs*, Vol. 6, No. 4 (Summer, 1977), pp. 345 – 369.

Park, Jihang . "Land of the Morning Calm, Land of the Rising Sun: The East Asia Travel Writings of Isabella Bird and George Curzo," *Modern Asian Studies*, Vol. 36, No. 3 (Jul. , 2002), pp. 513 – 534.

Post, Stephen G. "Justice, Redistribution, and the Family," *Journal of Social Philosophy*, Vol. 21, Issues 2 – 3 (Sept. 1 1990), pp. 91 – 97.

Sasaki – Gayle, Motoe. *Entangled with Empire: American Women and Creation of the " New Woman" in China, 1898 – 1937.* Ph. D Thesis, Johns Hopkins University, 2008.

Schinkel, Anders. " Imagination as a Category of History: An Essay Concerning Koselleck's Concepts of Erfahrungsraum and Erwartungshorizont," *History and Theory*, Vol. 44, No. 1 (Feb. , 2005), pp. 42 – 54.

Schrag, Francis. "The Right to Education," *School Review*, Vol. 79, No. 3 (May, 1971), pp. 359 – 378.

Shanley, Mary Lyndon. " Marriage Contract and Social Contract in Seventeenth Century English Political Thought," *The Western Political Quarterly*, Vol. 32, No. 1 (Mar. , 1979), pp. 79 – 91.

Shu, Zhaokai. *A Comparison of Family Life of Eighteen Century England and China.* BA Thesis, Yenching University, 1937.

Steven, Sarah E. *Making Females Sexuality in Republican China: Women's Bodies in the Discourses of Hygiene, Education and Literature.* Ph. D Thesis, Indiana University, 2001.

Su, Houbin. *The Record of a Working Girl's Club.* BA Thesis, Yenching University, 1935.

Tisdell, Clem. "China's Goal of Combining Economic Self – Reliance with Its Development: Changing Perspectives and Challenges," *Working Paper on Social Economics, Policy and Development*, No. 54, Jan. , 2013, pp. 1 – 16.

Tong, Hollington K. " The Campaign Against Early Marriage in China," *Millard Review of the Far East*, Dec. 6, 1919.

Tran, Lisa. *Concubines under Modern Chinese Law.* Ph. D Thesis, University of California at Los Angeles, 2005.

Whyte, Martin King. "The Family," *Proceedings of the Academy of Political Science*, Vol. 31, No. 1, China's Developmental Experience (Mar. , 1973), pp. 175 – 192.

Welter, Barbara. " The Cult of True Womanhood," *American Quarterly*,

Vol. 18, No. 2, Part 1 (Summer, 1966), pp. 151 – 174.

Wiesners, Merry E. "Beyond Women and the Family towards a Gender Analysis of the Reformation," *Sixteenth Century Journal*, Vol. 18, No. 3 (Autumn, 1987), pp. 311 – 321.

Lindberg, Carter. "Martin Luther on Marriage and the Family," *Perichoresis*, pp. 27 – 46.

Zvesper, John. "Hobbes's Individualistic Analysis of the Family," *Politics*, Vol. 5, No. 2 (Oct. , 2007), pp. 28 – 33.

# 后　记

　　如今我仍清晰地记得 2004 年春季学期选修罗志田先生课程的情形，这也是罗老师唯一一次在北京大学给本科生授课。这门课给我至今仍不忘的震撼，也让我感受到历史学的魅力，从此便走上了以历史研究为志业的道路，至今已有十六年。若我没有理解错，罗老师认为历史学者的养成应循序渐进，至其境而徐自领悟。我自本科以来便在家庭革命这个题目上耕作，越来越觉得这是一个延展性很强的好题目。只可惜学力不逮，未能完成罗老师设定的全部议题，只能俟诸他日，待阅历的积累和学力的提升，继续探索家庭革命与近代中国很多根本问题之间的关联。虽说能在北大博士毕业，但是其中的挫折与坎坷也是接二连三。幸运的是，遇到困难的我总能得到罗老师和师母的关怀，师母更是常常伸出援手，帮我渡过难关。此间所述，难及万一。

　　本书的付梓，还要特别感谢金以林老师。2013 年我进入中国社会科学院近代史研究所从事博士后研究，在金老师的指导下开始研究阎锡山的村本政治。两年后进入近代史所民国史研究室工作，在获得正式录用后，金老师在东厂胡同的办公室里，叮嘱我要继续埋头读书，以求学问的精进。此间一席谈，当时并没有完全理解，但是此刻回想起来，深感庆幸——如果没有金老师的督促，本书可能要晚上五六年才能面世。

　　整本书的写作得到罗老师门下诸位学友的支持，从未间断，特别是李欣然博士，几乎通读所有章节，并给出很多建设性的意见。近几年来，我在近代史所工作期间，得到了研究室和所里诸位领导、同事春风化雨般的关怀，正是他们的包容与支持，使我能够两耳不闻窗外事，全力投入博士学位论文的修改工作。此书大概于 2019 年春节成稿，随后我便到北京大学人文社会科学研究院访学，其间得到文研院第六期同仁以及邓小南、渠敬东两位老师的诸多指教。2019 年 8 月，本书获得中国社会科学院创新工程学术出版资助，同时有幸得到社会科学文献出版社徐思彦、宋荣欣、李期耀诸位老师的帮助与指正，在此一并致谢。

北大文研院所在的静园二院，恰好也是我读书时北大历史系所在的地方，再次到来，不禁想起十几年前刚入北大校门的懵懂少年，感觉像是经历了一个轮回。从北大毕业多年，但还是能时时得到历史系诸位老师的关心与鼓励，他们的期许对我而言弥足珍贵。我很庆幸在学术成长的道路上遇到这么多有人格魅力的老师，作为理想学术的化身，他们为人治学的态度让人不由得想效法。在他们的感召之下，我也渐渐体会到，学术追求应该是纯粹与快乐的。

最后我要感谢的是我的家人，正是他们的付出，让我能够摆脱俗事的烦扰，潜心书海，时刻切磋琢磨。在此，只能把我在学问上的些许进步，当作对他们的报答。

2020 年 2 月

图书在版编目（CIP）数据

家庭革命：清末民初读书人的憧憬／赵妍杰著. －－
北京：社会科学文献出版社，2020.4（2021.3 重印）
ISBN 978 - 7 - 5201 - 5985 - 2

Ⅰ.①家…　Ⅱ.①赵…　Ⅲ.①家庭问题 - 研究 - 中国
- 近代　Ⅳ.①D693.91

中国版本图书馆 CIP 数据核字（2020）第 011678 号

**家庭革命：清末民初读书人的憧憬**

著　　者／赵妍杰

出 版 人／王利民
组稿编辑／宋荣欣　李期耀
责任编辑／李期耀

出　　版／社会科学文献出版社·历史学分社（010）59367256
　　　　　地址：北京市北三环中路甲 29 号院华龙大厦　邮编：100029
　　　　　网址：www. ssap. com. cn
发　　行／市场营销中心（010）59367081　59367083
印　　装／三河市尚艺印装有限公司

规　　格／开　本：787mm × 1092mm　1/16
　　　　　印　张：24.75　字　数：382 千字
版　　次／2020 年 4 月第 1 版　2021 年 3 月第 4 次印刷
书　　号／ISBN 978 - 7 - 5201 - 5985 - 2
定　　价／128.00 元

本书如有印装质量问题，请与读者服务中心（010 - 59367028）联系